生物有机肥料科技与产业

——论生物有机肥料产业黄金十年

梁华东　主编

中国农业出版社

北　京

编　委　会

主　　编：梁华东
副 主 编：年介响　　陈雯莉　　刘　哲　　万建华　　王淑芳
　　　　　周义新　　徐新宏　　梁川州　　马　倩　　吴长明
　　　　　施邱斌
编写人员：梁华东　　年介响　　陈雯莉　　刘　哲　　万建华
　　　　　王淑芳　　周义新　　徐新宏　　梁川州　　马　倩
　　　　　吴长明　　施邱斌　　黄巧云　　周文兵　　徐曾娴
　　　　　侯　俊　　李清曼　　周争明　　魏志宇　　苏　海
　　　　　陈　池　　岳文雯　　刘家莉　　庞全瑞　　刘　镇
　　　　　陈喜云　　王继国　　张丛军　　揭金兵　　江艳兵
　　　　　张在清　　王德生　　黄　鲲　　耿春斌　　刘亚民
　　　　　周　亚　　杨广杰　　郑　安　　王典海　　黄　成
　　　　　林梓杰　　何钢龙　　王红梅　　成新平　　孙成武
　　　　　熊晓峰　　黎　鑫　　孙万智　　王小宇　　刘梦军
　　　　　王灵敏　　余俊朝　　宋　晶　　瞿玖红　　徐东波
　　　　　雷雄浩　　韩怡峰　　王利刚　　雷加坤　　韩群营
　　　　　宋朝阳　　毛爱华　　黄　伟　　庞　勋　　吴　明
　　　　　沈　承　　郭　勇　　李　毅　　刘佳慧　　郝　敏

前　言

　　有机肥涵盖内容很广泛，本书所指的生物有机肥料是指含有有机质或者（和）微生物、有相应国家标准、用工业方法生产、商品化销售、主要用作土壤施用的一类肥料总称，主要包括精制商品有机肥料、生物有机肥、复合微生物肥料、有机无机复混肥料、农用微生物菌剂、有机物料腐熟菌剂六大类肥料产品。华中农业大学生物有机肥料科研团队自2008年起开展了十多年生物有机肥料科学研究和技术推广，近年先后获得五项科技成果奖：2018年获得湖北省科技进步奖二等奖，2019年获得农业农村部神农中华农业科技奖二等奖，2020年获得中国化工学会科技进步奖二等奖，2021年获得湖北省科技成功推广奖三等奖，2022年获得农业农村部全国农牧渔业丰收奖二等奖。

　　2019年12月14～15日，为推动科技成果转化应用，响应乡村振兴号召，防治我国最大农业面源污染——畜禽粪便污染及秸秆焚烧污染，实践国家化肥减量行动，防治水体富营养化污染、土壤酸化及污染，保护和提升耕地质量，实施"藏粮于地"战略，提升农产品质量，推动农业固碳减排等工作，华中农业大学生物有机肥料科研团队牵头组织召开了"全国肥料科技创新高峰论坛暨中国生物有机肥料产学研联盟成立大会"。在这次大会上，梁华东教授在全国首先提出了"生物有机肥料产业发展黄金十年"的论断。指出：未来中国的朝阳产业包括生物产业、大健康产业、环保产业、信息产业、物流产业、基因产业等。生物有机肥料融合了生物产业、大健康产业和环保产业三大朝阳产业，是最具潜力的朝阳产业之一，具有广阔的发展前景。随后，中国生物有机肥料产学研联盟又连续在2020年12月25～26日召开了"2020年中国生物有机肥料大会"，在2021年5月29～30日召开了"2021年生物有机肥产业发展培训大会暨安徽省第二届生物有机肥生产技术研讨会"。

　　中国生物有机肥料产学研联盟的工作获得了农业农村部的高度重视和大力支持，2021年12月9日，中国农业技术推广协会以"中农协函〔2021〕31号"文件批准依托华中农业大学生物有机肥料科研团队成立"中国农业技术推广协会生物有机肥料专业委员会"（以下简称"专委会"）。并于2022年8月20～21日召开了"中国农业技术推广协会生物有机肥料专业委员会成立大会暨2022年中国生物有机肥料产业峰会"，张互助秘书长主持大会，陈生斗会长到会并作重要讲话。黄巧云当选为专委会主任委员，年介饷当选为秘书长，标志着生物有机肥料行业由民间组织升级为国家级社团组织。随后专委会又在2023年12月23～24日召开了"2023年中国生物有机肥料产业大会"。

　　专委会的工作同时也获得了湖北省有关部门的高度重视和大力支持，为推动湖北省有机农业发展，华中农业大学资源与环境学院牵头申请"湖北省有机农业研究会"（以下简称"研究会"），2022 年 11 月 4 日获批湖北省科学技术协会作为研究会主管单位批复，2023 年 5 月 30 日获得湖北省民政厅颁发的社团法人登记证书，并于 2023 年 3 月 11 日召开"湖北省有机农业研究会第一届一次会员代表大会"。黄巧云当选为会长，年介响当选为秘书长。

专委会和研究会 6 年来连续召开了 5 次"生物有机肥料产业大会"以及其他专题会议，组建了"中国生物有机肥料网"网站、"生物有机肥料"微信公众号以及多个微信群等信息平台，生物有机肥料行业的数百名会员及数千个网友互动频繁，全国生物有机肥料产业正稳步健康向前发展。

为进一步推动生物有机肥料产学研结合，促进生物有机肥料科技研发和产品创新，推广普及生物有机肥料最新科学技术、市场应用、政策法规等，专委会和研究会组织 50 多位专家教授及会员企业的专用技术人员，历时 5 年，联合编写了大型综合性行业专著——《生物有机肥料科技与产业——论生物有机肥料产业黄金十年》一书，全书共十八章 40 多万字，并附有大量彩色插图，是一本涵盖生物有机肥料最新科学技术、生产工艺、原料配方、质量安全、使用方法、市场销售、厂房设备、补贴项目、登记许可、政策法规等各个方面的百科全书，是一部系统全面的生物有机肥料产业历史性专著，是一册生物有机肥料专业技术人员的学习教材，是一套生物有机肥料生产人员、业务人员的工作手册，是生物有机肥料经营管理者的参谋顾问，是生物有机肥料科技研发创新者的项目指南，是生物有机肥料兴趣爱好者的科普资料。特此呈现给广大读者。

不妥之处，敬请批评指正。

中国农业技术推广协会生物有机肥料专业委员会
湖北省有机农业研究会
2024 年 6 月

目　　录

第一章 概　　述

第一节　土壤有机质概论

一、土壤有机质

土壤有机质是指存在于土壤中所有含碳有机物质的总和，它包括各种动植物的残体、微生物体及其能分解和合成的各种有机质。土壤有机质是土壤固相部分的重要组成成分。土壤有机质可分成腐殖质和非腐殖质。土壤中有机质的来源十分广泛，微生物是土壤有机质的最早来源，其来源包括：

（1）植物残体　包括各类植物的凋落物、死亡的植物体及根系。这是自然状态下土壤有机质的主要来源。对森林土壤尤为重要。森林土壤相对农业土壤而言具有大量的凋落物和庞大的树木根系等特点。中国林业土壤每年归还土壤的凋落物干物质量按气候植被带划分，依次为：热带雨林、亚热带常绿阔叶林和落叶阔叶林、暖温带落叶阔叶林、温带针阔混交林、寒温带针叶林。

（2）动物、微生物残体　包括土壤动物和非土壤动物的残体，及各种微生物的残体。这部分来源相对较少，但对原始土壤来说，微生物是土壤有机质的最早来源。

（3）动物、植物、微生物的排泄物和分泌物　土壤有机质的这部分来源虽然量很少，但对土壤有机质的转化起着非常重要的作用。

（4）人为施入土壤中的各种有机肥料　如绿肥、堆肥、沤肥等，工农业和生活废水、废渣等，还有各种微生物制品以及有机农药等。

二、土壤有机质组成分类

1. 土壤有机质的类型　进入土壤中的有机质一般以 3 种类型状态存在。

（1）新鲜的有机物　指那些进入土壤中尚未被微生物分解的动、植物残体，它们仍保留着原有的形态等特征。对森林土壤而言，一般指枯凋落物层中的 L 层（Litter）。

（2）分解的有机物　经微生物的分解，已使进入土壤中的动、植物残体失去了原有的形态等特征。有机质已部分分解，并且相互缠结，呈褐色。包括有机质的分解产物和新合成的简单有机化合物。对森林土壤而言，一般指枯凋落物层中的 F 层（Fermetation）。

（3）腐殖质　指有机质经过微生物分解后并再合成的一种褐色或暗褐色的大分子胶体物质。与土壤矿物质土粒紧密结合，是土壤有机质存在的主要形态类型，占土壤有机质总量的 85%～90%。对森林土壤而言，一般指枯凋落物层中 H 层（Humus）。

2. 土壤有机质的组成　土壤有机质的组成取决于进入土壤的有机物质的组成。进入土壤的有机物质的组成相当复杂，各种动、植物残体的化学成分和含量因动、植物种类、器官、年龄等不同而有很大的差异。一般情况下，动、植物残体主要的有机化合物有碳水化合物、木素、含氮化合物、树脂、蜡质等。土壤有机质的主要元素组成是 C、O、H、N，分别占 52%～58%、34%～39%、3.3%～4.8%、3.7%～4.1%。

（1）碳水化合物　C 占 3.7%～4.1%，其次是 P 和 S，C/N 比在 10 左右。碳水化合物是土壤有机质中最主要的有机化合物，碳水化合物的含量占有机质总量的 15%～27%。包括糖类、纤维素、半纤维素、果胶质、甲壳质等。糖类有葡萄糖、半乳糖、六碳糖、木糖、阿拉伯糖、氨基半乳糖等。虽然各主要自然土类间植被、气候条件等差异悬殊，但上述各种糖类的相对含量都很相近，在剖面分布上，无论其绝对含量或相对含量均随深度而降低。纤维素和半纤维素为植物细胞壁的主要成分，木本植物残体含量较高，两者均不溶于水，也不容易化学分解和微生物分解。果胶质在化学组成和构造上和半纤维素相似，常与半纤维素伴存。甲壳质属多糖类，和纤维素相似，但含有氮，在真菌的细胞膜、甲壳类和昆虫类的介壳中大量存在，甲壳质的元素组成为 $(C_8H_{13}O_5N_4)_n$。

（2）木素　木素是木质部的主要组成部分，是一种芳香性的聚合物。木素在林木中的含量约占 30%，木素的化学构造尚未完全清楚，关于木素中是否含氮的问题目前尚未阐明，木素很难被微生物分解，但在土壤中可不断被真菌、放线菌所分解。由 C_{14} 研究指出，有机物质的分解顺序为：葡萄糖＞半纤维素＞纤维素＞木素。

（3）含氮化合物　动、植物残体中主要的含氮物质是蛋白质，它是构成原生质和细胞核的主要成分，在各植物器官中的含量变化很大。蛋白质的元素组成除 C、H、O 外，还含有 N（平均为 10%），某些蛋白质中还含有 S（0.3%～2.4%）或 P（0.8%）。蛋白质是由各种氨基酸构成的。一般含氮化合物易被微生物分解，生物体中常有一少部分比较简单的可溶性氨基酸，可被微生物直接吸收，但大部分的含氮化合物需要经过微生物分解后才能被利用。

（4）树脂、蜡质、脂肪、单宁、灰分物质　树脂、蜡质、脂肪等有机化合物均不溶于水，而溶于醇、醚及苯中，都是复杂的化合物。单宁物质有很多种，主要都是多元酚的衍生物，易溶于水，易氧化，与蛋白质结合形成不溶性的、不易腐烂的稳定化合物。木本植物木材及树皮中富含单宁，而草本植物及低等生物中则含量很少。植物残留体燃烧后所留下的灰分物质，其主要元素为钙、镁、钾、钠、硅、磷、硫、铁、铝、锰等，此外还有少量的碘、锌、硼、氟等元素，这些元素在植物生活中有着巨大的意义。

三、土壤有机质含量分布

1. 土壤有机质的分析测定　土壤有机质的测定方法很多，最简单的是灼烧法，是利用有机质都可以被灼烧氧化的特点。灼烧法就是将土壤用火焰灼烧，其重量的减少，就是有机质的含量。这种方式测定的土壤有机质含量有一定的实用性，而且分析测定不需要什么设备仪器，操作简便，分析快速。但是，这样测定的数据极不稳定准确。比如：水分含量、挥发性物质（氨气等）都被测定成有机质含量，增大了测定数据。盐分过高的土壤，灼烧后大量二氧化碳与之结合又会降低了测定数据。

目前常用的土壤有机质分析测定是重铬酸钾容量法。方法原理：即在加热条件下，用一定量的标准重铬酸钾溶液—浓硫酸来氧化土壤有机碳，多余的重铬酸钾用硫酸亚铁来滴定，从所耗去的重铬酸钾计算有机碳的含量。其反应如下：

消煮：$2K_2Cr_2O_7 + 8H_2SO_4 + 3C \rightarrow 2K_2SO_4 + 2Cr_2(SO_4)_3 + 3CO_2 + 8H_2O$

滴定：$K_2Cr_2O_7 + 6FeSO_4 + 7H_2SO_4 \rightarrow K_2SO_4 + Cr_2(SO_4)_3 + 3Fe_2(SO_4)_3 + 7H_2O$

2. 土壤有机质的计算方法 土壤有机质包含有碳水化合物、木质素、蛋白质、树脂、蜡质等多种类型，分子种类更是千百万个。而普通化学分析方法，是根据原子或者分子某一特性进行分析测定，也就是说一种方法只能测定一种原子或者一种分子。重铬酸钾容量法就是利用有机碳的可氧化特性，分析测定土壤有机碳含量，这种方法测定结果非常稳定准确。

但是，土壤有机碳含量不等于土壤有机质含量，土壤有机质还包括氢元素、氧元素、氮元素、磷元素等。科学家们经过长期验证对比，找到了一个换算系数：1.724。也就是说，土壤活性有机质的含量，一般是由有机碳的测定计算得来的，即假定土壤有机质含碳30%，则有机碳含量乘以 1.724＝51.72%，即得土壤有机质含量。然而各种土壤中有机质含碳百分数是很不一致的，因此，普遍应用这个系数，将产生某些误差。目前我们对各种不同土壤类型中有机质含碳百分数还缺乏全面的系统研究，因此在一般土壤工作中大多仍沿用这个换算常数。

土壤有机质含量过去用百分比%标识，现在改成 g/kg 标识，两者相隔10倍，即百分比含量乘以10，等于 g/kg 含量。

3. 土壤有机质含量分布 土壤有机质的含量在不同土壤中差异很大，含量高的可达200g/kg（20%）或300g/kg（30%）以上（如泥炭土，某些肥沃的森林土壤等），含量低的不足 10g/kg（1%）或 5g/kg（0.5%）（如荒漠土和风沙土等）。在土壤学中，一般把耕作层中含有机质 200g/kg（20%）以上的土壤称为有机质土壤，含有机质在 200g/kg（20%）以下的土壤称为矿质土壤。

中国地域辽阔，由于各地的自然条件和农林业经营水平不同，土壤有机质的含量差异较大。低者少于 10g/kg（1%），高者可达 200g/kg（20%）。

但是中国耕地土壤有机质含量差别没有那么大，含量高的东北黑土地为 50g/kg（5%）～100g/kg（10%），含量低的新疆沙漠化耕地为 5g/kg（0.5%）～10g/kg（1%）。全国平均约 25g/kg（2.5%），湖北省平均约 23g/kg（2.3%），湖南省平均约 27g/kg（2.7%），江西省平均约 29g/kg（2.9%）。

第二节 土壤有机质的农业意义

土壤有机质是耕地质量的核心，不含有机质的土壤，不叫耕地。2012 年原农业部办公厅印发的《补充耕地质量验收评定技术规范（试行）》规定：耕作层土壤有机质含量≤6g/kg，不能作为耕地验收通过。土壤有机质的含量与土壤肥力水平正相关，是土壤肥力第一重要因子。土壤有机质是土壤的肌肉，尽管土壤有机质的含量只占土壤总量的很小一部分，但它对土壤形成、土壤肥力、环境保护及农林业可持续发展等方面都有着极其重要的作用和意义。土壤有机质的主要作用和意义如下：

一、植物营养的主要来源之一

土壤有机质中含有大量的植物营养元素，如 N、P、K、Ca、Mg、S、Fe 等重要元素，还有一些微量元素。土壤有机质经矿质化过程释放大量的营养元素，为植物生长提供养分；有机质的腐殖化过程合成腐殖质，保存了养分，腐殖质又经矿质化过程再度释放养分，从而保证植物生长全过程的养分需求。土壤全氮的 92%～98% 都是储藏在土壤中的有机氮；土壤有机质中有机态磷的含量一般占土壤全磷的 20%～50%，大多数非石灰性土壤有机质中有机态硫占全硫的 75%～95%。土壤有机质在分解转化过程中，产生的有机酸和腐殖酸对土壤矿物部分有一定的溶解能力，可以促进矿物风化，有利于某些养分的有效化。

二、促进植物生长发育

土壤有机质，尤以其中的胡敏酸，具有芳香族的多元酚官能团，可以加强植物呼吸过程，提高细胞膜的渗透性，促进养分迅速进入植物体。胡敏酸的钠盐对植物根系生长具有促进作用，试验结果证明，胡敏酸钠对玉米等禾本科植物及草类的根系生长发育具有极大的促进作用。土壤有机质中还含有维生素 B_1、B_2 和吡醇酸、烟碱酸、激素、异生长素（β-吲哚乙酸）、抗生素（链霉素、青霉素）等，对植物的生长起到促进作用，并能增强植物抗性。

三、改善土壤的物理性质

有机质在改善土壤物理性质中的作用是多方面的，其中最主要、最直接的作用是改良土壤结构，促进团粒状结构的形成，从而增加土壤的疏松性，改善土壤的通气性和透水性。腐殖质是土壤团聚体的主要胶结剂，土壤中的腐殖质很少以游离态存在，多数和矿质土粒相互结合，通过功能基、氢键、范德华力等机制，以胶膜形式包被在矿质土粒外表，形成有机—无机复合体。所形成的团聚体，大、小孔隙分配合理，且具有较强的水稳性，是较好的结构体。土壤腐殖质的黏结力比砂粒强，在砂性土壤中可增加砂土的黏结性，促进团粒状结构的形成。土壤腐殖质的黏结力比黏粒小，当腐殖质覆盖黏粒表面时，减少了黏粒间的直接接触，可降低黏粒间的黏结力。有机质的胶结作用可形成较大的团聚体，更进一步降低黏粒的接触面，使土壤的黏性大大降低，因此可以改善黏土的土壤耕性和通透性。

四、促进微生物和土壤动物的活动

土壤有机质是土壤微生物生命活动所需养分和能量的主要来源，没有它就不会有土壤中所有的生物化学过程。土壤微生物的种群、数量和活性随土壤有机质含量的增加而增加，具有极显著的正相关。土壤有机质的矿质化率低，不会像新鲜植物残体那样对微生物产生迅猛的激发效应，而是持久稳定地向微生物提供能源。因此，富含有机质的土壤，其肥力平稳而持久，不易造成植物的徒长和脱肥现象。土壤动物中有的（如蚯蚓等）也以有机质为食物和能量来源；有机质能改善土壤物理环境，增加疏松程度和提高通透性（对砂土而言则降低通透性），从而为土壤动物的活动提供了良好的条件，而土壤动物本身又加速了有机质的分解（尤其是新鲜有机质的分解），进一步改善了土壤通透性，为土壤微生物和植物生长创造了良好的环境条件。

五、提高土壤的保肥性和缓冲性

土壤的保肥性是指土壤对养分的吸收和保蓄能力。土壤有机质是土壤供肥的重要物质基础，又是形成土壤团粒结构、防止土壤板结的必要成分和影响土壤胶体的主要因子。土壤微生物直接参与土壤物质和能量的转化、腐殖质的形成和分解、养分释放、氮素固定等肥力形成过程。特别是微生物在生长繁殖过程中产生大量的胞外多糖，对土壤团粒结构起到胶黏作用，保持土壤团粒结构的稳定性。土壤腐殖质是亲水胶体，具有巨大的比表面积和亲水基团。据测定腐殖质的吸水率为 500% 左右，而黏土矿物的吸水率仅为 50% 左右。因此，腐殖质能提高土壤的有效持水量，这对砂土有着重要的意义。腐殖质为棕色、褐色或黑色物质，被土粒包围后使土壤颜色变暗，从而增加了土壤吸热的能力，可提高土壤温度，这一特性对北方早春时节促进种子萌发特别重要。腐殖质的热容量比空气、矿物质大，而比水小，导热性居中。因此，有机质含量高的土壤其土壤温度相对较高，且变幅小，保温性好。有机质通过改善土壤黏性，降低土壤胀缩性，可防止土壤干旱时出现大的裂隙。

六、防治病虫害和解毒作用

施用生物有机肥能够调控土壤微生物群落结构和活性，在一定程度上降低土壤中微生物群落的均匀度，通过改良土壤环境来抑制病害的发生。土壤中有机质含量增高，使得土壤中根际微生物的种群优势明显，导致劣势种群竞争性进一步减弱，从而有可能导致劣势种群的逐渐消失，最终结果是使原有土壤中微生物多样性有所降低，从而解决土传病害。并且在微生物分泌物和微生物酶共同作用土壤的情况下，直接解决作物的重茬种植问题。土壤腐殖物质含有多种功能基，这些功能基对重金属离子有较强络合和富集的能力，土壤有机质与重金属离子的络合作用对土壤和水体中重金属离子的固定和迁移有极其重要的影响。农药与土壤有机质结合后其生物活性降低，降解延缓，土壤有机质中存在大量具有催化分解作用的官能团，可以加速农药的分解。有机质可以促进土壤微生物的活动，可以大量分解土壤中残留的农药等有害物质。

第三节　土壤有机质保持与提升

一、有机质是土壤的生命之源

土壤有机质就是为作物生长发育提供养分的仓库，它是土壤养分中的大家族。另外，它还是判断土壤肥瘦标准的重要指标之一。所以，有机质在土壤中的地位和数量，一定要保持一个相对稳定的数值才好。我国的土壤有机质含量，一般旱地为 5～30g/kg，水田为 15～60g/kg。因为有机质的分解和转化是在不断进行的，所以，土壤有机质在消长过程中，土壤肥力也相应地随着不断改变。如何增加和保持土壤有机质含量，提高农作物产量，是农业生产的主要任务。这项任务就是给土壤有机质增加来源，主要的农业技术措施有以下四项：

（1）增加生物总产量　在增产的前提下增加土壤有机质，因为地上部分产量增加了，地下的根系也随着增加，同时地下生物也相应兴旺发达，致使动植物残体增多。

（2）力求秸秆多还田　秸秆还田是直接为土壤增加有机物。要改变在田间焚烧秸秆的习惯，因为焚烧秸秆既浪费有机物，又会使有机物变成二氧化碳释放到空气中污染环境。

（3）增加有机肥施用量　合理施肥，实行有机肥和无机肥的配合，不断增加有机物残留在土壤中的数量。

（4）减少土壤有机质的消耗　例如，采取少耕、免耕、覆盖等措施，其目的就是减少和控制土壤氧气的供应，削弱微生物分解活动。覆盖则可以减少土壤水土流失。这样才能保持土壤有机质在提供养分的同时，增加来源，保持其含量稳定。

以上几条技术措施，对增加土壤有机质是非常有利的，也是一种养地的过程。种地就必须养地，因为种地是消耗养分的过程，就是消耗土壤有机质的过程，产量越高消耗的有机质也就越多。只有通过养地技术，才能使土壤中的养分达到一个相对的平衡，才能保持土壤肥力不会下降。

二、土壤有机质消耗与保持

土壤每年因矿质化作用所能消耗的有机质数量占土壤有机质总量的百分数，称土壤有机质的矿化率，一般土壤矿化率为 $2\%\sim3\%$。假若耕层土壤的有机质含量为 2%，每亩[①]耕层土壤重为 15 万 kg，则每年每亩耕层有机质分解量（kg）＝土壤重量×有机质含量×矿化率＝150 000×2%×3%＝90kg。据有关资料介绍，耕地施入的新鲜有机质有 70% 左右矿化，剩余的只有 30% 左右，即 100kg 新鲜有机质只残留 30kg 左右。显然，要保持土壤有机质含量不下降，即弥补每亩 90kg 的有机质分解量，每年每亩最少应施入 300kg 有机物质。

第四节　有机肥施用与生态农业

一、有机肥施用与土壤有机质

具体而言，随着我国畜禽养殖业规模化迅速发展，产生的畜禽粪便带来的环境污染问题越来越严重。一般常用高温好氧堆肥这项技术来无害化、稳定化、资源化处理粪便污染，使之变为更便于利用的有机肥产品，在解决畜禽粪便污染问题的同时，又能节约资源。但传统堆肥普遍具有堆肥周期长、堆肥品质低等缺点，为了提高堆肥处理畜禽粪便的有效性，需要采取相应措施来改善传统堆肥工艺。好氧堆肥主要是通过微生物作用使畜禽粪便趋于无害化和稳定化，所以堆肥中微生物扮演着极其重要的角色。目前关于堆肥微生物菌剂的研究虽然很多，但基于堆肥微生物的多样性与不稳定性，不同复合菌剂和配比，导致堆肥腐熟效果不同，微生物菌剂仍是一个关键的突破点。

---

① 亩为非法定计量单位，1 亩＝1/15hm²≈667m²。——编者注

以磷为例，磷素作为植物必需的营养元素，其含量的多少直接限制着植物的生长发育。而土壤中可供植物吸收利用的磷素含量很少，大部分磷素以难溶性磷酸盐的形式存在于土壤中。因此，为了满足农业生产的需求，大量的磷化肥施入到土壤中，而磷肥中大部分的磷素又以难溶性磷酸盐的形式被固定下来。与此同时，由于磷肥的过度使用，造成了一系列的环境问题，如土壤板结和肥力下降、土壤重金属污染、水体富营养化等。解磷微生物能够溶解土壤中的难溶性磷酸盐，提高土壤有效磷含量，促进植物生长。此外，还可以增强植物抗逆性，改善土壤结构，提高土壤肥力。

在普通的有机肥料中，钾的含量也很低。我国可直接利用的钾资源缺乏，但是难溶性钾矿丰富，利用解钾微生物和难溶性钾矿作为基肥施用，能缓解我国钾肥的进口压力。同时以难溶性钾矿作为基肥，还能给土壤缓慢补充其他的元素，如铁、钙、镁等。科技工作者正研究拟从多种作物的根际土壤、腐熟的畜禽粪便堆肥中筛选出高效的解钾菌，并利用实验室已有的解磷菌、固氮菌、光合细菌等菌剂制成一种混合菌肥，研究混合菌剂解磷、解钾和固氮的综合效率，并将混合菌剂和难溶性钾矿粉混合或附着在已堆制好的畜禽粪便上生产缓效的钾肥或生物有机肥。

当前规模化畜禽养殖业大量动物粪便无序处理、低效处理甚至不处理的排放，形成了农业生产中另一大类废弃物的严峻现状，而这一废弃物是作物生长最好的营养源，同时也是微生物繁衍、活动和施展其益生功能的最好介质。因此，如何开发利用解磷、解钾微生物，对于提高土壤磷、钾有效性和利用率，缓解环境污染，保持农业的可持续发展具有积极重要的意义。

二、广泛利用有机肥的生态农业理念

1. 增施有机肥　堆肥、沤肥、饼肥、人畜粪肥、河湖泥等都是良好的有机肥。

2. 提倡秸秆还田　研究表明，秸秆直接还田比施用等量的沤肥效果更好。目前，大力提倡以机械收割，就地粉碎秸秆还田技术。作物收获时，采用机械收割就地粉碎，经一个雨季的风吹日晒雨淋，到小麦再播种时，已变成半分解状态，成为上好的有机肥料。秸秆还田简单易行，省力省工，但在还田时，应加施化学氮肥，避免微生物与作物争氮。

3. 粮肥轮作、间作，用地养地相结合　随着农业生产的发展，复种指数越来越高，致使许多土壤有机质含量降低，肥力下降。实行粮肥轮作、间作制度，不仅可以保持和提高有机质含量，还可以改善土壤有机质的品质，活化已经老化了的腐殖质。

4. 栽培绿肥　栽培绿肥可为土壤提供丰富的有机质和氮素，改善农业生态环境及土壤的理化性状。主要品种有油菜、紫云英、箭筈豌豆、三叶草等。可在春、夏、秋三季播种，一般在初花期、盛花期或者初荚期压青。

第五节　土壤碳封存与农业减碳固碳

一、土壤碳封存

土壤碳封存是将动植物残体有机质或者说是发酵腐熟后的有机肥"即土壤有机碳"储存在土壤碳库中，防止其重新进入大气。在过去几个世纪，特别是在过去几十年里，农业的发展使大量的土壤碳储量枯竭。农田土壤是地球上最大的碳储集层，并具有扩大土壤碳封存的潜力，因此提供了一种可能的方式来减缓大气中二氧化碳浓度的增加速度。在全球范围内，农业活动占人为温室气体排放量的14%，如果考虑到化肥生产、森林砍伐等产生的碳排放，这一比例迅速上升到30%。农业可以是碳汇也可以是碳源，土壤固碳是实现碳中和土壤健康的双赢解决方案。使用土壤和植物进行碳捕获通常称为土壤碳封存。

二、农业减碳与固碳

农业不仅是气候升温最大的"受害者"，同时也是不容小觑温室气体的"制造者"。分析数据显示，全球约17%的温室气体排放直接由农业、林业活动和土地利用变化造成。同时，森林砍伐、土壤侵蚀退化、栖息地和生物多样性损失等农业活动，也间接推高了温室气体的排放。按照有关数据统计，农业碳排放，主要来自农业活动和土地使用变化两方面。其中，农业生产活动中碳排放主要来自八大排放源，分别是化肥使用、农药使用、农业机械、农田土壤利用、动物肠道发酵、水稻种植、秸秆燃烧和能源消耗。森林砍伐、动物肠道发酵、施用化肥是前三大排放源，分别产生了27%、26%、14%的碳排。

当各国致力于能源、交通以及工业行业的温室气体减排举措时，部分国家也将农业减排列为实现碳中和战略的关键抓手之一。英国是最早提出农业温室气体减排目标和行动计划的国家之一。2019年，英国全国农民联盟（NFU）提出了到2040年在英格兰和威尔士的农业中实现净零排放的目标，并通过拟定三大举措来实现目标。除了英国和中国之外，日本与美国也分别公布了相关农业减排的计划。日本宣布将通过两大途径，在2050年前实现农业的全行业零碳排放。美国农业部则公布了一项名为"农业创新决议"的计划，提出要通过激发农业生产中的创新，在2050年将农产品产量提高40%，同时减少农业生产中一半的"环境足迹"。作为世界上最大的农业国家之一，中国多年来一直在探索降低农村地区温室气体排放的方法。2021年10月颁布的《2030年前碳达峰行动方案》中，强调了大力发展绿色低碳循环农业，提升土壤有机碳储量，合理控制化肥、农药和地膜的使用，加强农作物秸秆的综合利用。同时，推进农村用能低碳转型，推广电动环保农业机械，加快生物质能、太阳能等可再生资源在农业生产生活中的应用，提升农村用能电气化水平。

科技将助力农业碳中和转型：第一，减少化石燃料消耗。现代集约化农业高度依赖以化石燃料（如柴油）作为动力的农业机械，进行播种、耕地、农药喷洒及谷物干燥等作业。但是化石燃料的燃烧会导致大量二氧化碳被释放到大气中。使用以清洁能源作为动力的电动设备替换传统农业机械，可以有效减少化石燃料消耗。目前，国内外市场，已经有农业科技公司发布了具有高度灵活性的农业无人机、无人车等产品。第二，减少农业化学品投入使用。过度使用化肥及杀虫剂，长久以来对于食品安全和环境保护都是一个巨大的威胁。过度施用农药不仅危害食品安全，也会损害土壤固碳能力，导致更多碳被排放到大气中。精准施肥打药，同时借助灌溉系统提升氮肥利用率，可以有效解决这一问题。智能灌溉施肥系统采用"超低"滴灌方式，有助于在水分和肥料直达根部的同时保持土壤中的高含氧量。在不同国家和作物上使用效果显示，其在帮助农民提高作物产量的同时最多可减少50%的用水量和70%的肥料用量。第三，推动秸秆科学还田。促进农作物秸秆还田是控制农业温室气体排放的关键因素。过去由于缺乏相关技术和认知，农民通常在作物丰收后焚烧掉秸秆，造成大量温室气体排放和大气污染。同时，将秸秆焚烧而不是还田，也不利于土壤中有机质含量和肥力的增加，难以提升土壤的固碳能力以及来年产量。

据估算，全球农业固碳减排技术潜力高达每年 5 500M～6 000Mt CO_2 当量，其中 90％由土壤完成，农业土壤固碳减排已经成为全球气候变化研究热点之一。对我国而言，若将农田土壤有机质提高 0.1％，相当于土壤从空气中净吸收了 30.6 亿 t CO_2。因此，增施有机肥，固碳贡献率非常可观。同时，这一过程还对土壤、作物和环境质量、水土流失和沙漠化的预防以及生物多样性的提高产生积极作用。根据保存碳的土壤性质，有机碳有可能在生态系统中持续数十年至数百年。土壤有机碳还可以改善土壤健康，促进水分保持并含有对植物生长至关重要的氮和磷。因此，土壤碳含量的提高等于农业生产力的提高和大气中二氧化碳的降低——这是双赢！

第六节   土壤微生物的特性与作用

土壤微生物是指肉眼看不见的微小生物。它数量多、繁殖快，1g 土壤中微生物的数量多的可达几千万到几十亿个，一亩耕层土壤可有几十到几百千克活微生物，土壤生物是土壤中生命活动最旺盛和最庞大的微生物群落，对土壤有机质的分解与合成起着十分重要的作用。

一、土壤微生物类型与特性

根据土壤微生物的形态构造，一般可将其分为细菌、真菌、放线菌、藻类和原生动物 4 种类型。据估计，在每亩耕层土壤中，约有霉菌 150kg，细菌 75kg，原生动物 15kg，藻类 7.5kg，酵母菌 7.5kg。通过这些微生物旺盛的代谢活动，可明显改善土壤的物理结构和提高土壤肥力。

1. 细菌   细菌是土壤微生物中种类最多，数量最大，分布最广的一类。细菌是单细胞生物，个体小、结构简单、繁殖快，主要形状有球状、杆状、弧状、螺旋状等。土壤中常见的细菌有纤维分解细菌、氨化细菌、硝化细菌、根瘤菌、自身固氮菌等多种。根据细菌摄取营养物质的特点及最初能量的来源，可将其分为两类。

（1）自养型细菌   能利用氧化无机物产生的化学能或太阳能，从空气中摄取二氧化碳（CO_2），合成碳水化合物。作为自身营养物质的细菌其主要作用，一是作为土壤有机质积累的先锋，为土壤积累有机质；二是氧化作用，将氨氧化为硝酸，将硫氧化成硫酸，促进养分的转化，消除有毒物质的毒害。

（2）异养型细菌   异养型细菌靠分解有机物获得能量和养分。土壤中的细菌绝大多数是异养型的，根据其对空气条件的要求又分为好气性、嫌气性和兼气性三类。好气性细菌只能在有游离态氧的条件下生活，利用空气中的氧去氧化有机质。它们的作用是使有机物彻底分解，释放养分，有的可以固氮，如纤维分解菌、根瘤菌等。嫌气性细菌不需要游离态氧，只能在无氧条件下生活，从含氧化合物中夺取氧以进行体内的氧化作用。它们对有机质的分解缓慢而不彻底，其主要作用是合成腐殖质，如蛋白质分解细菌、嫌气性纤维分解菌等。在有氧无氧条件下均能生活的细菌称兼气性细菌。

2. 放线菌 土壤中放线菌是数量上仅次于细菌的一类微生物。放射性、个体比细菌大，但比真菌小，由单细胞延伸成为菌丝体，依靠分解有机质为生，特别是分解纤维素、含氮有机物和转化各种盐类的能力强、耐旱、耐高温，宜在中性和碱性环境下生活，但对酸反应敏感，在 pH 5 以下时，生长受抑制。土壤中的放线菌，约有 50％能产生抗菌素、激素和维生素等物质，有利于抵抗病害感染。

3. 真菌 真菌大多数是多细胞的，菌体呈丝状分枝，称菌丝体。真菌数量没有细菌多，但其生物体总量却远大于细菌和放线菌。其特征主要是好气异养性的，集中在土壤表层，耐酸耐低温，由于具有复杂的酸系统，分解有机残体的能力特别强。如纤维素、酯类、树胶、木质素等极难分解的有机物质也能被真菌分解。在分解有机质时，真菌将大部分碳、氮吸收并转化，只释放少量的二氧化碳（CO_2）和氨（NH_3）。

真菌还能以菌根状态和一些高等植物共生，它以菌丝侵入植物的根部，和根组织生活在一起，称为"菌根"。菌根能促进植物对水分和养分的吸收，同时也从根系中吸取碳水化合物。此外，它还可以保护根系免受一些病原菌感染。

4. 藻类和原生动物 土壤中的藻类主要有蓝藻、绿藻和硅藻，绝大多数含有叶绿素，可进行光合作用。一般主要栖息在表土，有时大量繁殖成一片绿色的膜覆盖于土面或稻田水面，其中蓝藻可固定空气中的氮素，故称固氮蓝藻。

此外，土壤里还分布着许多微小的原生动物，如鞭毛虫、变形虫和纤毛虫等，每克土可达 10 万个以上，它们能感染人畜，引起病害。

二、土壤微生物功能及作用

土壤微生物的作用有以下 6 个方面。

1. 参与土壤形成 我们知道，土壤形成的实质是土壤有机质的合成与分解，而有机质的合成与分解都是在微生物参与下完成的。从土壤形成过程看，土壤的形成是岩石风化物上发育有生物时开始的，而土壤中最原始的生物是最低等的自养型微生物，如细菌、藻类、地衣等。由于它们的大量繁殖，在母质中最先积累了有机质。其次，由于一些微生物对有机质的分解而释放出养料，特别是固氮微生物固定了空气中的氮素，提供了岩石中缺乏的氮素养料，这样就使高等植物得以生存和发展。高等植物的出现又加速了土壤的形成，所以说土壤微生物是土壤有机质积累的先锋。此外，高等植物吸收养分能力强，能产生更多的有机质，它们又再次被微生物分解产生养料供下一代植物利用，这种周而复始的循环，使土壤肥力不断增加。

2. 促进养分的转化 绿色植物的生长，需要利用空气中的二氧化碳（CO_2）以及土壤中的水分和养分。而空气中的二氧化碳、土壤中的各种营养物质的有效数量是有限的，要使这些营养元素源源不断地供给植物需要，主要是靠土壤微生物的转化作用。如空气中二氧化碳的含量仅为 0.03％，植物吸收的二氧化碳主要靠微生物分解土壤有机质提供；又如岩石中没有氮素，但大气中含有 79％的氮素，而植物又不能直接利用大气中的分子态氮，土壤中的固氮微生物可将空气中的氮固定下来，然后再以植物能吸收的形态提供给植物；土壤有机质中含有大量有机态氮、磷、硫，但植物难以直接吸收利用，微生物可将其分解成易被吸收的形态供植物吸收和利用。

3. 提供土壤热能　微生物在分解有机质时会产生一定的热量，而自身吸收利用还不到一半，剩余的热量可以提高土温，促进土壤中其他生命活动和物质的转化。

4. 刺激植物生长，抑制病原菌发育　很多微生物在其生命活动过程中所产生的维生素、生长素、氨基酸等物质，能被植物利用，促进或刺激作物生长。

某些微生物分泌的抗菌素也可以抑制病原菌的发育。但也有些微生物，本身就是病原菌，它们分泌有毒物质会抑制植物生长或使植物中毒，造成减产。针对这种情况，应通过轮作换茬以调整微生物的生存环境。

5. 产生多种土壤酶，影响土壤肥力　土壤微生物的多种酶能积极参与许多重要的生物化学反应，影响土壤肥力。例如尿素酶可把尿素水解成碳酸铵。土壤微生物群体越活跃，所产生的酶越多，活性越高。酶的活性不仅影响到土壤中有机胶体的品质和数量，对土壤肥力也产生极为深刻和影响。

6. 裂解化学毒素　人们为防止病虫害，清除杂草使用的杀虫剂、除草剂以及其他有毒物质，在土壤中会逐步降解，而土壤这种自净作用是依靠土壤微生物（主要是细菌）来完成的。细菌的活性越大，解毒的速度也越快，而且对较高浓度的有毒物质也能裂解。

第二章 有机肥料及微生物肥料分类

第一节 我国农田传统有机肥

我国是世界上最早利用有机肥的国家。2 000 多年来，有机肥为我国传统农业发展提供了有力的支撑。我国有机肥概括起来分为四大类：绿肥、农家肥、秸秆和商品有机肥。

一、绿肥

绿肥是用绿色植物体制成的肥料，是一种养分完全的生物肥源。种绿肥不仅是增加肥源的有效方法，对改良土壤也有很大作用。但要充分发挥绿肥的增产作用，必须做到合理施用。

1. 绿肥作用与效果

（1）能增加土壤有机质　绿肥作物的根系发达，如果地上部分产鲜草 1 000kg，则地下根系就有 150kg，能大量地增加土壤有机质，改善土壤结构，提高土壤肥力。豆科绿肥作物还能增加土壤中的氮素，据估计，豆科绿肥中的氮有 2/3 是从空气中来的。

（2）能使土壤中难溶性养分转化，利于作物吸收与利用　绿肥作物在生长过程中的分泌物和翻压后分解产生的有机酸能使土壤中难溶性的磷、钾转化为作物能利用的有效性磷、钾。

（3）能改善土壤的物理化学性状　绿肥翻入土壤后，在微生物的作用下，不断地分解，除释放出大量有效养分外，还形成腐殖质。腐殖质与钙结合能使土壤胶结成团粒结构，有团粒结构的土壤疏松、透气，保水保肥力强，调节水、肥、气、热的性能好，有利于作物生长。

（4）能促进土壤微生物的活动　绿肥施入土壤后，增加了新鲜有机能源物质，使微生物迅速繁殖，活动增强，促进腐殖质的形成和养分的有效化，加速土壤熟化。

2. 我国大量空闲耕地应推广发展绿肥　空闲耕地就是常年、季节性或者局部没有耕种利用的耕地的统称。主要包括：抛荒田——常年没有耕种利用的耕地；冬闲田——冬季没有耕种利用的耕地；间隙耕地——水果、茶叶种植区域内的空隙未耕种部分的耕地。

3. 现代农业绿肥油菜明显优于紫云英　在 20 世纪 70 年代以前，绿肥最主要的作用是提供作物养分，特别是氮素养分。比如湖北省 1977 年 2 119 万亩绿肥总产 3 179.6 万 t，折纯氮 12.72 万 t，接近当年全省施用氮素化肥总纯量 13.37 万 t。绿肥另一个作用是改良土壤，培肥地力。因为紫云英可以固定空气中的氮素，所以在当时化肥严重不足的情况下，把紫云英作为最主要的绿肥品种，主要目的是补充作物氮素养分。

现代农业中，绿肥的主要作用发生了改变。比如 2017 年全国绿肥种植面积 6 100 万亩，按亩产 1 000kg，折 24.4 万 t 纯氮肥料，而当年氮素化肥使用总纯量为 2 221 万 t（加上复合肥中氮素，则化肥总氮为 3 200 万 t），绿肥提供氮素肥料总纯量只占化肥氮总纯量的 0.7%，所以绿肥提供养分的意义已经不大。而现在绿肥最主要的作用是改良土壤，培肥地力。绿肥另一个作用就是保护生态环境，防止污染，生产健康食品。

4. 大力推广种植利用油菜绿肥 在现代农业中，油菜作为绿肥与传统紫云英绿肥相比有巨大的优势：

（1）油菜种植区域广阔 我国油菜种植面积和总产量均居世界第一位，遍及全国各地，北至黑龙江，南达海南岛，西起新疆，东抵沿海各省，从平原到海拔 4 600m 的西藏高原都有油菜种植；而紫云英性喜温暖的气候，我国仅分布于长江流域及以南地区，北纬 35°是紫云英的北部界限。

（2）油菜适应性广，抗逆性强 油菜既可以在排水不良的低湖水田种植，也可以在干旱少水的西北地区、山区坡地生长，对土壤肥力要求也不高；而紫云英在湿润且排水良好的土壤中生长良好，怕旱又怕渍，土壤以质地偏轻的壤土为主。

（3）油菜生长期短，播种期宽松 油菜既可以秋冬播种，也可以春播，秋冬播种期 9 月上旬至 11 月中旬，全生育期 130～290d，春播播种期 3 月中旬至 4 月中旬，全生育期 60～130d；而紫云英一般 9 月上旬至 10 月中旬播种，4 月中旬至 5 月中旬种子成熟，全生育期 220～270d，生育期长，播种期短。

（4）油菜株体高大，鲜草、干有机物产量高 油菜茎枝直立生长，株体高大，光合和生长效率相对较高，鲜草每亩产量可达 2 000～3 000kg，按 82% 含水量计算，干有机物每亩产量 360～540kg；而紫云英茎枝匍匐地面生长，光合和生长效率相对较低，鲜草每亩产量 1 000～2 000kg，按 88% 含水量计算，干有机物每亩产量 120～240kg，二者相比为 3∶1。

（5）油菜发芽出苗性能好 油菜种子当年的发芽出苗就在 95% 以上；而刚收获晒干的紫云英种子一般发芽率只有 2%～5%，发芽率随储藏时间延长而提高，在南方地区到当年秋季发芽率也只有 80% 以下，储藏到第二年秋季的发芽率最高。

（6）油菜繁殖率高 油菜种子亩产约 200kg，亩播种量约 0.25kg，繁殖率约 800；而紫云英种子亩产 30～50kg，亩播种量 1.5～4kg，繁殖率只有约 20，这是阻碍紫云英绿肥发展的最大问题，二者相比为 40∶1。

（7）油菜种植投资少 油菜种子单价按 5 元/kg、每亩播种量 0.5kg 计算，种子投资只要 2.5 元/亩；而紫云英种子单价按 30 元/kg，每亩播种量 1.5kg 计算，仅种子投资就要 45 元/亩，二者相比为 1∶18。紫云英栽培时还需要以小肥养大肥等肥料投入。

（8）油菜栽培省工省时 油菜只需拌点干土、细沙等播种均匀即可；而紫云英种子在播种前一般需要进行一些处理，包括晒种、擦（碾）种、盐水选种、浸种、根瘤菌和磷肥拌种等以提高其出苗率，生长期还要清沟排渍、抗旱保湿等。

（9）油菜绿肥养分丰富 紫云英可以固定空气中的氮素供给土壤，油菜则可以活化土壤中矿物态的磷素供给土壤，油菜是少数可以吸收利用矿物态磷素的作物。据分析，紫云英鲜草含水 88%、氮 0.33%、五氧化二磷 0.08%、氧化钾 0.23%，油菜鲜草含水 82.8%、氮 0.43%、五氧化二磷 0.26%、氧化钾 0.44%；紫云英干草含氮 2.75%、五氧化二磷 0.66%、氧化钾 1.91%，油菜干草含氮 2.52%、五氧化二磷 1.53%、氧化钾 2.57%（《中国农技推广》，2012 年第 8 期，傅廷栋、梁华东等）。

二、秸秆还田

秸秆直接还田是提升土壤有机质的关键措施之一，它能促进农业节水、节本、增产、增收、环保和可持续发展。利用农村富余的多种作物秸秆，在多种作物上根据不同的生态环境，采用机械翻压、秸秆覆盖、生物腐熟等不同的还田方式，并结合机械化操作，模式化栽培等综合技术，改善土壤通透性能，增强土壤蓄水保肥能力，增加土壤有机质含量和微生物活性，逐步提高土壤肥力。

1. 留高桩旋耕机械还田　适用秸秆：留高桩旋耕机械还田主要适用于水稻、小麦等草本类作物秸秆还田。技术要点：作物收割时，利用机械或人工收割，只收割上部禾穗部分及少部分秸秆，将大部分秸秆留在田间，利用旋耕机械旋耕，将留在田间的秸秆压碎，翻入土壤内，再种植下一季作物。注意事项：留高桩旋耕机械还田秸秆量比较大，下一季作物要早施肥，并且适当增施氮肥，以防止秸秆腐烂时碳氮比不足，与作物争氮。

2. 联合收割机粉碎还田　适用秸秆：联合收割机粉碎还田适用于玉米、水稻、小麦、油菜或大豆等多种作物秸秆还田。技术要点：作物收割时，利用大型联合收割机械，一次将作物割起，在联合收割机内将作物脱粒，籽粒留下，将秸秆粉碎，丢在田间，再机械翻耕，将粉碎的秸秆翻入土壤内，再种植下一季作物。注意事项：联合收割机粉碎还田秸秆量比较大，下一季作物要早施肥，并且适当增施氮肥，以防止秸秆腐烂时碳氮比不足，与作物争氮。

3. 秸秆覆盖还田　适用作物：几乎所有旱作物，包括小麦、油菜、棉花、瓜类、果树或蔬菜等。两、三季作物一般只覆盖一季，以秋冬优于春夏。适用秸秆和用量：可用于覆盖的秸秆品种很多，麦秆、稻草、油菜秆、玉米秸、豆秆或芝麻秆等均可应用。一般豆秆、油菜秆和芝麻秆优于稻草、玉米秸，稻草、玉米秸又优于麦秆。新鲜、湿润的秸秆优于干秸秆。用量适宜，春夏可多，秋冬宜少；作物高大者要多，矮小者应少；盖后不追肥者可多，盖后还要追肥者每亩不宜超过 200kg。技术要点：根据作物及耕作不同，分五类：一是直播作物小麦、玉米、豆类等作物播种后出苗前，每亩以 150～200kg 干秸秆均匀铺盖于耕地土壤表面，以"地不露白，草不成坨"为标准。盖后抽沟，将沟土均匀地撒盖于秸秆上。二是移栽作物油菜、甘薯或瓜类等，先每亩覆盖秸秆 200kg 左右，然后移栽。三是夏播宽行作物如棉花等，最后一次中耕除草施肥后再覆盖秸秆，每亩用量 200～250kg。四是果树、茶桑等乔冠木随时可覆盖秸秆，每亩用量不限，春季 300kg，秋季 250kg 为宜。

4. 秸秆快速腐熟还田　技术特点：通过添加秸秆腐解微生物和秸秆腐解酶类，加速秸秆腐解的进程，缩短腐熟时间，尽快释放养分，防止后期腐解而与农作物争氮，是秸秆直接还田的一种新方法。适用秸秆：秸秆快速腐熟还田主要适用于水稻、小麦和油菜等作物秸秆还田。适用作物：秸秆快速腐熟还田主要适用于水稻作物。技术要点：作物收割时，利用机械或人工收割，作物在田间脱粒，秸秆留在田间，将其均匀铺撒在土壤上，每亩撒施 2kg 秸秆腐熟剂，灌水泡 5～10d，再整地栽秧（《中低产土壤障碍及改良技术》，梁华东、李剑夫主编，中国农业出版社，2017 年）。

三、农家肥

农家肥就是农村生产、生活过程中产生的具有肥效的废弃物或利用废弃物发酵而成的肥料。传统农家肥主要包括粪尿肥、厩肥、堆沤肥、沼渣沼液、饼粕、草木灰、塘泥等。农家肥来源广，成本低，养分全，肥效稳，适用于各科作物，是农村应用最早、最普遍、用量最大、种类最多、成分最复杂的一种传统肥料。

1. 粪尿肥 粪尿肥是传统农村最普遍、最多的一种农家肥，占农家肥的 80%～90%。粪尿肥主要是人粪尿，猪粪尿，牛、羊、马、驴、骡等家畜粪尿，鸡、鸭、鹅等家禽类及蚕类粪尿等。其中人、猪、牛粪尿占 90% 左右。粪尿主要分人粪尿、畜粪尿和禽粪三类。

2. 厩肥 厩肥又叫栏肥，一般是指由家畜粪尿、各种垫栏材料及饲料残屑混合积制的肥料。猪厩肥叫猪栏粪，牛厩肥叫牛栏粪。

3. 堆肥和沤肥 堆肥是秸秆、枯物残体等有机质废弃物在好气条件下堆腐而成的有机肥料。堆肥是一种富含有机质的肥料，其组成因堆积材料和方法不同差别较大。普遍堆肥一般组成是：水分 60%～75%，有机质 15%～25%，氮 0.4%～0.5%，P_2O_5 0.18%～0.26%，K_2O 0.45%～0.70%，碳氮比 16～24：1。常温堆肥养分略低，高温堆肥养分略高。

沤肥是秸秆、绿肥、草皮、人畜粪尿、塘泥、家庭垃圾等在不渗漏的积水塘（坑）中，在嫌气条件下沤制而成的有机肥料，其成分因材料不同差别较大。

4. 沼渣沼液 沼渣沼液又称沼气发酵肥（简称沼肥），是在农村制作沼气过程中，其原料秸秆、人畜粪尿、杂草树叶、生活污水等经发酵后剩余的物质。沼气发酵肥是一种优质有机肥，分为沼渣和沼液两部分，各占 13.2% 和 86.8%，其成分因投料种类、比例和加水量等不同差异较大。沼渣含有机质 30%～50%，全氮 0.8%～1.5%（速效占 1.25%），全磷 0.4%～0.6%，全钾 0.6%～1.2%（速效占 1.33%）；沼液含全氮 0.039%，有效磷 0.037%，有效钾 0.2%。

5. 饼粕 农村含油种子经压榨或浸提去油后的残渣叫饼，作肥料时叫饼肥。主要有菜籽饼、芝麻饼、花生饼、茶油饼、大豆饼、茶籽饼、棉饼、桐籽饼等。饼肥含氮较高，故农民把它当作氮肥。饼作肥料，一般只需粉碎就能施用。当季肥效似高氮硫酸铵，后效长，如棉仁饼、棉籽饼、芝麻饼、豆饼等。含氮较低的油饼常含有皂素等物质，如菜籽饼、油茶饼、桐子饼、蓖麻饼等，作肥料应经发酵。饼肥一般基施，棉仁饼、豆饼、芝麻饼等也可作追肥，施用时应防止与种子、根接触。由于饼价值高，肥效长，故常作经济作物棉花、烟叶、蔬菜等的肥料。

6. 草木灰 草木灰就是植物燃烧后所剩余的灰分。广大农村普遍以稻草、麦秆、玉米秸、棉秆、树枝、落叶等为燃料，故草木灰是农村的一项重要肥料。草木灰主要成分是碳酸钾，其钾含量较高，另外还含有磷、锌、镁、硫及微量元素等，不含氮素。

7. 塘泥 泥土肥包括塘泥、湖泥、沟泥、河泥等。这类肥料的特点是有机质和养分含量较低，钾略偏高，施用量大。泥肥主要在冬季无水或浅水季节挑入农田，经冬凌，第二年作春播作物基肥。有条件的地方可尝试机械挖泥施入农田（《湖北省农牧业志》，梁华东等，湖北科技出版社）。

第二节 商品化生物有机肥料及标准

这里所说的生物有机肥料是指商品化生物有机肥料，又叫工业生物有机肥料、精制生物有机肥料，是通过工业生产的方式生产出来的，包含有机质或者（和）微生物菌剂的一类肥料的总称。生物有机肥料主要包括：有机肥料、生物有机肥、有机—无机复混肥料、复合微生物肥料、农用微生物菌剂、有机土壤调理剂等。按照农业农村部的有关规定，应该包括以下七大类肥料产品。

一、有机肥料

有机肥料（又叫商品有机肥、精制有机肥、工业有机肥），主要原料来源于畜禽粪便、动植物残体、农产品加工下脚料等农业废弃有机物，经工业化发酵腐熟的含碳有机肥料，其功能是改善土壤肥力、提供植物营养、提高作物品质。

有机肥料，执行国家农业行业标准 NY/T 525—2021，分为粉状和颗粒两种类型。外观颜色为褐色或灰褐色，粒状或粉状，均匀，无恶臭，无机械杂质（表 2-1）。

表 2-1 NY/T 525—2021 有机肥料主要技术指标要求

项 目	指 标
有机质的质量分数（以烘干基计）（%）	≥30
总养分（$N+P_2O_5+K_2O$）的质量分数（以烘干基计）（%）	≥4.0
水分（鲜样）的质量分数（%）	≤30
酸碱度（pH）	5.5~8.5

二、生物有机肥

生物有机肥指特定功能微生物与主要以畜禽粪便、动植物残体、农产品加工下脚料等农业废弃有机物为来源并经工业方式无害化处理、腐熟的有机物料复合而成的一类兼具微生物肥料和有机肥效应的肥料。

生物有机肥，执行国家农业行业标准 NY 884—2012，分为粉状和颗粒两种类型。外观（感官）粉剂产品应松散、无恶臭味；颗粒产品应无明显机械杂质，大小均匀，无腐败味（表 2-2）。

表 2-2 NY 884—2012 生物有机肥主要技术指标要求

项 目	技术指标
有效活菌数（cfu）（亿/g）	≥0.20
有机质（以干基计）（%）	≥40.0

（续）

项　　目	技术指标
水分（%）	≤30.0
pH	5.5～8.5
粪大肠杆菌菌群数（个/g）	≤100
蛔虫卵死亡率（%）	≥95
有效期（月）	≥6

三、有机—无机复混肥料

有机—无机复混肥料以畜禽粪便、动植物残体、农产品加工下脚料等有机物料经过发酵处理，添加无机肥料混合造粒制成的有机—无机复混肥料。

有机—无机复混肥料，执行国家标准 GB/T 18877—2009，分为Ⅰ型、Ⅱ型和Ⅲ型 3 种型号。外观：颗粒状或条状产品，无机械杂质（表 2-3）。

表 2-3　GB/T 18877—2020 有机—无机复混肥料主要技术指标要求

项　　目		指　　标		
		Ⅰ型	Ⅱ型	Ⅲ型
总养分（N+P$_2$O$_5$+K$_2$O）的质量分数[a]（%）	≥	15.0	25.0	35.0
有机质的质量分数（%）	≥	20	15	10
水分（H$_2$O）的质量分数[b]（%）	≤	12.0	12.0	10.0
酸碱度（pH）		5.5～8.5		5.0～8.5
粒度（1.00～4.75mm 或 3.35～5.60mm）[c]（%）	≥	70		
蛔虫卵死亡率（%）	≥	95		
粪大肠杆菌菌群数（个/g）	≥	100		
氯离子的质量分数[d]（%）	≤	3（无氯）		
	≤	15（低氯）		
	≤	30（中氯）		

四、复合微生物肥料

复合微生物肥料指特定微生物与氮磷钾化肥（固体包括有机肥料）复合而成，能提供、保持或改善植物营养，提高农产品产量或改善农产品品质的活体微生物制品。

复合微生物肥料，执行国家农业行业标准 NY/T 798—2015，分为均匀的液体或固体两种类型。悬浮型液体产品应无大量沉淀，沉淀轻摇后分散均匀；粉状产品应松散；粒状产品应无明显机械杂质，大小均匀（表 2-4）。

表 2 - 4　NY/T 798—2015 复合微生物肥料主要技术指标要求

项　目	剂　型	
	液　体	固　体
有效活菌数（cfu）[a]［亿/g（mL）］	≥0.50	≥0.20
总养分（$N+P_2O_5+K_2O$）[b]（%）	6.0～20.0	8.0～25.0
有机质（以烘干基计）（%）	—	≥20.0
杂菌率（%）	≤15.0	≤30.0
水分（%）	—	≤30.0
pH	5.5～8.5	5.5～8.5
有效期[c]（月）	≥3	≥6

五、农用微生物菌剂

农用微生物菌剂，目标微生物（有效菌）经过工业化生产扩繁后加工制成的活菌制剂。它具有直接或间接改良土壤，恢复地力，维持根际微生物区系平衡，降解有毒、有害物质等作用。应用于农业生产，通过其中所含微生物的生命活动，增加植物养分的供应量或促进植物生长，改善农产品品质及农业生态环境。

农用微生物菌剂，执行国家标准 GB 20287—2020，分为液体、粉剂和颗粒 3 种类型。产品外观（感官）粉剂产品应松散，颗粒产品应无明显机械杂质，大小均匀，具有吸水性（表 2 - 5）。

表 2 - 5　GB 20287—2020 农用微生物菌剂主要技术指标要求

项　目		剂　型		
		液　体	粉　剂	颗　粒
有效活菌数（cfu）[a]［亿/g（mL）］	≥	2.0	2.0	1.0
霉菌杂菌数［个/g（mL）］	≤	$3.0×10^6$	$3.0×10^6$	$3.0×10^6$
杂菌率（%）	≤	10.0	20.0	30.0
水分（%）	≤	—	35.0	20.0
细度（%）	≥	—	80	80
pH		5.0～8.0	5.5～8.5	5.5～8.5
保质期[b]（月）	≥	3	6	6

六、有机物料腐熟剂

有机物料腐熟剂是指能加速各种有机物料（包括农作物秸秆、畜禽粪便、生活垃圾及城市污泥等）分解、腐熟的微生物活体制剂。

有机物料腐熟剂（包括秸秆腐熟剂），执行国家标准 GB 20287—2020，分为液体、粉剂和颗粒 3 种类型。产品外观（感官）粉剂产品应松散，颗粒产品应无明显机械杂质，大小均匀，具有吸水性（表 2-6）。

表 2-6　GB 20287—2020 中有机物料腐熟剂主要技术指标要求

项　　目	剂　　型		
	液　体	粉　剂	颗　粒
有效活菌数（cfu）[亿/g（mL）]　≥	1.0	0.50	0.50
纤维素酶活[a]　[U/g（mL）]　≥	30.0	30.0	30.0
蛋白酶活[b]　[U/g（mL）]　≥	15.0	15.0	15.0
水分（%）　≤	—	35.0	20.0
细度（%）　≥	—	70	70
pH	5.0～8.5	5.5～8.5	5.5～8.5
保质期[c]（月）　≥	3	6	6

七、有机土壤调理剂

有机土壤调理剂是指能够调理土壤酸性或者碱性，以及修复土壤污染的一类有机肥与化肥的复混肥料。

有机土壤调理剂没有国家标准，只能制定企业标准。去除有机质含量以外，酸性土壤调理剂（也是重金属修复剂）包含有钙元素、镁元素和硅元素，pH 微碱性（pH 8 以上）；碱性土壤调理剂主要是酸性化肥。

酸性土壤有机调理剂主要技术指标：

①一般有机质≥10%～20%。

②钙镁硅 Ca＋Mg＋Si≥10%～30%，或 Ca＋Mg≥10%～30%，或 Ca≥10%～30%，Ca＋Mg＋Si≥10%～30%。

③酸碱度（pH）≥8.0。

第三章　生物有机肥料产业的黄金十年

我们认为，今后十年将是中国生物有机肥料产业高速大规模发展的黄金十年。主要形势分析包括：畜禽粪便污染触目惊心，秸秆焚烧污染后果严重，农业废弃物资源极其宝贵，化肥减量与有机肥替代的必然选择，耕地质量保护的国家战略，土壤酸化污染治理的有效措施，安全健康农产品生产的关键技术。

第一节　国家高度重视畜禽粪便污染问题

一、我国是世界畜禽养殖大国

畜禽养殖业主要是利用猪、牛、羊、鸡、鸭、鹅、兔、鹌鹑等已经被人类驯化的动物，通过人工饲养、繁殖，使其将牧草和饲料等植物能转变为动物能，以取得肉、蛋、奶、毛、绒、皮等畜产品的生产环节，是人类与自然界进行物质交换的重要环节。畜牧业与种植业并列为农业生产的两大支柱，畜禽养殖业既是大农业的一部分，又是承载农业的中轴产业。它有着自身特殊的优势，能为粮食饲料产品提供市场，又能使本身的产品进入加工、流通环节。一个国家畜牧业产值在农业总产值中的比例，人民对畜禽产品的消耗量，被看作一个国家的发达程度和衡量人民生活水平的重要标志之一。规模养殖在畜禽饲养技术水平提高以及畜产品总量和经济效益增加的同时，也带来了畜禽粪便相对集中和处理难的问题。由于缺乏相应的废物处理系统和环境保护措施，大量粪便未经处理就露天堆放或排入河道，造成土壤、水资源和空气污染。对环境影响比较大的大中型畜禽养殖场主要集中在人口比较集中、水系比较发达的南方中东部地区。

我国是世界畜禽养殖大国，在世界产业竞争中属于优势产业。自改革开放以来，由于政策的调整，国家投入的增加，畜禽品种、防疫卫生，特别是动物营养与饲料科学技术的普及，使我国畜禽养殖业得到了快速发展。我国肉、蛋产量长期位于世界第一，奶类产量位居世界前三。

1. 养猪业　我国养猪产业稳居世界第一。据统计，2017 年我国猪出栏量占世界的56％，出栏量 7 亿头，中国猪肉消费量占世界的 50％，人均猪肉消费量约为世界人均猪肉消费量的 2 倍。年消费猪肉超过 5 000 万 t，猪肉在我国肉类食品中占 60％，养猪产值1.3 万亿元，占中国畜禽养殖业的 56％。

2. 养牛业　我国养牛产业位居世界前三。肉牛方面：据统计，2020 年印度肉牛存栏量为 3.03 亿头，排名全球第一，占全球肉牛总栏量的 30.83％；巴西和中国紧随其后，肉牛存栏量分别为 2.44 亿头和 0.96 亿头，分别占全球肉牛总存栏量的 24.83％和9.72％。2020 年，印度肉牛出栏量为 6 940 万头，排名全球第一，占全球肉牛总出栏量的23.77％；巴西和中国紧随其后，肉牛出栏量分别为 5 150 万头和 4 565 万头，分别占全球肉牛总出栏量的 17.64% 和 15.63%。奶牛方面：据统计，2022 年全国奶牛存栏达到 1 233.5 万头，是 2000 年的 2.5 倍；奶类产量 3 781.5 万 t，是 2000 年的 4.1 倍。我国奶类产量已跃居世界第三位，成为奶牛生产大国。

3. 养鸡业 我国养鸡产业位居世界前二。肉鸡方面：据统计，2017 年世界肉鸡产量 9 000 万 t，美国占 20.6%，中国占 12.8%，欧盟占 13%，巴西占 14.6%。中国肉鸡消费量世界第一，但是人均消费量只有 10kg，而美国是 40kg，中国台湾也有 28kg，未来增长空间比较大。蛋鸡方面：我国连续 20 多年为世界蛋鸡生产第一大国，2016 年世界蛋鸡存栏 38.5 亿只，中国 13.5 亿只，占世界的 35%。2016 年我国鸡蛋占全球产量的 35.2%，其他主产国分别是美国、印度、墨西哥和日本等国家，占比分别为 8.6%、5.7%、3.7% 和 3.6%。

4. 畜禽养殖规模化 规模化畜禽养殖场指标是猪出栏大于或等于 500 头；奶牛存栏大于或等于 100 头；肉牛出栏大于或等于 200 头；蛋鸡存栏大于或等于 20 000 羽；肉鸡出栏大于或等于 50 000 羽。近年来，我国畜禽规模化、设施化养殖稳步发展，2021 年蛋鸡肉鸡和奶牛养殖规模化率分别提高到 80% 和 70%。全国禽蛋、肉类、奶类年产量分别达到 3 409 万 t、8 990 万 t 和 3 778 万 t，其中 70% 由规模养殖场提供。《全国现代设施农业建设规划（2023—2030 年）》提出，到 2030 年全国畜禽养殖规模化率达到 83% 以上，主要畜禽大规模养殖场基本实现全程设施化。

二、畜禽粪便污染触目惊心

我国工厂化养殖快速发展，到 2021 年，全国规模化畜禽养殖已经占到养殖总规模的 70%。随着我国畜禽养殖业的迅速发展，畜禽养殖所产生的大量粪便和污水也成为重要的污染源。据统计，全国 80% 以上的规模化养殖场没有粪便处理设施和条件。据不完全统计，2021 年全国畜禽粪便总排放量约为 30 亿 t，相当于当年工业固体废弃物排放总量的约 2 倍，有机污染物中仅 COD 就达到 1.2 亿 t，已超过工业和生活废弃物中 COD 的总和，成为环境污染三大源头之一。我国畜禽粪便和污水造成的环境污染主要有 3 个方面：

1. 对水环境的污染 畜禽养殖污染已经成为部分水体水质恶化的重要污染源。畜禽粪污中含有大量的 COD、氨氮、磷等物质，排入水体致使水体富营养化，溶解氧不足，直接威胁水环境质量和生态安全。高浓度粪水导致水体富营养化，污染土壤、地下水和地表水，水中浮游生物爆发性繁殖，耗尽氧气，鱼类大量死亡，水体浓绿、黑臭，严重破坏了生态环境。据调查，湖北某地农村因畜禽粪污流失等因素长期污染，严重影响地下水质量，现在农民饮用水必须打 150 多 m 的深井，才没有味道。

畜禽污水的水质不仅取决于排放粪、尿的成分，还与养殖场的清粪方式有关。以养猪场为例，目前规模化猪场常用的清粪方式有水冲粪、水泡粪和干清粪 3 种。水冲粪工艺是将粪尿污水一并排入漏缝板下的粪沟，每天数次冲洗粪沟；水泡粪工艺是在猪栏下的粪池中注入一定深度的水，粪尿、冲洗水等混合排入漏缝板下的粪池中，储存一定时间后，打开闸门排出粪水；干清粪工艺是在粪污产生初期即进行干湿分流，固形粪便通过人工或机械清扫，污水则沿管道、沟渠排出，两者分开处理。规模化猪场不同清粪方式水量消耗和出水的水质指标差别很大。干清粪工艺由于在粪污排放初期便进行干湿分离，水样中携带的粪渣、残余饲料等固形物较少，故此 SS、COD 含量相对最低，同时干清粪工艺不需要大量冲洗水冲洗排污管、圈舍等，消耗的水量也远小于水冲粪和水泡粪工艺。水冲粪工艺在我国养猪场应用较多，该工艺虽简单快捷，但会使用大量的冲洗水，同时容易将残留的饲料、粪尿等一同带入废水中，从而导致废水中有机污染负荷偏高。水泡粪工艺较水冲粪耗水较少，但粪污长时间停留在猪舍粪池中，容易发生厌氧分解，产生大量的硫化氢、氨气和甲烷等气体，危害人畜健康，同时粪水混合物长时间积累、淤积，排出时污染物浓度更高，后处理也更加困难。相对来说，干清粪产生污水少，污染物浓度低，有利于无害化处理，是值得广泛推广的清粪工艺。

2. 对养殖场及周边环境的污染　畜禽粪便会滋生大量的苍蝇蚊虫，带着各种病菌到处传播，很容易造成畜禽疫病和人畜共患病的现象，给养殖业和从业人员健康带来严重威胁。畜禽粪便产生硫化氢、氨、二硫甲醇等有害气体，还严重污染空气，严重影响饲养场周围的大气质量。尤其是夏季，饲养场集中的地区很远便能闻见空气中弥漫的臭味，严重危害着饲养人员和周围居民的身体健康。畜禽粪便的污染已经成为许多养殖业者非常头痛和棘手的问题。大量养鸡场造成了严重的环境污染，不得已政府已经开始控制、限制新建养鸡场。有的地方每年因为奶牛场的粪便污染，附近老百姓上访投诉，严重影响到当地环保考核达标。

3. 对农田作物的污染　未经处理的畜禽粪便中含有大肠杆菌、寄生虫、病原菌、线虫等病菌、病毒和害虫及虫卵等有害物质，很容易污染农田土壤，危害农作物生长。而且未经处理的粪便在施入土壤后容易引起发酵升温而烧苗，在土壤中分解产生甲烷等有害气体而伤根，也易造成土壤缺氧，影响作物生长。畜禽饲料添加剂中的铜、铁、铬、锌、铬、镉、汞、抗生素、激素等物质，随着畜禽粪便进入水体和农田，长期累积，导致土壤环境质量下降，有毒有害物质沉积，威胁粮食、蔬菜等农产品质量安全。畜禽粪肥过量施用会导致土壤和地下水硝酸盐含量超标，甚至有的地方曾经发生过沼渣做肥料种植芦笋，造成农作物大面积病害死亡的现象。

三、畜禽粪便资源的巨大浪费

我国畜禽养殖业规模较大的主要有猪、牛、羊、家禽等。其中粪便（包括粪尿、垫圈、饲料渣、冲洗水等）平均日产出量和年产出量见表3-1。按照2021年全国畜禽存栏数，换算成我国年畜禽粪便总产出量为30.5亿t。其中猪粪占32.40%，牛粪占22.53%，羊粪占5.76%，鸡鸭等禽类占7.79%。

表3-1　主要畜禽粪便产出量

畜　　禽	猪	牛	羊	家禽	合计
日产粪便（kg）	6	20	1.5	0.1	
年产粪便（t）	2.2	7	0.55	0.035	
年存栏〔万头（匹、只）〕	44 922	9 817	31 969	679 000	
年产鲜粪便（万t）	98 828.4	68 719	17 582.95	23 765	30.5
占粪便总量（%）	32.40	22.53	5.76	7.79	100

据不完全统计，2021 年全国畜禽粪便总产出量为 30.5 亿 t，全国全年畜禽粪便折算成化肥总纯量为 2 366 万 t，相当于 2021 年全国化肥施用总纯量 5 446 万 t 的 43.4%。由此可见，如果粪便全部加工成肥料施用，全国可减少化肥施用 40% 以上。按照化肥浓度 45% 计算，相当于化肥实物量 5 257 万 t。按照 45% 含硫基复混肥料 3 200 元/t 计算，全年畜禽粪便氮磷钾养分价值约 1 680 亿元。另外，全国全年畜禽粪便可提供有机质约为 45 700 万 t，相当于约 15 亿 t 精制商品有机肥料。按照有机肥料 300 元/t 计算，有机质资源价值 4 500 亿元，两项合计粪便折算成肥料总资源价值 6 180 亿元，折算到粪尿每吨资源价值约 202 元。

此外，畜禽粪便中还含有丰富的硫、钙、镁、锌、硼、钼、铜和铁等中、微量元素，以及木质素、纤维素、蛋白质、糖、脂肪、氨基酸、腐殖酸、维生素、抗生素等各种各样的有机养分，俗称"完全肥料"，就是什么养分都有。粪便有机肥料是所有肥料中养分最完善，利用率最好，使用效果最安全的。

四、国家畜禽粪便污染治理政策法规

发达国家对畜禽粪便污染治理问题具有很完备的政策法规，使秸秆、畜禽粪便废弃物得到了较好处理与处置，有许多地方是值得我们借鉴的。由于发达国家多地广人稀，复种指数低，其对这些废弃物无害化后更多的是采取直接还田的方式加以消纳。我国国情不同，我国人多地少，复种指数很高，无法较好地借用国外模式，农业废弃物无害化处理后加工成商品有机肥是其基本的出路。

1. 国务院畜禽规模养殖污染防治条例　2013 年 11 月，李克强总理签署中华人民共和国国务院令第 643 号《国务院畜禽规模养殖污染防治条例》，这是我国关于畜禽污染治理的专门法规。

第十三条：畜禽养殖场、养殖小区应当根据养殖规模和污染防治需要，建设相应的畜禽粪便、污水与雨水分流设施，畜禽粪便、污水的贮存设施，粪污厌氧消化和堆沤、有机肥加工、制取沼气、沼渣沼液分离和输送、污水处理、畜禽尸体处理等综合利用和无害化处理设施。已经委托他人对畜禽养殖废弃物代为综合利用和无害化处理的，可以不自行建设综合利用和无害化处理设施。

第十五条：国家鼓励和支持采取粪肥还田、制取沼气、制造有机肥等方法，对畜禽养殖废弃物进行综合利用。

第十七条：国家鼓励和支持沼气制取、有机肥生产等废弃物综合利用以及沼渣沼液输送和施用、沼气发电等相关配套设施建设。

第二十九条：进行畜禽养殖污染防治，从事利用畜禽养殖废弃物进行有机肥产品生产经营等畜禽养殖废弃物综合利用活动的，享受国家规定的相关税收优惠政策。

第三十条：利用畜禽养殖废弃物生产有机肥产品的，享受国家关于化肥运力安排等支持政策；购买使用有机肥产品的，享受不低于国家关于化肥的使用补贴等优惠政策。畜禽养殖场、养殖小区的畜禽养殖污染防治设施运行用电执行农业用电价格。

2. 农业部、环保部《畜禽养殖禁养区划定技术指南》　2016 年 10 月，原农业部、环境保护部印发了《畜禽养殖禁养区划定技术指南》，要求全国对包括猪、牛、鸡等主要畜禽划定"禁养区"。各地迅速开展了禁养区、控养区和适养区的"三区"划定，禁养区大量养殖场（户）不得不关闭或者搬迁。

3. 国务院办公厅关于加快推进畜禽养殖废弃物资源化利用的意见 2017 年 5 月，国务院办公厅发出了《关于加快推进畜禽养殖废弃物资源化利用的意见》。

第一：总体要求，其中：因地制宜，多元利用。根据不同区域、不同畜种、不同规模，以肥料化利用为基础，采取经济高效适用的处理模式，宜肥则肥，宜气则气，宜电则电，实现粪污就地就近利用。政府引导，市场运作。建立企业投入为主、政府适当支持、社会资本积极参与的运营机制。完善以绿色生态为导向的农业补贴制度，充分发挥市场配置资源的决定性作用，引导和鼓励社会资本投入，培育发展畜禽养殖废弃物资源化利用产业。

第二：建立健全畜禽养殖废弃物资源化利用制度，第八项：健全绩效评价考核制度。以规模养殖场粪污处理、有机肥还田利用、沼气和生物天然气使用等指标为重点，建立畜禽养殖废弃物资源化利用绩效评价考核制度，纳入地方政府绩效评价考核体系。农业部、环境保护部要联合制定具体考核办法，对各省（自治区、直辖市）人民政府开展考核。各省（自治区、直辖市）人民政府要对本行政区域内畜禽养殖废弃物资源化利用工作开展考核，定期通报工作进展，层层传导压力。强化考核结果应用，建立激励和责任追究机制。

第三：保障措施，第十项：加强财税政策支持。启动中央财政畜禽粪污资源化利用试点，实施种养业循环一体化工程，整县推进畜禽粪污资源化利用。以果菜茶大县和畜牧大县等为重点，实施有机肥替代化肥行动。鼓励地方政府利用中央财政农机购置补贴资金，对畜禽养殖废弃物资源化利用装备实行敞开补贴。开展规模化生物天然气工程和大中型沼气工程建设。落实沼气发电上网标杆电价和上网电量全额保障性收购政策，降低单机发电功率门槛。生物天然气符合城市燃气管网入网技术标准的，经营燃气管网的企业应当接收其入网。落实沼气和生物天然气增值税即征即退政策，支持生物天然气和沼气工程开展碳交易项目。地方财政要加大畜禽养殖废弃物资源化利用投入，支持规模养殖场、第三方处理企业、社会化服务组织建设粪污处理设施，积极推广使用有机肥。鼓励地方政府和社会资本设立投资基金，创新粪污资源化利用设施建设和运营模式。第十三项：加强科技及装备支撑。组织开展畜禽粪污资源化利用先进工艺、技术和装备研发，制修订相关标准，提高资源转化利用效率。开发安全、高效、环保新型饲料产品，引导矿物元素类饲料添加剂减量使用。加强畜禽粪污资源化利用技术集成，根据不同资源条件、不同畜种、不同规模，推广粪污全量收集还田利用、专业化能源利用、固体粪便肥料化利用、异位发酵床、粪便垫料回用、污水肥料化利用、污水达标排放等经济实用技术模式。集成推广应用有机肥、水肥一体化等关键技术。以畜牧大县为重点，加大技术培训力度，加强示范引领，提升养殖场粪污资源化利用水平。

第二节 国家严格管控秸秆焚烧污染问题

一、秸秆焚烧严重污染大气环境

据农业农村部统计，我国每年约有 2 亿 t 秸秆在 5 亿亩耕地上焚烧。秸秆焚烧排放大量二氧化硫、二氧化氮、可吸入颗粒物等大气污染物，成为我国雾霾天气的元凶之一。雾霾污染还造成交通堵塞，机场关闭等社会问题。

我国秸秆露天焚烧近年来大有愈演愈烈的趋势。从 2017 年 9 月 20 日到 11 月 15 日，原环保部卫星环境应用中心共监测到全国的秸秆焚烧火点 3 638 个，比 2016 年同期增加了约 73%。京津冀及周边地区在高压禁烧政策之下，发现的火点有所下降。其中山东省减少了约 82%，山西省减少了约 66%，河南省更是一个火点都没有被发现。但东北地区的情况却变得越来越严重。黑龙江省监测到的火点增加了约 41%，而吉林省更是增加了 783%。

1. 我国秸秆焚烧现象普遍的原因

①随着生活水平的提高，家用电器、煤气使用日益广泛，农民对柴草的需求下降。

②焚烧产生的草木灰的确是一种肥料，故而产生焚烧农作物秸秆的行为。

③焚烧原因还涉及到生产力发展水平不平衡，农业科技更新不够的方方面面问题。

④秸秆处理的成本太高，机械收割留茬较高，影响下一季农作物的播种。

⑤科技转化力度不够，秸秆的经济价值难以发挥。

⑥缺乏正确的引导。如今对于农作物秸秆综合利用，虽然提出了不少解决的办法，但缺乏针对性、实用性、时效性和具体性，大多以行政手段和奖惩措施为主，无人去做秸秆利用的组织、协调和转化工作，只堵塞不开流，导致禁烧工作收效不大。

⑦缺乏处置技术。

⑧农村劳动力的大量转移。由于农村大批青壮年进城务工、经商，农忙时农村劳动力以妇女、老人为主，要想将机械收割后的秸秆捆扎搬运离田，心有余而力不足，在万般无奈之下只得就地焚烧秸秆。

⑨机械收割留茬较高。据调查，我国生产的收割机因功率不够及机械手省油等原因留高茬达 20cm 左右，造成了下茬种植的困难，农民不得不用少量秸秆放在高茬上进行焚烧。

⑩宣传力度不够。由于受人力、资金条件限制，秸秆禁烧宣传教育还没有真正深入到农村，农民环保意识不强，没有意识到焚烧秸秆的危害，单靠禁烧不能从根本上解决千家万户秸秆处理的问题。另外，秸秆禁烧监管力度不强，执法手段也比较薄弱。

⑪试点的秸秆气化站，使用秸秆很少，不能解决根本问题，大面积吸纳秸秆还有很长的一段路。

2. 秸秆焚烧产生的主要危害

①引发交通事故，影响道路交通和航空安全。焚烧秸秆形成的烟雾，造成空气能见度下降，可见范围降低，直接影响民航、铁路、高速公路的正常运营，容易引发交通事故，影响人身安全。

②引发火灾。秸秆焚烧，极易引燃周围的易燃物，导致"火烧连营"，一旦引发麦田大火，往往很难控制，造成经济损失。尤其是在山林附近，后果更是不堪设想。

③破坏土壤结构，造成农田质量下降。秸秆焚烧也入地三分，地表中的微生物被烧死，腐殖质、有机质被矿化，田间焚烧秸秆破坏了生物系统的平衡，改变了土壤的物理性状，加重了土壤板结，破坏了地力，加剧了干旱，农作物的生长因而受到影响。

④对人体、空气、土壤、交通安全和生命财产造成危害。秸秆露天焚烧直接导致大气污染。每逢夏秋季节由于秸秆的大量焚烧，导致空中悬浮颗粒数量明显升高，焚烧产生大量的一氧化碳、二氧化氮等有害气体，降低大气环境质量。

二、秸秆钾肥资源意义特殊

我国钾盐资源贫乏，仅为世界总储量的千分之一。我国已探明的可溶性钾盐矿产地40余处，保有氯化钾查明资源储量仅8.66亿t，分布在青海、新疆、西藏、云南、山东、甘肃等省（自治区），主要集中在地理位置相对偏僻、交通不便的青海柴达木盆地和新疆罗布泊地区，约占总储量的96%以上，而且钾盐品位低，共伴生组分多。由于钾盐资源短缺，目前我国钾肥一半以上靠进口，品种包括氯化钾、硫酸钾及硝酸钾。据估计，钾肥年消耗量约1 000万t，平均进口量约600万t（以氧化钾计），年用外汇为7亿～8亿美元。近年钾肥进口谈判中，外国企业常常利用我国钾肥资源匮乏这一问题，不断施压加价。

我国是世界种植业生产大国，秸秆是我国农村常见的一种农业废弃物。我国各类农作物秸秆资源十分丰富，每年可生成的秸秆高达9亿t，其中稻草秸秆占30%，小麦秸秆占18%，玉米秸秆占27%。秸秆中含有丰富的大量元素和微量元素，其中含量最高的是钾元素。以南方稻草为例，含氮素0.65%，五氧化二磷0.11%，氧化钾2.5%，秸秆中含钾元素远远高于其他元素。按照全国一半秸秆4.5亿t未被有效利用，折算成氧化钾纯量约1 100多万t，可以完全满足全国钾肥年消费量，不需要进口。回收秸秆中的钾对缓解我国钾肥供应紧张的局面，促进钾肥工业发展有重要意义。

我国耕地土壤中缺钾土壤总面积占耕地面积的23%，而农作物生长过程中吸入的钾有很大一部分富集在秸秆中。作物吸收的钾70%～80%贮存在作物秸秆中，秸秆中钾素主要以离子态存在，容易被水溶解出来，增加土壤的速效钾含量。因而利用秸秆还田是缓解土壤钾素平衡的有效措施。在农业生产中合理施用钾肥，不仅可以维持土壤钾库平衡，而且可以增强土壤的供钾强度。

秸秆含有丰富的氮磷钾养分，还含有丰富的硫、钙、镁、锌、硼、钼、铜和铁等中、微量元素，以及木质素、纤维素、蛋白质、糖、脂肪、氨基酸、腐殖酸、维生素、抗生素等各种各样的有机养分，俗称"完全肥料"。秸秆养分来源于土壤，归还到土壤，符合生态循环科学，更是大自然亘古不变的规律。

三、国家秸秆综合利用新政策

2015年，国家发展改革委、财政部、农业部、环保部联合印发了《关于进一步加快推进农作物秸秆综合利用和禁烧工作的通知》，要求各地统筹规划，坚持市场化的发展方向，在政策、资金和技术上给予支持，通过建立利益导向机制，支持秸秆代木、纤维原料、清洁制浆等新技术的产业化发展，完善配套产业及下游产品开发，延伸秸秆综合利用产业链。

2016年，国家发展改革委办公厅、农业部办公厅联合下发了《关于印发编制'十三五'秸秆综合利用实施方案的指导意见的通知》，指导各地围绕秸秆综合利用重点领域开展工程建设和示范推广，其中秸秆代木、清洁制浆、秸秆生物基产品等高值化、产业化利用方式是重点推广内容。下一步将配合相关部门，推动地方出台并落实财政投入、税收优惠、金融信贷、用地、用电、运输等政策，不断提高秸秆产业化利用水平。

第三节　水产养殖污染与农业面源污染防治

水产养殖自身污染是指由于养殖活动自身因素导致养殖水体及其邻近水域污染物含量超过正常水平，使水体生态功能受到影响的水体状况。自身污染主要来源于养殖过程中固态和液态废物的排放，如残饵、动物粪便和排泄物以及固态物质的溶出成分等。除此之外，养殖过程中投放的肥料、消毒剂、抗生素和其他药物也是自身污染来源的一部分。

一、投饵养殖的残料污染

投饵养殖主要有网箱养殖和池塘养殖两种形式。

1. 网箱养殖　网箱养殖所产生的废物主要为残存的饵料、鱼类的粪便和排泄物。这些废物中最终将对环境产生影响的主要为所含的营养物质如氮、磷和有机物。养殖过程中，无论是以小杂鱼粉碎加工成的鱼糜、鱼块还是配合饲料，投喂后都不能被充分利用，未摄食部分和鱼类粪便进入水体，沉积到底层。固态废物的多寡与网箱养殖方式、养殖种类、饵料类型和管理方法有关。国外报道网箱养殖场沉积率为 5kg/（m^2·d），网箱养殖虹鳟固态废物的沉积率为 149.6g/（m^2·d）。据估算，以饵料和鱼苗形式人为输入淡水网箱养鱼系统中的氮只有 27%～28% 通过鱼的收获而回收，有 28% 积累于沉积物中。底质有机物富集的效应之一便是其中的异养有机体耗氧增加，对沉积物进行分解，放出氮、磷等无机营养物，刺激水生植物和藻类的生长，在缺氧的情况下还释放有毒的氨和硫化物，妨碍鱼类的生长和健康。由于溶解性无机氮是沿岸浮游植物生长的限制性营养盐，网箱养殖区人工投饵活动为附近海域带来的氮、磷、维生素及铁、锰等微量元素的数量，特别是含氮营养盐，为浮游植物的增殖和赤潮的发生提供了必要的物质基础。

另外，和贝类的自身污染相类似的是，网箱养殖也会影响底栖生物群落的变化，通过研究发现，随着底质氧饱和度的改变，底栖生物类群不断发生演替，大型底栖动物种类和生物量减少。这主要是底质有机物富集，耗氧增加，当需氧量超过供氧量时，底质会变为无氧态，从而改变了底质的化学和生态学。

2. 池塘养殖　池塘生态系是一个半人工控制的生态系。人工放养使被养殖的鱼虾种群成为该系统中的绝对优势种群，人工投饵是主要能量来源。同其他人工养殖生态系一样，池塘养殖中也存在着残饵不断产生的问题，残饵是池塘养殖自身污染的主要来源。如对虾养殖中，人工投饵输入虾池的氮占总输入氮的 90% 左右，其中仅 19% 转化为虾体内的氮，其余大部分约 62%～68% 积累于虾池底部淤泥中，此外尚有 8%～12% 以悬浮颗粒氮、溶解有机氮、溶解无机氮等形式存在于水中。即使是在管理最好的养虾场，也仍会有多达 30% 的饲料从未被虾摄食，其中所溶出的营养盐和有机质是影响养殖水环境营养水平，以及造成虾池自身污染的重要因子。

二、养殖排泄物污染

虾池残饵和排泄物等有机物在淡水中经微生物分解后还可产生大量氨氮,而氨氮是养虾池中普遍存在的毒性物质,不仅在高浓度时对虾体有致死作用,即使在安全浓度范围内也显著影响虾体的生理功能,如增加对虾的氧耗,阻碍其氮排泄,降低其腺苷三磷酸酶活性,破坏其渗透调节能力;更重要的是,对虾在氨氮的胁迫下,抗病力下降,更易发生疾病。

同贝类养殖相似的是,虾塘底层残饵腐解也会引起淡水溶解氧和 pH 的下降。有研究表明,过量虾饵在池底分解使淡水中的溶解氧在 24h 内由 8mg/L 下降到零,pH 由 8 下降到 6。虾类养殖业的自身污染还在很大程度上促成了赤潮的发生,并可能引发大规模的传染性虾病。

残饵溶出的氮、磷营养物质不但是养殖水环境本身,而且成为邻近海域的一个污染源。养虾场的养殖面积和该海湾的平均氮浓度之间成正相关,说明硝酸盐可能来自于养虾场的氮排放。虾池排出的营养负荷还提高了邻近的初级生产力,引起水体富营养化。在一些地区,养虾场所排出的污染物已超过了附近池塘水体的接收能力。

淡水养殖业的发展与湖泊环境保护是对立统一的关系。一方面,淡水养殖要求有一个污染少、水质清新的环境,淡水污染是制约淡水养殖发展的一个重要因素。因此,必须尽力控制和减少自身污染的产生,寻求一条发展淡水养殖和环境保护并存的可持续发展的途径。

三、水产养殖鱼粪底泥污染危害

随着水产养殖业的不断发展,养殖密度不断加大,一味追求高产高效的养殖措施,形成养殖水环境尤其是池塘底部沉积物过多,造成鱼塘自身养殖污染(亦称鱼塘老化),破坏了水体原有的生态平衡,使池塘水体中养殖鱼类长期处于应激状态,导致其生理功能紊乱、生长缓慢、免疫功能下降,并严重感染鱼类疾病,甚至死亡,进而影响了养殖鱼类的产量和产品质量。养殖鱼塘由于多年使用而不干塘,池塘中残饵、水生生物排泄物及尸体等腐烂、分解,引起水质恶化,使水体中的营养元素氮、磷等发生非正常变化,并产生氨氮、硫化氢、亚硝酸盐等有毒有害的物质,致使养殖鱼类发病频率高,生长缓慢,单位体积鱼产力下降,这种现象称之为鱼塘养殖污染(即老化)。鱼塘养殖污染的原因如下:

1. 养殖池塘长年不干塘,底部淤泥积累 池塘既是养殖鱼类及其他水生生物生长的环境,又是其分泌物、排泄物的处理场所,由于养殖生产过程中进行大量投饵,残饵及水生生物的粪便、尸体、死亡藻类不断增加而又无法排出池外,沉积于池底,在池塘底部形成一层黑色淤泥。淤泥中的有机物在缺氧条件下发酵分解,产生大量的不利于鱼类及水生生物生长的物质,如氨、硫化氢、甲烷、氢、有机酸、硫醇、低级胺类等,这些物质不仅直接危害养殖鱼类及水生生物,而且会使整个池塘环境的水质恶化,pH 降低,从而影响养殖品种的新陈代谢和生长发育,导致饲料系数增大,养殖成本升高,甚至引起养殖品种中毒死亡和泛塘,对养殖周期的经济效益造成巨大损失。

2. 过多施用药物 随着养殖的水环境日益恶化,鱼病发生的频率较高,施药治病的次数也越来越多，有些药物对鱼类疾病治疗有很好的作用；同时有些药物也有相应的药物残留及负作用，造成鱼类在用药过多的水环境中长期处于应激状态，自身抵抗能力下降而极易生病，更加导致各种疾病的频繁发生。另外，近年来在水产养殖中也大量应用兽药中的抗生素、激素类药物，虽然对治疗疾病起到一定的作用，却在很大程度上破坏了水环境和养殖对象体内的微生物生态平衡，使养殖对象失去了一些正常的菌群屏障及生物拮抗作用，从而导致各类细菌性疾病的危害性增强，更进一步引发细菌性疾病。

3. 残饵过多造成饲料污染　由于投饲量、排泄粪便过多，投饲方法不当或饲料质量较差，造成残饵过多而引起饲料污染。农村传统池塘养殖追求高产高效，放养密度较大，投饲量也普遍偏大，并且多数人工投喂以植物性青饲料为主，饲料营养不全面，所投饲料在池塘水体中流失、腐烂较多，利用率降低，增加了水体有机物质的污染量，更进一步造成鱼塘养殖污染。

第四节　"藏粮于地"战略与农业面源污染防治

一、国家"藏粮于地"战略

无论是在自然状态下或者是在人类生产过程中，土地支持和抚育着天然植物和栽培作物的生长，从而繁衍了野生动物并且繁育了家畜、家禽和鱼类。同时，土地又以母亲般的胸怀，养育了人类本身。正如马克思所说"土地是世代相传的，人类所不能出让的生存条件和再生产条件"。"万物土中生，有土斯有粮"，耕地是人们获取粮食以及其他农产品的最基础的、最重要的生产资料。所有高产优质的农作物品种以及其配套的栽培技术模式都必须建立在安全、肥沃和协调的耕地之上，才能真正实现高产优质和高效。耕地质量水平直接影响农业产业结构、耕地产出能力及农产品质量。

习近平总书记近些年来对耕地保护工作作出重要指示，"要毫不动摇坚持最严格的耕地保护制度和节约用地制度""像保护大熊猫一样保护耕地"。"守住耕地红线不仅体现在数量上，而且体现在质量上"。"坚决防止耕地占补平衡中出现的补充数量不到位、补充质量不到位问题，坚决防止占多补少、占优补劣、占水田补旱地的现象"。

中国用占全球9%的耕地养活了占全球近20%的人口，是一个奇迹。我们这样一个世界人口大国不可能也没有哪一个国家能帮我们解决粮食问题。中国粮食问题不仅仅是一个经济问题，也是一个政治问题。不仅仅是中国的问题，也是全世界的问题。我国国家粮食安全战略是，必须实施以我为主、立足国内、确保产能、适度进口、科技支撑。要依靠自己保口粮，集中国内资源保重点，做到谷物基本自给、口粮绝对安全。我国改革开放40年，相当于西方资本主义国家200年发展速度，40年盖了他们200年盖的房子，建了他们200年建的工厂，修了他们200年修的道路。改革开放前30年，我国耕地减少2亿多亩，人地比由2.23亩/人下降为1.4亩/人。我国人口增加了45%，粮食产量增加了60%。要在越来越少的耕地上获得越来越多的产量，最为有效且不可代替的办法就是不断提高现有耕地质量和加大肥料投入。

《中华人民共和国农业法》第五十八条：农民和农业生产经营组织应当保养耕地，合理使用化肥、农药、农用薄膜，增加使用有机肥料，采用先进技术，保护和提高地力，防止农用地的污染、破坏和地力衰退。县级以上人民政府农业行政主管部门应当采取措施，支持农民和农业生产经营组织加强耕地质量建设，并对耕地质量进行定期监测。

《中华人民共和国基本农田保护条例》第十九条：国家提倡和鼓励农业生产者对其经营的基本农田施用有机肥料，合理施用化肥和农药。利用基本农田从事农业生产的单位和个人应当保持和培肥地力。

2013 年 11 月，湖北省颁布《湖北省耕地质量保护条例》，第十四条规定：县级以上人民政府应当制定扶持政策、措施，鼓励下列耕地地力培肥行为：（一）建设绿肥良种繁育基地；（二）有机肥和配方肥的生产、推广；（三）耕地使用者运用测土配方施肥、秸秆还田、绿肥种植、有机肥和配方肥施用、保护性耕作等技术，改良土壤，提高地力。目前全国省级耕地质量保护法规已经颁布近十部。

农业农村部认真落实"藏粮于地、藏粮于技"战略，在中央财政支持下，采取有效措施，鼓励和引导农民增施有机肥，保护和提升耕地质量。合理施用有机肥，可以提高土壤有机质含量，改善土壤结构，解决土壤肥力下降等问题。

二、国家农业面源污染防治新政策

农业面源污染主要特点：一是污染源种类较多，主要包括化肥施用、农田固体废弃物、畜禽养殖粪污、水产养殖废水和农村生活污染等。化肥等的大量施用，既破坏耕地的土壤结构，加速土壤养分流失，造成土壤严重板结，又导致农产品品质下降，比如蔬菜中硝酸盐含量超标等，严重威胁到人们的身体健康。严重的农业面源污染，还会诱发水体富营养化，破坏水下生态系统，对人畜的饮水安全造成严重威胁。二是污染的区域差异较大，主要表现在不同区域面源污染的程度和不同区域面源污染的类型具有明显差异。三是污染监测难度较高，主要源自于农业面源污染的不确定性、分散性和滞后性。

随着我国工业化、城镇化进程加快以及农产品需求数量上升，新增环境污染物的产生量和排放量将维持在一个较高水平，尤其是农药、化肥不合理使用以及农业废弃物无害化处理和资源化利用不足而产生的农业面源污染，加大了对土壤、水体和空气的环境压力，威胁着我国农业和农村生态环境安全。2018 年 6 月 24 日公布的中共中央国务院《关于全面加强生态环境保护，坚决打好污染防治攻坚战的意见》提出，深入贯彻习近平生态文明思想，坚决打赢蓝天保卫战，着力打好碧水保卫战，扎实推进净土保卫战，加快生态保护和修复，改革完善生态环境治理体系。其中，农业面源污染是净土保卫战的攻坚战。农业面源污染是指主要由大面积农药、化肥或污水灌溉等要素的过量施用以及养殖业畜禽粪便的乱排放，超过了农田的养分负荷，出现了氮、磷、钾等养分的过剩，这些遗留在土壤中的过剩养分在雨水等作用下进入水体，从而产生了地表水的污染。农业面源污染加剧了土壤和水体污染，也威胁着农产品的质量安全。我国农业面源污染量大面广、复杂多样，污染防治工作起步也比较晚，要打好农业面源污染治理攻坚战并不容易，综合防治工作也面临许多困难和问题。

为有效防控农业面源污染，我国相继出台了《全国农业可持续发展规划（2015—2030）》、《农业环境突出问题治理总体规划（2014—2018）》、《重点流域农业面源污染综合治理示范工程建设规划（2016—2020 年）》等系列文件。特别是政府把"一控两减三基本"作为治理农业面源污染的重要策略和终极目标,全面推进农业面源污染防控工作,取得了明显成效。农业农村部将农业面源污染防治工作摆上农业农村经济发展的突出位置,2015 年打响了农业面源污染防治攻坚战,提出到 2020 年实现农业用水总量控制、化肥、农药使用量减少,畜禽粪便、农作物秸秆、农膜基本资源化利用的目标任务。目前,通过发展高效节水灌溉,我国农业生产方式由"浇地"变"浇作物",正在告别大水漫灌,农业用水量占全社会用水总量的比重不断下降,目前为 62.4%;农田灌溉水有效利用系数逐步提高,目前为 0.542。在化肥、农药减量方面,2000 年我国水稻、玉米、小麦三大粮食作物化肥利用率为 37.8%,比 2015 年提高 2.6 个百分点,全国化肥使用量提前 3 年实现零增长;2000 年农药利用率达到 38.8%,比 2015 年提高 2.2 个百分点,农药使用量已连续 3 年负增长。全国养殖粪污综合利用率已经达到 60%。秸秆利用方面,目前全国秸秆综合利用率达到 82% 左右,农用为主,多元发展的利用格局基本形成。地膜"白色污染"近年来备受关注,为此,农业农村部推动出台了地膜新国家标准,从源头保障地膜可回收性,提高防控效果。

农业面源污染防治主要措施如下:

(1)严格控制畜禽养殖污染 针对全市畜禽养殖业发展较快、污染日益严重的状况,大力推行生态养殖模式,鼓励对畜禽粪便实行综合利用,做到减量化、无害化、资源化。发展养殖小区,实行人畜分离,引导养殖户向小区聚集。根据环境的承受能力适时控制养殖规模,设立禁养区、限养区和非限养区,对新建、改建养殖设施实施"三同时"和排污许可制度。

(2)科学施用农药和化肥 大力推广农作物病虫综合防治技术,建立安全用药制度,推广高效低毒低残留农药,开展以虫治虫、以菌治菌等生物防治示范,采取诱杀等农业防治措施,尽量减少农药使用量。大力推广测土配方施肥及秸秆综合利用技术,增加有机肥施用量,减少化肥用量,提高肥料利用率。结合农业和农村经济结构调整,积极发展生态农业和有机农业,大力建设无公害农产品、绿色食品、有机食品生产基地,加强管理,减轻农业面源污染。

(3)加强无害化处理污染物力度 在农村积极推行"一池三改",加快沼气等可再生能源的推广应用。加快沼气发电、垃圾焚烧发电工程建设,建设必要的污水和垃圾处理设施,因地制宜抓好农村生活污水和垃圾处理,做到达标排放。

(4)高度重视农村饮用水源保护 加强城镇和农村人畜饮用水源地规划建设,制定严格保护措施,加强饮用水源保护区管理,切实保障农村人畜饮水安全。

(5)优化农村生产生活环境 按照布局合理、设施配套、环境整洁、村貌美观的原则,开展村镇规划,到 2020 年,基本形成中心村、中心镇群落。房前、屋后和庭院栽花种草,农户基本都能利用沼气和太阳能等洁净能源。加强农田林网建设,绿化村庄,提高林木覆盖率和生态效益。

三、我国土壤酸化污染严重

由于长期自然选择的结果,植物最适应起源地的 pH 环境。一般说,起源于南方或高山上的植物适应偏酸性土壤,起源于北方的植物则适应中性或碱性土壤。总的看,大多数植物和微生物一般适宜微酸性、中性或微碱性环境，最适 pH 在 6.1～7.5 之间。通常把对 pH 要求严格的植物叫做土壤酸碱性的"指示植物"，例如，茶和映山红是酸性土壤指示植物，盐蒿和碱蓬是盐土的指示植物。不同植物所要求的 pH 范围各异，有的要求 pH 范围较广，有的要求 pH 范围较窄。绝大多数的作物最适宜的 pH 还是在弱酸性至微碱性的范围。土壤 pH 低于 6.0 农作物就会减产，pH 低于 5.0 就会大幅度减产，pH 低于 4.0 甚至会绝收。

目前，全球酸性土约占可耕地面积的 40％和非可耕地的 70％，主要分布在热带、亚热带及温带地区，尤其是在发展中国家。我国酸化土壤主要分布在长江以南的热带、亚热带地区及西南地区，北方的设施菜地、果园及部分旱地也存在酸化现象。大部分酸化土壤 pH＜5.5，还有一部分 pH＜5.0，酸化严重的甚至低于 4.5（赵其国，2002），且酸化程度有进一步加重的趋势。恩施土家族苗族自治州 2000 年以后多次接到广大农民反映，其种植的玉米等作物长到 70～80cm 后，便逐渐枯萎死亡，农业部门组织相关人员进行了多次现场勘查，先后认定为缺磷、缺硼、缺锌、根结线虫病等多种原因，但采取施磷、施硼、施锌等措施后依然不见好转。2005 年以后，随着测土配方施肥项目的广泛开展，对耕地土壤进行了大量的取样化验，发现该现象的产生与土壤严重酸化有着十分密切的关系。2010 年后，恩施周边的宜昌、襄阳等地区也先后出现了相似的问题。长期以来，随着降雨、大量施用化肥，特别是大量施用氮肥，有机肥用量减少，不施石灰和火土灰等多方面的影响，我国土壤酸化现象日益加剧。据赵其国等统计，酸化土壤面积约占全国土壤总面积的 22.7％。中国农业大学张福锁教授和他的同事将 20 世纪 80 年代全国土壤普查的结果与过去十年进行的调查结果进行对比后发现，中国几乎所有土壤类型的 pH 均下降了 0.13～0.80 个单位，即使是抗酸化的土壤类型，也显示其 pH 下降，并在《科学》杂志上公开了这一结果。张福锁认为，这种幅度的下降，在自然状态下，"通常需要经历数万年"。土壤酸化导致土壤营养元素有效性降低，有毒重金属离子活性增强，土壤结构变差，影响作物生长发育，并带来一系列环境问题，已经成为影响我国粮食安全和农业生产可持续发展的主要障碍因素之一。

根据测土配方施肥土壤样品的化验结果，综合以上土壤酸碱度划分标准和湖北省的实际，本次酸化土壤面积及分布情况统计，将 pH＜5.5，亟待采取治理措施的土壤划分为酸化土壤。

土壤有机质对 pH 有明显的稳定和缓冲作用，土壤有机质含量越高，则土壤酸化程度越轻，并呈现较好的对数关系。说明土壤有机质中的腐殖质有着巨大的比表面和表面能，具有较强的吸附性能和较高的阳离子代换能力，可缓冲土壤溶液中 H^+ 浓度变化；另一方面，腐殖酸及其盐类可构成缓冲体系，使土壤具有较强的缓冲性能，并且其缓冲性大小与土壤有机质含量高低有关。土壤有机质累积与有机肥投入量有很大关系。有机肥投入量逐年减少，土壤有机质得不到合理矿化和更新，造成土壤缓冲能力下降，是土壤酸化的原因之一。

土壤重金属污染的主要危害有：一是导致农作物减产和农产品品质降低；二是污染地下水和地表水；三是影响大气环境质量；四是危害人体健康。湖南的"镉大米"事件就是典型的案例。

治理土壤重金属污染的途径主要是将重金属从土壤中去除，以及改变重金属在土壤中的价态和形态，降低其在环境中的迁移以及生物有效性。有机肥中的有机酸（如胡敏酸、富里酸、氨基酸），糖类及含氮、硫杂环化合物，能与金属氧化物、金属氢氧化物及矿物的金属离子发生络合反应，形成金属有机络合物。生物有机肥富含多种活性菌和有机质，能改善根际土壤生态环境，对土壤重金属有一定的吸附作用，可降低植物对重金属的吸收，对无公害绿色农产品的生产具有一定指导意义。因此，生物有机肥可作为土壤重金属污染修复的钝化剂，应加大生物有机肥与土壤重金属的研究，改善重金属污染的现状。

四、国家土壤污染防治新政策

1. 国务院土壤污染防治行动计划　2016 年 5 月，国务院发布《土壤污染防治行动计划》（简称"土十条"），土壤污染防治列入国家战略。

第十九项：控制农业污染。合理使用化肥农药。鼓励农民增施有机肥，减少化肥使用量。推行农业清洁生产，开展农业废弃物资源化利用试点，形成一批可复制、可推广的农业面源污染防治技术模式。严禁将城镇生活垃圾、污泥、工业废物直接用作肥料。到 2020 年，全国主要农作物化肥、农药使用量实现零增长，利用率提高到 40％以上，测土配方施肥技术推广覆盖率提高到 90％以上。

2. 土壤污染防治法　2018 年全国人大通过并颁布了《土壤污染防治法》，标志着我国土壤污染防治纳入法制化轨道。

第九条：国家支持土壤污染风险管控和修复、监测等污染防治科学技术研究开发、成果转化和推广应用，鼓励土壤污染防治产业发展，加强土壤污染防治专业技术人才培养，促进土壤污染防治科学技术进步。国家支持土壤污染防治国际交流与合作。

第七十一条：国家加大土壤污染防治资金投入力度，建立土壤污染防治基金制度。设立中央土壤污染防治专项资金和省级土壤污染防治基金，主要用于农用地土壤污染防治和土壤污染责任人或者土地使用权人无法认定的土壤污染风险管控和修复以及政府规定的其他事项。

第五节　国家化肥减量行动计划

一、我国化肥使用严重超限过量

肥料是植物的"粮食"，直接或间接供给作物所需的养分，肥料研制与生产在农业中具有十分重要的作用，科学的生产与合理的施肥是保证提高作物产量的关键。据联合国粮农组织统计数据，我国用占世界 9％的耕地，生产了 21％的粮食、52％的蔬菜和 22％的水果，养活了占世界近 20％的人口，同时消耗了占全世界 35％的化肥。我国年化肥使用量世界第一位，相当于美国、印度的总和。肥越用越多，地越种越馋，这是我国粮食"十一连增"背后的尴尬现实。化肥是粮食的"粮食"，化肥的使用为我国粮食连续丰收立下了"汗马功劳"，然而专家指出，我国化肥使用存在过量使用、盲目使用的问题，不但损耗基础地力，增加种粮成本，而且危及农产品质量安全，化肥总量控制、科学施用肥势在必行。

化肥总体用量过多的背后，凸显当前我国化肥施用存在的四大问题：一是中国农作物每公顷化肥施用量达 506.11kg，为英国的 2.05 倍、美国的 3.69 倍，远高于世界发达国家水平；二是施肥不均衡现象突出，东部经济发达地区、长江下游地区和城市郊区施肥量偏高，蔬菜、果树等附加值较高的经济园艺作物过量施肥比较普遍；三是有机肥资源利用率低，目前，我国有机肥资源总养分约 7 000 多万 t，实际利用不足 40%；四是施肥结构不平衡，传统人工施肥方式仍然占主导地位，化肥撒施、表施现象比较普遍，机械施肥仅占主要农作物种植面积的 30% 左右。国际公认化肥施用安全上限为每公顷 225kg（纯量每亩 15kg），但中国农用化肥每公顷平均施肥量已经超过了 434kg（纯量每亩 28.9kg），是安全上限的 1.93 倍。

化肥是农业生产必要的生产资料之一，对土壤养分的补充起到关键作用。然而过量施肥对土壤造成的损害却与日俱增。土壤侵蚀、酸化和盐碱化是当前我国耕地退化的三大主要表现。其中，土壤酸化的主要推手之一就是化肥的过量使用。自然界土壤 pH 下降一个单位需要上万年，但我国耕地 pH 下降 0.5 个单位却只用了 30 年，土壤酸化速度之快令人咋舌。化肥的过量使用还会给土壤有机质带来损害，东北肥沃黑土层的有机质正遭受破坏。形成 1m 厚的黑土层需 3 亿年，而现在的退化速度是 1 年 1cm。如果再不注意控肥，我国农业可持续发展将受到严重威胁。

二、我国化肥施用方式极不合理

化肥是提高作物产量的一个重要因素。但是，近几年随着化肥投入量的不断增加，化肥的增产效果却越来越不明显，肥料利用率降低，我国化肥的当季利用率氮肥为 30%～35%、磷肥为 10%～25%、钾肥为 35%～50%。化肥利用率低的主要原因有以下几方面：

1. 施肥结构不合理 研究表明，随着化肥使用量的增加，作物增产的边际效益是递减的。在 20 世纪 50 年代，谷物产量与肥料使用量之比为 40∶1，而到 2010 年只有 13∶1，其间粮食产量增加 2.6 倍，而化肥用量则增加了 11 倍。正是因为意识到了过多施肥的害处，20 世纪八九十年代发达国家在经历了施肥高峰后逐渐减少化肥用量。以 2000 年用肥量与高峰年相比，德国、荷兰、英国、日本、法国只占 60%，韩国、美国、以色列、爱尔兰约为 80%～90%。据统计，2010 年世界化肥用量为 1.7 亿 t，我国为 5 550 万 t，占 32.5%，而按每公顷施肥量计算，世界平均为 121kg，我国则为 455kg，远远高出国际公认的 225kg 的安全上限，是世界水平的 3.75 倍，即使考虑到我国耕地复种指数高，我国大田作物的施肥水平每公顷也超过 300kg。由于大量不合理地施用化肥，导致我国化肥养分的利用率相当低，平均只有 35% 左右，远远低于发达国家 60%～70% 的水平。

2. 施肥方法不科学 目前，有些农民仍按传统的经验施肥，存在着严重的盲目性和随机性。部分农民仍然重氮，轻磷、钾，部分农民不论种植什么作物，均用一种复合肥，没有针对性，对钾肥的施用仍未引起高度重视。

农民往往注重底肥的施入，很少进行追肥，这不仅降低了肥料利用率，而且会使作物生长后期出现脱肥现象，影响作物的产量；种子与底肥不分、施肥深度过浅也是化肥利用率过低的一个重要原因。

为了让产量维持在高位，不少地区的农民不得不大量使用化肥，导致化肥越用越多，

"地是越来越馋"，大量施肥的结果是土壤板结化，但用量一旦降下来，产量就会跟着往下走。数据显示，我国化肥投入的边际效益明显下降。以氮肥为例，从 1998 年到 2013 年，我国小麦的氮肥施用量增长接近 200%，但单产水平却只提升了 50%。与此同时，英国小麦的氮肥施用量不及我国的 85%，单产却是我国的 1.3 倍。"地越来越馋"的背后，凸显我国耕地基础地力低的现实。目前我国基础地力贡献率为 50%，比发达国家低 20～30 个百分点。

3. 养分比例失调 土壤中的微量元素长期缺乏，已不能满足作物的生长需要。根据"最小养分律学说"，即使氮、磷、钾的施入比例合理也会影响作物的产量。因此，提高肥料利用率，充分发挥肥料的作用，对我国农业可持续发展意义重大。

我国在大豆上过量施氮造成氮肥利用率低，并且还影响作物对其他营养元素的吸收。华北地区一般小麦—玉米轮作，过量施肥相当普遍，养分利用率偏低。施氮量为 $120kg/hm^2$ 时，氮肥损失率为 9%，增加到 $360kg/hm^2$ 时，损失率可达 55%。尿素和碳酸氢铵深施可提高利用率 7.2%～12.8%。有记录的巴西玉米高产 $16\ 058kg/hm^2$ 施肥方案是 $487kg/hm^2\ N$，$485kg/hm^2\ P_2O_5$，$511kg/hm^2\ K_2O$，氮肥分 6 次施肥。1998—2006 年，华北地区 1 915 个样本，冬小麦施氮量 $303kg/hm^2$，夏玉米施氮量 $223kg/hm^2$，总氮肥投入量 $526kg/hm^2$，平均产量冬小麦 $5\ 500kg/hm^2$，夏玉米 $5\ 500～6\ 000kg/hm^2$。轮作期小麦、玉米从农田移走的氮仅为 $271kg/hm^2$，投入的氮超过作物吸收的氮达 $255kg/hm^2$。磷肥施用后当季利用率一般低于 15%。据调查，我国土地磷素已达 $255kg/hm^2$，土地磷素水平已从 20 世纪 80 年代 10mg/kg 的缺磷水平，增长到 20mg/kg 的富磷水平。我国常规肥料的利用率分别为：硫酸铵，55%；过磷酸钙，10%～15%；硝酸铵，50%；磷矿粉，10%；氯化铵，50%；硫酸钾，50%；尿素，35%～50%；氯化钾，50%；碳酸氢铵，30%～35%。

此外，过量的化肥投入还会加剧土壤面源污染，最终危及农产品质量安全和百姓健康。超量的化肥投入已加重了山东省土壤酸化、次生盐渍化程度，土壤酸化造成土壤养分比例失调，导致作物发病率升高，农产品品质下滑。土壤酸化后，重金属离子的活性将明显提高，会引发谷物被重金属污染的风险。土壤 pH 每下降一个单位，重金属镉的活性就会提升 10 倍，增加骨痛病等疑难病症的患病风险。

三、国家化肥减量行动计划

专家指出，化肥施用不合理问题与我国粮食增产压力大、耕地基础地力低、施肥技术落后、肥料管理制度不健全等因素相关，当前亟需采取积极举措，科学施肥，扭转被动局面。2015 年 3 月，农业部发布《到 2020 年化肥使用量零增长行动方案》，提出精、调、改、替四字措施：

1. "精"，精准施肥 精准施肥，是指根据一定面积上土壤的肥力变异情况而采取的针对性变量施肥技术。"精准施肥"的概念来源于精准农业。精准农业是根据空间变异定位、定时、定量地实施一整套现代化农事操作技术与管理的系统。由于成土母质、地形、人类活动（农业生产中的施肥、作物品种、灌溉及其他的一些生产管理措施）等对土壤养分空间变异均有较大影响，因此即便在同一田块内，土壤肥力都存在较大的变异。针对这些变异情况，进行 GPS 定位并进行土壤肥力制图，根据土壤肥力图调整养分的施入，可达到高产高效的目的。一般肥沃土壤，它的固相占整个土壤体积的一半以上，另外不到一半的体积充满水分和空气。土壤孔隙不仅承担着作物水分、空气的供应，本身也对作物生长有重要作用，同时也直接影响养分在土壤中的扩散。按照产量目标，在一定的施肥范围内，作物的产量与施肥量呈正相关关系。过于增加施肥总量或单一施肥数量，由于营养环境失去生态平衡，反而会导致减产。因此，不能说肥料施得越多产量就会越高。据测定，每生产 100kg 稻谷，需要从土壤中吸收氮 1.85kg，五氧化二磷 0.85kg，氧化钾 2.1kg。每生产 100kg 皮棉，需吸收氮 12.0kg，五氧化二磷 4.0kg，氧化钾 12.0kg。当然，在确定施肥量时，还要考虑气候、土壤、肥力等因素。

2. "调"，调整化肥使用结构　调整化肥使用结构就是大量使用高利用率的新型肥料，包括水溶肥、缓控释肥、稳定性肥、有机无机肥、功能肥等。目前中国缓控释肥农业施用量估算为 315 万 t 左右，仅占中国复混肥施用量的 5%。新型肥料的发展与农业发展趋势密切相关，只有加快新型肥料的发展速度，才能保证农业生产沿着高产、优质、低耗和高效的方向发展。近年来，国家陆续出台了一系列促进农业持续健康发展的政策法规，以及国家发改委"关于加快发展农业循环经济的指导意见"的发布，明确提出到 2020 年，主要农作物化肥利用率达到 40% 以上。肥料利用率一直是我国学术界和政府关注的焦点，肥料利用率在一定程度上反映了肥料施用的好坏，另一个侧面也反映了肥料浪费和损失的情况。

3. "改"，改进施肥方式　大力推广"水肥一体化"技术。但目前我国受水溶肥品质差、成本高、技术设施落后、服务不配套、前期投入巨大等因素的制约，短时间内难以全面推广，仅在蔬菜、水果、高效示范农业上开始使用，普及率不足 2%，远不及美国（30%）、以色列（90%）的"水肥一体化"普及率。但是随着我国农业集约化、规模化程度的提高，水资源匮乏程度的加剧以及相关技术的不断成熟，"水肥一体化"技术必将在我国得到前所未有的发展。

坚持深层施肥，做到以水调肥。生产上要坚持化肥深层施用，以便用土壤覆盖保护化肥，减少挥发和流失。在墒情不足时，要适量灌水调墒，做到以水调肥。

改进肥料制剂，调控供肥高峰。一是将单一品种肥料制成广谱型的复配肥料；二是根据作物的需肥特点制成专用型肥料；三是运用改性手段将速效肥料制成缓释肥料；四是将无机肥与生物有机肥制成优势互补的颗粒肥料，提早或推迟施用时间，使作物的需肥高峰与供肥高峰相互衔接，充分发挥肥效。

拌施有机肥料，增强吸附能力。将化学肥料与有机肥料混拌后，其中的速效养分可被有机肥料吸附或者相结合，而后逐渐释放出来，既延长了供肥时间，又减少了养分无谓的消耗。

如测土配肥、种肥同播、水肥结合、药肥结合等技术的推广，对提高化肥利用率、改善环境、提高劳动效率都起到了积极作用。

4. "替"，有机肥替代化肥　有机肥替代化肥有许多优点，优点一：所含的养分比较全面，肥效稳定而持久。不但含有丰富的有机质和各种大中微量营养元素，而且含有一些能刺激根系生长的物质，以及各种有益土壤微生物。优点二：改善土壤结构。含有丰富的腐殖酸，能促进土壤团粒结构的形成，使土壤变得松软，改善土壤水分和空气条件，利于根系生长；增加土壤保肥保水性能；提高地温，促进土壤中有益微生物的活动和繁殖等。优点三：调节土温。粪肥有热性、温性和凉性之分，具有调节土壤温度的功效。

四、有机肥替代化肥前景广阔

当前绿色农业已成为中国农业发展的主流趋势，其中，有机肥是中国农业实现绿色化的底层需求，会成为中国农业的一道"靓丽的风景"。2021年的中央1号文件明确表示，2021年要持续推动化肥农药负增长，扩大有机肥替代化肥应用范围，要提高农产品质量和竞争力，坚持并确保农业绿色发展。

数据显示，目前我国共有8.6万家有机肥相关企业，山东省以1.33万家高居第一，河北、广西分列二三位。2020年，有机肥相关企业新注册1.17万家。有人估算全国的有机肥产业年产值将高达3 600亿元，毫无疑问，有机肥将成为未来肥料行业新的发展空间。

中国有大规模的养殖业，随着规模养殖的不断进步和发展，畜禽的废弃物是很好的有机肥资源。据测算，全国每年产生的各类有机肥资源养分总量约7 400多万t，实际利用率却不足40%。资源丰富，但利用率较低，不仅是资源的浪费，也会带来环境污染。实施有机肥替代化肥，不仅能实现资源的循环利用，也保护了土壤的质量活性，同时也提升了果菜茶等农产品的质量。

纵观全球发达农业国家，大幅提高有机肥的使用比重是普遍现象，绝大多数都超过了一半这个分水岭。数据显示，欧美国家肥料结构中，有机肥的地位举足轻重。在美国，有机肥料占比46%，英国占57%，德国占60%，法国占37%，澳大利亚占55%，加拿大占60%，韩国占48%，日本更是达到非常高的76%。

由此进一步推断，如果中国肥料当中有机肥与化肥各占一半的比例，也就意味着有机肥的实物量要达到6亿t，以每吨产值600元来计算，那么整个产业的年产值将高达3 600亿元。中国的有机肥发展空间与前景非常巨大，政策、市场必将会对有机肥产业不断地加持。

自2017年开始，我国化肥使用总量已经开始逐年下降。

第六节　农产品质量安全与农业绿色发展政策

一、农产品质量安全已成为社会焦点热点

农产品质量安全，就是指农产品的可靠性、使用性和内在价值，包括在生产、贮存、流通和使用过程中形成、残存的营养、危害及外在特征因子，既有等级、规格、品质等特性要求，也有对人、环境危害等级水平的要求。

20世纪80年代之前，我国农业生产的主要任务是扩大生产、保障供给，公众和政府主要关注的是与人的生存安全相关的农产品数量问题。进入21世纪，我国实现了农产品总量平衡、丰年有余。解决了温饱问题之后，公众消费类型和行为发生转变，食物结构和营养结构出现调整，人们的注意力从吃得饱转向吃得好、吃得安全，政府有关农业生产管理的政策措施逐渐向质量安全倾斜，着手解决农产品质量安全问题。2001年，农业部启动实施旨在提高农产品质量和保证农产品消费安全的"无公害食品行动计划"。15年来，

我国在治理农产品质量安全问题方面投入了大量的人力物力，持续开展专项整治行动，严厉打击违法违规生产加工，开展安全优质农产品认证认可，推进农业标准化和"三品一标"品牌引领示范，农产品质量安全水平大幅提升，农产品质量安全水平稳定向好。

有机肥料是作物生产中不可替代的肥料。有机肥料有着作物所需要的丰富营养，能够充分改善土壤结构，有利于微生物的活动，能够促进土壤中养分的活化，为产出高品质农产品提供了有利条件。根据相关数据显示，有机肥料与传统化肥一起施用，可以为植物提供必要的养分，提高农产品的质量。有机肥与农产品质量安全科学考证，施入有机肥能够有效提高农作物品质，改善农作物外观及营养，提升农作物商品价值。有资料显示，增施有机肥，能够有效减少氮肥使用量，使叶菜硝酸盐含量降低 33%～35.5%，达到人体健康饮食的标准。在对 20 余种农作物的研究中发现，增施有机肥，能够使小麦蛋白质增加 2%～3.5%、大豆脂肪提升 0.56% 等。由此可见，增施有机肥，可有效改善农作物的营养品质。施用有机肥，农产品品质明显改善，如西瓜的含糖量增加，蔬菜瓜果中维生素含量增加，粮食作物蛋白质含量增加，烟叶的中、上等级烟比例提高，茶叶茶多酚提高，柑橘糖酸比提高。绿色农产品特别是有机农产品生产，必须使用有机肥料。

二、农业绿色发展新政策

2017 年，中共中央办公厅、国务院办公厅印发了《关于创新体制机制 推进农业绿色发展的意见》，第一条总体要求，第三项：目标任务。其中：产地环境更加清洁，到 2020 年，主要农作物化肥、农药使用量实现零增长，化肥、农药利用率达到 40%；秸秆综合利用率达到 85%，养殖废弃物综合利用率达到 75%，农膜回收率达到 80%。到 2030 年，化肥、农药利用率进一步提升，农业废弃物全面实现资源化利用。

第四条加强产地环境保护与治理，第十四项：完善秸秆和畜禽粪污等资源化利用制度。严格依法落实秸秆禁烧制度，整县推进秸秆全量化综合利用，优先开展就地还田。推进秸秆发电并网运行和全额保障性收购，开展秸秆高值化、产业化利用，落实好沼气、秸秆等可再生能源电价政策。开展尾菜、农产品加工副产物资源化利用。以沼气和生物天然气为主要处理方向，以农用有机肥和农村能源为主要利用方向，强化畜禽粪污资源化利用，依法落实规模养殖环境评价准入制度，明确地方政府属地责任和规模养殖场主体责任。依据土地利用规划，积极保障秸秆和畜禽粪污资源化利用用地。健全病死畜禽无害化处理体系，引导病死畜禽集中处理。

第二十六条落实领导责任。地方各级党委和政府要加强组织领导，把农业绿色发展纳入领导干部任期生态文明建设责任制内容。

第七节　农业减碳固碳大有可为

一、农业农村是减碳固碳的重要环节

在全球范围内，农业生产占人为温室气体排放量的 14%，如果考虑到化肥生产、森林砍伐等产生的碳排放，这一比例迅速上升到 30%。农业农村领域每个环节都存在碳排放的问题，按照我国 2014 年向《联合国气候变化框架公约》秘书处提交的第 5 次温室气

体排放清单，农业活动碳排放量为 8.30 亿 t 二氧化碳当量，占当年全国碳排放总量的 7.4%。农业可以是碳汇也可以是碳源。土壤固碳是实现碳中和土壤健康的双赢解决方案。农民可以通过从大气中去除 CO_2 来平衡植物生产中的 CH_4 和 N_2O 排放，从而产生"负排放"。使用土壤和植物进行碳捕获通常称为土壤碳封存。与此同时，这一过程还对土壤、作物和环境质量、水土流失和沙漠化的预防以及生物多样性的提高产生积极作用。根据保存土壤的性质，有机碳有可能在生态系统中持续数十年至数百年。土壤有机碳还可以改善土壤健康，因为它可以促进水分保持并含有对植物生长至关重要的氮和磷。因此，土壤碳含量的提高等于农业生产力的提高和大气中二氧化碳的降低。

发展有机肥将有效增加土壤有机碳封存，助力我国减碳目标的实现。中国政府在第七十五届联合国大会上提出："中国将提高国家自主贡献力度，采取更加有力的政策和措施，二氧化碳排放力争于 2030 年前达到峰值，努力争取 2060 年前实现碳中和。"施用有机肥，就是将有机碳封存入土壤；种植绿肥，就是吸收固定二氧化碳，是碳封存的有效方法和重要措施。假如全国耕地每亩施用有机肥 500kg，就等于封存了二氧化碳 2.6 亿 t，可占我国每年排放二氧化碳总量 100 亿 t 的 2.6%，将有力助推碳达峰、碳中和目标的实现，为减缓全球气候变化做出贡献，其关乎到中华民族永续发展和构建人类命运共同体。

二、农业农村减碳固碳工作及目标

2022 年 6 月，农业农村部、国家发展改革委印发《农业农村减排固碳实施方案》。指出：推进农业农村减排固碳，是农业生态文明建设的重要内容。推进农业农村减排固碳，是农业农村现代化建设的重要方向。推进农业农村减排固碳，是推进乡村振兴的重要任务。推进农业农村减排固碳，是应对气候变化的重要途径。提出目标：到 2025 年，农业农村减排固碳与粮食安全、乡村振兴、农业农村现代化统筹融合的格局基本形成，粮食和重要农产品供应保障更加有力，农业农村绿色低碳发展取得积极成效，农业生产结构和区域布局明显优化，种植业、养殖业单位农产品排放强度稳中有降，农田土壤固碳能力增强，农业农村生产生活用能效率提升。到 2030 年，农业农村减排固碳与粮食安全、乡村振兴、农业农村现代化统筹推进的合力充分发挥，种植业温室气体、畜牧业反刍动物肠道发酵、畜禽粪污管理温室气体排放和农业农村生产生活用能排放强度进一步降低，农田土壤固碳能力显著提升，农业农村发展全面绿色转型取得显著成效。

农业农村减排固碳六大重点任务：

（1）种植业节能减排　在强化粮食安全保障能力的基础上，优化稻田水分灌溉管理，降低稻田甲烷排放。推广优良品种和绿色高效栽培技术，提高氮肥利用效率，降低氧化亚氮排放。

（2）畜牧业减排降碳　推广精准饲喂技术，推进品种改良，提高畜禽单产水平和饲料报酬，降低反刍动物肠道甲烷排放强度。提升畜禽养殖粪污资源化利用水平，减少畜禽粪污管理的甲烷和氧化亚氮排放。

（3）渔业减排增汇　发展稻渔综合种养、大水面生态渔业、多营养层次综合养殖等生态健康养殖模式，减少甲烷排放。有序发展滩涂和浅海、贝藻类增养殖，建设国家级海洋牧场，构建立体生态养殖系统，增加渔业碳汇潜力。推进渔船渔机节能减排。

（4）农田固碳扩容　落实保护性耕作、秸秆还田、有机肥施用、绿肥种植等措施，加强高标准农田建设，加快退化耕地治理，加大黑土地等保护力度，提升农田土壤有机质含量，发挥果园茶园碳汇功能。

（5）农机节能减排　加快老旧农机报废更新力度，推广先进适用的低碳节能农机装备，降低化石能源消耗和二氧化碳排放。推广新能源技术，优化农机装备结构，加快绿色、智能、复式、高效农机化技术装备普及应用。

（6）可再生能源替代　因地制宜推广应用生物质能、太阳能、风能、地热能等绿色用能模式，增加农村地区清洁能源供应。推动农村取暖炊事、农业生产加工等用能侧可再生能源替代，强化能效提升。

农业农村减排固碳十大重大行动：

（1）稻田甲烷减排行动　以水稻主产区为重点，强化稻田水分管理，因地制宜推广稻田节水灌溉技术，提高水资源利用效率，减少甲烷生成。改进稻田施肥管理，推广有机肥腐熟还田等技术，选育推广高产、优质、低碳水稻品种，降低水稻单产甲烷排放强度。

（2）化肥减量增效行动　以粮食主产区、果菜茶优势产区、农业绿色发展先行区等为重点，推进氮肥减量增效。研发推广作物吸收、利用率高的新型肥料产品，推广水肥一体化等高效施肥技术，提高肥料利用率。推进有机肥与化肥结合使用，增加有机肥投入，替代部分化肥。

（3）畜禽低碳减排行动　推动畜牧业绿色低碳发展，以畜禽规模养殖场为重点，推广低蛋白日粮、全株青贮等技术和高产低排放畜禽品种，改进畜禽饲养管理，实施精准饲喂，降低单位畜禽产品肠道甲烷排放强度。改进畜禽粪污处理设施装备，推广粪污密闭处理、气体收集利用或处理等技术，建立粪污资源化利用台账，探索实施畜禽粪污养分平衡管理，提高畜禽粪污处理水平，降低畜禽粪污管理的甲烷和氧化亚氮排放。

（4）渔业减排增汇行动　以重要渔业产区为重点，推进渔业设施和渔船装备节能改造，大力发展水产低碳养殖，推广节能养殖机械。淘汰老旧木质渔船，鼓励建造玻璃钢等新材料渔船，推动渔船节能装备配置和升级换代。发展稻渔综合种养、鱼菜共生、大水面增殖等生态健康养殖模式。推进池塘标准化改造和尾水治理，发展工厂化、集装箱等循环水养殖。在近海及滩涂等主要渔业水域，开展多营养层级立体生态养殖，提升贝类藻类固碳能力，增加渔业碳汇。在沿海地区继续开展国家级海洋牧场示范区建设，实现渔业生物固碳。

（5）农机绿色节能行动　以粮食和重要农产品生产所需农机为重点，推进节能减排。实施更为严格的农机排放标准，减少废气排放。因地制宜发展复式、高效农机装备和电动农机装备，培育壮大新型农机服务组织，提供高效便捷的农机作业服务，减少种子、化肥、农药、水资源用量，提升作业效率，降低能源消耗。加快侧深施肥、精准施药、节水灌溉、高性能免耕播种等机械装备推广应用，大力示范推广节种节水节能节肥节药的农机化技术。实施农机报废更新补贴政策，加大能耗高、排放高、损失大、安全性能低的老旧农机淘汰力度。

（6）农田碳汇提升行动　以耕地土壤有机质提升为重点，增强农田土壤固碳能力。实施国家黑土地保护工程，推广有机肥施用、秸秆科学还田、绿肥种植、粮豆轮作、有机无机肥配施等技术，构建用地养地结合的培肥固碳模式，提升土壤有机质含量。实施保护性耕作，因地制宜推广秸秆覆盖还田免少耕播种技术，有效减轻土壤风蚀水蚀，增加土壤有机质。推进退化耕地治理，重点加强土壤酸化、盐碱化治理，消除土壤障碍因素，提高土壤肥力，提升固碳潜力。加强高标准农田建设，加快补齐农业基础设施短板，提高水土资源利用效率。

（7）秸秆综合利用行动　坚持农用优先、就地就近，以秸秆集约化、产业化、高值化为重点，推进秸秆综合利用。持续推进秸秆肥料化、饲料化和基料化利用，发挥好秸秆耕地保育和种养结合功能。推进秸秆能源化利用，因地制宜发展秸秆生物质能供气供热供电。拓宽秸秆原料化利用途径，支持秸秆浆替代木浆造纸，推动秸秆资源转化为环保板材、炭基产品等。健全秸秆收储运体系，完善秸秆资源台账。

（8）可再生能源替代行动　以清洁低碳转型为重点，大力推进农村可再生能源开发利用。因地制宜发展农村沼气，鼓励有条件地区建设规模化沼气/生物天然气工程，推进沼气集中供气供热、发电上网，及生物天然气车用或并入燃气管网等应用，替代化石能源。推广生物质成型燃料、打捆直燃、热解炭气联产等技术，配套清洁炉具和生物质锅炉，助力农村地区清洁取暖。推广太阳能热水器、太阳能灯、太阳房，利用农业设施棚顶、鱼塘等发展光伏农业。

（9）科技创新支撑行动　系统梳理农业农村减排固碳重大科技需求，加大国家科技计划支持力度。依托现代农业产业技术体系、国家农业科技创新联盟等，组织开展农业农村减排固碳联合攻关，形成一批综合性技术解决方案，补齐农业农村绿色低碳的科技短板。发布农业农村减排固碳技术目录。组建农业农村减排固碳专家指导委员会，加强技术指导、技术培训和技术服务。健全农业农村减排固碳标准体系，制修订一批国家标准、行业标准和地方标准。

（10）监测体系建设行动　完善农业农村减排固碳的监测指标、关键参数、核算方法。统筹中央和地方各级力量，优化不同区域稻田、农用地、养殖场等监测点位设置，推动构建科学布局、分级负责的监测评价体系，开展甲烷、氧化亚氮排放和农田、渔业固碳等定位监测。做好农村可再生能源等监测调查，开展常态化的统计分析。创新监测方式和手段，加快智能化、信息化技术在农业农村减排固碳监测领域的推广应用。

三、国家农业农村减排固碳政策

2022年6月，农业农村部、国家发展改革委印发《农业农村减排固碳实施方案》，目标提出，"十四五"期间，在增强适应气候变化能力、保障粮食安全基础上，坚持降低排放强度为主、控制排放总量为辅的方针，着力构建政策激励、市场引导和监管约束的多向引导机制，探索全社会协同推进农业农村减排固碳的实施路径。加强农业农村减排固碳与粮食和重要农产品有效供给、农业农村污染治理等重点工作的有效衔接，统一谋划、统一部署、统一推进，建立统筹融合的战略规划和行动体系，处理好发展和减排、整体和局部、长远目标和短期目标、政府和市场的关系。坚持分类施策。根据区域资源禀赋、产业基础、生产规模、经营方式、生态功能等差异，因地制宜提出不同区域、不同行业的解决方案，明确重点任务和减排途径，推动形成各具特色、平衡协调的农业农村减排固碳路线图。坚持创新驱动。把创新作为农业农村减排固碳的根本支撑，加快构建支撑绿色生态种养、废弃物资源化利用、可再生能源开发、生态系统碳汇提升等技术体系，协同推进温室气体减排、耕地质量提升、农业面源污染防治、生态循环农业建设，提升农业对气候变化韧性，提高农业农村绿色低碳发展水平。坚持政策激励。注重激励性措施与约束性措施相结合，强化优惠政策的引导作用，在资金、项目等方面对农业农村减排固碳给予有力的激励约束。建立农业农村减排固碳监测体系，积极探索碳排放交易有效路径。

农业农村减排固碳政策措施：

（1）加强组织领导　农业农村部、国家发展改革委加强统筹协调，审议农业农村减排固碳的总体部署、重要规划，统筹研究重大政策和重要工作安排，协调解决重点难点问题，指导督促扎实开展工作。农业农村部具体负责组织实施农业农村减排固碳工作，开展跟踪评价，加强督促指导。各地农业农村、发展改革部门加强政策衔接和工作对接，结合地方实际情况，编制区域农业农村减排固碳实施方案，确保上下政策取向一致、步伐力度一致。

（2）加强政策创设　强化现有农业农村减排固碳支持政策的落实落地。研究完善重点任务支持政策，推进重大问题研究和政策法规制定，强化正向激励和负面约束等措施，创设完善有利于推进农业农村减排固碳的扶持政策。研究建立核算认证体系，探索农业碳排放交易有效路径。有序开展典型技术模式应用试点，打造一批农业农村低碳零碳先导区。

（3）加强产业培育　大力发展以绿色低碳、生态循环为增长点的农业新产业新业态，推动大数据、人工智能等新技术与产业发展深度融合，带动农业转型升级。探索低碳农产品、节能农产品的认证和管理，引导农业企业、经营主体强化减排固碳技术应用。打造一批农业绿色低碳产品品牌，建立健全农产品碳足迹追溯体系，拓展供给方式和供给渠道，不断壮大新型产业增长动能。

（4）加强宣传引导　充分利用各类传统媒体和新媒体，拓宽宣传渠道，加强对农业农村减排固碳良好做法和典型模式的宣传报道，形成多方合力推进的浓厚氛围。加强农业农村减排固碳科普工作力度，创作一批公众喜闻乐见的科普作品。定期举办专题培训和观摩交流等活动，选树一批有代表性的区域和实施主体，打造典型样板。

四、国家碳交易政策

碳交易是为促进全球温室气体减排，减少全球二氧化碳排放所采用的市场机制。联合国政府间气候变化专门委员会通过艰难谈判，于 1992 年 5 月 9 日通过《联合国气候变化框架公约》。1997 年 12 月于日本京都通过了《公约》的第一个附加协议，即《京都议定书》（简称《议定书》）。《议定书》把市场机制作为解决二氧化碳为代表的温室气体减排问题的新路径，即把二氧化碳排放权作为一种商品，从而形成了二氧化碳排放权的交易，简称碳交易。

碳交易基本原理是，合同的一方通过支付另一方获得温室气体减排额，买方可以将购得的减排额用于减缓温室效应从而实现其减排的目标。在 6 种被要求排减的温室气体中，二氧化碳（CO_2）为最大宗，所以这种交易以每吨二氧化碳当量（tCO_2e）为计算单位，所以通称为"碳交易"。其交易市场称为碳市场（Carbon Market）。

中国是全球第二大温室气体排放国，虽然没有减排约束，但中国被许多国家看作是最具潜力的减排市场。

第四章　国内外有机肥科技与产业发展

第一节　国外有机肥发展情况

一、国外农业废弃物无害化政策

自 20 世纪 50 年代起，发达国家开始进行大规模的集约化养殖，在城镇郊区建立集约化畜禽养殖场。由于每天有大量粪便及污水产生，难以处理利用，造成了严重的环境污染。20 世纪 60 年代，日本用"畜场公害"概念高度概括了这一问题的严重性。与此同时，许多发达国家迅速采取措施加以干预和限制，并通过立法进行规范化管理。发达国家和地区畜禽粪便污染防治措施主要有：

1. 适度发展畜牧业和限制畜牧场规模　为了较快地消除畜禽粪便污染，在不影响当地居民食品供应的前提下，一些国家和地区采取限制畜牧业的发展，尤其是限制规模过大的畜牧场。如荷兰，畜牧业高度密集居世界之冠，全国每年约 1/6 的畜禽粪便过剩不能处理。因此，从 1984 年起，不再允许养猪和养禽户扩大经营规模，禁止进一步增加粪便量。新加坡由于城市发展需要，目前已禁止发展畜牧业，肉、蛋、奶基本上靠国外供应。英国是基本无畜禽粪便污染的国家，其主要原因是限制建设大型畜牧场。政府综合了经济学家、畜牧学家和兽医学家的意见，提出了一个畜牧生产场、点的家畜最高头数限制指标：奶牛 200 头、肉牛 1 000 头、种猪 500 头、肥猪 3 000 头、绵羊 1 000 只、蛋鸡70 000只。

2. 畜牧场建设要经过审批，畜牧场粪尿要净化处理，并规定排放标准　畜禽养殖场饲养的数量超过一定量时，必须经过政府有关部门的批准。各国大中型畜牧场畜禽头数标准不一，达到一定头数后要经过审批。以牛为例，美国肉牛为 1 000 头，奶牛为 700 头，其污染水无论排入本场自己控制的人工贮粪池，还是排入流经本场的水体，均需得到许可。芬兰在《水资源保护法》中规定，畜牧场动工前 3 个月必须提出关于牧场的规模、贮粪池大小及利用粪肥的土地面积等。在德国，每公顷土地上家畜最大允许饲养密度为：牛 9 头、肥猪 16 头、羊 18 只、蛋鸡 3 000 只、肉鸡 900 只。另外，每年 1 月至来年 2 月不允许家畜在田间放牧或将家畜粪便排入农田。

3. 大多数国家和地区偏重制定畜牧场污水排放标准　例如日本，畜牧场排放的污水中 BOD 和 COD 的浓度要低于 120mg/kg，大肠杆菌数量要少于 300 个/cm^3。德国规定畜牧场排放的污水与生活污水的净化标准相同，即 BOD_5 不应高于 30mg/L。其在《废弃物处理及清除法》中规定在城市规划地域内，粪尿和其他废弃物必须经过处理，其方法有：一是发酵处理，包括堆肥生产；二是干燥或焚烧，在干燥法中包括用吸收水分调整剂以及加热处理；三是化学处理，即加硫酸、石灰氮、硫化铁等的处理；四是分离粪尿；五是通过粪尿处理设施或者类似的动物粪尿处理设施（如活性污泥法、洒水滤床法、嫌气性消化法等）进行处理；六是充分盖土，包括与耕土充分混匀。

4. 强化大气、水域和土壤保护　家畜粪尿所产生的腐臭气，如硫化氢（H_2S）、氨（NH_3）、甲基硫醇（$CH—SH$）、甲基胺（$CH_3—NH_2$）等，能对大气造成污染。在日本，畜牧场必须遵守《恶臭防止法》规定，并受政府机构监督。一旦有害气体超出允许浓度，影响周围居民生活，勒令停产。所有国家和地区都注重防止水体的水质恶化。在德国，家畜粪尿不经卫生处理不得排入地上或地下水源。为防止氮污染，许多国家都注意当地畜禽粪便排泄量要与当地农田面积适应。同时要维护公共卫生。在挪威，13 头牛、8 头猪或 67 羽产蛋鸡应有 $0.4hm^2$ 土地来承纳粪。在英国，粪便施用量不得超过 $125kg/hm^2$ 氮肥总量，作物收获后在冬季闲置的农田不得施用粪肥。在丹麦，法律规定每个种植农民每年订出施肥计划，计划里要考虑粪肥与化肥搭配使用，确保不造成污染。施入裸露土地上的粪肥必须在施后 12h 内犁入土中，不得在冻土或被雪覆盖的土地上施入粪肥，要求农场的储粪能力要能贮纳 9 个月的产粪量。

5. 适度惩罚和征税相结合　为了防治畜禽粪便污染，不少国家和地区制定的惩罚制度相当严格。例如美国，畜牧场造成污染后，各州环保部门一般采取下列两种方法：一是每天罚美金 100 元以上，直至污染排除为止；二是可先清除污染，其所花费用由造成污染者负担。捷克，对于因畜牧废弃物污染水体的单位，罚款多达 100 万克朗，对其领导者要处以 3 个月工资的罚款。为弥补畜牧环境保护资金的不足，荷兰从 1998 年起，一直实行对饲料生产厂高征税，税款用于科研和农民咨询服务。

6. 国家立法，地方也立法，所立之法不断完善　目前，世界各国都较为重视秸秆综合利用，并通过加强立法，从财政补贴、税收减免、信贷优惠、市场机制（价格控制）、政策激励等方面对其进行大力促进和保障支持。国外有关秸秆还田培肥的法律规定，主要体现在耕地地力保养或土壤肥力保养的具体法规（条例）中，例如日本把秸秆直接还田当作农业生产中的法律去执行，其《肥力促进法》明确提出必须"依靠施用有机肥料培养地力，在培养地力的基础上合理施用化肥"。各国政府为促进保护性耕作的推广，推出相应的法律政策来保障其实施。有关保护性耕作的法律规定一般体现在各类农业法规中，如美国的《土壤保护法案》（1935），要求农场主尽可能采用能够保护土壤的措施，《农村发展法》（1972）和《食品安全法令》（1985）都要求在易受侵蚀的地方采用保护性耕作技术，否则将得不到政府的任何补贴。

7. 法律手段与资助手段相结合　由于畜牧业利微，而治理畜禽粪便污染需要相当多的投资，农民和畜牧经营者难以承受。因此许多国家不仅运用法律手段，而且在经济上给予资助。例如，在美国有大量的渠道为动物养殖场的环境保护提供技术支持和项目资助。如美国农业部给动物养殖企业提供资助的环境质量激励项目（The Environ-mental Quality Incentive Program，EQIP），1997 年和 1998 年资助金额达 2 亿美元，大约 45% 的资助用在这两年鼓励相关企业落实全面营养管理计划。2002 年的资助金额为 4 亿美元，到 2007 年达到 13 亿美元，2008—2012 年资金预算为 72.5 亿美元。另一方面，2002 年的新农业法中加大了对土地保护的财政补贴，其中很多方面都涉及畜牧业。如用于帮助畜牧生产者改善环境的环境质量激励计划中，政府承担最高可达 90% 的环境保护费用分摊率。日本在地方、财政年度预算中，拨出一定的款额来防治畜禽粪便污染。英国和丹麦为使粪肥能安全地储存越冬，分别承担农民建造储粪设施费用的 50％和 40％。荷兰为促进过剩粪肥运往缺肥区，对距离 100km 以上和 50km 以上的给予了运输补贴，每立方米鸡粪运输 50km 以内补贴 1.2 美元，150km 以上补贴 2.2 美元。香港由于对畜牧场规定极其严格，一些场主不得不停产改行，为此当局发给停产补贴。

早在 1970 年，美国就用法律规定禁止焚烧秸秆。据日本农林水产省官员介绍，目前日本秸秆的主要处理方式有两种：混入土中作为肥料，以及作粗饲料喂养家畜。根据近年统计数据，水稻秸秆最多的是翻入土层中还田，约占 68％；其次作为粗饲料养牛的约占 10.5％；与畜粪混合做成肥料的约占 7.5％；制成畜栏用草垫的约占 4.7％；一小部分难以处理的秸秆就地燃烧，约占 4.1％。国内外农业生产国十分重视采用秸秆还田技术培肥地力。秸秆还田培肥地力是保持和提高土壤肥力最根本的战略性技术措施，美国、英国、德国、日本等发达国家都在秸秆还田技术上做了大量工作。美国把秸秆还田当作一项农作制，坚持常年实施秸秆还田；日本把秸秆还田当作农业生产中的法律去执行。

二、国外有机肥资源利用

国外对家禽粪便的开发研究始于 20 世纪 40 年代初，到 60 年代中后期，欧美、日本等发达国家已解决了鸡粪的干燥难题。从国内外最新资料显示，粪便处理与一个国家的经济发展水平有关。对经济发达国家而言，粪便作肥料还田成为主要出路。目前日本的养鸡场中，主要采取好氧性堆肥发酵系统，使鸡粪成为商品肥料，包括纯鸡粪和以鸡粪为主配制的复合有机肥。由于其肥效一般较高，有利于改良土壤，而且价格比化肥低，施用方便，颇受市场欢迎。

农牧结合是美国解决养殖业污染的重要手段之一。美国的大部分大型农场都十分重视养殖业与种植业的结合，在饲草、饲料、粪肥之间形成相互促进、相互协调的物质循环体系，养殖场的动物粪便经过处理作为有机肥归还农田，既提高了土壤的肥力，又防止了环境污染。

法国坚持"人、猪、地球、效益"四者兼顾（4P 理念）的生产管理理念，从而达到生猪生产的零排放、零污染。法国政府强制要求猪场采用粪污处理技术，对猪粪污采取 3 种无害化处理方式：一是在粪便池沉淀，一定时间后与秸秆混合形成有机肥料；二是实行工业分离变成肥料；三是建造大型沼气池，利用沼气发电。法国农田的吸收排放量是按氮的指标来计算，有严格的法律规定，每公顷土地允许排放 140～150kg 的氮，每公顷土地只允许养 4～5 头肥猪，100hm^2 允许养 500 头肥猪。

对病害畜禽尸体无害化处理运营模式多为"政府＋公司"，通用方法为焚烧法，焚烧处理收集站已形成网络，且焚烧技术比较成熟。如德国、西班牙、美国、日本等发达国家，通常采用工厂焚烧或集中站焚烧的办法。

有关秸秆的综合利用，从国外情况看，特别是在发达国家，通过科技进步与创新，已经为农作物秸秆的综合开发利用找到了多种用途，除传统的将秸秆粉碎还田作有机肥料外，还走出了秸秆饲料、秸秆汽化、秸秆发电、秸秆乙醇、秸秆建材等新路子，大大提高了秸秆的利用值和利用率，值得我们借鉴。

在美国，有 24 个农业州，每年能收集大约 4 500 万 t 秸秆，被用作饲料，或者用来盖房，将整捆的秸秆高强度挤压后填充新房的墙壁。此外，美国还积极推动再生能源事业，把秸秆作为新兴的替代燃料特别是生物燃料，从中提取乙醇进行开发利用，使秸秆综合回收利用有了新发展，这一切都得到了政府补贴及政策的鼓励与支持。

加拿大以耕种玉米、小麦为主，每年产生大量的秸秆。在加拿大的农业区，当玉米成熟时，人们就用玉米收割机一边收割一边把玉米秆切碎，切碎的玉米秆作为肥料返到田里。

在欧洲，则开创了秸秆发电的新途径。丹麦是世界上首先用秸秆发电的国家，农民将秸秆卖给电厂发电，满足上万户居民的用电和供热需求，电厂降低了原料成本，居民获得了实惠的电价，而秸秆燃烧后的草木灰又无偿地还给农民用作肥料，从而形成了一个工业与农业相衔接的循环经济圈。

在日本，人们主要是把秸秆还田翻入土层中用作肥料，也把秸秆用作粗饲料喂养家畜。此外，对部分难以处理的秸秆，则通过专门组织、采取统一地点和时间进行就地焚烧。日本也在积极挖掘秸秆的燃料转化潜力，已研制出从秸秆所含纤维素中转化制备酒精燃料的技术，向着秸秆的科学化、实用化迈出了新步伐。

第二节　中国有机肥发展情况

一、传统农业中的有机肥

我国是世界上最成功的农耕古国，原美国国务卿基辛格博士曾经说过：在过去的 2 000 年里，有 1 800 年中国领先世界。四大文明古国中唯一一个文明一脉相承延续至今的就是中国。中国 5 000 年来一直靠自我发展，无论多么强大，其主体民族——汉民族从来没有大规模对外侵略。中国 2 000 多年的对外战争历史都是以保家卫国为最高宗旨，万里长城就是 2 000 多年来中华民族"人不犯我，我不犯人"的铁证。其根本原因就是传统种植业农业不具备侵略性，可以丰衣足食。而发达的传统种植业，离不开大量丰富的有机肥。2 000 多年来，有机肥为我国传统种植业农业发展提供了有力的支撑。所以我国也是世界上最早利用有机肥料，最会利用有机肥料的国家。也可以说，有机肥是我国古代灿烂文明的重要内容和支撑。我国传统种植农业十分注重精耕细作、土壤培肥、集造有机肥等"一份耕耘，一份收获"的付出回报、勤劳致富思想，也造就了中华民族与自然和谐相处，与人为善的处世哲学。

原始农业"刀耕火种"不使用任何肥料，先砍伐草木，晒干后放火焚烧，经过火烧的草木灰及变松软的土地形成一定肥力，再行播种，待肥力枯竭后易地而种。据史书记载，我国原始农业阶段，种植作物完全靠土壤本身肥力，其肥力一般只维持 3 年作物的生长。第一年收成好，肥力高，叫"菑"；第二年收成较好，肥力较高，叫"新"；第三年收成较差，肥力较低，叫"畲"。第四年土壤肥力枯竭，只能抛荒休耕，让其长草木，待地力恢复后，再行耕种。而传统农业，为了保持耕地肥力经久不衰，就必须常年大量使用有机肥。

我国是世界历史上最早、最发达的传统种植业农业国家，早在春秋战国时期就已经开始了原始农业向传统农业的发展。早在春秋战国时期最早的农书《齐民要术》，就记载了农家肥的施用。唐宋我国传统农业进入鼎盛时期，据宋代农学著作《陈甫农书》记载，我国使用的肥料有六类：制造堆肥、积造沤肥、饼肥的发酵使用、使用绿肥、人粪尿使用、骨汁和禽兽毛羽用作肥料。其中，主要的和使用较多的是人粪尿和堆沤肥。六朝后，南方畜牧业开始发展，就有了厩肥的使用。据《王祯农书》记载，已有七类肥料使用：大煤（粪尿）、踏粪（厩肥）、苗粪（绿肥）、草肥（秸秆还田）、火粪（草木灰、石灰及熏土等）、泥粪、一切禽兽羽毛亲肌之物。另外，旧墙土、草木灰、马蹄、羊角灰、洗鱼水、沟泥水、淘米水、稻麦糠、干牛粪等均可作肥料使用。元朝前，施肥制度上主要是基肥。到元朝，才开始重视追肥。到明清时代，传统农业已相当发达和完善，几乎所有的传统肥料都有使用，使用量也较大。据闵宗殿等著《中国农业技术发展简史》考证，主要造粪的方法有 10 种：人粪、畜禽粪、草粪、火粪（包括草木灰、熏土、石灰、坑土、墙土等）、泥粪（包括塘泥、沤肥、混制肥等）、苗粪、饼粕粪、黑豆粪、皮毛粪、骨蹄角粪等。积造肥的工具、设施已趋完善。在使用肥料方面已总结出需掌握 4 个关键环节，即积肥、造肥、保肥、施肥。在施肥原则上已强调三宜，即"时宜、土宜、物宜"。这就是现在农民还流行的"看天、看地、看庄稼"的施肥经验。施肥技术已较系统和科学。据明朝《吴兴掌故集》记载："下粪不可太早，太早而后力不接，交秋时多缩而不秀。初种时必以河泥为底，其力慢而长；优署时稍下灰或菜饼，其力亦慢而不迅疾；立秋后交处署，始下大肥壅，则其力倍而穗长矣。"说明当时追肥（当时叫接力）技术已较合理。关于底肥（当时垫底）、追肥的关系，追肥的时期、次数、品种、方法等都有较科学的总结。

中华人民共和国成立后，农业生产以前所未有的速度发展。传统农业不断改革和提高，现代农业开始起步。20 世纪 50 年代，由于各级政府对农家肥的重视、提倡，以及农业部门对农家肥（包括粪尿、厩肥、堆沤肥、灰肥、饼肥、秸秆和土杂肥等）积、制、绿、施技术的推广，农家肥发展很快。政府发出"关于扩大积肥施肥，开展环境卫生的指示"，号召各地大力开展群众性积肥运动。还提出"积肥为积金"、"送粪为送金"的口号，各地积肥迅速形成高潮。1953 年，在肥料工作计划纲要中提出"以农家肥料为主，商品肥料为辅"的肥料工作方针，得到贯彻执行。50 年代后期，提倡大搞积攒农家肥为中心的"五有"建设，即"斗有栏、猪有圈、家家有厕所、队队有粪窖、田边地边有粪坑。"同时，各地还制订一系列集肥政策，合理规定积肥劳动报酬和收肥价格，推行"三个基本"（基本口粮、基本集肥、基本劳动日），规定社员集肥任务，按季结算，奖勤罚懒。当时农家肥施用量占施肥总量的 90% 以上，按当时播种面积，亩平均施肥约 3 000kg。

二、现代养殖业废弃物无害化处理

按照全国每年有 27 亿 t 畜禽粪便估算，其中约 40% 即约 11 亿 t 目前已经被处理或利用，这主要包括传统无害化处理利用方式和现代处理利用方式。

（一）传统无害化处理利用方式

1. 堆沤处理作为农家肥料　堆沤肥是我国传统农业生产上的重要有机肥源，其中厩肥是牲畜粪尿与垫料混合堆沤腐解而成的有机肥料。通常北方农村称其为"圈肥"，南方农村称其为"栏粪"，是小农经济时代家庭养殖业的产物，花工、费时，又不卫生。随着养殖业工厂化、规模化发展，农村劳动生产率和生活水平的提高，这一传统有机肥料呈大幅度减少的趋势。

2. 用于鱼池作为鱼饲料 主要是鸡鸭等禽类粪便，可直接作吃食性鱼的饵料，而且其分解过程释放的能量及速效养分又可作浮游生物生长的营养物质，为滤食性鱼提供了饵料。但新鲜人畜粪便入池，在分解过程中要消耗大量氧，往往造成鱼池溶解氧幅度下降，引起鱼浮头，且肥效受气温、池温影响，不稳定，难控制。某些寄生虫、病源菌也随粪便入池，易引起鱼病发生。

3. 晒干作为家用燃料 在我国西藏、内蒙古等草原地区或西北高原地区的农牧区，柴草缺乏，农牧民将牛、马等大牲口粪便自然晾干，用作烧饭、取暖。

（二）现代处理利用方式

1. 作为沼气池填料处理 粪便进行沼气发酵，热能利用率高，肥料养分残留巨大。随着国家政策的扶持和有关部门的大力推广，我国沼气发展迅速，2011 年全国户用沼气池 4 168 万户。大型沼气工程及沼气发电技术发展也较快。但是作沼气池填料处理粪便有四大障碍：一是沼气发酵是常温发酵，没有杀死病虫卵；二是出来的沼渣还是稀的，不好处理；三是沼气池定期加料与工厂化养殖业每天排放不好衔接；四是处理量不够。

2. 微生物发酵生产有机肥料 现代化的粪便处理利用方法是在畜禽粪便处理过程中加入微生物发酵菌剂，以提高发酵效率，保证肥料快速、彻底腐熟。据 2007 年统计，我国有机肥料生产企业已达到 1 580 个左右，近年更以每年 10％左右的速度在迅速增加，商品有机肥使用量也在逐年上升，2006 年我国的商品有机肥料应用量 9 470kt，2007 年我国商品有机肥应用量接近 13 400kt。与此同时，有机肥产业格局也在悄然发生变化，市场上涌现出一批近十万吨的大型有机肥生产企业，这些具有产业化规模企业的涌现，推动了我国有机肥行业的产业化发展。

3. 其他处理利用方式 畜禽粪便焚烧发电，生产食用菌等（《中国农学通报》，2012年增 30 期，梁华东等）。

三、现代种植业废弃物综合利用

2008 年，国务院办公厅印发《关于加快推进农作物秸秆综合利用的意见》（国办发〔2008〕105 号）。2015 年 11 月，发展改革委、财政部、农业部、环境保护部联合发出《关于进一步加快推进农作物秸秆综合利用和禁烧工作的通知》，要求完善秸秆收储体系，进一步推进秸秆肥料化、饲料化、燃料化、基料化和原料化利用，加快推进秸秆综合利用产业化，加大秸秆禁烧力度，进一步落实地方政府职责，不断提高禁烧监管水平，促进农民增收、环境改善和农业可持续发展。力争到 2020 年，全国秸秆综合利用率达到 85％以上；秸秆焚烧火点数或过火面积较 2016 年下降 5％，在人口集中区域、机场周边和交通干线沿线以及地方政府划定的区域内，基本消除了露天焚烧秸秆现象。

我国秸秆综合利用主要有以下方式：

1. 机械化秸秆还田做肥料 秸秆还田的方法有两种：一是用机械将秸秆打碎，耕作时深翻严埋，利用土壤中的微生物将秸秆腐化分解。另一种秸秆回田的有效方法是将秸秆粉碎后，掺进适量石灰和人畜粪便，让其发酵，在半氧化半还原的环境里变质腐烂，再取出肥田使用。

2. 畜禽养殖饲料　过腹还田是将秸秆通过青贮、微贮、氨化、热喷等技术处理，可有效改变秸秆的组织结构，使秸秆成为易于家畜消化、口感性好的优质饲料。

3. 培育食用菌　将秸秆粉碎后，与其他配料科学配比作食用菌栽培基料，可培育木耳、蘑菇、银耳等食用菌，能有效地解决近几年食用菌生产迅猛发展与棉籽壳供应不足的矛盾。育菌后的基料经处理后，仍可作为家畜饲料或作肥料还田。

4. 制取沼气，沼渣沼液做肥料　稻草秸秆等属于有机物质，是制取沼气的好材料。我国的北方、南方都能利用，尤其是南方地区，气温高，利用沼气的季节长。制取沼气可采用厌氧发酵的方法。此方法是将种植业、养殖业和沼气池有机结合起来，利用秸秆产生的沼气进行做饭和照明，沼渣喂猪，猪粪和沼液作为肥料还田。此种方式是生态农业良性循环的良好模式，它适应了现代化农村发展的需求，受到农民群众的热烈欢迎。

5. 用作工业原料　农作物秸秆可用作造纸的原料，还可以用作压制纤维木材，能弥补木材资源的不足，减少木材的砍伐量，提高森林覆盖率，使生态环境向良性发展。

6. 用于生物质发电　将秸秆直接焚烧和将秸秆同垃圾等混合焚烧发电，还可以汽化发电。秸秆是一种很好的清洁可再生能源，每 2t 秸秆的热值就相当于 1t 标准煤，而且其平均含硫量只有 0.38%，而煤的平均含硫量约达 1%。生物质的再生利用过程中，排放的 CO_2 与生物质再生时吸收的 CO_2 达到碳平衡，具有 CO_2 零排放的作用，对缓解和最终解决温室效应问题将具有重要意义。

7. 用于生物降解材料　将秸秆超细粉碎后，在反应釜中与添加剂一起进行一系列的化学反应，使得秸秆中的纤维具有热塑性。这种材料可以应用于薄膜、片材和注塑级的产品制造，这类产品可替代石油基产品（塑料），并具有完全生物可降解性（180d 后失重率达到 90%），是一种健康环保材料。

第三节　现代肥料产业的四个发展时期

在现代农业中，肥料是植物的粮食，是植物生产的重要物质基础。农业是国民经济的基础，而肥料又是农业的基础，是基础的基础。肥料不仅供给作物各种养分，并且有改良土壤、培肥地力，以及改善作物生长条件，促进作物生长发育，提高产量，改进品质，提早成熟及增强作物抗御病虫洪涝灾害等不良环境能力的作用。国内外大量试验表明，不施肥作物的产量只有施肥作物产量的 30%～50%，也就是说作物产量的 50%～70% 是由施肥决定的。若世界上的作物都不施肥，那么其产量只有现在产量的 1/3～1/2，其后果不堪设想。任何一种农业技术的改进，都必须与增施肥料相配合，才能真正达到增产的目的。由于人口剧烈增长，耕地面积锐减，对有限耕地的产量要求越来越高，有效、长期且简便的措施就是大量增施肥料。

新中国成立后，我国农业得到了空前的发展。与之相应的，我国肥料也经历了 4 个发展时期：化肥工业兴起及氮肥发展二十年、配方施肥及磷钾肥发展二十年、测土施肥与复混肥料发展二十年和化肥减量与生物有机肥料发展新时期。

一、化肥工业兴起及氮肥发展二十年

化肥又叫化学肥料，是工厂用化学或物理方法制成的无机肥料。化肥主要分氮肥、磷肥、钾肥等单质肥料，复合肥、复混肥等多元素肥料等类型。化肥成分单纯，有效养分含量高，肥效快，使用方便。科学施用化肥是现代农业的重要组成部分，在农业生产，特别是粮食生产中起到了举足轻重的作用。据湖北省农业科学院分析，1949—1984 年，每年粮食总产（亿 kg）和亩产（kg）与化肥施用总量（万 t）和亩用量（kg）呈极显著的一元二次方程曲线关系：$Y = 86.161\ 5 + 0.622\ 7X - 0.000\ 854X^2$（$F = 125$）。

我国化肥起步较晚，使用始于 20 世纪 30 年代，化肥工业始于 50 年代。1950—1969年这二十年是我国单质化肥发展的二十年。这二十年，我国单质肥料发展又分为两个阶段：50 年代单质氮肥起步阶段，60 年代单质氮肥发展黄金十年。

1. 50 年代（1950—1959 年）氮肥起步阶段　氮肥包括：硫酸铵、硝酸铵、尿素、碳酸氢铵和氯化铵等。50 年代是我国氮肥试验、示范、推广时期和生产起步时期。50 年代前使用的氮肥品种主要是硫酸铵及少量尿素、硝酸铵，硫酸铵当时的俗称叫"肥田粉"。1956 年湖北省最早的氮肥厂武钢焦化厂投产，年产硫酸铵 25 000t。

2. 60 年代（1960—1969 年）氮肥发展黄金十年　60 年代是氮肥高速发展时期，也是氮肥产业的黄金十年。小氮肥（碳酸氢铵）的迅速发展，碳酸氢铵上升为主要氮肥品种，约占施肥总量的 50%～70%。仅仅湖北省就建设了碳酸氢铵厂 66 家，而且产销两旺。那个时候，"化肥"就是氮肥，氮肥就是碳酸氢铵，碳酸氢铵就是化肥的代名词。湖北宜化集团就是这 66 家碳酸氢铵厂之一。

二、配方施肥及磷钾肥发展二十年

配方施肥（平衡施肥、配比施肥、推荐施肥）是综合运用现代农业科技成果，根据作物需肥规律与肥料效应，产前推荐出有机肥、氮肥、磷肥、钾肥和微肥的适合用量和比例，以及相应的施肥技术。配方施肥始于 20 世纪 70 年代，发展于 80 年代。

与配方施肥同时发展的是我国磷肥产业。1970—1989 年这二十年是我国配方施肥及磷肥发展的二十年。这二十年，又分为两个阶段：70 年代配方施肥及磷肥起步阶段，80年代配方施肥及磷肥发展黄金十年。

1. 70 年代（1970—1979 年）配方施肥及磷肥起步阶段　随着氮肥用量的大幅度增加，补增施磷钾肥的增产潜力日益显著，农业专家开始探索补施磷钾肥的增产效果，各地开始试验示范磷肥。我国当时生产的磷肥包括：过磷酸钙、钙镁磷肥、钙镁磷钾肥等。70 年代是我国磷肥生产起步时期。

2. 80 年代（1980—1989 年）配方施肥及磷肥发展黄金十年　随着全国第二次土壤普查实施与完成，基本查清了全国耕地土壤养分情况，农业部的大力推广，配方施肥在全国迅速普及。伴随而来的是，全国大力兴办磷肥厂，特别是我国五大磷矿资源省云南、贵州、四川、湖北和湖南 5 省。我国磷矿中 80% 分布于这五大省。由于磷肥生产设备可大可小，流行的话说"两把铁锹"就可以办一个磷肥厂。一时间全国各地磷肥厂如雨后春笋，风起云涌，几乎到了村村办磷肥厂的地步。初步统计湖北省当时有大大小小磷肥厂

1 000家左右。80年代钾肥开始示范推广，我国钾肥主要依赖进口。

三、测土施肥及复混肥料发展二十年

混合肥料是将两种或3种单质化肥，或用一种复合肥料与一二种单质化肥，通过机械混合的方法制取不同规格即不同养分配比的肥料，以适应农业要求，尤其适合生产专用肥料。复混合肥料包括复合肥（化学合成复合肥料）、混合肥（混合造粒混合肥料）及兼二有之的复混肥料。

随着配方施肥技术特别是测土配方施肥技术的大面积推广和我国化肥工业的高速发展，我国复混肥料产业兴起并发展。1990—2009年这二十年是我国测土施肥及复混肥料发展的二十年。这二十年，又分为两个阶段：20世纪90年代复混肥料初步及低浓度发展阶段，2000—2009年是测土配方施肥及高浓度复混肥料发展的黄金十年。

1. 90年代（1990—1999年）复混肥料初步及低浓度发展阶段 复混肥料中营养元素成分和含量，习惯上按氮（N）－磷（P）－钾（K）的顺序，分别用阿拉伯数字表示，"0"表示无该营养元素成分。15-15-15表示为含N、P_2O_5、K_2O各15%，总养分为45%的三元复混肥料；复混肥料中含有中、微量营养元素时，则在后面的位置上表明含量并加括号注明元素符号，如18-9-12-4（S）为含中量元素硫的三元复混肥料。将上述表示方法称肥料规格或肥料配方。我国生产和使用的复合肥料主要有磷酸一铵、磷酸二铵、硝酸磷肥等二元复合肥。按照原国家标准GB 15063—1994，复混肥料分为低浓度复混肥料，总养分25%~29%，当时还规定两元素复混肥料养分可以低至20%；中浓度复混肥料，总养分30%~39%；高浓度复混肥料，总养分40%以上。随着配方施肥技术的大面积推广和我国化肥工业的高速发展，90年代我国以低浓度为主的复混肥料发展较快。

2. 21世纪第一个十年（2000—2009年）测土施肥及复混肥料发展黄金十年 测土配方施肥是配方施肥的升级和完善。测土配方施肥以土壤测试和肥料田间试验为基础，根据作物需肥规律、土壤供肥性能和肥料效应，在合理施用有机肥料的基础上，提出氮、磷、钾及中、微量元素等肥料的施用数量、施肥时期和施用方法。测土配方施肥技术的核心是有针对性地补充作物所需的营养元素，作物缺什么元素就补充什么元素，需要多少补多少，实现各种养分平衡供应，满足作物的需要，达到提高肥料利用率和减少用量，提高作物产量，改善农产品品质，节省劳力，节支增收的目的。特别是2005年温家宝总理视察湖北枝江，安福寺农民曾祥华向总理提出了测土配方施肥的要求，根据总理指示，农业部启动国家测土配方施肥财政补贴项目，测土配方施肥项目得以普遍、深入、长久地实施。与之相应的复混肥料特别是高浓度肥料大面积推广。由于复混肥料生产设备可大可小，流行的话说"两把铁锹"就可以办一个复混肥厂，全国各地复混肥厂迅速发展，几乎到了各个乡镇办复混肥厂的地步。许多磷肥企业、氮肥企业也纷纷调整产业，转产复混肥料生产。初步统计湖北省当时有大大小小复混肥厂300家左右。复混肥料高速发展的黄金十年，造就了大量超大型企业。表4-1显示，复混肥料发展的黄金十年，我国复混肥料年均增长幅度9.6%。

表 4-1 我国不同阶段肥料发展情况

复混肥发展黄金十年	肥料类型	2000 年	2010 年	年均增幅
	氮磷钾纯量（万 t）	3 228.47	3 805.74	1.6%
	复混肥纯量（万 t）	917.87	1 798.5	9.6%
近年化肥零增长		2015 年	2017 年	年均增幅
	氮磷钾纯量（万 t）	3 846.91	3 639.15	−2.7%
	复混肥纯量（万 t）	2 175.69	2 220.27	1.0%
有机肥近年发展		2011 年	2017 年	年均增幅
	有机肥实物（万 t）	900	1 305	7.5%

四、化肥减量及生物有机肥料发展新时期

进入 21 世纪，我国化肥逐年超限量使用，我国农作物亩均化肥用量 28.9kg，远高于世界平均水平（每亩 8kg），是美国的 2.6 倍，欧盟的 2.5 倍。国际公认化肥施用安全上限为每公顷 225kg（每亩纯量 15kg），但中国农用化肥每公顷平均施肥量已经超过了 434kg，是安全上限的 1.93 倍。另一方面我国农业废弃物污染浪费严重，畜禽粪便有 30 亿 t，富余秸秆有 4.5 亿 t 未得到利用。控制减少化肥用量，推广使用有机肥料成为了专家、领导和广大农民关注的热点。

国家"化肥零增长行动计划"的提出，迎来了我国生物有机肥料发展的新时期。2010—2029 年这二十年是我国化肥减量及生物有机肥料发展的新时期。这二十年，又分为两个阶段：2010—2019 年是化肥零增长及生物有机肥料推广阶段，2020—2029 年是化肥减量及生物有机肥料发展黄金十年。

1. 21 世纪第二个十年（2010—2019 年）化肥零增长及生物有机肥料推广阶段　2015 年 3 月，农业部发布《到 2020 年化肥使用量零增长行动方案》。提出精、调、改、替四字措施。"替"就是用生物有机肥料替代化肥。施用生物有机肥料有七大作用：一是提供植物营养，有机肥本身含有丰富氮磷钾及中微量元素，有机肥还可以通过微生物活动活化土壤矿物中的营养元素；二是为土壤微生物提供粮食和能量，保障土壤新陈代谢；三是为土壤空隙、颗粒等结构提供支架，防止土壤板结，改善通气透水性能；四是吸附化肥并缓控释放，提高化肥利用率，防止化肥流失挥发，减少水土流失；五是提高植物抗病虫害、抗倒伏、抗旱涝灾害能力，吸附土壤重金属，减轻危害，分解降解土壤有毒有机物；六是提高作物产量；七是大幅度改善农产品品质，包括营养性、鲜味、口感、储藏性等，生产有机、绿色食品，必须施用有机肥料。一零年代，随着国家政策推动和项目扶持，我国生物有机肥料发展迅速，仅仅湖北省就有各类生物有机肥料企业 200 多家。

2. 21 世纪第三个十年（2020—2029 年）化肥减量及生物有机肥料发展黄金十年　进入 21 世纪第三个十年，我国将迎来生物有机肥料发展的黄金十年。理由如下：我国农村粪便秸秆等年产总量约 40 亿 t，其污染已经超过工业污染和生活污染的总和；我国农业废弃物资源浪费巨大，其含有肥料资源总量超过全年化肥施用总量的 50%；我国化肥使用量已经超过了国际公认化肥安全上限的 0.93 倍，国家 2015 年开始实施"化肥减量"行

动，其核心内容之一就是生物有机肥"替代化肥"；我国耕地因为"占优补劣"等原因，质量下降趋势严重，而土壤有机质是土壤肥力第一重要因子；我国耕地土壤酸化、重金属污染、土传病害等危害巨大；我国居民消费已经由吃饱向吃好转化，绿色有机农产品以及农产品质量安全都需要生物有机肥；生物有机肥也是固碳减排的重要措施；生物有机肥也将成为国家各级政府扶持补贴新热点。预计今后十年，生物有机肥料企业将迎来前所未有的机遇。

第五章　有机肥原料特性分析

随着我国现代农业的发展，产生了大量的农业废弃物，包括：畜禽粪便、秸秆、鱼粪塘泥、食品废渣、饼粕、酒糟、食用菌渣、酵母废液等。这些资源用作生产生物有机肥料原料，非常宝贵。但是，这些农业废弃物成分复杂，千差万别，只有更好地掌握其特性，才能更好地回收利用，变废为宝，也才能为企业创造经济效益。

第一节　有机肥原料三大来源及特点

一、有机肥原料三大规定来源

按照国家农业行业标准 NY/T 525—2021 有机肥料中说明：本文件适用于以畜禽粪便、动植物残体和以动植物产品为原料加工的下脚料为原料，并经发酵腐熟后制成的有机肥料。

按照国家农业行业标准 NY 884—2012 生物有机肥中说明：指特定功能微生物与主要以动植物残体（如畜禽粪便、农作物秸秆等）为来源并经无害化处理、腐熟的有机物料复合而成的一类兼具微生物肥料和有机肥效应的肥料。

按照国家农业行业标准 GB/T 18877—2020 有机—无机复混肥料中说明：本标准适用于以人及畜禽粪便、动植物残体、农产品加工下脚料等有机物料经过发酵处理，添加无机肥料制成的有机—无机复混肥料。本标准不适用于添加腐殖酸的有机—无机复混肥料。

3 个含有有机肥的国家标准无一例外的都有说明和要求。有机肥料来源归纳起来为三大来源，概括为"三物来源"。

1. 养殖业的排泄物　包括：畜禽粪便及污水、宠物粪便、沼渣沼液、鱼粪底泥、蚕沙等。

2. 种植业的剩余物　包括：秸秆、瓜藤菜叶、枯枝落叶木屑、米糠麸皮、玉米芯、外壳、藕渣等。

3. 加工业（农产品）的废弃物　包括：饼粕、食品渣、食用菌渣、酵母液、酒糟、糠醛渣、饮料渣、糖渣、淀粉薯泥薯渣、中药渣、餐厨垃圾等。

除此以外的，比如：煤炭类、生物碳、湖泥河泥污泥、生活垃圾、工业废渣等不在"三物来源"之内，不应该用来生产有机肥（表 5-1）。

表 5-1　有机肥三大农业废弃物来源

三大来源	分类	主要品种
养殖业的排泄物	畜禽粪便	猪粪、鸡粪、牛粪、羊粪、鸭粪、鹅粪、马粪、驴粪、兔粪、鹌鹑粪、鸽子粪、宠物粪便、蚕沙等畜禽粪便和粪水
	鱼粪底泥	鱼粪、鱼池底泥

（续）

三大来源	分类	主要品种
种植业的剩余物	秸秆	稻草、麦秆、玉米秆、高粱秆、马铃薯秆、豆秆、黍米秆、花生秆、芝麻秆、甘薯藤、烟秆、棉秆、花生壳、壳糠、玉米芯、瓜果藤蔓、树木落叶、杂草、蔬菜残根残枝残叶、瓜果皮
	中药特品渣	中药秸秆、中药药渣、烟末、榨糖糖渣
	锯末木屑	锯末竹屑、枯枝残根、废弃木材
加工业的废弃物	饼粕麸皮	菜籽饼、花生饼、芝麻饼、豆粕、玉米胚芽饼、棉籽饼、茶籽饼、麸皮、油糠、壳糠
	酒饮糟渣	啤酒糟、白酒糟、葡萄酒糟、醋糟、木薯渣、糠醛渣、柠檬酸渣
	食用菌微生物渣	金针菇渣、鸡头菇渣、生物菌渣、平菇渣、蘑菇渣、草菇渣、杏鲍菇渣、食用菌段木、香菇袋料渣、酵母液、沼渣沼液
	食品渣	饼干糕点渣、快餐食品渣、藕渣、炼糖糖泥、淀粉渣、薯泥薯渣
	餐厨垃圾	餐厨垃圾、鱼肉加工残渣废液
	动物皮毛角蹄	动物发、毛、羽、丝、鳞、甲、蹄、角、爪、喙及其他硬皮

二、畜禽粪便特点

畜禽粪便都含有丰富的氮、磷、钾和中微量元素养分，但是它们也各有特色。猪粪、牛粪、鸡粪、鸭粪、兔粪、鹌鹑粪等各不相同，千差万别。只有更好地掌握其特性，才能更好地回收利用，变废为宝，也才能为企业创造经济效益。

1. 猪粪　猪粪是我国资源量最多的畜禽粪便，约占畜禽粪便总资源量的 35%。

猪粪含氮、磷、钾养分适中，氮元素比较高，磷钾元素偏低。发酵腐熟后有机质 40% 左右，氮、磷、钾 5% 左右，与有机肥料国家农业行业标准 NY/T 525 非常接近。也可以说有机肥料国家农业行业标准 NY/T 525 就是参照猪粪养分含量制定的。

大型养猪场猪粪多数为水泡粪，含水量 80% 以上，无法进行发酵。一般要进行干湿分离，水分降低到 60% 以下，才能发酵腐熟，生产有机肥料。

养猪一般精饲料粗饲料搭配。猪粪小分子有机质（小碳水化合物和粗蛋白等）、大分子有机质（大纤维素等）适中，中分子有机质（大碳水化合物和小纤维素等）较多，干湿分离后的可以不添加其他辅料，直接发酵。猪粪性温和略带热性，发酵速度比较快。

猪粪有机肥料施用效果稳定，不仅能提供氮、磷、钾养分，为微生物提供能量，还可以改良培肥土壤，提高保持土壤有机质含量。

猪生病较多，要注意猪粪抗生素含量，防止危害农作物和土壤。

2. 牛粪　牛粪是我国资源量第二多的畜禽粪便，约占畜禽粪便总资源量的 25%。

牛粪含氮、磷、钾养分偏低，钾元素比较高，氮磷元素偏低。发酵腐熟后有机质 60% 左右，氮、磷、钾 2% 左右，与有机肥料国家农业行业标准 NY/T 525 差距较大。

大型养牛场牛粪多数为干产粪，含水量 70% 左右，稍作干燥或添加少量辅料就可以进行发酵。

养牛一般粗饲料较多。牛粪小分子有机质（大碳水化合物和小纤维素等）偏少，大分子有机质（大纤维素等）很多，牛粪发酵需要补充一部分小分子有机质如油糠、麦麸、饼粕等，才能发酵。牛粪性凉，发酵速度比较慢。

牛粪有机肥料属于长效有机肥，改良培肥土壤、提高保持土壤有机质含量效果强，可提供氮、磷、钾养分，但为微生物提供能量较弱。

牛粪抗生素、重金属含量低，比较安全。

3. 鸡粪　鸡粪是我国资源量第三多的畜禽粪便，约占畜禽粪便总资源量的 7%。

鸡粪含氮、磷、钾养分较高，氮磷元素比较高，钾元素偏低。发酵腐熟后有机质 50% 左右，氮、磷、钾 7% 左右，都远高于有机肥料国家农业行业标准 NY/T 525。

大型养鸡场鸡粪既有水泡粪，含水量 80% 以上，也有干产粪，含水量 60%。水泡粪要进行干湿分离，水分降低到 60% 以下才能发酵腐熟，生产有机肥料。

鸡粪小分子有机质（大碳水化合物和小纤维素等）较多，大分子有机质（大纤维素等）较少，干湿分离后直接发酵时间偏长，损耗较大，应该添加一些大纤维素辅料如秸秆、粗糠等。鸡粪性热，发酵速度很快，时间长，损耗大。

鸡粪有机肥料属于速效有机肥，可提供氮、磷、钾养分，为微生物提供能量较强，改良培肥土壤、提高保持土壤有机质含量较弱。

鸡生病较多，身上携带病菌较多，要注意鸡粪抗生素含量、病菌等，防止危害农作物和土壤。

三、秸秆特点

与畜禽粪便相比，秸秆养分相差不大，稻草钾比较多一点，油菜秆磷比较多一点。

与畜禽粪便相比，秸秆含氮、磷、钾养分比较低，钾元素比较高，氮磷元素偏低。发酵腐熟后有机质 65% 左右，氮、磷、钾 2% 左右，氮、磷、钾低于有机肥料国家农业行业标准 NY/T 525。

秸秆含水量低，只有 10% 左右，不能直接发酵，要添加水分，与含水量高、养分高的畜禽粪便混合发酵最好。

秸秆小分子有机质（大碳水化合物和小纤维素等）偏少，大分子有机质（大纤维素、木质素等）很多，秸秆发酵需要补充一部分小分子有机质如油糠、麦麸、饼粕、鸡粪等，才能发酵。秸秆发酵速度比较慢。

由于秸秆个体长，生产过程中不好机械操作，需要机械粉碎。

秸秆有机肥料属于长效有机肥，改良培肥土壤、提高保持土壤有机质含量效果强，可提供氮、磷、钾养分，但为微生物提供能量较弱。

秸秆有机肥比较安全，略带少量病虫卵。

第二节　有机肥原料有效成分

农业废弃物资源丰富，成分复杂，必须认真研究其特性，才能更好地回收利用。我国农业废弃物及有机肥原料按照资源特性大致分为粪便、秸秆、饼粕糟渣、绿肥、堆沤农家肥、泥灰杂肥等。

一、有机质及氮磷钾含量

我国农业废弃物及有机肥原料有机质及氮磷钾养分含量见表5-2。

表5-2 中国有机肥料原料数据

类型	品种	水分（%）	以烘干基计算（%）				
			有机质	全N	P_2O_5	K_2O	$N+P_2O_5+K_2O$ 总养分
粪便（鲜样）	猪粪	68.7	47.6	2.09	2.06	1.35	5.50
	牛粪	75	43.0	1.67	0.98	1.14	3.80
	马粪	68.5	41.5	1.48	1.08	1.58	4.13
	驴粪	80	20.9	1	0.85	1.84	3.69
	骡粪	62.9	26.9	0.96	1.21	1.05	3.22
	羊粪	50.7	38.6	2.08	1.15	1.59	4.82
	兔粪	57.4	41.6	2.12	1.69	2.02	5.84
	鸡粪	52.3	34.6	2.34	2.13	1.94	6.41
	鸭粪	51.1	30.2	1.66	2.04	1.65	5.35
	鹅粪	58.0	35.3	1.65	1.53	2.10	5.28
	鸽粪	45.4	45.5	4.34	3.62	2.27	10.22
	鹌鹑粪	51.7	30.1	4.29	6.89	3.22	14.40
	狗粪	65.5	34.5	3.66	7.37	0.92	11.95
	人粪	80.7	42.3	6.38	3.02	1.93	11.33
秸秆（风干）	稻草	9.5	48.1	0.91	0.30	2.25	3.46
	小麦秆	8.3	45.9	0.65	0.18	1.27	2.10
	大麦秆	10.2	55.1	0.56	0.21	1.65	2.42
	玉米秸	9.3	51.0	0.92	0.34	1.43	2.70
	大豆秆	9.4	52.1	1.81	0.46	1.41	3.68
	油菜秆	10.4	51.6	0.87	0.32	2.34	3.53
	花生秆	8.9	48.9	1.82	0.37	1.31	3.50
	蚕豆秆	10.1	46.8	2.48	0.89	3.10	6.47
	豌豆秆	9.6	47.8	3.02	0.55	2.55	6.12
	绿豆秆	9	48.7	2.51	0.64	2.06	5.21
	高粱秆	9.9	57.3	1.25	0.34	1.71	3.30
	谷子秆	6.6	62.2	0.82	0.23	2.11	3.16
	荞麦秆	8.9	49.2	0.80	0.44	2.55	3.79
	棉花秆	10.8	46.2	1.24	0.34	1.23	2.81
	马铃薯秆	9.5	53.5	2.65	0.62	4.77	8.04
	甘薯藤	9.9	42.2	2.37	0.64	3.68	6.69

（续）

类型	品种	水分（%）	以烘干基计算（%）				
			有机质	全 N	P₂O₅	K₂O	N＋P₂O₅＋K₂O 总养分
秸秆（风干）	烟草秆	9.9	52.3	1.44	0.39	2.23	4.06
	瓜果菜藤秆	12.0	40.2	2.20	0.46	2.41	5.07
	蔬菜渣	89	48.6	2.93	0.85	4.69	8.46
饼粕糟渣	大豆粕	30.6	58.6	7.19	1.76	2.05	11.00
	菜籽饼	14.8	48.9	5.9	2.47	1.55	9.93
	花生饼	31.6	55.1	7.81	1.65	1.57	11.03
	芝麻饼	14.9	58.6	6.08	4.99	1.34	12.41
	茶籽饼	12.6	51.1	1.52	0.66	1.42	3.61
	棉籽饼	25.6	43.9	5.57	3.14	1.53	10.24
	酒糟	76.6	72.5	3.08	0.92	0.51	4.50
	菌菇渣		34.8	1.01	0.50	1.06	2.57
	糖醛渣	51	52.2	0.82	0.57	1.24	2.63
	中药渣	74.2	53.9	1.55	0.60	0.43	2.58
	骨粉		9.5		14.84	0.59	15.43
绿肥（鲜样）	紫云英	88.6	52.9	3.43	0.78	2.76	6.97
	苕子	81	49.4	3.32	0.73	2.83	6.88
	油菜	70.6	53.3	2.41	0.55	1.67	4.63
	箭筈豌豆	79.7	48.1	2.39	0.60	1.93	4.91
	水葫芦	90.8	38.5	2.61	1.03	5.29	8.93
	水花生	86.5	45.4	2.88	0.73	5.78	9.40
堆沤肥农家肥（鲜样）	沼渣	76.6	33.2	2.02	1.92	1.06	5.00
	沼液	92	15.7	13	3.46	12.41	28.87
	堆肥	45.1	12.9	0.69	0.55	1.30	2.54
	沤肥	45.8	8.7	0.71	0.66	1.78	3.16
	卤肥	47.6	10.5	0.43	0.41	2.49	3.34
泥灰杂肥（鲜样）	湖泥	39.1	5.9	0.18	0.16	1.78	2.12
	塘泥	32.7	4.5	0.24	0.30	2.36	2.90
	河泥	18	3.9	0.25	0.46	2.11	2.82
	鱼粪底泥	45.7	7.9	0.27	0.36	0.49	1.13
	腐殖质	32.6	25.9	1.02	0.55	1.39	2.96
	草木灰	7.1			2.36	7.50	9.85

注：按 NY/T 525—2021 标准检测。

二、其他有效成分

畜禽粪便、秸秆、饼粕、糟渣等农业废弃物除含有丰富的有机质和氮、磷、钾养分外，还含有丰富的钙、镁、硫、硅、锌、硼、钼、铜和铁等中、微量元素，以及木质素、纤维素、蛋白质、糖、脂肪、氨基酸、腐殖酸、维生素、抗生素等各种各样的有机养分，俗称"完全肥料"，就是什么养分都有。

不同的农业废弃物类型，除有机质和氮、磷、钾含量存在巨大差异外，所含的中微量元素也有差异。比如：十字花科植物油菜秆、菜籽饼等含有较多的硼元素；禾本科植物稻草、小麦秆、玉米秆、高粱秆等含有较多的锌元素；豆科植物大豆秆、花生秆、蚕豆秆、豌豆秆、大豆粕、花生饼等含有较多的钼元素；畜禽粪便含有较多的氨基酸；饼粕含有较多的蛋白质；酒糟含有较多的腐殖酸等。

畜禽粪便、秸秆、饼粕、糟渣等农业废弃物，其养分等元素绝大部分来源于土壤，通过植物吸收再直接返回到土壤，或者通过动物食用植物后排泄再返回到土壤，符合"归还学说"，既是土壤的需要和缺乏，又是植物再次吸收的必要，是最完善的"土壤—植物—动物—土壤"生态农业和循环经济，是大自然亘古不变的规律，更是耕地土壤肥力千百年经久不衰的核心内容。

第三节　有机质的品种类型

狭义上的有机化合物主要是由碳元素、氢元素组成，是含碳的化合物。有机物是生命产生的物质基础，所有的生命体都含有有机化合物，如糖类（碳水化合物）、脂肪、蛋白质、氨基酸、叶绿素、酶、激素等。生物体内的新陈代谢和生物的遗传现象，都涉及到有机化合物的转变。

有机物种类繁多，每一克畜禽粪便中含有的有机物就成千上万，一般可分为烃和烃的衍生物两大类。根据有机物分子的碳架结构，还可分成开链化合物、碳环化合物和杂环化合物三类。根据有机物分子中所含官能团的不同，又分为烷、烯、炔、芳香烃和卤代烃、醇、酚、醚、醛、酮、羧酸、酯等。

农业废弃物及有机肥原料中含有的主要有机质品种有糖类、脂类、蛋白质、氨基酸、腐殖酸、有机酸等。

一、糖类（碳水化合物）

糖类又叫碳水化合物，按照分子大小，糖类分单糖、双糖和多糖。

1. 单糖类　单糖是指分子结构中含有 3～6 个碳原子的糖。分子式比如葡萄糖 $C_6H_{12}O_6$，分子量几十到一百多道尔顿。按碳原子数目，单糖可分为丙糖、丁糖、戊糖、己糖等。自然界的单糖主要是戊糖和己糖。根据构造，单糖又可分为醛糖和酮糖。多羟基醛称为醛糖，多羟基酮称为酮糖。例如，葡萄糖为己醛糖，果糖为己酮糖。单糖中最重要的与人们关系最密切的是葡萄糖等。常见的单糖还有果糖、半乳糖、核糖和脱氧核糖等。单糖因为分子量极小，溶解迅速，分解容易。有机肥中的单糖在发酵腐熟时最快速、最容易被微生物分解掉。腐熟后的有机肥残留很少，施入土壤也最容易被微生物分解释放。同时，单糖也是生物体组成成分的最小单元体，微生物或者植物也可以直接将其吸收，形成自身体内物质。

2. 双糖类 双糖是指由两分子单糖组成的糖类。分子式 $(C_6H_{10}O_5)_2$，分子量一百多到三百多道尔顿，常见的双糖有蔗糖、乳糖和麦芽糖等。双糖也是因为分子量极小，溶解迅速，分解容易。有机肥中的双糖在发酵腐熟时也最快速、最容易被微生物分解掉。腐熟后的有机肥残留很少，施入土壤也最容易被微生物分解释放。

在利用大分子含量较多的秸秆、牛粪等农业废弃物进行有机肥发酵生产时，人们常常添加蔗糖辅料，以达到快速升温、缩短发酵时间的目的。

3. 多糖类 多糖是至少要超过 10 个单糖组成的聚合糖高分子碳水化合物，可用通式 $(C_6H_{10}O_5)_n$ 表示。比 10 个少的短链称为寡糖。由相同的单糖组成的多糖称为同多糖，如淀粉、半纤维素、纤维素和糖原，以不同的单糖组成的多糖称为杂多糖，如阿拉伯胶是由戊糖和半乳糖等组成。

（1）淀粉 淀粉是多糖的一种，可以看作是葡萄糖的高聚体。淀粉可分为直链淀粉（糖淀粉）和支链淀粉（胶淀粉）。前者为无分支的螺旋结构；后者以 24～30 个葡萄糖残基以 α-1，4-糖苷键首尾相连而成，在支链处为 α-1，6-糖苷键。直链淀粉分子量较小，在 50 000Da 左右；支链淀粉分子量在 60 000Da 左右。淀粉因为分子量比较小，溶解比较迅速，分解比较容易。有机肥中的淀粉在发酵腐熟时比较快速、比较容易被微生物分解掉。腐熟后的有机肥残留较少，施入土壤也比较容易被微生物分解释放。

（2）半纤维素 半纤维素是多糖的一种。半纤维素是由几种不同类型的单糖构成的异质多聚体，这些糖是五碳糖和六碳糖，包括木糖、阿拉伯糖和半乳糖等。半纤维素木聚糖在木质组织中占总量的 50%。半纤维素平均分子量几万道尔顿。半纤维素因为分子量中等，溶解很少，分解速度中等。有机肥中的半纤维素在发酵腐熟时被微生物分解一部分，腐熟后的有机肥残留比较多，施入土壤被微生物分解释放的速度也是中等。

（3）纤维素 纤维素是多糖的一种。纤维素是由葡萄糖组成的大分子多糖，是植物细胞壁的主要成分。纤维素是自然界中分布最广、含量最多的一种多糖，占植物界碳含量的 50% 以上。棉花的纤维素含量接近 100%，为天然的最纯纤维素来源。一般木材中纤维素占 40%～50%，还有 10%～30% 的半纤维素和 20%～30% 的木质素。纤维素分子量大小不等，50 000～2 500 000Da，还可以分为小分子纤维素和大分子纤维素。纤维素因为分子量很大，几乎不溶解，分解速度很慢。有机肥中的纤维素在发酵腐熟时被微生物分解很少部分。腐熟后的有机肥残留很多，施入土壤也被微生物分解释放，其速度也很慢。

二、脂类

脂类是油、脂肪、类脂的总称。人和动植物体中的油性物质，是一种或一种以上脂肪酸的甘油脂 $C_3H_5(OOCR)_3$。食物中的油脂主要是油和脂肪，一般把常温下是液体的称作油，而把常温下是固体的称作脂肪。脂肪由 C、H、O 3 种元素组成，脂肪分子量一般为几百到几千道尔顿。脂肪是甘油和三分子脂肪酸合成的甘油三酯，分为鞘糖脂、脂蛋白、类固醇三大类。脂肪因为分子量很小，溶解比较迅速，分解比较容易。有机肥中的脂肪在发酵腐熟时很快速、很容易被微生物分解掉，腐熟后的有机肥残留较少，施入土壤也很容易被微生物分解释放。

三、蛋白质

蛋白质是生命的物质基础，是有机大分子，是构成细胞的基本有机物，是生命活动的主要承担者。没有蛋白质就没有生命。氨基酸是蛋白质的基本组成单位。蛋白质中的组成百分比约为：碳 50%、氢 7%、氧 23%、氮 16%、硫 0～3%、其他微量元素 0～1%。大多数蛋白质分子量 600～1 000 000Da，包括小分子、中分子和大分子。人体中估计有 10 万种以上的蛋白质。常见的蛋白有：纤维蛋白、肌红蛋白、血红蛋白、球蛋白、肌红蛋白、血红蛋白（血液）、酶蛋白、胶原蛋白、角蛋白、瘦肉蛋白、母乳蛋白、蛋卵蛋白、植物完全蛋白、植物不完全蛋白等。蛋白质按照发酵腐熟速度和难易程度分为小分子蛋白、中分子蛋白和大分子蛋白。

1. 小分子蛋白　小分子蛋白包括：纤维蛋白（血液凝固物质）、肌红蛋白（哺乳动物细胞主要是肌细胞储存和分配氧）、血红蛋白（又称血色素，是红细胞的主要组成部分）、球蛋白（血清球蛋白）、酶蛋白（生物体内绝大部分酶）、胶原蛋白（动物筋管、表皮）、瘦肉蛋白、母乳蛋白、蛋卵蛋白、植物完全蛋白（果实蛋白）等。小分子蛋白因为分子量很小，溶解比较迅速，分解比较容易。有机肥中的小分子蛋白在发酵腐熟时很快速、很容易被微生物分解掉，腐熟后的有机肥残留较少，施入土壤也很容易被微生物分解释放。

2. 中分子蛋白　中分子蛋白主要是植物不完全蛋白（茎叶蛋白）和植物粗蛋白（植物含氮化合物）。中分子蛋白因为分子量中等，溶解很少，分解速度中等。有机肥中的中分子蛋白在发酵腐熟时被微生物分解一部分，腐熟后的有机肥残留比较多，施入土壤也被微生物分解释放，其速度也是中等。

3. 大分子蛋白　大分子蛋白主要是角蛋白（动物发、毛、羽、丝、鳞、甲、蹄、角、爪、喙及其他硬皮）。大分子蛋白因为分子量很大，几乎不溶解，分解速度很慢。有机肥中的大分子蛋白在发酵腐熟时被微生物分解很少一部分，腐熟后的有机肥残留很多，施入土壤也被微生物分解释放，其速度也很慢。

四、氨基酸

氨基酸是羧酸碳原子上的氢原子被氨基取代后的化合物，氨基酸分子中含有氨基和羧基两种官能团。氨基酸是构成动物营养所需蛋白质的基本物质，是含有碱性氨基和酸性羧基的有机化合物，是最常见的有机 pH 缓冲物质。氨基酸分子量几十到 200Da。氨基酸大部分来自于蛋白质的发酵腐熟分解，其分子量小，溶解迅速、分解容易，但是其酸性对微生物分解有一定抑制作用，作为有机肥时会被微生物分解掉一部分，施入土壤也容易被微生物分解。同时，氨基酸也是生物体组成成分的最小单元体，微生物或者植物也可以直接将其吸收，形成自身体内蛋白质。

五、腐殖质

腐殖质是已死的生物体经微生物分解而形成的大分子有机物质。腐殖质是土壤有机质的主要组成部分，一般占有机质总量的 $50\%\sim70\%$。腐殖质的主要组成元素为碳、氢、氧、氮、硫、磷等。腐殖质是在组成、结构及性质上既有共性又有差别的一系列有机化合物的混合物，其中以胡敏酸与富里酸为主。胡敏酸呈微酸性，富里酸呈强酸性。腐殖质分子量多数在几百到几千道尔顿。腐殖酸大部分来自于动植物的发酵腐熟分解，其分子量小，溶解迅速、分解容易，但是其酸性对微生物分解有一定抑制作用，作为有机肥时会被微生物分解掉一部分，施入土壤也容易被微生物分解。同时，腐殖酸在土壤中也很容易与土壤矿物质结合形成稳定的土壤团聚体，暂停分解。

六、木质素

木质素是一种广泛存在于植物体中的无定形的、分子结构中含有氧代苯丙醇或其衍生物结构单元的芳香性高聚物。木质素是 3 种苯丙烷单元通过醚键和碳碳键相互连接形成的具有三维网状结构的生物高分子，存在于木质组织中。木质素分子量几十万、几百万，甚至上千万道尔顿。木质素因为分子量极大，完全不溶解，分解速度极慢。有机肥中的纤维素在发酵腐熟时被微生物分解极少，腐熟后的有机肥残留极多，施入土壤也被微生物分解释放，其速度也极慢。

七、有机酸类

有机酸类是指一些具有酸性有机化合物的统称。最常见的有机酸是羧酸，比如乙酸（醋），其酸性源于羧基（－COOH）。磺酸（－SO_3H）、亚磺酸（RSOOH）、硫羧酸（RCOSH）等也属于有机酸。有机酸类在中草药的叶、根，特别是果实中广泛分布。常见植物中的有机酸有脂肪族的一元、二元、多元羧酸，如酒石酸、草酸、苹果酸、枸橼酸、抗坏血酸（即维生素 C）等，亦有芳香族有机酸，如苯甲酸、水杨酸、咖啡酸等。除少数以游离状态存在外，一般都与钾、钠、钙等结合成盐，有些与生物碱类结合成盐。脂肪酸多与甘油结合成酯或与高级醇结合成蜡。有的有机酸是挥发油与树脂的组成成分。有机酸的分子量从几十到几万道尔顿不等。有机酸因为分子量很小，溶解比较迅速，分解比较容易。有机肥中的有机酸在发酵腐熟时很快速、很容易被微生物分解掉，腐熟后的有机肥残留较少，施入土壤也很容易被微生物分解释放，但是其酸性对微生物分解又有一定抑制作用。

第四节　有机质的发酵特性及肥效

有机物成分非常复杂，分子量大小差异也很大，发酵速度和在土壤里的反应千差万别。按照发酵速度及在土壤中肥效的快慢，可以将有机肥分为小分子速效有机肥、中分子缓效有机肥和大分子长效有机肥（表 5 - 3）。

表 5 - 3　有机肥分子大小、肥效快慢分类

分类	细分	主要成分	分类	含量较多的品种
小分子速效有机肥	原生有机质	淀粉脂肪单双糖小分子蛋白	饼粕麸皮	菜籽饼、花生饼、芝麻饼、豆粕、玉米胚芽饼、棉籽饼、茶籽饼、麸皮、油糠
			精饲料畜禽粪便	鸡粪、鸭粪、鹅粪、猪粪、鹌鹑粪、鸽子粪、其他精饲料动物宠物粪便
			酒饮糟渣	啤酒糟、白酒糟、葡萄酒糟、醋糟、木薯渣、糠醛渣、柠檬酸渣
			食品渣	饼干糕点渣、快餐食品渣、藕渣、炼糖糖泥、淀粉渣、薯泥薯渣
			粮食料食用菌渣	金针菇渣、鸡头菇渣、生物菌渣
			餐厨垃圾	餐厨垃圾、鱼肉加工残渣废液
	分解有机质	氨基酸腐殖质	发酵废渣废液	酵母液、沼渣沼液
			鱼粪底泥	鱼粪、鱼池底泥
中分子缓效有机肥		半纤维素小纤维素中分子蛋白	秸秆草叶	稻草、麦秆、玉米秆、高粱秆、马铃薯秆、豆秆、黍米秆、花生秆、芝麻秆、甘薯藤、烟秆、花生壳、壳糠、玉米芯、瓜果藤蔓、树木落叶、杂草、蔬菜残根残枝残叶、瓜果皮
			中药嗜品渣	中药秸秆、中药药渣、烟末、榨糖糖渣
			秸秆料食用菌渣	平菇渣、蘑菇渣、草菇渣、杏鲍菇渣
			食草畜禽粪便	牛粪、马粪、驴粪、羊粪、兔粪、蚕沙、其他草食动物粪
大分子长效有机肥		木质素大纤维素	锯末木屑	锯末竹屑、枯枝残根、废弃木材、棉秆
			木质料食用菌渣	食用菌段木、香菇袋料渣
		角蛋白	动物皮毛角蹄	动物发、毛、羽、丝、鳞、甲、蹄、角、爪、喙及其他硬皮

一、小分子速效有机肥

所谓小分子速效有机肥，就是这种有机物分子量很小，溶解性好，分解容易。作为有机肥，第一个表现是在发酵腐熟时，发酵快，腐熟彻底，残留少；第二个是在施入土壤后分解快，肥效迅速。分为两种类型：

1. 动植物自己合成的有机物　单糖、双糖、淀粉、脂肪和小分子蛋白等小分子有机物是动植物自己合成的，一般很容易被微生物分解，既没有抑制微生物分解的酸，又不能被微生物或者植物直接吸收利用。所以有机肥中这些小分子有机物一旦含量过高，发酵时能够快速升温，施入土壤后就会迅速分解氧化，从而大量消耗土壤中的氧气，造成植物根系缺氧而死亡，这就是农民说的没有腐熟彻底的有机肥"烧苗"或者"烧根"。饼粕麸皮、精饲料畜禽粪便、酒饮糟渣、食品渣、粮食料食用菌渣、餐厨垃圾等都属于小分子速效有机质含量多的原料。打个比方，一块肉、一碗米饭放在露天地，几天就腐烂完了。

2. 微生物或动物分解的有机物　氨基酸、腐殖质和小分子有机酸类等小分子有机物

是较大分子被微生物分解出来的，一般也很容易被微生物分解，但是它们同时也含有抑制微生物分解的酸，而且能被微生物或者植物直接吸收利用，所以有机肥中这些小分子有机物含量过高，既不会引起发酵时快速升温，施入土壤后也不会迅速分解氧化，而且可以迅速被微生物或植物吸收，或者与土壤结合，这些有机肥一般不会"烧苗"。酵母液、沼渣沼液、鱼粪湖泥等都属于这一类有机肥。

二、中分子缓效有机肥

所谓中分子缓效有机肥，就是这种有机物分子量中等，溶解性一般，分解速度一般。作为有机肥，第一个表现是在发酵腐熟时，发酵不快，腐熟不彻底，有一些残留；第二个是在施入土壤后分解速度一般，肥效缓慢，主要包括：半纤维素、小纤维素、中分子蛋白、大分子有机酸等。秸秆纤维、中药渣、秸秆料食用菌渣、食草畜禽粪便等属于含中分子有机质较多的有机肥。打个比方，一根稻草，放在田里，要几个月才能烂掉。

三、大分子长效有机肥

所谓大分子长效有机肥，就是这种有机物分子量很大，基本不溶解，分解速度极慢。作为有机肥，第一个表现是在发酵腐熟时，发酵很慢，腐熟很少，残留很多；第二个是在施入土壤后分解很慢，短期没有肥效，主要是增加土壤有机质含量，支撑土壤结构，疏松土壤。锯末木屑、木质料食用菌渣、动物皮毛、角蹄等属于含大分子有机质较多的有机肥。打个比方，一根木头，放在露天地里，要几年才能腐烂。

四、碳原子的合规利用

草炭是沼泽发育过程中的产物，又名泥炭、泥煤、褐煤、腐殖质，形成于第四纪，由沼泽植物的残体，在多水的嫌气条件下，不能完全分解堆积而成。含有大量水分和极少量未被彻底分解的植物残体、腐殖质以及一部分矿物质。草炭是煤化程度最低的煤（为煤最原始的状态），多呈棕色或黑色，具有可燃性和吸气性，pH 一般为 5.5～6.5，呈微酸性反应。草炭（包括木炭、生物质炭、活性炭）主要成分为碳原子，碳化合物比较少，因为是单原子，完全不溶解，分解速度极慢，施入土壤被微生物分解释放的速度也极慢。打个比方，煤放十年，还是煤。

草炭不具备作为有机肥的化学性质，不含氢和氧原子。但是按照国家标准检验，草炭含有机质却非常高，可以高达 80%。因为国家标准检测有机质就是检测可氧化碳，而草炭与有机质一样也是可氧化碳。根据这一特性，再加上草炭价格低廉，细度好造粒方便，一些生物有机肥料生产企业大量使用草炭作为有机质原料，生产颗粒有机肥、颗粒生物有机肥、颗粒有机—无机复混肥料、颗粒复合微生物肥料等，这是不符合国家标准规定的。草炭颗粒生物有机肥料也非常好鉴别，因为草炭是深黑色，所以草炭颗粒生物有机肥料全部为深黑色。

按照国家农业行业标准 NY/T 525—2021 有机肥料、NY 884—2012 生物有机肥、国家标准 GB/T 18877—2020 有机—无机复混肥料等说明和要求，有机肥料原料来源必须是三大来源，即"三物来源"：一是养殖业的排泄物；二是种植业的剩余物；三是加工业

（农产品）的废弃物。草炭不属于这"三物来源"，不能作为有机肥的主要原料。草炭也没有有机肥的肥效，草炭作为有机肥只是冒充了有机质，相当于三聚氰胺冒充牛奶的蛋白质含量。

草炭也有一定的利用价值。一是草炭具有很强的吸附性能，在土壤里可以吸附一定氮、磷、钾养分并缓慢释放，所以草炭有一定缓控释肥料的特性；二是草炭在土壤中可以疏松土壤，增加土壤透气性能；三是草炭的黑色还可以作为肥料染色剂。

第六章 生物有机肥料生产设备与机械工程

生物有机肥料企业一开始就要面对建厂设计及设备选购。科学合理地建厂设计，选购价廉物美的设备，关系到生产效率、生产成本以及产品质量。可以说生物有机肥料建厂设计和设备选购是生物有机肥料企业成败的第一道关口。生物有机肥料厂建厂设计及机械设备选购要充分规划好发酵腐熟及翻抛设备工程、造粒设备工程、干湿分离及干燥设备、混合设备、粉碎设备、分筛设备等七个方面。

第一节 发酵腐熟及翻抛设备工程

为增加氧气供应，提高发酵效率和效果，早期好氧发酵采取的是简单的管道供氧或者人工机械翻堆工艺。管道供氧就是在发酵池下面铺设管道，机械充气供氧，因其发酵不均匀、不彻底，现在很少被采用。

一、地面发酵·铲车翻抛

典型的人工机械翻堆就是铲车翻堆，将粪便平堆在地上发酵，人工用铲车将粪便产起、抛下，反复操作，以达到增氧、均匀发酵等目的（图6-1）。铲车翻堆发酵的优点有三：一是设备投资少；二是操作简单；三是场地不限。缺点有四：一是发酵不彻底，产起抛下的时候，有大量团块粪便只是随堆滚动，没有弄碎，里面缺氧发酵不透彻，干燥不够，有机肥残留臭味很重，容易产生二次发酵涨破包装，还容易烧苗；二是生产效率低下，人工操作速度慢；三是发酵时间偏长；四是不适合大规模现代化生产，只适合小规模生产。对于一些非常松散不结块的物料，可以采取这种方式。

图6-1 铲车翻堆

随着农业规模化、集约化、机械化和现代化的发展，人们逐步研制出改善好氧发酵堆肥中供氧和改善物料形状的翻抛工艺及其机械设备，称之为翻抛机，也叫翻堆机。我国目前粪便发酵翻抛工艺及其使用的翻抛设备类型复杂，品种繁多，常用的发酵翻抛设备有七种：发酵塔隔板翻堆、发酵罐搅拌翻堆、平地条垛行走车翻堆、发酵槽轨道自行螺旋式翻堆、发酵槽轨道自行链板式翻抛、发酵槽轨道自行铲抛式翻抛和半边墙发酵自行铣盘式翻抛等。

二、发酵罐发酵

1. 发酵罐　主要是指工业上用来进行微生物发酵的装置，也可以用来发酵有机肥。其主体一般为用不锈钢板制成的主式圆筒，分卧式和立式，其容积在 $1m^3$ 至数百 m^3。发酵罐式发酵就是将农业废弃物放入发酵罐内，在密闭状态下发酵。发酵罐式发酵设备包括发酵罐、增氧设备、加温设备、混合设备、灌入设备等（图 6-2）。

图 6-2　发酵罐

2. 发酵罐优点

①密闭状态，污染极小。

②升温发酵快。升温高，温度可达到 80℃ 甚至 100℃ 以上，生产效率高，10~20h 即可发酵完成。

③生物有机肥发酵罐设备主体采用保温设计，并配有辅助加热系统，低温环境下设备能够正常运行，解决了环境气温对发酵过程的影响。

④发酵非常彻底。

⑤自动化程度高，操作简单。

3. 发酵罐缺点

①设备投资大。

②生产成本很高，每吨 800 元以上。

③设备容易损坏，维修费用高。

④非常耗电。

⑤生产规模太小，不适合大规模现代化生产。

发酵罐主要用于城市或郊区餐厨垃圾等少量农业废弃物无害化处理。

三、平地条垛发酵·行走式翻抛车

1. 平地条垛发酵·行走式翻抛车　将农业废弃物平堆放成条垛状发酵，行走式翻抛车采用四轮行走（或者履带行走）设计，需一人操控驾驶，由机架下挂装的旋转刀轴对发酵堆体原料实施翻拌、蓬松、移堆，可自由前进、倒退或者转弯，适用在开阔场地或者车间大棚中实施作业。机器整体结构合理，受力平衡、结实，性能安全可靠，操控和维修保养简单方便。该机最大的特色是整合了物料发酵后期的破碎功能，是改进版的铲车翻抛发酵，提高了粉碎效率，降低了成本（图6-3）。

图6-3　翻抛车

2. 条垛翻抛车优点

①设备投资非常小。

②生产成本很低，每吨100元以下。

③设备不容易损坏，维修简便。

④非常节能。

⑤操作简单。

3. 条垛翻抛车缺点

①宽度不能超过设备宽，高度可适当增高100mm以内，长度不限。非常占地。

②敞开状态，污染较大。

③升温发酵慢，升温低，生产效率较低，20d以上才发酵完成。

④发酵不太彻底，有结块呈坨现象。

⑤生产规模中小，不适合大规模现代化生产。

四、发酵槽发酵·隔墙轨道自行链板式翻抛机

发酵槽发酵·隔墙轨道自行链板式翻抛机适用于堆肥生产的槽式好氧发酵工艺，采用独特板齿结构，运用倾斜的链板进行深层翻抛，具有充分供氧、翻抛深、彻底等效果，兼有对物料充分降温、脱水、破碎、搅拌等功效，有效解决了发酵过程中的厌氧、结构、分层等不良现象。本机采用先进灵活的液压驱动升降机构，配置手动、遥控、自动一体的电气控制系统。该机可配套自动化进、出料机构。链板式翻抛机就是通过链板翻动，将物料掀起来、落下去，以达到增氧、混合等效果（图6-4）。

图6-4　链板式翻抛机

1. 自行链板式翻抛机性能特点

①采用链式传动、滚动支撑的托板结构，翻抛阻力小，省电节能，适合深槽作业。

②翻抛托板配备柔性张紧和弹性减震系统，保护传动系统和工作部件高效作业。

③翻抛托板上装有可拆换的耐磨曲面齿刀片，破碎能力强，料堆充氧效果好。

④翻抛时，物料在托板上停留时间长，高位抛散，与空气接触充分，易降水分。

⑤通过横向和纵向移位可实现槽内任意位置翻抛作业，机动灵活。

⑥翻抛工作部件的升降采用液压系统操控，柔性工作，安全快捷。

⑦可远距离遥控该机前进、横移、翻抛和快速回退等作业，改善操作环境。

⑧可选配槽式原料布料机、自动出料装置、太阳能发酵室和通风曝气系统等。

⑨配备移动机换槽可以实现一台翻抛机多槽作业，节省投资。

2. 链板式发酵翻抛机优点

①物料堆积高，占地面积比较小。

②自动化程度高，操作简单。

③发酵腐熟非常彻底。

3. 链板式发酵翻抛机缺点

①设备容易损坏，维修费用高。

②设备投资偏高。

链板式翻抛机适用于禽畜粪便、污泥垃圾、秸秆等有机固体废弃物的槽式好氧堆肥。该机的行走系统采用变频调速，对不同物料的适应性较好且运转平稳，翻抛效率高，能进行深槽作业等，有效缩短发酵周期，可提高生产效率及产品质量。采用变频调速行走系统，能很好适应工作负荷的变化。可根据物料阻力情况，灵活调节行走速度，使该设备有更强的适应性和灵活性。可选配移行车，实现了多槽设备共用，在设备能力允许的条件下，只需增建发酵槽，即可扩大生产规模，提高设备的使用价值。

五、发酵槽发酵·隔墙轨道自行铲抛式翻抛机

发酵槽发酵·隔墙轨道自行铲抛式翻抛机设备在国内最受欢迎。槽式铲抛式发酵翻抛机建设固定宽度的发酵槽，将物料堆放在发酵槽内发酵，高度可达 1.5～1.8m，由传动装置、提升装置、轨道行走装置、翻抛装置、转移车等主要部件组成。槽式铲抛式发酵翻抛机就是一根横卧在发酵槽两边墙顶轨道上的柱梁，上面均匀安装很多个直立的小铲，由于柱梁转动，小铲将物料铲起、抛下，可使物料与空气充分接触，达到最佳发酵效果。槽式铲抛式发酵翻抛机优点有三：一是物料堆积高，占地面积比较小；二是自动化程度高，操作简单；三是发酵腐熟非常彻底。缺点有二：一是耗电量略高；二是设备投资略高（图6-5）。

图 6-5　铲抛式翻抛机

槽式翻抛机是一种有机肥翻抛设备，特点是效率高，运行平稳，坚固耐用。槽式翻抛机由控制柜集中控制，可以实现手动或自动控制的功能，并配有软启动器，启动时冲击负荷低。拨齿液压升降系统，拨齿坚固耐用，对物料具有一定的打碎和混合功能。拥有限位行程开关，起到安全和限位作用。槽式翻抛机采用了铣盘式翻抛机构，翻抛补充氧气，排出水分，改机与物料接触面积小，维护方便，工作过程可靠，使用寿命长。采用了大跨度桥式结构，有纵跨和横跨两大系列，设备采用轨道式运转方式，使生产过程有良好的可靠性，使能耗最小化。有机肥槽式翻抛机与行走式翻抛机其发酵方式相比，具有产量高、耗能低、翻抛场地占地面积小，设备投资少，物料翻抛彻底，快速减少水分，设备运行平稳，故障率极低，成肥快等优点，所以是有机肥发酵的首选设备。槽式翻抛机适用于猪牛

羊鸡等畜禽粪便、污泥垃圾、糖厂滤泥、糟渣饼粕和秸秆锯屑等有机废弃物的发酵翻抛，广泛应用于有机肥厂、复混肥厂、污泥垃圾厂、园艺场以及双孢菇种植厂等的发酵腐熟和去除水分作业。

六、半边墙发酵槽发酵·自行铣盘式翻抛机

半发酵槽发酵·自行铣盘式翻抛机又叫半边墙翻抛机。建设半边固定宽度隔墙的发酵槽，将粪便堆放在发酵槽内发酵，高度可达 1.5~1.8m，铣盘式翻抛机由传动装置、轨道行走装置、翻抛装置、转移车等主要部件组成。铣盘式翻抛机就是一根横卧在发酵槽两边墙顶轨道上的柱梁，上面安装一个可移动、直立的铣盘，由铣盘转动，将物料带起来、抛下去，达到翻抛效果。铣盘式翻抛机优点有三：一是物料堆积高，占地面积比较小；二是自动化程度高，操作简单；三是发酵腐熟基本彻底。缺点有二：一是设备容易损坏，维修费用高；二是设备投资略高（图6-6）。

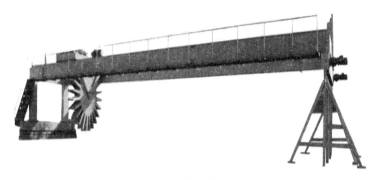

图6-6 铣盘式翻抛机

铣盘式翻抛机适用于大跨度、高深度的畜禽粪便、污泥垃圾、糖厂滤泥、糟渣饼粕和秸秆锯屑等有机废弃物的发酵翻抛，广泛应用于有机肥厂、复混肥厂、污泥垃圾厂、园艺场以及双孢菇种植场等发酵腐熟和去除水分作业。相较于传统翻抛设备其优点为：

①翻抛深度高：其翻抛深度可以达到 1.5~3m。

②翻抛跨度大：其最大翻抛宽度可达30m。

③翻抛耗能低：采用独特节能高效传动结构，相同作业量下比传统有机肥翻抛设备能耗降低70%。

④翻抛无死角：轮盘对称翻抛，在调速移位小车的位移下无死角翻抛。

⑤自动化程度高：配备全自动化电器控制系统，设备工作期间无需人员操作。

七、分子膜静态通气发酵

分子膜发酵有机肥技术是有机肥生产的技术之一，分子膜发酵有机肥采用的是分子膜覆盖堆肥工艺。静态好氧发酵，为发酵创造了一个稳定的繁殖环境。发酵过程中有几个条件是非常重要的：

①水分：保持适当的含水量，是分子膜发酵有机肥的首要条件。

②通气：保证堆体内有适量的空气，保证发酵环境。

③温度：发酵的温度一般控制在 55～65℃，确保有效杀灭虫卵、杂草籽等病虫草害、病原菌。

八、分子膜发酵有机肥技术的发酵优势

分子膜发酵有机肥技术具有显著增加空气流通效率，保证发酵温度，加速堆体水分蒸发，阻隔氨气、H_2S 等有毒气体挥发等优点，具体表现在以下几方面：

①投资少：使用纳米膜堆肥设备处理养殖粪污，养殖场不用再专门建立厂房，不需要大量基础建设；一次投资，设备可重复使用，后续维护成本也少。

②环保隔臭：纳米膜由三层材质组成，具有防水、透湿、杀菌、隔臭等功能，环保监察力度加大的形势下，纳米膜发酵技术可解决环保难题。无需额外购置臭气处理设备。

③适应范围广：对处理规模、地区、气温限制少。

④运行成本低：发酵 1 t 有机肥运行成本不足 20 元。

⑤操作简单：无需频繁翻抛，物联网远程控制，手机 24h 监控，省去人工成本。7～15 d 就可发酵出牛床垫料，15～28 d 可发酵出有机肥。

我国目前拥有的有机肥资源是非常丰富的，有机肥与农业、畜牧业紧紧相连，利用好这些资源，采用分子膜发酵有机肥技术，变废为宝将是我们肩负的责任（图 6-7）。

图 6-7　分子膜发酵

第二节　造粒设备工程

一、圆盘造粒机

圆盘造粒机广泛用于有机肥料、有机—无机复混肥、复合微生物肥料以及复混肥料造粒，主要通过粉状肥料在倾斜的圆盘内滚动，喷洒细小雾水，逐步滚动成颗粒，再行干燥。圆盘造粒具有投资小、生产成本低、能耗低、操作简单、不易损坏、维修容易等优点，缺点是成粒效率低、颗粒外观差、有机肥造粒困难等（图 6-8）。

圆盘造粒机（又称成球盘）为容积式计量的给料设备，它能均匀、连续地将物料喂送

图 6-8　圆盘造粒机

到下一道工序，并且能够承受较大的仓压。作为细粒物料给料设备，适用于运送粉状、粒状或小块状的各种非黏性物料，如煤粉、水泥、熟料、石灰石、页岩、煤矸石、黏土等粉状、粒状或小块状物料。

　　圆盘造粒机造粒盘盘角采用整体圆弧结构，成粒率可达 93% 以上。造粒盘设有 3 个出料口，便于间断生产作业，大大降低了劳动强度，提高了劳动效率。减速机与电动机采用柔性皮带传动，起动平稳，减缓冲击力，提高设备使用寿命。造粒盘盘底采用多条辐射钢板加强，坚固耐用，永不变形。加重、加厚、坚固的底座设计，不需地脚螺栓固定，运转平稳。造粒机主齿轮采用高频淬火，使用寿命增加 1 倍。造粒盘内衬高强度玻璃钢，防腐耐用。具有造粒均匀、成粒率高、运转平稳、设备坚固耐用、使用寿命长等优点，是广大用户选择的理想设备。

二、转鼓造粒机

　　转鼓造粒机是复合肥设备行业的关键设备之一，适用于冷、热造粒以及高、中低浓度复混肥的大规模生产。该机筒体采用特殊的橡胶板内衬或耐酸不锈钢衬板，实现了自动除疤、脱瘤，取消了传统的刮刀装置。该机具有成球强度高、外观质量好、耐腐蚀、耐磨损、能耗低、使用寿命长、操作维修方便等特点。优点为：投资少、见效快，经济效益好，性能可靠；动力小，无三废排放，操作稳定，维修方便，流程布局合理，技术先进，生产成本低。

　　转鼓造粒机广泛用于有机肥料、有机—无机复混肥、复合微生物肥料以及复混肥料造粒，主要通过粉状肥料在转筒内滚动，喷洒水蒸气，逐步滚动成颗粒，再行干燥。转鼓造粒具有成粒率比较好、外观比较好看、不易损坏等优点，缺点是设备投资多、耗能多，有机肥造粒困难等（图 6-9）。

图 6-9 转鼓造粒机

三、绞齿造粒机

绞齿造粒机是一种可将物料制成颗粒形状的成型造粒机。有机肥湿法绞齿造粒机是利用高速回转的机械搅拌力，由此产生的空气动力，使细粉状物料在机体内实现连续混合、成粒、球化、致密等过程，从而达到造粒的目的。这种造粒方法使得所造颗粒成球率更高，颗粒更加美观，同时节省能源，高效节能。

新型有机肥绞齿造粒机的特点：

①原理简单，成粒速度快，效率高，制成颗粒美观。

②成粒质量高，该机尤其适用于轻质细粉物料的造粒。细粉物料的基本微粒越细，颗粒的球形度越高，成球质量也越高。

③不需黏结剂。利用有机物微粒在一定作用力下，能互相镶嵌长大的特点，造粒时不需要添加黏结剂。

④物料来源广泛，如畜禽粪便粪尿类、堆沤肥料类、绿肥类、海肥类、饼肥类、草炭类、土杂肥、三废物和微生物等。

绞齿造粒机主要用于有机肥料，特别是含水量较高、大小不匀有机肥料造粒。主要通过粉状肥料在转筒内通过绞齿绞动，形成颗粒，再行干燥。绞齿造粒具有设备投资少、成粒率高、特别适合有机肥造粒等优点，缺点是容易损坏、颗粒外观不均匀等（图 6-10）。

有机肥转鼓绞齿二合一造粒机利用高速回转和机械搅拌及由此产生的空气动力，使细粉状料在机内连续实现混合、成粒、球化、致密等过程，从而达到造粒的目的。颗粒形状为球形，球形度≥0.7，粒径一般在 0.3～3mm 之间，成粒率≥90%，颗粒直径的大小可通过物料水分大小混合量和主轴转速适当调节，通常混合量越低，转速越高，颗粒越小；反之亦然。主要工作方式为团粒湿法造粒，通过一定量的水或蒸汽，使基础肥料在筒体内调湿后充分发生化学反应，在一定的液相条件下，借助筒体的旋转运动，使物料粒子间产生挤压力团聚成球。该机筒体采用特殊的橡胶板内衬或耐酸不锈钢衬板，实现了自动除疤、脱瘤，取消了传统的刮刀装置。该机具有成球强度高、外观质量好、耐腐蚀、耐磨

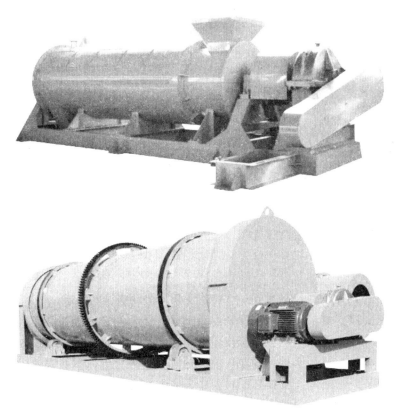

图6-10　绞齿造粒机

损、能耗低、使用寿命长、操作维修方便等特点。

　　鸡粪有机肥造粒机是楚天机械公司研发的新型有机肥造粒机，又称为内转绞齿造粒机，广泛适用于有机肥的造粒。由于成粒率较多，运转平稳，设备坚固耐用，使用寿命长而被广大用户选择为理想产品。

四、挤压抛光造粒一体机

　　挤压抛光造粒一体机主要用于有机肥料造粒。粉状肥料首先被挤压成颗粒，再经过滚槽滚动，磨掉颗粒的棱角，变成球状颗粒。挤压抛光造粒一体机克服了挤压造粒机的缺点，改进了颗粒外观，比较受广大用户欢迎（图6-11）。

　　1. 流程说明

　　①本工艺主要针对造纸厂污泥、糠醛厂残渣、养殖场粪便、城市污水处理厂的浓缩污泥而设计。

　　②以上几种物料都有共同点：含有25%～45%的有机质，水分偏高、颗粒粗大。为了降低物料的水分、提高有机质、杀灭病菌，首先应对原材料进行发酵处理，在此过程中添加好氧发酵必需的有机成分和养分，通过发酵过程中产生的高温杀灭病菌、蒸发水分，将纤维类物质腐熟分解。

　　③通过上述工序后，物料水分达到35%以下，有机质提高了5%以上，利用专用有机

图 6-11 挤压抛光造粒一体机

物破碎机进行破碎，使物料粒径达到 1.5mm 以下，满足造粒的需求。

④粉状的氮、磷、钾、填料（主要是黏结剂）等无机原料，经计量后与粉状有机物质同时进入混合工序，掺混均匀的物料经皮带输送机送入专用组合式挤压三级抛圆机。在此工序中物料首先被挤压成短圆柱形颗粒，之后短圆柱形颗粒进入多级高速抛圆机，在颗粒与盘体高速摩擦、颗粒之间相互挤压的过程中，颗粒棱角被磨平，逐渐变成圆形，且强度得到大幅度提高。造粒成形过程中适当控制水分和填料的比例，能有效控制颗粒的大小和强度，成品率可以达到 95% 以上。

⑤造粒之后的物料尽管已形成颗粒，但此时颗粒水分偏高，无法满足包装运输的要求，该物料经皮带输送机送至回转式干燥机进行干燥。回转式干燥机是一内部布满升举式抄板的回转圆筒，在抄板的作用下，物料被扬起与热风炉产生的热气进行热交换，尾气通过尾气处理装置进行除尘、洗涤、放空。出干燥机的物料温度较高，通过回转式冷却机进行冷却处理，进一步提高颗粒强度、降低水分，之后经过粗筛、细筛，筛除大颗粒和细粉，获得成品。大颗粒返料经返料破碎机破碎后，与细筛筛下的细粉共同返回造粒机，再次参与造粒过程。

2. 挤压抛圆生产线工艺创新点

①原料适应性强。该装置对原料的细度要求不高，原料粒度不大于 1.5mm，无明显可见纤维即可。该工艺可以生产纯有机肥，也可以生产氮磷钾≥25% 的高品质有机—无机复混肥。

②成球率高、强度大。挤压抛圆造粒方式首先将原料挤压呈柱状，通过滚轮和模板的强烈挤压，原料单体间的空隙被压缩，分子间的结合力（范德华力）增强，组织致密，不易破碎。经抛光整形后，强度大、颗粒圆润、均匀，成球率可以达到 95%。

③成球水分低。水分是挤压抛圆造粒工艺的一个主要优势。有机原料的性质和无机原料有本质的区别，有机原料颗粒粗大、组织疏松、堆密度小、溶解度低，物料之间的桥接力和范德华力均比无机肥要小的多。由于结合力小，在没有外力的情况下，要想成粒必须

添加大量的液相来使颗粒团聚。由于其溶解度小同时又对温度不敏感，因此传统的圆盘造粒和转鼓造粒一般不采用蒸汽而直接用热水或冷水。如果简单套用圆盘造粒或转鼓造粒方式，生产纯有机肥时水分有时会高达 40％以上，以致后续烘干困难，增加了生产线的能耗。相反，采用挤压抛圆工艺，要求在中低水分下操作，造粒纯有机肥水分不超过 30％，有机—无机复混肥一般不超过 20％。

3. 挤压抛光造粒优点

①原料适用性及其广泛，适用于发酵后的畜禽粪便、糖厂滤泥、城市污泥、造纸污泥、酒糟、秸秆、草炭等含水分 30％左右的粗纤维有机废弃物的直接造粒，可生产"圆球形颗粒"纯有机肥、有机—无机复合肥、生物有机肥。

②成球率和生物菌成活率高。挤压造粒抛光整型新工艺可使成球率达到 85％以上，低温大风量烘干新技术可使微生物菌成活率达到 90％以上。

③工艺流程短，运行成本低。该工艺所用有机原料不需烘干、粉碎等前期处理，工艺流程短，运行费用低（若采用圆盘或转鼓等传统造粒工艺，需对发酵后水分含量 30％左右的有机原料烘干至 13％以下，粉碎至 80 目以上，且有机物料的加入量不能大于 30％）。

④多维高效混合，定量连续给料。多维高效混合机适合于湿度较大的有机物料的混合，混合效率高，均匀无死角，该机设有雾化加湿装置，可根据物料湿度情况自动调整水分大小以适用于造粒工艺的要求。配置电磁调速给料系统，可按设定参数自动控制物料流量，保证挤压造粒机连续均匀给料的工艺要求。

⑤技术领先的有机肥专用造粒机。该机为改进型有机肥专用造粒机，造粒密度大，等粒径，强度高，能满足圆颗粒有机肥抛光整形新工艺的要求，其效率比普通机型提高 30％。主机配置油冷却循环系统，可保证 24h 连续运行，模版采用优质合金钢经特殊热处理工艺制造，耐磨性好，使用寿命长。

⑥工艺独特的颗粒抛光整形机。该机是圆球形有机肥造粒生产线中的关键设备，经抛光整型新工艺处理后的有机肥颗粒均匀、光滑、圆整，彻底解决了圆盘或转鼓等传统造粒工艺长期无法解决的关键性技术难题。

⑦集烘干冷却筛分于一体的复合型设计。一体化的设计共用一套传动装置和引风除尘系统，省去了烘干与冷却、冷却与筛分两个环节的物料输送装置，工艺流程短，运行费用低。

创新点为：

①挤压抛光造粒整形新工艺的设计，使纯有机物高成球率造粒变为现实。

②烘干冷却筛分机的一体化设计，实现了一机多能的集成创新。

第三节　干湿分离及干燥设备

微生物发酵腐熟的最佳含水量是 50％左右，而多数畜禽粪便含水量高于 50％，有的甚至达到 90％以上。降低水分含量的主要方式有两个：一是添加低含水量的辅料，如米糠、秸秆粉等后再发酵，这些都需要投资成本；二是采用机械将物料干湿分离，排除过多水分后再发酵。另外，一些发酵腐熟后的生物有机肥，以及有机—无机复混肥料和复合微生物肥料造粒过程中也需要烘干干燥，才能达到国家标准或者保存、运输、施用要求。目前国内常用的生物有机肥料干湿分离和干燥设备有以下几种：

一、螺旋挤压式干湿分离机

螺旋挤压式干湿分离机，又叫脱水机，可广泛用于畜禽粪便的干湿分离处理，干湿分离机主要由滤网、螺旋绞龙、螺旋叶片组成，均采用不锈钢跟合金经过特殊的工艺制造而成。由配套的无堵塞液下泵将畜禽粪便水提升送至畜禽粪便脱水机内，再由绞龙将畜禽粪便水逐渐推向机器的前方，同时不断提高机器前缘的压力，迫使物料中的水分在边压带滤的作用下挤出网筛，流出排水管。为了掌握出料的速度与含水量，可以调节主机下方的配重块，以达到满意适当的出料状态。螺旋挤压式干湿分离机主要用于含水量在70％～95％的物料，优点有二：一是价格便宜，一台2万～4万元；二是操作简单。缺点有二：一是设备容易损坏，耗材大；二是规模小，效率低（图6-12）。

固液分离机是畜禽粪便、药渣、酒渣脱水机的一种，它能将猪粪、鸭粪、牛粪、鸡粪等禽畜粪便原粪水分离为液态有机肥和固态有机肥。

固液分离机渣液分离速度快，经分离后的粪渣含水量在50％～60％之间，出渣量及含水量可调整。

固液分离机去污能力强，无堵塞，清洗方便。处理后粪尿水含固率、总耗氧量、氮、磷的去除率可在70％～95％之间。

固液分离机的机架、筛框、筛网等由不锈钢和防腐处理等制成，耐腐蚀、强度高，使用寿命长。

固液分离机自动化程度高，耗电量小，价格低，操作方便，只需按启动停止按钮进行操作即可。

图6-12 螺旋挤压式干湿分离机

二、斜筛挤压式干湿分离机

斜筛挤压式干湿分离机又叫压板机，其工作是连续进行的，猪粪水不断地被提升至畜禽粪便脱水机体内，前缘的压力不断增大，当大到某一程度时，就将出料口顶开并挤出挤压口，达到挤压出料的目的。为了掌握出料的速度与含水量，可以调节主机下方的配重块，以达到满意适当的出料状态。斜筛挤压式干湿分离机主要用于含水量在55%～65%的物料，优点有二：一是脱水彻底；二是操作简单。缺点有二：一是设备容易损坏，不好维修；二是设备投资较大（图6-13）。

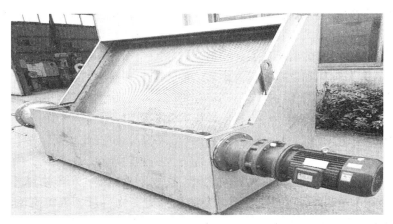

图6-13　斜筛挤压式干湿分离机

三、滚筒烘干机

滚筒烘干机具有热效率高、烘干速度快、烘干适应性强、处理能力大等优点，广泛应用于化工、冶金、建材、轻工、粮食、煤碳等行业的粉状及颗粒物料的快速烘干（图6-14）。

图6-14　滚筒烘干机

滚筒烘干机是传统干燥设备之一，设备运转可靠，操作弹性大、适应性强、处理能力大，广泛应用于冶金、建材、化工、洗煤、化肥、矿石、沙、黏土、高岭土、糖等领域，直径Φ1 000～4 000mm，长度视干燥要求确定。

在滚筒烘干机的中心可以避免增加打散机构。进入干燥筒体内的湿物料被转筒壁上的抄板反复抄起、抛落，在下落的过程中被打散装置破碎成为细小颗粒，比表面积大幅度增加，与热风充分接触、干燥。滚筒烘干机扬料板分布及角度设计合理，性能可靠，因而热能利用率高，干燥均匀。滚筒烘干机设备采用调心式拖轮结构，拖轮与滚圈配合得好，可大大降低磨损及动力消耗。该设备中专门设计的挡轮结构，大大降低了由于设备倾斜所带来的水平推力。抗过载能力强，筒体运行平稳。

滚筒烘干机具有耐高温的特点，能够使用高温热风对物料进行快速干燥。可扩展能力强，设计考虑了生产余量。滚筒烘干机处理能力大，燃料消耗少，干燥成本低。

滚筒烘干机主要由回转体、扬料板、传动装置、支撑装置及密封圈等部件组成。干燥的湿物料由皮带输送机或斗式提升机送到料斗，然后经料斗的加料机通过加料管道进入加料端。加料管道的斜度要大于物料的自然倾角，以便物料顺利流入干燥器内。干燥器圆筒是一个与水平线略成倾斜的旋转圆筒。物料从较高一端加入，载热体由低端进入，与物料成逆流接触，也有载热体和物料一起流进筒体的。随着圆筒的转动，物料受重力作用运行到较底的一端。湿物料在筒体内向前移动过程中，直接或间接得到了载热体的给热，使湿物料得以干燥，然后在出料端经皮带机或螺旋输送机送出。

滚筒烘干机适用于有机肥料、矿渣、黏土、石灰石、磷石膏、钢厂水渣、电厂煤泥以及污水处理厂污泥等物料的烘干，具有烘干能力大、运转平稳、能耗低、操作方便、产量高等优点。其通过喷射引风器把热风炉的热风引进烘干机内部，与湿物料进行热交换。根据物料特性的不同，设置不同的扬料板以及防黏措施。物料进入旋转筒体内在烘干的同时，筒体内设多角度升举式抄板，使物料扬布均匀，从而充分与高温炉气进行热交换，干燥效果好。通过喷射引风器把热风炉的热风引进烘干机内部与湿物料进行热交换，物料由提升机从喂料口喂入，在重力作用下经过打散、破碎、分散装置，均布在烘干机内部流动（保证了物料在烘干机内部的热交换效果）。热气体由下部热风炉生成，从下向上运动，与物料相接触，通过热传导、对流、辐射等多种方式将热量传递给物料，从而使物料温度不断升高，水分不断被蒸发，最终符合水分要求的物料从下部出口卸料，带有水蒸汽的气体由烟囱被风机抽出。

第七章 低成本高效率有机肥发酵腐熟工艺

在我国传统农业中，2000年前已经开始制造利用堆肥，但是传统堆肥方式利用天然微生物菌剂，时间长达数个月，而且污染重，发酵慢，腐熟不彻底，腐熟有机肥含水量高，肥效差。传统农业中有机肥料的发酵工艺是静态发酵，常常由于供氧不足而转化成厌氧发酵，会产生大量硫化氢、甲烷等臭气和有害气体，且有爆炸风险。现代农业实行有机肥工厂化快速发酵腐熟，添加人工选育培养的优势微生物菌剂，形成好氧发酵，其比传统厌氧发酵有四大优点：一是发酵迅速，好氧发酵一般7～15d可以发酵彻底；而厌氧发酵时间是1～3个月。二是肥料产品干燥，好氧发酵是高温发酵，大量蒸发水分，所以发酵好的有机肥料水分可以低于30%，极大地方便了堆放、运输和施用。三是发酵温度高，70℃以上高温持续数天，有很强的杀死病虫卵和杀灭杂草种子的作用。四是完全去臭，有机肥料发酵采取功能微生物，可以基本去除有机肥料的臭味，消去污染。完全可以将畜禽粪便、秸秆等农业废弃物变成理想的工厂化有机肥料。

第一节 有机肥发酵工艺流程及建厂设计

养殖粪便和秸秆发酵腐熟作为有机肥料在我国传统农业中是一件很常见普通的事情，并不是什么新技术、新工艺。但是现代农业种植业、养殖业中的养殖粪便和秸秆，按照传统的方法进行发酵腐熟做有机肥，是行不通的。最主要的原因是现代农业规模化、机械化生产，养殖粪便和秸秆产量大，传统人工发酵堆肥的方式已经不适用，而目前国内采取的机械化发酵腐熟有机肥方式污染重、成本高、效率低、肥效差，必须进行技术革新。

一、发酵物料预处理及辅料添加

畜禽粪便、秸秆等农业废弃物进行发酵腐熟之前，一般要对发酵物料进行预处理。包括：

1. 降低水分含量处理 有机肥发酵水分一般要控制在50%左右最好，太低太高都不能正常发酵腐熟。而一般水泡粪，鸡粪、猪粪、酵母液等含水量都在70%～90%。发酵之前，必须进行降低水分含量处理。常用的降低水分含量方式有两种：一是干湿分离，利用干湿分离机进行干湿分离，达到水分含量50%左右的要求；二是添加干燥辅料如糠麸、粉碎秸秆、粉碎饼粕、锯末等。

2. 提高水分含量处理 一些农业废弃物如秸秆、饼粕、烟末、枯枝落叶等含水量都在10%左右。发酵之前，必须进行提高水分含量处理。常用的提高水分含量方式有两种：一是添加含水量高的辅料，如畜禽粪便、酵母液、食用菌渣、食品残渣等；二是直接加水。

3. 粉碎细化处理　一些农业废弃物如秸秆、饼粕、烟末、枯枝落叶等外形太长或者太大，不利于给料布料以及发酵翻堆操作。发酵之前，必须进行粉碎处理。一般根据废弃物形状，选择不同机械粉碎处理。

4. 调整有机质分子大小比例　一些大分子有机质纤维素、木质素含量较高的物料如秸秆、壳糠、香菇袋料渣，甚至牛粪等，发酵之前，需要添加小分子含量较高的辅料，如饼粕、鸡粪、餐厨垃圾、食品残渣等。反过来小分子有机质含量高的物料，需要添加大分子含量高的物料。

5. 调整碳氮含量比例　一些含氮量较低的物料如秸秆、烟末、枯枝落叶、米糠等，发酵之前，需要添加氮素含量高的辅料如畜禽粪便、饼粕、食品渣等，或者添加氮素营养元素。

6. 有机物料的混合搅拌　一般有机物料及辅料添加，以及搅拌混合都是用翻堆（翻抛）机完成，无需另外的搅拌混合工艺和设备。

二、发酵槽池给料布料

利用机械设备，将发酵物料放入发酵槽池，称之为给料或者布料。小规模有机肥发酵，就使用铲车，直接将发酵物料铲入发酵槽池。

规模化生产投放物料巨大，甚至要求不间断投料，需要发酵物料布料系统。发酵物料布料系统工作原理：将布料机装满物料后，开动布料机在轨道上行走，到达指定位置后，发出正指令，液压动力系统驱动油缸动作，油缸推动料斗绕旋转轴翻转。当料斗翻转角度时，开始倾倒出物料。发出翻转停止指令，油缸停止动作，料斗停止翻转，根据现场实际工作状况，使布料机边行走边卸料，或者使布料机停下卸料，当油缸推到终点时，料斗翻转到最大限度位置，卸料工作完成。然后发出反翻启动指令，使油缸带动料斗返回原始装料位置。最后，开动布料机返回接料的位置。至此，完成一个工作循环。

一般发酵物料布料系统包括移动小车、料斗、第一输送机构、第二输送机构、纵向摆动控制机构、横向摆动控制机构以及第三输送机构，料斗设置在移动小车的车架上，料斗内设有破拱机构，第一输送机构设置在车架上，并位于料斗的下方，第二输送机构通过连接在车架的尾端，并通过纵向摆动控制机构和横向摆动控制机构实现上下和左右的摆动，第三输送机构可伸缩地设置在第二输送机构的下方。系统可将发酵物料沿发酵槽的长度方向和宽度方向均匀洒落，提高后续发酵效率和发酵质量，第二输送机构和第三输送机构在不用时可收回，移动灵活，转仓方便。

三、发酵菌种选择接种

发酵菌种（有机物料腐熟剂）的科学选择与添加，关系到发酵速度、发酵效率、发酵效果以及发酵成本等多方面。

1. 菌种及发酵效果要求

①适应范围广。适用对象：猪粪、鸡粪、牛粪、羊粪等畜禽类粪便，各种农作物秸秆、饼粕糟渣，食品加工废料等。

②发酵功能强。好氧发酵，具有极强的腐熟分解有机物能力，可充分分解畜类粪便中

产生臭味的蛋白质、有机硫化物、有机氮化物、粗纤维等，促进有机物料矿质化和腐殖化，而且发酵过程中高温持久，能杀灭发酵物中的病菌、虫卵、杂草种子。

③微生物活性高，适应性强，效率高。升温快，环境温度 0℃ 左右可以开始发酵，48h 温度升至 55℃ 以上，2～3d 即可消除臭味。畜禽粪便一周左右脱水完全腐熟，农作物秸秆类物质 15d 左右腐熟。

④发酵效果好。物料经过矿质化，养分由无效态和缓效态变为有效态和速效态，堆肥总养分损失少，腐殖质含量高，钾素含量增高明显。繁殖大量功能菌，产生多种特效产物，经过腐殖化产生大量腐殖酸，刺激作物生长。提高作物抗病、抗旱、抗寒能力。功能细菌进入土壤后，可固氮、解磷、解钾，增加土壤养分，改良土壤结构，提高化肥利用率。

⑤一般是多种微生物菌种混配。包括能够强烈分解畜禽类粪便的细菌、丝状菌、酵母菌等多种菌株及相关酶类复配而成，能够发挥各自特性优势，互不拮抗，协同作用。参与堆肥过程的主要微生物种类是细菌、真菌以及放线菌。这 3 种微生物都有中温菌和高温菌。堆肥过程中微生物的种群随温度的变化发生如下的交替变化：低、中温菌群为主转变为中、高温菌群为主，中、高温菌群为主转变为中、低温菌群为主。随着堆肥时间的延长，细菌逐渐减少，放线菌逐渐增多，霉菌和酵母菌在堆肥的末期显著减少。

⑥菌种有效活菌数一般 50 亿～100 亿/g。微生物繁殖代数越早越好，最好是第一代生产菌种。

⑦最好由高科技、专业化公司提供，稳定供应。

2. 发酵菌剂用法用量

①一般每吨物料添加菌种 100～1 000g，即菌种浓度 0.01%～0.1%，一定要混合均匀。

②干菌剂分级混合方法：比如每 100g 微生物菌剂混合 10 000kg 有机物料时，可以先将 100g 微生物菌剂与 10kg 糠麸或玉米粉等干燥洁净物料进行一级混合，混合均匀形成预混菌剂，再将预混微生物菌剂掺入发酵有机物料中。

③兑水喷雾：按照 100g（ml）微生物菌剂兑水 15L 水，均匀喷洒在有机物料上面。

四、发酵升温

有机肥的发酵升温过程可简单分为以下 4 个阶段：

1. 发热阶段　有机肥发酵制作初期，有机肥中的微生物以中温、好气性的种类为主，最常见的是无芽孢细菌、芽孢细菌和霉菌。它们启动有机肥的发酵过程，在好气性条件下旺盛分解易分解的有机物质（如简单糖类、淀粉、蛋白质等），产生大量的热，不断提高有机肥温度，从 20℃ 左右上升至 40℃，称为发热阶段，或中温阶段，也叫低糖分解期。

2. 高温阶段　随着温度的提高，好热性的微生物逐渐取代中温性的种类而起主导作用，温度持续上升，一般在几天之内即达 50℃ 以上，进入高温阶段。在高温阶段，好热放线菌和好热真菌成为主要种类。它们对有机肥中复杂的有机物质（如纤维素、半纤维素、果胶物质等）进行强烈分解，热量积累，有机肥温度上升至 60～70℃，甚至可高达 80℃，随即大多数好热性微生物也大量死亡或进入休眠状态（20d 以上），这对加快有机肥的腐熟有很重要的作用。发酵不当的有机肥，只有很短的高温期，或者根本达不到高温，因而腐熟很慢，在半年或者更长时期内还达不到半腐熟状态，这个阶段又叫纤维素分解期。

3. 降温阶段 当高温阶段持续一定时间后，纤维素、半纤维素、果胶物质大部分已被分解，剩下很难分解的复杂成分（如木质素）和新形成的腐殖质，微生物的活动减弱，温度逐渐下降。当温度下降到 40℃ 以下时，中温性微生物又成为优势种类，这个阶段又称为木质素分解期

如果降温阶段来的早，表明堆制条件不够理想，植物性物质分解不充分，这时可以翻堆，将堆积材料拌匀，使之产生第二次发热、升温，以促进有机肥的腐熟。

4. 腐熟保肥阶段 有机肥腐熟后，体积缩小，堆温下降至稍高于气温，这时应将有机肥压紧，造成厌气状态，使有机质矿化作用减弱，以利于保肥。

简而言之，有机肥的发酵过程实际上就是各种微生物新陈代谢、繁殖的过程。微生物的新陈代谢过程即有机物分解的过程。有机物分解必然会产生能量，这些能量推动了腐熟化进程，使温度升高，同时还可干燥湿基质。

发酵过程的升温快慢和升温高低是发酵速度快慢、效率高低和有机肥效果好坏的关键。只有发酵过程迅速升温至 70℃，才能杀灭病虫卵和草籽，干燥堆体，完成发酵过程。如果长期不能升温，或者升温不高，将严重影响发酵速度、肥料生产效率和肥料效果好坏。一般有机肥发酵在夏天基本上都没有问题，到了冬季，特别是北方冬季，气温极低，零度以下结冰，微生物休眠，发酵升温就是一个技术难题。为了减少有机肥厂的设施投资，解决有机肥生产受季节变化影响以及发酵不彻底的问题，改变以往冬季天冷有机肥厂不能正常生产，华中农业大学专家找到了一些气温偏低时有机肥发酵快速升温的设施，一个是塑料大棚，再一个就是钢架大棚（棚顶安装透明瓦更好）。只要密封透光，可以基本解决气温偏低时发酵快速升温问题。

五、翻堆（翻抛）

有机肥发酵腐熟制作过程中，必要时应进行翻堆（又叫翻抛）。翻堆的主要目的有两个：一是通过翻堆补充氧气，进一步发酵腐熟；二是在堆温越过高峰开始降温时进行翻堆，可以使内外层分解温度不同的物质重新混合均匀。如湿度不足可补加一些水，促进有机肥均匀腐熟。

在发酵期间，根据有机肥的温度变化，可以判定有机肥的发酵腐熟程度。当气温 15℃时，堆积后第三天，有机肥表面以下 30cm 处的温度可达极限温度（70℃ 左右，最高可以到达 80℃），臭味几乎消除，此时即可进行翻堆（翻抛）。待再一次升温至 70℃ 左右（包括持续 3d 以上低于 60℃），进行第二次翻堆。再一次升温后，第三次翻堆，如此往复，直至发酵温度接近气温，水分含量达 30% 左右，之后不再翻堆，等待后熟。后熟一般需 3～5d，最多 10d 即可。温度持续高温多天后，返回到常温（气温）左右，后熟完成，有机肥即制成。这种高温堆腐，可以把粪便中的虫卵和杂草种子等杀死，大肠杆菌也

可大为减少，达到有机肥无害化处理的目的。而堆体腐熟后堆体温度与环境温度一致或稍高于环境温度，一般不会明显变化。

规模化有机物料发酵中改善好氧发酵和改善物料形状及翻抛工艺的机械设备，称之为翻抛机，也叫翻堆机。我国目前粪便发酵翻抛工艺及其使用的翻抛设备类型复杂，品种繁多，效果比较好的有平垛移动式翻抛、槽式铲抛式翻堆、槽式铣盘式翻堆、槽式链板式翻抛机。平垛移动式翻抛主要用于小规模有机肥发酵腐熟。槽式铲抛式翻堆、槽式铣盘式翻堆、槽式链板式翻抛机等主要用于规模较大的有机肥发酵翻堆。

六、腐熟陈化

有机物料发酵腐熟是为了达到 3 个目的，一是无害化；二是腐殖质化；三是大量微生物代谢产物如各种抗生素、蛋白类物质等。有机物料发酵腐熟前期的升温阶段以及高温阶段会杀死植物致病病原菌、虫卵、杂草籽等有害物质，但此过程中微生物的主要作用是新陈代谢、繁殖，而只产生很少量的代谢产物，并且这些代谢产物不稳定也不易被植物吸收。到后期的降温期，微生物才会进行有机物的腐殖质化，并在此过程中产生大量有益于植物生长吸收的代谢产物。

发酵腐熟中的有机质在微生物作用下进行复杂的转化，这种转化可归纳为两个过程：一个是有机质的矿质化过程，即把复杂的有机质分解成为简单的物质，最后生成二氧化碳、水和矿质养分等；另一个是有机质的腐殖化过程，即有机质经分解再合成，生成更复杂的特殊有机质——腐殖质。两个过程是同时进行的，但方向相反，在不同条件下，各自进行的强度有明显的差别。

1. 有机质腐殖标志判断

①外观腐熟标志。水分含量降低到 30% 左右（手捏不出水，不成坨），物料干燥疏松，无物料原臭味，稍有氨味，堆内产生白色菌丝。

②有机肥肥堆温度降低，接近气温。

③C/N 比降低到 15~20。

④种子发芽试验，发芽率超过 80%。

2. 有机肥陈化　有机肥发酵腐熟升温阶段，由于高温的作用，使得堆肥中寄生的蛔虫卵、大肠杆菌、杂草种子及其他菌类杀灭，达到了无害化的标准。这个时候微生物的作用是大量繁殖和数量增加，大量有机肥料被微生物消耗，而且代谢的产物很少，不稳定，且不利于作物吸收利用，这种有机肥不是最理想的有机肥。有机肥发酵腐熟是在后期的陈化降温阶段，微生物开始对有机物腐殖化，并且代谢出大量易于作物吸收的产物，如氨基酸、核苷酸、维生素、抗生素等，通常这个陈化过程需要 45~60d 时间，这种有机肥是优质有机肥。

我国国内大多数有机肥料产品只堆肥发酵 15~20d，这样的产品只能达到无害化标准。而优质的有机肥料堆肥发酵过程一般需要 45~60d 的时间，其中 15~20d 用于发酵腐熟，30~45d 用于陈化。陈化保肥阶段是堆肥腐熟后，体积缩小，堆温下降至稍高于气温，这时应将堆肥压紧，造成厌气状态，使有机质矿化作用减弱，以利于保肥。

第二节 低成本有机肥发酵工艺技术

一、有机肥生产成本障碍

有机肥料的成本是有机肥料最为关键、最难解决的问题，它直接关系到有机肥料的销售市场和利润空间。有机肥料企业为什么一定要政府补贴呢？每年国家和各级政府用于生物有机肥的补贴高达上千亿元。核心一点，生产成本偏高，销售价格偏低，几乎没有什么利润空间。大多数企业普通有机肥料生产成本 500～600 元/t，高的 700～800 元/t，甚至有 1 000 多元/t 的。而市场接受的价格也就是普通有机肥料 500～600 元/t，颗粒有机肥料 700～800 元/t。这就是有机肥料不好销售的关键，也就是有机肥料需要补贴的原因。

那么生产成本为什么这么高？有机肥料的成本构成主要有哪些？

1. 粪便成本 目前国内畜禽养殖企业的粪便基本上都是不要钱的，少数垫料式的干燥粪便需要 100～400 元/t 购买。

2. 粪便运费 国内大多数有机肥料企业与养殖场不在一起，粪便装车、运输、卸载需要花费几十上百元。而 1t 稀粪便往往只能生产 1/3～1/2t 有机肥料，折算成每吨成本就是 100～300 元。

3. 辅料成本 就算利用价格最便宜的米糠作为辅料，购买价格也是 500～600 元/t，每吨有机肥料需要添加 1/3～1/2t，折算为生产成本 200～300 元/t。

另外，补充氮元素不足，以及添加一些功能微生物、营养元素等，每吨成本 50～100 元。

4. 微生物菌种 厂家不同，添加比例不同，每吨粪便需要添加 10～80 元的菌种。

5. 车间生产成本 混合、发酵、翻抛、粉碎、分筛、上堆等加工费用，设备生产效率不同，一般 100～200 元/t。

6. 造粒成本 有机肥料造粒过程的设备、能源、人工等费用，一般 200 元/t 左右。

7. 包装成本 每吨 30～80 元。

要保证企业有利可图，必须将普通有机肥料成本控制在 400 元/t、颗粒有机肥料控制在 600 元/t 以内，也就是每吨成本要降低 100～200 元。从上面成本分析中可以看出，只有粪便运费、辅料成本和车间生产成本可以进行革新，这就是我们研发的重点（表 7 - 1）。

表 7 - 1 有机肥料可变成本组成

序号	成本构成	成本（元/t）	备注
1	粪便购买	0～400	
2	粪便运费	100～300	可以控制
3	辅料购买或自备	200～300	可以降低
4	微生物菌种	10～80	
5	车间生产成本	100～200	可以降低

（续）

序号	成本构成	成本（元/t）	备注
6	造粒成本	200	
7	包装成本	30～80	
合计		500～800	

微生物的生长、有机物的分解均需要水分。物料中的水分既是微生物进行物质交换的媒介，又是微生物生存的环境。大量实践证实，粪便发酵最佳水分含量是40％～60％，50％左右最好。物料含水过高或过低都会对好氧微生物的分解代谢活动产生负面影响，当含水率高于60％，容易导致营养物渗出及通气孔隙率不足，会抑制好氧微生物的生长繁殖，甚至发生不良的厌氧分解、温度下降。当含水率低于40％，不利于需氧微生物生长，好氧分解速率缓慢。所以低于40％或高于60％，均会大大减缓发酵速度，降低发酵效果，升温慢、温度低、发酵时间长、腐熟不彻底等。所以粪便发酵时，通常会通过添加辅料的方式，调整粪便含水量，以达到升温快、温度高、发酵时间短、腐熟彻底的效果。含水量30％以下的少数垫料式粪便发酵时不需要添加很多辅料，只需要添加适当营养物质或肥料养分，以提高发酵物料的碳氮比、发酵升温速度或发酵后有机肥料的施用效果。含水量在40％～80％的大多数粪便发酵需要添加一定量（20％～80％）的米糠、麦麸、秸秆、锯末、榨油饼等农业废弃物作为辅料，以降低发酵粪便的水分含量，达到升温快、温度高、发酵时间短、腐熟彻底的效果。如果粪便含水量小于20％，还需要补充适量水分，才能正常发酵，提高发酵效果。

添加辅料特别是添加成本比较高的辅料就意味着要增加发酵工艺的投入，提高有机肥料的成本。常见的辅料有米糠、秸秆、麦麸、榨油饼、酒糟、锯末、菌渣、烟末等几种。其中，米糠有机质含量较高，氮、磷、钾养分略低，吸水性良好，发酵腐熟容易，价格300～800元/t，价格适中，是最为理想和常见的发酵辅料。秸秆有机质含量较高，氮、磷、钾养分较低，吸水性良好，发酵腐熟容易，是一种资源广泛、效果理想的发酵辅料。但是秸秆回收困难，粉碎电费消耗大，成本高于米糠，限制了秸秆的利用。麦麸、榨油饼价格较高，一般不适宜大规模作为发酵辅料利用。锯末、菌渣、烟末等发酵辅料主要受资源限制。

除调节水分含量的大规模辅料添加外，粪便发酵还要根据粪便有机质和氮、磷、钾，特别是碳氮比情况，适当添加氮素以调节碳氮比。纤维素含量高而淀粉等小分子有机物含量过低的发酵粪便，还要适当添加榨油饼、油糠等高淀粉辅料，以提高升温、发酵速度和彻底性。

二、就近现场发酵减少污染，降低成本

国内大多数有机肥料企业与养殖场不在一起，粪便装车、运输、卸载需要花费几十上百元。而1t稀粪便往往只能生产1/3～1/2t有机肥料，折算成每吨成本就是100～300元。现场发酵不但大幅度减少污染，而且还大大节约了粪便生产有机肥料的成本。按照每3t鲜粪生产1t有机肥料折合成本，每吨有机肥料减少近100元成本（表7-2）。

表 7 - 2　猪粪装卸运输成本比较

处理	每吨鲜粪装卸运费（元）	每 3t 鲜粪生产 1t 有机肥料折合成本（元/t）	车间气味
运输 30km	32	96	恶臭
现场发酵	0	0	基本不臭
比较	−32	−96	减少

三、秸秆剪切式粉碎降成本新工艺及设备

创新发明秸秆作为辅料新工艺及设备。据统计，全国富余秸秆约为 4.5 亿 t，既是一个非常丰富的有机肥料资源，同时也是一个巨大的污染源。利用秸秆生产有机肥料，既符合政府的政策，可以获得政府的扶持，又可以节约大量辅料。但是，秸秆作为粪便发酵的辅料最大的障碍是粉碎困难，电费太贵。

针对这一问题，华中农业大学专家经过多年探索，创新发明了秸秆粉碎新工艺及新型秸秆粉碎机。传统秸秆粉碎机采用的是碾磨式粉碎，将秸秆粉碎为 1mm 以下的粉末状，虽然细度好，发酵容易，但耗电量大，生产效率低，成本过高，而且秸秆必须非常干燥。华中农业大学教授改进为锤片式粉碎，将秸秆粉碎为 5mm 以下的颗粒状，基本不影响发酵效果，但电费大幅度降低，效率大幅提高，而且秸秆不需要十分干燥（表 7 - 3）。为此还与企业合作研发了剪切式粉碎机。

表 7 - 3　秸秆机械粉碎作辅料比较

处理	耗电（度/t）	成本（元/t）	辅料添加 50%，肥料成本增加（元/t）	生产效率（t/d）
碾磨式粉碎机	230	460	230	20
剪切式粉碎机	35	70	35	100
比较	−195	−390	195	80

四、秸秆二次发酵降成本新工艺

秸秆是一种丰富的有机肥料资源，秸秆养分含量高，没有污染，成本低廉，非常适合作为有机肥料原料或者发酵辅料。但由于秸秆主要由木质素、纤维素、半纤维素等组成，株体长，质地坚硬，不粉碎直接发酵完全腐熟时间长达数月，粉碎后发酵成本又很高。

华中农业大学与安徽莱姆佳生物科技股份有限公司合作研究，将秸秆发酵腐熟改进为二次发酵法：先将秸秆就地堆放，喷洒液体菌种，保湿保温 15～30d，进行初步发酵，待秸秆变色、腐朽易碎状态后，用链式粉碎机粉碎，再进行第二次发酵，彻底腐熟。

秸秆二次发酵效率与一次发酵效率比较见表 7 - 4。

表 7 - 4　秸秆二次发酵效率比较

处理	耗电（度/t）	成本（元/t）	添加 50%，肥料成本增加（元/t）	生产时间（d）
不粉碎直接一次发酵	12	24	12	100
磨式粉碎后一次发酵	230	460	230	20
二次发酵	16	32	16	30

五、粪便干湿分离新工艺减少辅料用量

针对粪便特别是水冲式的鸡粪和猪粪，发酵时需要添加大量辅料，成本过高，经过多年探索，创新发明了两项减少辅料添加新工艺。针对水冲式粪便含水量过高问题，我们借鉴工业用干湿分离机，筛选出了适宜畜禽粪便的干湿分离机类型，通过干湿分离新工艺，可以使粪便含水量由 50％～90％降低到 30％～50％，基本上可以不添加辅料或者添加 10％～20％的辅料，就可以进行发酵腐熟。由于进行了干湿分离，虽然增加少量电费，但辅料大大减少，总成本大幅度下降（表 7-5）。

表 7-5　鸡粪干湿分离发酵比较

处理	每吨有机肥料		
	耗电	添加辅料及成本	总成本
未干湿分离	0	0.5t，200 元	200 元
干湿分离	12 元	0.2t，80 元	92 元
比较	＋12 元	－120 元	－108 元

六、腐熟粪便返料代替辅料新工艺

为了减少辅料用量，我们还创新发明了腐熟粪便返回使用，当做辅料添加到新鲜粪便里，这样也大幅度减少甚至不用添加米糠等辅料。同时，由于腐熟粪便里已经带有一定量的微生物菌种，返回做辅料，基本不用再添加菌种，至少 5 次以上可以不添加菌种。由于添加了大量免费辅料，减少了菌种添加次数，总成本大幅度下降（表 7-6）。

表 7-6　腐熟粪便返回作辅料比较

处理	每吨有机肥料			
	添加辅料数量	辅料成本	菌种成本	辅料菌种总成本
新鲜米糠辅料	0.5t	200 元	20 元	220 元
腐熟粪便返回辅料	0.3t	120 元	4 元	124 元
比较	－0.2t	－80 元	－16 元	－96 元

第三节　高效率有机肥发酵工艺技术

一、高效率发酵微生物菌种筛选

一般畜禽粪便和秸秆等农业废弃物发酵生产有机肥的微生物菌种要求：

①适用对象：猪、鸡、鸭等畜禽类粪便（包括厩肥）。

②适用范围：大型有机肥厂、大型养殖厂及农场。

③起温快，环境温度 0℃以上时，48h 温度升至 55℃以上，可充分分解畜禽类粪便中

产生臭味的有机硫化物、有机氮化物等，在充分搅拌均匀后，2～3d 即可消除臭味。

④发酵周期短，10～15d 完全腐熟。

⑤发酵高温持久，能杀灭发酵物中的病菌、虫卵、杂草种子。

⑥有机肥总养分损失少，腐殖质含量高，钾素含量增高明显。

利用各种微生物菌种的特性，研发培养提纯新的微生物菌种，以及合理搭配混合多种微生物菌种及介质，以达到混合容易、升温快、升温高、保温持续、腐熟彻底等腐熟粪便的效果，以及适当添加不同功能微生物，以达到有机肥料提高作物抗病虫害能力和分解土壤有毒物质、活化土壤养分、促进作物生长等目的。产品由能够强烈分解畜禽粪便的真菌、细菌、放线菌、酵母菌等多种菌株及相关酶类混配而成，好氧发酵、分解蛋白质能力极强，同时能够达到升温、除臭、消除病虫害、杂草种子和富集养分的效果。

华中农业大学专家比对自主研制的菌剂与常见市售菌对发酵过程中理化指标的影响，为发酵复合微生物菌剂研究提供依据。有机肥发酵反应的结束，是因为在经历前面一段长时间的微生物生长代谢后，有机肥中易被微生物分解利用的物质已基本被利用完，剩下的多是难于降解的稳定的物质元素；另外，在有机肥中扮演推动发酵过程关键角色的微生物，在经历长时间的高温后，大多数活性降低，甚至是被高温消灭。虽然还有一些嗜热菌仍然活跃，但在发酵微生物群落中占大比例的是中温菌，所以中温菌在高温期的失活对发酵所产生热量的多少会有一定程度的影响。在发酵刚开始时，堆料中供微生物生长的物质元素丰富，并且此时的发酵堆体温度不高，为大量微生物生长繁殖提供了适宜的生长环境和条件。但随着发酵堆体温度的不断升高，部分微生物不再适应高热的生长环境开始死亡，微生物的总量开始减少。发酵到达高温期后，有机肥中的绝大多种微生物凋敝，嗜热菌应运而生，开始大量繁殖，此时有机肥中的主导微生物为细菌和放线菌。发酵高温期过后，开始降温，当发酵堆体温度再次回归到40℃中温后，嗜热菌不再出现，微生物的种类和数量再次回升，但低于发酵开始时期微生物的总量，这是因为经过一段时间的高温期后，部分种类的微生物被高温杀死，并且在有机肥发酵结束后，有机肥中大量物质被微生物利用，经分解代谢后趋于稳定，使得易被微生物分解用来维持微生物本身生长代谢的能源物质减少。

华中农业大学针对目前国内市场上常见的发酵微生物菌种含量比较高、用量比较少、不好操作、混合不均匀、升温慢、发酵不均匀、发酵效果差、发酵时间延长、翻堆次数多、成本增加等缺点，创新发明了将菌种稀释、浓度降低、用量提高等工艺。将原来的每吨菌种用量由 100～1 000g 提高到 10kg，这样大大地增加了混合均匀度，减少了混合时间，提高了发酵效果。

二、高效率发酵翻抛设备筛选

早期的发酵工艺是静态发酵，常常由于供氧不足而转化成厌氧发酵，会产生大量硫化氢等臭气，且有爆炸风险，后来研制出了用于改善好氧发酵和改善物料形状及翻抛工艺的机械设备，称之为翻抛机，也叫翻堆机。我国目前粪便发酵翻抛工艺及其使用的翻抛设备类型复杂，品种繁多，大致的翻抛设备及其特性包括：

1. 平堆铲车翻抛　就是将粪便平堆在地上发酵，购买普通铲车，人工用铲车将粪便产起、抛下，反复操作，以达到增氧、均匀发酵等目的。铲车翻抛机适合多种物料的转运，性能安全可靠、易操控、翻堆效果好，可同时对物料实时破碎，对场地适应性强，使用与维修方便，结构合理，耐腐蚀性，外观达到品牌规范。铲车翻抛机的特点：（1）搅拌发酵物料均匀彻底，使菌种和原料充分接触，进而促进发酵物料彻底腐熟。（2）节省大量的土建和人力物力工程，使制肥规模的伸缩性更随意。（3）专用于微生物好氧发酵物料工艺要求，能有效地把黏稠状发酵物料、微生物发酵菌剂与秸秆粉拌匀。整体结构合理，整机钢性好、受力平衡、简明、性能安全可靠、易操控。

2. 发酵塔式翻抛　安装 7 层左右的发酵塔，粪便通过皮带输送到顶层，通过翻版控制，定时逐层下落，以达到增氧、均匀发酵等目的。

3. 平垛移动式翻抛　将粪便平堆放成条垛式，采用四轮行走设计，需一人操控驾驶，由机架下挂装的旋转刀轴对发酵堆体原料实施翻拌、蓬松、移堆，可自由前进、倒退或者转弯，适用在开阔场地或者车间大棚中实施作业。机器整体结构合理、受力平衡、结实、性能安全可靠、操控和维修保养简单方便。该机最大的特色是整合了物料发酵后期的破碎功能，提高了粉碎的效率，降低了成本。

4. 槽式螺旋式翻堆　建设固定宽度的发酵槽，将粪便堆放在发酵槽内发酵，高度可达 1.5～1.8m，螺旋式翻堆机由传动装置、提升装置、轨道行走装置、翻堆装置、转移车等主要部件组成，螺旋翻抛机就是一根直立柱梁，上带有螺旋状叶片，螺旋翻抛机具有翻堆速度快、搅拌均匀等效果，可使物料与空气充分接触，发酵效果理想。

5. 槽式铣盘式翻堆　建设固定宽度的发酵槽，将粪便堆放在发酵槽内发酵，高度可达 1.5～1.8m，铣盘式翻堆机由传动装置、轨道行走装置、翻堆装置、转移车等主要部件组成。铣盘翻抛机就是一根横卧在发酵槽两边墙顶轨道上的柱梁，上面安装一个可移动、直立的铣盘，由洗盘转动，将物料带起来、抛下去，达到翻抛效果。

6. 槽式链板式翻抛机　建设固定宽度的发酵槽，将粪便堆放在发酵槽内发酵，高度可达 1.5～1.8m，链板式翻抛机包括传动装置、轨道行走装置、翻堆装置、转移车等主要部件组成。链板式翻抛机就是通过链板翻动，将物料掀起来、落下去，以达到增氧、混合等效果。发酵池侧面配置固定式铜质滑触电缆，保证具有安全、可靠、耐用。机械配置高压强制供氧系统，能利用池底的氧气给物料均匀供氧，便于发酵。

7. 槽式铲抛式翻堆　建设固定宽度的发酵槽，将粪便堆放在发酵槽内发酵，高度可达 1.5～1.8m，由传动装置、提升装置、轨道行走装置、翻堆装置、转移车等主要部件组成。铲抛式翻抛机就是一根横卧在发酵槽两边墙顶轨道上的柱梁，上面均匀安装很多个直立的小铲，由于柱梁转动，小铲将物料铲起、抛下，以达到翻抛效果。铲抛式翻抛具有翻堆速度快、搅拌均匀等效果，可使物料与空气充分接触，达到最佳发酵效果。还有一种单边墙铲抛式翻抛机，就是改发酵槽的两边墙为一边墙，铲抛式翻抛机一边卧放在单边墙轨道上，另一边采用两轮行走式，这样可以克服槽式铲抛式翻抛对发酵池场地的限制，以扩宽发酵场地。适宜于比较狭窄的场地。

经过对厂方和使用者的走访与调查，综合评价：槽式铲抛式翻堆机设计结构科学、自动化程度高、效率高、能耗低、使用方便，且造价低廉。

三、温棚发酵提高效率的改进

发酵过程的升温快慢和升温高低是发酵速度快慢、效率高低和有机肥效果好坏的关键。只有发酵过程迅速升温至70℃，才能杀灭病虫卵和草籽，干燥堆体，完成发酵过程。如果长期不能升温，或者升温不高，将严重影响发酵速度、肥料生产效率和肥料效果。一般有机肥发酵在夏天基本上都没有问题，到了冬季，特别是北方冬季，气温极低，零度以下结冰，微生物休眠，发酵升温就是一个技术难题。

为了减少有机肥厂的设施投资，解决有机肥生产受季节变化影响发酵不彻底，改变以往冬季天冷有机肥厂不能正常生产的问题，本研究找到了一些气温偏低时节，有机肥发酵快速升温的设施。一个是塑料大棚；再一个就是钢架大棚（棚顶安装透明瓦更好）。只要密封透光，可以基本解决气温偏低时节发酵快速升温的问题。

1. 塑料大棚保温发酵　将调制好的发酵物料置于一种在发酵槽上设有温室塑料大棚，在发酵槽地板上设有通气通道的发酵槽内进行静态发酵，造就一个良好的好氧发酵条件，并能充分利用太阳能和生物能自然干燥，达到投资省、发酵操作简便、生产无二次污染、产品质量优的目的。在干清猪粪中添加占发酵猪粪总量30%左右10%的白玉菇菌糠，使发酵物料所含水分控制在55%左右，同时添加发酵菌种，经混合均匀后进行发酵。在宽、高分别为1m的发酵槽内堆成长5m的长方体发酵堆体，发酵4d后每天进行翻堆，试验气温2～8℃。从试验结果看，在发酵的第三天，发酵物料温度迅速上升至70℃，既通过塑料大棚利用其生物发酵自身的热量和太阳能，使发酵物料迅速升温，快速进入中高温好氧发酵。而在整个高温发酵过程中，又通过翻堆通风，使发酵堆体温度保持在60℃以上的时间持续达10d，发酵的最高温度和高温期持续时间上均处于优势地位，这对于杀灭堆料中病原菌、虫卵和杂草种子，保证有机肥卫生指标的合格和发酵的腐熟起到重要的保障作用。与此同时，过多的水分被去除，达到自然干燥的效果，含水量降得最快，到结束时仅含28.9%。从有机肥生产企业运用效果看，大棚式保温发酵法能很好地创造一个良好的保温升温发酵条件，并能充分利用太阳能和生物好氧发酵自身的热能快速提高发酵物料的温度和有机肥的自然干燥。采用该法生产有机肥，具有堆制时间较短、保肥性较好、除臭效果好、腐熟化、无害化程度高、有机肥质量优、投资成本低、运行和维护费用省、技术工艺简便易行等优点。

2. 钢架大棚（厂房）保温发酵

（1）设施　建一个拱形的钢架大棚，一般长40m，宽12m，高3m。

（2）设备　自动式翻堆机，把发酵物堆放到棚里后把辅料撒好，添加菌剂，开始行走搅拌翻堆。

（3）操作工艺　将搅拌均匀的发酵物堆放在塑料大棚里，每条堆长30m，宽1.5m，高1m；每次堆放4条，发酵时一周翻堆1次。发酵2d后既可以升温到70℃，15d后就能充分腐熟，达到有机肥的标准。钢架大棚具有保温作用，既不受季节限制，一年四季均可生产，又减少了建造厂房的投资。

第四节　高效率和高质量辅料添加工艺技术

由于畜禽类型、品种以及所喂饲料、地区、季节不同，粪便成分差异很大；发酵时添加不同辅料，更造成了腐熟后有机肥料成分的极大差异。有的远远高出国家农业行业标准NY/T 525，即有机质含量≥30%，氮磷钾总养分含量≥4%，有的甚至达不到标准要求。为了提高有机肥料的施用效果，增加有机肥料的附加值，华中农业大学进行了有机化添加营养元素、添加功能生物菌等多种方式的研究探索。

一、有机辅料添加工艺技术

不同物料进行混配，调整腐熟后有机肥料的有机质、养分含量及配比。一般牛粪有机质含量较高而养分含量较低，我们采取添加养分含量高的豆科作物秸秆作为辅料，以增加养分含量；鸡粪养分含量较高而有机质含量较低，我们采取添加有机质含量高的禾本科作物秸秆或者糠壳作为辅料，以增加有机质含量；猪粪有机质、养分含量适中但氮含量较高而磷钾含量较低，我们采取添加磷养分含量高的油菜秸秆和钾养分含量较高的晚稻作物秸秆作为辅料，以增加磷钾养分含量（表7-7）。

表7-7　不同辅料混配腐熟后生物有机肥料养分含量比较

粪便种类	辅料类型	添加比例（%）	腐熟后有机肥料含量（%）				
			有机质	总养分	N	P_2O_5	K_2O
鸡粪	米糠	20	27.7	7.92	3.96	2.77	1.19
	玉米秸秆	40	38.2	6.11	3.05	2.14	0.92
猪粪	米糠	20	32.0	5.35	2.94	1.34	1.07
	油菜秸秆	30	31.5	6.03	2.71	2.11	1.21
牛粪	米糠	20	46.5	3.23	1.45	1.13	0.65
	花生秸秆	20	38.4	5.37	2.69	1.61	1.07

二、营养辅料添加工艺技术

发酵前混配部分化肥，调整腐熟后有机肥料的大量元素及中微量元素养分。一般粪便发酵的有机肥料养分含量虽然达到国家农业行业标准NY/T 525，即有机质含量≥30%、氮磷钾总养分含量≥4%的要求，但相比每亩地和作物生长要求还是偏低，如果农民施用量少了（亩施50～100kg），不能完全满足作物生长的要求，还要配合施用化肥；如果施用量过多（亩施300～500kg），投资太大，农民负担不起，这也就是有机肥料需要补贴的原因之一，农民知道有机肥料好，但是负担不起。而部分企业在发酵后添加一些化肥以提高有机肥料的效果，虽然达到了目的，但不符合国家有关标准要求。我们在发酵前添加尿素（酰胺态氮肥），以增加发酵后氮素养分含量；在发酵前添加少量磷钾化肥，以增加发酵后有机肥料磷钾养分含量（表7-8）。

表7-8 添加化肥腐熟后生物有机肥料养分含量比较

粪便类型	添加化肥	添加比例（%）	腐熟后有机肥料含量（%）				
			有机质	总养分	N	P_2O_5	K_2O
猪粪	CK	—	32.0	5.35	2.94	1.34	1.07
	尿素	5	31.5	7.30	4.87	1.41	1.02
牛粪	CK	—	46.5	3.23	1.45	1.13	0.65
	尿素＋磷酸一铵	5＋2	44.1	6.30	3.62	2.06	0.63

第八章　生物有机肥料加工与造粒工艺

畜禽粪便、秸秆、农产品加工残渣等农业废弃物经过发酵腐熟后，成为生物有机肥料的半成品，半成品再跟据市场需求进行第二步加工，以颗粒肥料或者以粉状肥料包装销售。具体产品类型及品种有：有机肥料、生物有机肥、复合微生物肥料、有机—无机复混肥料或者复合微生物菌剂等。

第一节　粉状生物有机肥料加工流程及建厂设计

腐熟后的有机肥原料，根据市场需要，可以加工成粉状生物有机肥料，包括：粉状有机肥料、粉状生物有机肥、粉状复合微生物肥料、粉状微生物菌剂以及其他专用特殊粉状生物有机肥料产品。粉状生物有机肥料加工工艺流程包括：配方称量—混合搅拌—干燥—粉碎—分筛—计量包装等。

其中，多数粉状生物有机肥料生产没有干燥工艺，主要是从成本考虑，一旦使用干燥工艺甚至需要冷却工艺，每吨成本将增加 100~300 元，这对总成本 300~500 元/t 的普通有机肥是不可承受的。常用的方法是：一是尽量选用水分达标的有机肥原料；二是干物料与湿物料混合控制水分。

一、配方称量

1. 配方计算及依据　生物有机肥料配方计算关系到生物有机肥料生产成本、生产工艺、生产效率、产品质量、产品效果、技术含量等多个方面，必须由专家认真计算。

①充分考虑国家标准的要求。粉状有机肥料、粉状生物有机肥、粉状复合微生物肥料、粉状微生物菌剂，以及其他专用特殊粉状生物有机肥料产品中每一项指标要求都应考虑到，特别是氮磷钾总养分含量、有机质含量、有效菌剂含量、水分含量等产品质量要求。

②充分考虑市场及用户需求。在符合国家标准的前提下，尽量满足市场及用户的需求，包括市场及用户对养分含量、销售价格、使用效果等方面的要求。

③充分考虑销售价格和生产成本。市场能接受，生产不亏损，销售可盈利。

④充分考虑使用效果。氮磷钾含量及比例，微生物菌剂含量及品种，有机质含量，不同有机质分子类型：小分子速效有机质、中分子缓效有机质、大分子长效有机质及比例，以及氨基酸、腐殖酸等含量等。

⑤考虑是否需要添加中微量元素、调理剂、调节剂等功能物质。

⑥针对不同土壤和不同作物对养分、有机质及其他成分的特殊要求。

2. 自动称量及给料　大型规模化生产，一般采用自动给料机，电脑计算，自动计量进料。自动配料给料机适用于生物有机肥料规模化生产连续配料要求的现场。自动配料机一般是一种物料一个料斗，根据计量自动下落，进入共同皮带，输送到搅拌机内。这些现场对配料的连续性要求较高，一般不允许出现中间配料停止的情况，对各种物料的配比要求比较严格。动态配料系统计量一般采用电子皮带秤作为计量设备，主机都带有 PID 调节及报警功能，可以实现一个仓的自动控制。特大型规模化生物有机肥料生产线，自动配料机已经实现全电脑化操作。

二、混合搅拌

生物有机肥料混合搅拌根据生产规模、物料特点及工艺要求等分为：盘式搅拌机搅拌、双轴搅拌机搅拌、单轴搅拌机搅拌、卧式搅拌机搅拌以及铲车混合搅拌等方式。

1. 盘式搅拌机搅拌 盘式搅拌机搅拌是复混肥料生产最常用的一种搅拌方式，在生物有机肥料生产中也常常使用。盘式搅拌机就是一个平放的圆盘，通过支架架起一个搅拌螺旋叶片，螺旋叶片在盘中搅拌，顶部进料、底部排料。盘式搅拌机搅拌的特点是：

①搅拌效率高，占地面积少。

②螺旋叶片采用高耐磨特种合金。

③采用减速器传动，转动平稳，噪声低。

④从顶部进料、底部排料，结构合理。

⑤各结合面之间的密封严密，运行平稳。

⑥轴承与肥料不接触，不容易损坏，维修方便，使用寿命长。

盘式搅拌机是目前最常用的生物有机肥料混合搅拌方式，特别是生物有机肥料规模化生产，大多数使用盘式搅拌机。

2. 双轴搅拌机搅拌 双轴搅拌机搅拌主要使用在有机肥料、复混肥料等生产中。双轴搅拌机搅拌的特点是：

①搅拌效率高，占地面积少。

②螺旋叶片采用高耐磨特种合金。

③采用减速器传动，转动平稳，噪音低。

④从顶部进料、底部排料，结构合理。

⑤轴承与肥料有接触，结合面之间的密封严密，运行平稳。

3. 单轴搅拌机搅拌 单轴搅拌机搅拌主要使用在有机肥料、复混肥料等生产中。单轴搅拌机搅拌的特点是：

①搅拌效率高，占地面积少。

②螺旋叶片采用高耐磨特种合金。

③采用减速器传动，转动平稳，噪音低。

④从顶部进料、底部排料，结构合理。

⑤轴承与肥料有接触，各结合面之间的密封严密，运行平稳。

三、粉碎

粉状有机肥、生物有机肥粉碎主要目的是把大块肥料打碎成颗粒肥料。而颗粒有机肥、生物有机肥、有机—无机复混肥料、复合微生物肥料等在造粒前进行粉碎的主要目的是让物流细碎，更加容易造粒成粒。

生物有机肥料粉碎根据生物有机肥料物料特点及产品、工艺要求等分为：环链粉碎机粉碎、半湿物料粉碎机粉碎、锤片式粉碎机粉碎、碾磨式粉碎机粉碎，以及秸秆剪切式粉碎机粉碎等方式。

1. 环链粉碎机粉碎　环链式粉碎机的主要工作部件为带有钢制环链的转子，环链一端与转子相连，环链的另一端安有耐磨钢制成的环链头。链式破碎机由进料口、机体、出料口、转子（包括轴承）、传动装置及减振器组成。链式破碎机属冲击式破碎机，通过高速旋转的链条对料块的冲击进行粉碎。立式环链粉碎机是复混肥行业使用最普遍的粉碎设备之一，环链式粉碎机适用于有机肥生产中块状物的破碎，适用于原料及返料的粉碎，尤其是对于含水率高的物料适应性强，不易堵塞，下料顺畅。立式环链粉碎机的优点：该机机壳内壁采用聚丙烯板作内衬，缓解了粘壁、不易清理的问题，链刀头采用特殊钢材锻打而成，可有效提高生产效率。本机具有结构合理、操作方便、适用性强等特点。

环链粉碎机主要用于比较干燥（水分 15%～40%）的肥料，物料太干容易飞起灰尘，物料太湿容易粘连壳壁，堵塞出口。环链粉碎机主要用于强度较低、易碎物料粉碎，粉碎的颗粒大小不匀。环链粉碎机粉碎的缺点是生产成本低，生产效率很高。

2. 半湿物料粉碎机粉碎　半湿物料粉碎机用于生物有机肥发酵腐熟、城市生活垃圾腐熟、草泥碳、农村秸秆垃圾、工业有机垃圾、养殖畜禽粪便等生物发酵高湿物料粉碎。半湿物料粉碎机是专业粉碎高湿度（含水量 30%～50%）、多纤维物质的专业粉碎设备。半湿物料粉碎机利用高速旋转刀片，粉碎纤维粒度好，高效高能。半湿物料粉碎机多用于有机肥生产加工环节，粉碎鸡粪、腐殖酸纳等原料有很好的效果。

①半湿物料粉碎机采用双级转子上下两级粉碎，物料经过上级转子粉碎成细小的颗粒，然后在输送到下级转子继续粉碎成细粉状，达到粉料、锤粉料的最佳效果，最后出料口直接卸出。

②半湿物料粉碎机没有设计筛网筛底，百余种物料都可以粉碎，绝不会堵塞。即使是刚从水里捞上来的物料也可以粉碎，不会因湿料粉碎而堵塞，造成烧坏电机，影响生产。

③半湿物料粉碎机采用高合金耐磨锤头，锤片采用锻打制造，比普通的锤头更坚固更耐磨，增加了锤片的使用寿命。

④半湿物料粉碎机采用双向调隙技术，锤片如果磨损了，不需要修复，移动锤片的位置就可以继续使用。调节锤头与衬板之间的间隙就可以控制物料的粒度。

⑤半湿物料粉碎机采用高科技技术，只需要一人就可以轻松操作，不仅安全可靠，而且便于维修。

⑥半湿物料粉碎机集中润滑系统注油，正常的工作下，不需要停机即可注入润滑油。

半湿物料粉碎机粉碎的缺点是生产成本高，生产效率低。

3. 锤片式粉碎机粉碎　双级锤片式粉碎机主要是靠冲击作用来粉碎物料的。物料进入双级锤片式粉碎机中，遭受到高速回转锤头的冲击而粉碎，粉碎的物料从双级锤片式破碎机锤头处获得动能，冲向架体内挡板、筛条，与此同时物料相互撞击，遭到多次破碎，小于筛条间隙的物料，从间隙中排出，个别较大的物料，在筛条上再次经锤头的冲击、研磨、挤压而破碎，物料被双级锤片式破碎机锤头从间隙中挤出，从而获得所需粒度的产品。双级锤片式破碎机工作时，电机带动转子作高速旋转，物料均匀地进入破碎机腔中，高速回转的锤头冲击、剪切撕裂物料致物料被破碎。同时，物料自身的重力作用使物料从高速旋转的锤头冲向架体内挡板、筛条，大于筛孔尺寸的物料阻留在筛板上继续受到锤子的打击和研磨，直到破碎至所需出料粒度，最后通过筛板排出机外。此机器是大型有机肥生产中的首选粉碎产品。

双级锤片式粉碎机主要适用于强度比较大，比较难粉碎的物料，如颗粒化肥、饼粕、块状颗粒农产品等。双级锤片式粉碎机粉碎的缺点是生产成本高，生产效率低。

四、分筛

根据生物有机肥料物料特点及产品、工艺和规模要求等生物有机肥料分筛分为：转筒筛分筛和振动筛分筛两种方式。

1. 转筒筛分筛 转筒筛又叫转网筛，是利用转筒筛滚动时将肥料颗粒分级筛出。转筒筛由电机、减速机、滚筒装置、机架、密封盖、进出料口组成。滚筒装置倾斜安装于机架上，电动机经减速机与滚筒装置通过联轴器连接在一起，驱动滚筒装置绕其轴线转动。

转筒筛是有机肥、复混肥生产中的常用设备，主要用于成品与返料的分离，也可实现成品的分级，使成品均匀分类，它广泛适用于粒径小于 300mm 以下各种固体物料的筛分，采用组合式筛网。该机结构简单，操作方便，运转平稳，筛分效率高，噪音低，扬尘量小，使用寿命长，维修量小，便于更换筛网，检修保养方便，其筛分能力为 60～1 000 t/h。缺点是筛分不彻底，会有一些小颗粒肥料没有筛下去而进入大颗粒肥料中，不准确。

2. 振动筛分筛 振动筛主要由筛箱、激振器、悬挂（或支承）装置及电动机等组成。电动机经三角皮带，带动激振器主轴回转，由于激振器上不平衡重物的离心惯性力作用，使筛箱获振动。

振动筛是利用振子激振所产生的往复旋型振动而工作的。振动筛是利用机械振动，将肥料颗粒分级筛出。振子的上旋转重锤使筛面产生平面回旋振动，而下旋转重锤则使筛面产生锥面回转振动，其联合作用的效果则使筛面产生复旋型振动。其振动轨迹是一复杂的空间曲线。该曲线在水平面投影为一圆形，而在垂直面上的投影为一椭圆形。调节上、下旋转重锤的激振力，可以改变振幅。而调节上、下重锤的空间相位角，则可以改变筛面运动轨迹的曲线形状，并改变筛面上物料的运动轨迹。

振动筛采用筒体式偏心轴激振器及偏块调节振幅，物料筛淌线长，筛分规格多，具有结构可靠、激振力强、筛分效率高、振动噪音小、坚固耐用、维修方便、使用安全等特点，该振动筛广泛应用于有机肥、复合肥、矿山、建材、交通、能源、化工等行业的产品分级。振动筛的优点是筛分准确彻底，缺点是效率低，设备容易损坏。

五、计量包装

规模化生产一般采用自动包装称。自动定量包装秤专为定量包装设计，分为双斗包装秤和单斗包装秤。采用一体化结构，秤高度小，结构紧凑，节能高效，外观新颖，安装简单，维护方便。系统定量精度在 0.2%。

自动定量包装秤的性能：

①包装速度快。

②计量精度高，可靠性高。主要控制系统元件为进口产品。

③机械结构合理。系统免维护性好，物料适应性强。

④物料接触部分为防腐材料。

六、粉状生物有机肥料生产线及建厂设计

1. 粉状生物有机肥料生产线

①配方计量（给料机给料）。

②圆盘搅拌机或者卧槽式搅拌机混合。

③环链粉碎机粉碎，物料理想时可以不粉碎。

④振动筛或者转筒筛分筛，有机物料杂质不多的可以不用分筛。

⑤半自动或全自动称量包装机称量包装。

2. 粉状生物有机肥料生产线特点

①主要用于普通有机肥、生物有机肥工艺。

②全套设备总投资规模大小不等，占地厂房面积较小，适宜大、中、小型有机肥料企业生产粉状肥料，产量大小不等。

③操作简单，设备不容易损坏，维修容易。

④要求物料水分含量达到国家标准即 30% 以下，可以根据需要添加一些成分，比较节能，可以直接混合添加微生物菌剂。

⑤生产效率高，返料极少。

⑥粉状肥料外观不理想，农民不习惯。

⑦运行费用和生产成本很低。

第二节　颗粒生物有机肥料工艺流程

畜禽粪便经过发酵腐熟后，一般质量可以达到国家农业行业标准 NY/T 525—2021 要求。有机肥按照成品形态分为粉状和颗粒状，市面上出售的有机肥大部分都是颗粒状。这是因为有机肥比重较轻，人工抛撒的时候容易被风吹散，易形成粉尘污染，不符合环保要求，潮湿、遇水结块，不利于均匀施撒肥料。而制成颗粒容易施用，特别是机械施肥时，粉状有机肥容易卡机，而颗粒状有机肥不会有此方面的问题。有机肥造粒之后，商品外观好，农民欢迎。最主要的是农民几十年施用颗粒化肥已经形成习惯，一下改变不过来，而且撒施方便，便于机械化操作。结合无机化肥施用的国家标准 GB/T 18877—2020 有机—无机复混肥料也是造粒的。

腐熟后的有机肥料造粒相比无机化肥要困难的多。一是有机肥料物料颗粒较大，细度不好，形状不均匀，黏结性差，造成颗粒非常困难；二是有机肥料物料较轻，有伸缩性，弹性强，保存时间短，很容易破裂；三是有机肥料含水量高，造出的颗粒强度差，很容易破散；四是有机肥料物料颗粒大小不均匀，形状各异，造成颗粒不圆滑，没有看相。

腐熟后的有机肥原料，根据市场需要加工成颗粒状生物有机肥料，包括：颗粒状有机肥料、颗粒状生物有机肥、颗粒状复合微生物肥料、颗粒状有机—无机复混肥料、颗粒状微生物菌剂以及其他专用特殊粉状生物有机肥料产品。颗粒状生物有机肥料加工工艺流程包括：配方称量—混合搅拌—粉碎—造粒—烘干—冷却—分筛—抛光—包膜加菌—计量包装等。

其中，配方称量、混合搅拌、粉碎、分筛、计量包装等上一节已经讲述，本节省略。

一、造粒

由于有机肥颗粒大，形状不规则，比重轻，黏结性差，一般造粒都很困难，所造颗粒外观也都不十分好看。肥料专家、肥料设备厂、肥料生产企业都在不断寻求理想的生物有机肥料造粒工艺和技术。

生物有机肥料物料千差万别，粗细程度、含水量、物料性质、有机质特性以及添加化肥多少及品种等都影响到造粒工艺。所以生物有机肥料的造粒方式也非常多，主要分为：圆盘造粒、转鼓造粒、喷浆造粒、挤压造粒、绞齿造粒等方式。

1. 圆盘造粒 圆盘造粒就是使用圆盘造粒机造粒。圆盘造粒机又叫球盘造粒机。圆盘造粒机造粒广泛用于生物有机肥料造粒，主要通过粉状肥料在倾斜（45°以上）的圆盘内滚动，在肥料上喷洒细小雾水，适当添加黏结剂，逐步滚动成颗粒，再行干燥。

圆盘造粒机广泛用于颗粒状有机肥料、颗粒状生物有机肥、颗粒状复合微生物肥料、颗粒状有机—无机复混肥料、颗粒状微生物菌剂以及复混肥料造粒。

圆盘造粒机优点是设备一次性投资中等，设备不容易坏，维修费用低，生产成本低，能耗低，操作简单等；缺点是成粒效率低，颗粒外观差，有机肥料颗粒强度差，有机肥造粒困难等。圆盘造粒机适宜中等规模企业生产。

2. 转鼓造粒 转鼓造粒就是使用转鼓造粒机造粒。转鼓造粒机又叫转筒造粒机。转鼓造粒广泛用于有机肥料、有机—无机复混肥、复合微生物肥料以及复混肥料造粒，主要通过粉状肥料在转筒内滚动，喷洒水蒸气，适当添加黏结剂，逐步滚动成颗粒，再行干燥。

转鼓造粒机设备是复合肥行业的关键设备之一，适用于冷、热造粒以及高、中、低浓度复混肥的大规模生产。转鼓造粒机设备机筒体采用特殊的橡胶板内衬或耐酸不锈钢衬板，实现了自动除疤、脱瘤，取消了传统的刮刀装置。该机具有成球强度高、外观质量好、耐腐蚀、耐磨损、能耗低、使用寿命长、操作维修方便等特点。

转鼓造粒机优点是设备一次性投资较大，设备不容易坏，维修费用低，成粒率比较好，颗粒强度大，外观比较好看，不易损坏等；缺点是设备投资多，耗能多，有机肥造粒困难等。转鼓造粒适宜大规模现代化生物有机肥料造粒生产。

3. 喷浆造粒 喷浆造粒就是使用喷浆高塔造粒。把料浆（混合物、溶液与溶质）中的水分（能汽化的液体总称），喷射到一设备中，用加热、抽压的方法，使料浆中的水分汽化并分离后，留存的不会气化（在一定条件下）的固体形成粒状的过程称喷浆造粒。喷浆造粒机的特点是设备一次性投资较大，设备不容易坏，维修费用低，适宜超大规模企业生产。

喷浆造粒最大的优点是有机肥料颗粒强度大，颗粒圆润光滑，看相好；缺点就是对有机肥料物料细度要求高，再就是生产成本很高。

4. 平磨挤压造粒　平磨挤压造粒就是使用平磨挤压造粒机造粒。平磨挤压造粒机又叫平磨筛孔挤压造粒机。平磨挤压造粒特别适宜有机肥、生物有机肥等高有机质含量造粒。粉状有机肥在有筛孔的平磨上，通过碾轮挤压，从筛孔中挤出，形成颗粒。

①平磨挤压造粒广泛用于有机肥、生物有机肥和饲料等有机物料颗粒加工。

②平磨挤压造粒一次成粒，成粒率高，不用筛分，无需烘干，生产效率高。

③平磨挤压造粒肥料颗粒强度大，颗粒表面光洁，颗粒成分均匀，形状整齐，颗粒粗细的孔径可分为 Φ2～6mm 不等。

④在加工过程中升温低，不需要添加黏结剂等化学成分，能较好地保持原料内部各营养成分，可以前期添加微生物菌剂。

⑤平磨挤压造粒优点是一次性设备投资很少，占地面积小，特别适合小规模有机肥生产，就地生产，就地销售。

⑥平磨挤压造粒缺点是对水分含量要求严格（15％～25％），设备极易损坏，易损件多，颗粒外观为柱状，农民不习惯。

5. 环磨挤压造粒　环磨挤压造粒就是使用环磨挤压造粒机造粒。环磨挤压造粒机就是环磨筛孔挤压造粒机。环磨挤压造粒特别适宜有机肥、生物有机肥等高有机质含量造粒。粉状肥料在有筛孔的环磨上，通过碾轮挤压，从筛孔中挤出，形成颗粒。环磨挤压造粒机与平磨挤压造粒机特点一样。

6. 对辊挤压造粒　对辊挤压造粒就是使用对辊挤压造粒机造粒。对辊挤压造粒机即凹窝对辊挤压造粒机。粉状肥料通过有凹窝滚轮之间，通过滚轮挤压，挤出颗粒。物料从进料斗加入，经过辊挤压成型，脱模造球，并经过一副链条，传送到破碎筛工作室，筛下和分离成品颗（球）粒，然后返回料与新料混合，再进行造粒。对辊挤压造粒的主要特点如下：

①对辊挤压造粒广泛用于有机肥、生物有机肥和饲料等有机物料颗粒加工。

②对辊挤压造粒一次成粒，成粒率高，不用筛分，无需烘干，生产效率高。

③对辊挤压造粒肥料颗粒强度大，表面光洁，成分均匀，形状整齐，颗粒粗细的孔径可分为 Φ2～6mm 不等。

④在加工过程中升温低，不需要添加黏结剂等化学成分，能较好地保持原料内部各营养成分，可以前期添加微生物菌剂。

⑤对辊挤压造粒优点是一次性设备投资很少，占地面积小，特别适合小规模有机肥生产，就地生产，就地销售。

⑥对辊挤压造粒缺点是对水分含量要求严格（15％～25％），设备极易损坏，易损件多，颗粒外观为柱状，农民不习惯。

7. 挤压抛光一体造粒机造粒　挤压抛光一体造粒机造粒主要用于有机肥料，主要是先将粉碎机粉碎粒径达到 1.5mm 以下（物料理想的也可以不用粉碎）的粉状肥料，通过平磨挤压造粒机挤压成柱状颗粒，之后短圆柱形颗粒进入多级高速抛圆机，在颗粒与盘体高速摩擦以及颗粒之间相互碰撞的过程中，颗粒棱角被压平磨光，逐渐变成球状颗粒，且强度得到大幅度提高。造粒成形过程中适当控制水分和填料的比例，能有效控制颗粒的大小和强度，成品率可以达到85%～95%。一般需要低温稍作烘干即可，也有物料干燥不烘干的。造粒之后的物料尽管已形成颗粒，但此时一般颗粒水分偏高，无法满足包装运输存储的要求，该物料经皮带输送机送至转鼓干燥机低温大风量进行干燥，通过转鼓冷却机进行冷却，进一步提高颗粒强度，降低水分，之后经过粗筛、细筛，筛除大颗粒和细粉，获得成品。大颗粒返料经返料破碎机破碎后与细筛筛下的细粉共同返回造粒机，再次参与造粒过程。

挤压抛光一体造粒机造粒克服了挤压造粒机的柱状颗粒缺点，改进了颗粒外观，比较受欢迎。但是并没有克服挤压造粒设备的极易损坏、不好维修、易损件多的缺点。其主要特点如下：

①挤压抛光一体造粒机造粒工艺返料极少，颗粒强度高，圆整均匀，表面光滑，流动性好。生产的有机肥颗粒均匀圆整，抗压强度高，微生物菌成活率＞90%，成粒率85%～95%，颗粒直径3.5～4mm。而采用传统圆盘或者转鼓造粒，成粒率甚至达不到50%。

②成球水分低（25%～45%），烘干能耗少。水分是挤压抛圆造粒工艺的一个主要优势。有机原料的性质和无机原料有本质的区别，有机原料颗粒粗大，组织疏松，堆密度小，溶解度低，物料之间的结合力和吸引力均比无机肥要小的多。由于结合力小，在没有外力的情况下，要想成球必须添加大量的液相来使颗粒团聚；由于它的溶解度小同时又对温度不敏感，因此传统的圆盘造粒和转鼓造粒一般不采用蒸汽，而直接用热水或冷水。这样简单套用圆盘或转鼓造粒方式，想要提高成球率，生产纯有机肥时水分需要高达40%以上，以致后续烘干困难，增加了生产线的能耗；相反，挤压抛圆工艺要求在中低水分下操作，造粒水分纯有机肥不超过30%，有机－无机肥一般不超过20%，只需低温大风量烘干，甚至可以改化肥燃煤烘干为燃气烘干，烘干能耗低，废气污染少。

③成球率和生物菌成活率高。挤压造粒抛光整型新工艺低温大风量烘干新技术，可使微生物菌成活率达到90%以上。

④原料产品适用性及其广泛。适用于发酵后的畜禽粪便、秸秆、饼粕糟渣、草炭等含水分30%左右的粗纤维有机废弃物的直接造粒，可生产"圆球形颗粒"纯有机肥、有机－无机肥、生物有机肥。

⑤有机物料无需前期处理。经发酵后的有机物料无需进行前期烘干、粉碎处理即可直接用于造粒。圆盘或转鼓等传统造粒工艺对原料细度要求较高，即80%以上的物料细度应达到80目以上，因此需对其进行粉碎处理。由于发酵后的有机物料含水分较高，粉碎前需水分烘干至13%以下才能满足粉碎条件，设备投资大，运行费用高。

⑥有机物料添加量高，无需添加黏结剂。可使有机物料的添加量提高到100%。圆盘或转鼓等传统造粒工艺在使用80目以上的有机物料时，需要添加大量黏结剂、膨润土等，甚至达到10%～20%，其有机原料大幅度降低，因此，要生产高含量或纯有机物的圆球形型有机肥料，采取传统的造粒工艺是非常困难的。

⑦设备投资少，工艺流程短，运行成本低。该工艺所用有机原料不需大型烘干、冷却、粉碎等复杂设备工艺，工艺流程短，运行费用较低。

8. 绞齿造粒 绞齿造粒机主要用于有机肥料，特别是含水量较高、大小不匀有机肥料造粒，主要通过粉状肥料在转筒内通过绞齿绞动，形成颗粒，再行干燥。生物有机肥搅齿造粒机是一种可将物料制成颗粒形状的成型造粒机设备。有机肥湿法搅齿造粒机是利用高速回转的机械搅拌力，由此产生的空气动力，使细粉状物料在机体内实现连续混合、成粒、球化、致密等过程，从而达到造粒的目的。绞齿造粒优点是所造颗粒成球率更高，颗粒更加美观，同时节省能源，高效节能。缺点是容易损坏，不好维修，颗粒外观不均匀等。绞齿造粒适宜大、中规模现代化生物有机肥料造粒生产。搅齿造粒的特点如下：

①原理简单，成粒速度快，效率高，制成颗粒美观。

②成粒质量高，绞齿造粒机尤其适用于轻质细粉物料的造粒。细粉物料的基本微粒越细，颗粒的球形度越高，成球质量高。

③不需黏结剂。利用有机物微粒在一定作用力下，能互相镶嵌长大的特点，造粒时不需要添加黏结剂。

④物料来源广泛，如畜禽粪便粪尿类、堆沤肥料类、绿肥类、海肥类、饼肥类、草炭类、土杂肥、三废物和微生物。

⑤绞齿造粒具有设备投资少、成粒率高、特别适合有机肥造粒等优点，缺点是容易损坏，颗粒外观不均匀等。

二、烘干

有机肥本身含水量比化肥高很多，特别是造粒的时候，喷雾了一定水分，必须要进行干燥。烘干不仅可以除去水分，还可以大幅度增加颗粒强度。有机肥干燥最常见的方式就是转筒烘干。转筒烘干机又叫转鼓烘干机、滚筒烘干机。主要由回转体、扬料板、传动装置、支撑装置及密封圈等部件组成。干燥的湿物料由皮带输送机或斗式提升机送到料斗，然后经料斗的加料机通过加料管道进入加料端。

转筒烘干通过引风机把热风炉的热风引进烘干机内部与湿物料进行热交换。根据物料的特性不同，设置不同的扬料板以及防黏措施，物料由提升机从喂料口喂入，进入旋转筒体内，通过机械不断翻滚并向前流动，在烘干的同时，筒体内设多角度升举式抄板，使物料扬布均匀，从而充分与高温炉气进行热交换。热气体由热风炉生成，从出料口向进料口流动，由热向冷与物料相接触，通过热传导、对流、辐射等多种方式将热量传递给物料，从而使物料温度不断升高，水分不断被蒸发，最终符合水分要求的物料从出口卸料，带着水蒸汽的气体通过烟囱被风机抽出。转筒烘干机是传统干燥设备之一，具有热效率高，烘干速度快，操作弹性大，烘干适应性强，处理能力大，设备运转可靠等优点，广泛应用于化工、冶金、建材、轻工、粮食、煤碳等行业的粉状及颗粒物料的快速烘干。转筒烘干设备不易损坏，缺点是投资偏高。

三、冷却

烘干的有机肥必须经过冷却才能分筛、装包。常见的是转筒冷却，转筒冷却机又叫转鼓冷却机，是与转筒烘干机配套的冷却机械。冷却机用于有机肥生产，冷却一定温度和粒度的肥料，与干燥机配套使用。

干燥的湿物料由皮带输送机或斗式提升机送到进料口。进料口料斗的斜度要大于物料的自然倾角，以便物料顺利流入冷却器内。冷却转筒是一个与水平线略成倾斜的旋转圆筒。物料从较高一端加入，载热体由低端流出，与物料成逆流接触，也有载热体和物料一起并流进入筒体的。随着圆筒的转动，物料受重力作用运行到较底的一端。热物料在筒体内向前移动过程中，直接或间接得到了冷空气风吹，使热物料得以冷却，然后在出料端经皮带机或螺旋输送机送出。在筒体内壁上装有抄板，它的作用是把物料抄起来又撒下，使物料与气流的接触表面增大，以提高冷却速率并促进物料前进。载热体经冷却器以后，一般需要旋风除尘器将气体内所带物料捕集下来。如需进一步减少尾气含尘量，还应经过袋式除尘器或湿法除尘器后再排放。

冷却机设备结构紧凑，冷却效率高，性能可靠，适应性强，能使肥料迅速冷却至常温，具有冷却效果好、产量高、运转平稳、故障率低等特点。广泛应用于化工、冶金、建材、轻工、粮食、煤碳等行业的粉状及颗粒物料的快速烘干。转筒冷却设备不易损坏，缺点是投资偏高。

四、抛光（抛圆）与包膜

有机肥抛光（也叫抛圆）包括两个方面：一是圆盘造粒、转鼓造粒或者绞齿造粒的颗粒表面有凹凸，不够光滑，需要打磨光滑；二是筛孔、凹窝等挤压造粒的颗粒不是圆颗粒，需要打磨成圆颗粒。有机肥抛圆机械包括两种：

1. 转筒抛光机　就是颗粒肥料经过一个横卧的转筒，在转筒中不断滚动，打磨成圆滚光滑的颗粒。转筒抛光机结构简单，生产效率高，不易损坏，适合于大规模现代化有机肥颗粒抛光。

2. 双圆盘抛光机　该机由两个或两个以上抛圆盘顺次排列组成，物料经多次离心抛圆后由排料口排出，可以使圆柱状颗粒一次滚至成球，无返料、强度好、美观实用，成品颗粒粒度一致，密度大，圆整光滑，成品率高达95%。

一些有机肥造粒生产线还设计了包膜工艺，包膜机由螺旋输送机、搅拌槽、油泵、主机等组成，采用粉体扑粉或液体涂膜工艺。有机肥包膜能有效防止肥料吸潮结块，提高颗粒外观光亮程度。一般包膜与喷洒微生物菌剂结合。

五、热风

热风炉是与烘干机配套的产生热能的设备。其原理是通过煤炉排送进炉膛内，风机送风，通过煤层，与链条上的煤接触充分燃烧并产生高温烟气，高温火焰进入二次燃烧室及旋风燃烬室再次燃烧，使热风炉烟气黑度降低。

先进的链排式节能热风炉供热稳定，自动化程度高，高效环保，安全可靠。节能热风炉是新型高效节能的热风炉。炉内设有节能的前后拱，炉后部设有旋风燃烬室，能保证燃料的充分燃烧，热损失低。

六、添加微生物菌剂

高温生产颗粒生物有机肥的工艺，一般不会把菌种的添加放在高温环节之前，也就是先把粉状有机物造粒后，再将微生物菌剂喷在颗粒表面，这样的话既能保证生物有机肥成粒，又能保持菌种的存活率。另外，还有一些物理造粒工艺，根本不需要经过高温，比如圆盘造粒、挤压造粒等，这样就算把微生物菌剂直接添加在粉状有机物中，成粒后也不会破坏微生物的数量及活性。

七、除尘

旋风除尘器是除尘装置的一类。除尘机理是使含尘气流作旋转运动，借助于离心力将尘粒从气流中分离并捕集于器壁，再借助重力作用使尘粒落入灰斗。旋风除尘器的各个部件都有一定的尺寸比例，每一个比例关系的变动，都能影响旋风除尘器的效率和压力损失，其中除尘器直径、进气口尺寸、排气管直径为主要影响因素。在使用时应注意，当超过某一界限时，有利因素也能转化为不利因素。另外，有的因素对于提高除尘效率有利，但却会增加压力损失，因而对各因素的调整必须兼顾。

第九章　生物有机肥混配增效技术创新

第一节　首创生物有机肥料混配技术

一、生物有机肥料效果问题

1. 有机肥原料含量特性千差万别　本文归纳的常用有机肥原料分为十几类，包括：畜禽粪便类、秸秆纤维类、饼粕类、食品渣类、酒糟类、中药渣类、食用菌渣类、鱼粪底泥类、餐厨垃圾类、锯末木屑类等。每一大类还有不同品种，比如畜禽粪便类有猪粪、牛粪、鸡粪、鸭粪、羊粪、兔粪、宠物粪便、沼渣沼液等；秸秆类有稻草、麦秆、玉米秆、豆秆、花生秆、米糠、玉米芯、瓜藤、蔬菜叶、烟秆、烟末等；饼粕类有菜籽饼、花生饼、芝麻饼、豆粕、玉米胚芽饼、棉籽饼、茶籽饼、麸皮、油糠等；酒糟类有啤酒糟、白酒糟、葡萄酒糟、醋糟、木薯渣、糠醛渣、柠檬酸渣、糖渣、淀粉渣等。即便同样是鸡，还分为蛋鸡、肉鸡、小鸡等；同样是牛，还分为奶牛、肉牛、小牛等。而且饲料不一样，畜禽粪便相差也很大。不同的有机肥原料来源，发酵生产情况、使用肥效相差很大。

2. 不同分子有机肥肥效不一样　畜禽粪便类、秸秆纤维类、饼粕类、食品渣类、酒糟类、中药渣类、食用菌渣类、鱼粪底泥类、餐厨垃圾类、锯末木屑类等不同有机肥原料来源，施入土壤后肥效不一样。

本书按照有机肥原料发酵腐熟和肥效，把有机肥原料分为三大类：

（1）小分子速效有机肥　小分子速效有机肥施入土壤后，微生物分解利用快，活化土壤养分快，氮、磷、钾养分能迅速被植物利用，改良培肥土壤的效果好。在土壤残留少，提高土壤有机质幅度小，疏松土壤效果差。

（2）中分子缓效有机肥　中分子缓效有机肥施入土壤后，微生物分解利用速度一般，活化土壤养分一般，氮、磷、钾养分能逐步被植物利用，有一定改良培肥土壤的效果。在土壤残留一些，提高土壤有机质幅度中等，有疏松土壤效果。

（3）大分子长效有机肥　大分子长效有机肥施入土壤后，微生物分解利用很慢，活化土壤养分少，氮、磷、钾养分短期不能迅速被植物利用，改良培肥土壤效果较差。在土壤残留很多，提高土壤有机质幅度大，疏松土壤效果好。

二、国内首创生物有机肥料混配增效技术

目前国内外最常见的有机肥资源利用方式就是就地、就近、就原料进行发酵腐熟处理。所以生产出来的有机肥，基本上都是单一原料有机肥。牛粪原料生产出来的就是牛粪有机肥，羊粪原料生产出来的就是羊粪有机肥，秸秆原料生产出来的就是秸秆有机肥，饼

粕原料生产出来的就是饼粕有机肥，酒糟原料生产出来的就是酒糟有机肥。每一种原料生产的有机肥都有其独特的优点，但是也具有相应的缺点，不是完美的有机肥。其发酵效果不一样，使用肥效也不一样。

不同种养业废弃物类型，以及秸秆类型品种不同，腐熟后的生物有机肥也不相同。有的远远高出国家农业行业标准 NY/T 525，有的甚至达不到此标准。有的有机质达到此标准，而氮磷钾又不够，比如牛粪有机肥。有的氮磷钾达到此标准，而有机质又不够，比如酒糟有机肥。氮磷钾含量达到此标准，但不同有机肥资源，含量比例不一样。比如，秸秆、烟末有机肥钾元素含量较高，饼粕、酒糟有机肥氮元素含量较高。同样的有机质含量，其小分子（蛋白质、淀粉、脂肪、糖类、有机酸等）、中分子（纤维素、半纤维素等）和大分子（木质素等）比例不一样，其在土壤中的效果也不一样。

为了提高有机肥料的发酵腐熟效果和施用肥料效果，增加有机肥料的科技含量及施用效果，华中农业大学生物有机肥料科研团队国内首创，创新性地提出系统性"生物有机肥混配增效技术"的概念。通过混配不同有机肥原料、辅料等方式，达到提高生物有机肥料生产的 3 个效果。

1. 大幅度提高有机物料发酵腐熟效率　在中分子或大分子为主的有机物料中混配一定量的小分子有机物料，可以大幅度提高有机物料的发酵升温速度、升温温度、发酵速度，缩短发酵时间，提高发酵效率。反过来，在小分子为主的有机物料中添加中分子或大分子有机物料，也可以达到控制发酵速度过快，有机物料损耗多、残留少的问题。比如在纤维素含量比较多的秸秆物料中添加饼粕等淀粉和蛋白含量高的物料，可以大幅度提高有机物料的发酵升温速度、升温温度、发酵速度，缩短发酵时间，提高发酵效率，也达到控制发酵速度过快、有机物料损耗多、残留少的目的。

2. 合理调整发酵腐熟后有机肥中有机质和氮磷钾的均衡比例　将高有机质、低氮磷钾类型有机物与高氮磷钾、低有机质类型有机物进行混配，提高生物有机肥中有机质和氮磷钾的均衡比例。比如氮磷钾含量较高的饼粕、粪便等与有机质含量较高的秸秆、菌渣等混配混合后再发酵。

不同氮磷钾含量比例的有机物进行混配，提高生物有机肥中氮磷钾的均衡比例。比如氮含量较高的饼粕、粪便等与钾含量较高的秸秆等混配混合后再发酵。

这样混配的有机物料发酵腐熟后有机质含量合理，氮磷钾含量达标。

3. 合理调整发酵腐熟后有机肥的肥效

（1）将小分子、中分子和大分子有机物料混配　施入土壤后可以达到微生物分解利用快、活化土壤养分快、氮磷钾养分能迅速被植物利用、改良培肥土壤效果好，又可以在土壤残留很多，提高土壤有机质幅度大，疏松土壤效果好。

（2）将高有机质与低有机质有机物料混配　将低氮磷钾、高有机质类型有机物与高氮磷钾、低有机质类型有机物进行混配，将不同氮磷钾含量比例的有机物进行混配，以提高发酵腐熟后有机肥的综合肥效。

第二节　不同有机物料混配增效技术

一、不同有机质类型混配增效技术

　　小分子、中分子和大分子等不同有机质类型有机物进行混配，可以提高生物有机肥综合使用效果，增加科技含量。比如淀粉、脂肪、蛋白质等小分子含量较高的饼粕、酒糟等与纤维素、半纤维素等中分子含量较高的草食畜禽粪便、秸秆、菌渣等混配混合后再发酵。小分子有机质在土壤中主要提供微生物活动的能源，能够迅速活化土壤养分，分解土壤毒素，改善土壤化学性状；中分子有机质在土壤中能够迅速形成土壤团聚体，松疏土壤，改善土壤物理性状；大分子有机质在土壤中能够稳定保持土壤有机质含量，支撑土壤通气透水。这三方面互相配合，取长补短，缺一不可（表9-1）。

表9-1　不同有机原料发酵的生物有机肥含量比较

处理	有机肥含量		一年后土壤养分	
	有机质（%）	氮磷钾（%）	有机质（g/kg）	碱解氮（mg/kg）
对照			22.7	92
玉米秸秆	76.5	2.70	23.6	96
鸡粪	51.9	6.41	22.9	102
秸秆+鸡粪	60.5	5.11	23.4	98

二、不同有机质与氮磷钾含量混配增效技术

　　1. 低氮磷钾、高有机质类型有机物与高氮磷钾、低有机质类型有机物进行混配　提高生物有机肥中有机质和氮磷钾的均衡比例，比如氮磷钾含量较高的饼粕、粪便等与有机质含量较高的秸秆、菌渣等混配混合后再发酵。

　　2. 不同氮磷钾含量比例的有机物进行混配　提高生物有机肥中氮磷钾的均衡比例，比如氮含量较高的饼粕、粪便等与钾含量较高的秸秆等混配混合后再发酵（表9-2）。

表9-2　不同有机原料发酵的生物有机肥含量比较

处理	有机质（%）	氮磷钾（%）	其中氮（%）	其中钾（%）
玉米秸秆	76.5	2.70	0.92	1.43
鸡粪	51.9	6.41	2.34	1.94
发酵酒糟	40.5	6.11	3.06	2.14
秸秆+鸡粪	60.5	5.11	2.09	1.22
秸秆+鸡粪+酒糟	57.1	5.61	2.55	1.61

第三节　生物有机肥料中微生物菌剂添加混配

一、生物有机肥料中固氮解磷钾菌剂添加

　　1. 添加固氮菌剂　固氮菌肥料多由固氮菌属的成员制成，包括共生固氮菌和自生固

氮菌。最常见的共生固氮菌就是根瘤菌，根瘤菌与豆科植物形成共生关系，因此根瘤菌也被称为共生固氮菌。根瘤菌在固氮酶的作用下，根瘤中的类菌体将分子态氮转化为氨态氮，与此同时，每个根瘤就是一座微型氮肥厂，源源不断地把氮输送给植株利用。豆科作物周围的土著根瘤菌数量很少，难以满足作物生长的需要，通过人工接种结瘤固氮性能优良的根瘤菌来提高共生固氮效率。根瘤菌生产出来的氮肥不仅满足豆科植物的需要，还可以分出一些帮助"远亲近邻"，储存一部分给"晚辈"，所以我国历来有种豆肥田的习惯。还有一些固氮菌，如圆褐固氮菌，它们不住在植物体内，能自己从空气中吸收氮气，繁殖后代，死后将遗体"捐赠"给植物，让植物得到大量氮肥，这类固氮菌叫自生固氮菌。

2. 添加解磷菌剂　解磷微生物分为解磷菌或溶磷菌，划分为能够溶解有机磷的有机磷微生物和能够溶解无机磷的无机磷微生物。具有解磷作用的微生物，解磷细菌类有芽孢杆菌、假单胞杆菌、欧文氏菌、土壤杆菌、沙雷氏菌、黄杆菌、肠细菌、微球菌、沙门氏菌、色杆菌、节细菌、硫杆菌、埃希氏菌；解磷真菌类有青霉菌、曲霉菌、根霉、镰刀菌、小菌核菌；放线菌有链霉菌等。溶磷菌会通过自身生活活动，分泌有机酸类等物质溶解土壤中作物不易吸收的钙磷化合物、铁磷化合物及铝磷化合物，促使土壤无效磷的溶解及利用，进而协助土壤中微生物的增长，预防土壤病害发生，减少连作障碍等问题，以达到土壤改良之功效。

3. 添加解钾菌剂　解钾菌（硅酸盐细菌）由于其生命活动作用，可将含钾矿物中的难溶性钾溶解出来供作物利用，将其称为钾细菌，用这类菌种生产出来的肥料叫硅酸盐菌肥，俗称钾细菌肥。硅酸盐细菌一方面由于其生长代谢产生的有机酸类物质，能够将土壤中含钾的长石、云母、磷灰石、磷矿粉等矿物的难溶性钾及磷溶解出来为作物和菌体本身利用，菌体中富含的钾在菌死亡后又被作物吸收；另一方面它所产生的激素、氨基酸、多糖等物质能够促进作物的生长。

二、生物有机肥料中促进生长菌剂添加

1. 添加枯草芽孢杆菌　枯草芽孢杆菌是用途最广、最受欢迎的微生物菌剂，主要作用有8个方面：一是抗生作用。人们已经从枯草芽孢杆菌不同菌株的代谢产物中分离纯化了多种有效的抗菌物质。二是溶菌作用。吸附在病原菌菌丝上生长，产生溶菌物质造成原生质泄露使得菌丝体断裂，或者是产生抗菌物质，通过溶解病原菌孢子的细胞壁或细胞膜致使细胞壁穿孔、畸形等现象。三是诱导植物产生抗性及促进植物生长。枯草芽孢杆菌能够产生类似细胞分裂素、植物生长激素的物质，促进植物的生长，使植物抵抗病原菌的侵害。四是保护环境，培肥地力，提高化肥利用率，净化和修复土壤，促进农作物秸秆腐熟，提高农作物产品品质。五是枯草芽孢杆菌对土壤中的菲与苯并芘的吸附及生物降解功能。六是枯草芽孢杆菌对土壤微生物呼吸强度的影响。七是枯草芽孢杆菌对土壤脲酶活性的影响。八是枯草芽孢杆菌对盐碱地的改良。

2. 添加复合菌剂　添加复合菌剂，一是提高肥效、溶解无效态磷；二是固氮、解磷、释钾，分解土壤有机质，释放土壤中无效态磷，平衡土壤酸碱性，显著提高肥料的利用率，减少肥料用量，降低成本；三是激活土壤、提高产量；四是促进有益微生物繁殖，产生丰富代谢产物等活性物质，增强植物根系吸收能力，从根本上提高产量；五是抑菌抗虫、克服连

作；六是补充土壤中大量有益菌，抑制有害菌的生长繁殖，减轻土传病害、植物病害及线虫发生概率；七是提高品质，提高果实品质，提早采收，延长采收期，增加收入。

三、生物有机肥料中抗病虫害菌剂添加

常用的添加菌剂为：胶冻样芽孢杆菌、侧孢短芽孢杆菌、地衣芽孢杆菌或细黄链霉菌。

1. 添加胶冻样芽孢杆菌 胶冻样芽孢杆菌能给土壤补入大量有益微生物，在作物根部形成有益菌群，有效抑制土壤有害和致病微生物的繁殖，显著减少多种土传病害和重茬病害的发生，如小麦白粉病、棉花立枯病、黄枯萎病、果蔬霜霉病、灰霉病、疫病和线虫等。胶冻样芽孢杆菌菌粉施入土壤后，"菌随根长、根随菌壮"，并不断为作物分解提供适量的各种营养元素，可预防和改善作物的生理性缺素病变。如果树应用微生物菌剂后，小叶、黄叶、早期落叶现象明显减少，树势壮而不旺、果面干净、甜度提高，果品品质显著提高。

2. 添加侧孢短芽孢杆菌 不同侧孢短芽孢杆菌菌株拥有不同的线虫致病因子，具有很强的杀线虫能力，组织病理电镜实验证实，这种蛋白酶严重破坏了线虫体壁。菌株表现出了明显的杀线虫活性，重组蛋白酶在体外对线虫体壁降解，而蛋白酶缺失菌株丧失了大部分的杀线活性，死亡线虫在生物测试中保持了完整的体壁，表明蛋白酶在线虫侵染中起主要作用。

3. 添加地衣芽孢杆菌 添加地衣芽孢杆菌可调整菌群失调达到治疗目的，可促使机体产生抗菌活性物质杀灭致病菌，能产生抗活性物质，并具有独特的生物夺氧作用机制，能抑制致病菌的生长繁殖。

4. 添加细黄链霉菌 添加细黄链霉菌能够抑制病菌繁殖，防病保苗；产生纺锤菌素、螺旋霉素，对革兰氏阳性及阴性细菌、酵母菌、丝状真菌都有抑制作用。常用于农业上防病保苗。

第四节 生物有机肥料混配中微量元素增效技术

一、生物有机肥料混配微量元素

1. 硼砂 硼砂，学名十水合四硼酸二钠、十水合四硼酸钠或十水四硼酸钠，分子式 $Na_2B_4O_7 \cdot 10H_2O$，硼砂没有农用标准，一般执行工业标准：GB/T 537—2009 工业十水合四硼酸二钠，一等品 $Na_2B_4O_7 \cdot 10H_2O \geqslant 95.0\%$，优等品 $Na_2B_4O_7 \cdot 10H_2O \geqslant 99.5\%$，含硼 $B \geqslant 10.8\%$，白色结晶，水溶液呈强碱性，是国内最常见的硼肥。

生物有机肥料添加硼砂，用量建议按照每亩 300~1 000g。硼砂不能与磷肥、铵基肥直接混合。注意要分级混合多次混合，最好先络合再混合添加。

2. 硼酸 硼酸，分子式 H_3BO_3，硼酸没有农用标准，一般执行工业标准：GB/T 538—2006 工业硼酸，合格品 $H_3BO_3 \geqslant 99.0\%$，一等品 H_3BO_3 99.4%~100.8%，优等品 H_3BO_3 99.6%~100.8%，含硼 $B \geqslant 17\%$，白色粉末结晶，水溶液呈酸性，是国内比较常见的硼肥。

生物有机肥料添加硼酸，用量建议按照每亩 200~700g。注意要分级混合多次混合，

最好先络合再混合添加。

3. 七水硫酸锌　七水硫酸锌，分子式 $ZnSO_4 \cdot 7H_2O$，执行标准：HG 3277—2000 农业用硫酸锌，合格品 Zn≥20.0%，一等品 Zn≥21.0%，优等品 Zn≥22.0%，白色或黄色结晶，水溶液呈酸性，是国内最常见的锌肥。

生物有机肥料添加七水硫酸锌，用量建议按照每亩 500～1 500g。七水硫酸锌不能与磷肥直接混合。注意要分级混合多次混合，最好先络合再混合添加。

4. 一水硫酸锌　一水硫酸锌，分子式 $ZnSO_4 \cdot H_2O$，执行标准：HG 3277—2000 农业用硫酸锌，合格品 Zn≥32.3%，一等品 Zn≥33.8%，优等品 Zn≥35.3%，白色或浅黄色粉末，水溶液呈酸性，是国内常见的锌肥。

生物有机肥料添加一水硫酸锌，用量建议按照每亩 300～1 000g。一水硫酸锌不能与磷肥直接混合。注意要分级混合多次混合，最好先络合再混合添加。

5. 螯合锌　螯合锌，又叫 EDTA 锌，EDTA 螯合锌，学名乙二胺四乙酸锌钠，分子式 $C_{10}H_{12}N_2O_8ZnNa_2 \cdot 2H_2O$，含量 Zn≥14.5%，pH6.0～7.0（1%水溶液），白色结晶粉末，易溶于水，是高档锌肥，可以与任何肥料混合使用。

生物有机肥料添加螯合锌，用量建议按照每亩 1 000～2 000g。螯合锌可以与任何肥料混合使用。

6. 硫酸亚铁　常见的是七水硫酸亚铁（硫酸亚铁），俗名绿矾，分子式 $FeSO_4 \cdot 7H_2O$，七水硫酸亚铁没有农用标准，一般执行工业水处理剂标准：GB/T 10531—2016 水处理剂硫酸亚铁，Ⅱ类七水硫酸亚铁≥87.0%，Ⅰ类七水硫酸亚铁≥90.0%，浅绿色结晶，水溶液呈酸性，是国内最常见的铁肥。

生物有机肥料添加硫酸亚铁，用量建议按照每亩 1 000～2 000g。硫酸亚铁不能与磷肥直接混合。注意要分级混合多次混合，最好先络合再混合添加。

7. 硫酸铜　常见的是五水硫酸铜（硫酸铜），俗名蓝矾，分子式 $CuSO_4 \cdot 5H_2O$，执行标准：GB 437—2009 硫酸铜（农用），$CuSO_4 \cdot 5H_2O$≥98.0%，蓝色结晶，水溶液呈酸性，是国内最常见的铜肥。

生物有机肥料添加硫酸铜，用量建议按照每亩 500～1 000g。硫酸铜不能与磷肥直接混合。注意要分级混合多次混合，最好先络合再混合添加。

8. 硫酸锰　三水硫酸锰或者一水硫酸锰（硫酸锰），分子式 $MnSO_4 \cdot 3H_2O$ 或者 $MnSO_4 \cdot H_2O$，执行标准：NY/T 1111—2006 农业用硫酸锰，三水硫酸锰 Mn≥25.0%，一水硫酸锰 Mn≥30.0%，微红色结晶，水溶液呈酸性，是国内最常见的锰肥。

生物有机肥料添加硫酸锰，用量建议按照每亩 500～1 000g。硫酸锰不能与磷肥直接混合。注意要分级混合多次混合，最好先络合再混合添加。

9. 钼酸铵　包括二钼酸铵、四钼酸铵、七钼酸铵，分子式分别为 $(NH_4)_2Mo_2O_7$、$(NH_4)_2Mo_4O_{13} \cdot 2H_2O$、$(NH_4)_6Mo_7O_{24} \cdot 4H_2O$，钼酸铵执行标准：GB/T 3460—2007 钼酸铵，二钼酸铵或四钼酸铵 MoO_2≥56.0%，七钼酸铵 MoO_2≥54.0%，白色结晶，水溶液呈酸性，是国内最常见的钼肥。

生物有机肥料添加钼酸铵，用量建议按照每亩 20～40g。注意要分级混合多次混合，最好先络合再混合添加。

二、生物有机肥料混配中量元素

1. 钙肥及含钙肥料 钙肥包括碳酸钙粉 $CaCO_3$（石灰石粉）、硫酸钙 $CaSO_4$（石膏粉）、氧化钙 CaO（石灰粉）、草木灰等。含钙肥料包括过磷酸钙、钙镁磷肥、磷酸氢钙等。

生物有机肥料添加钙肥，要综合计算钙及其他养分用量要求。

2. 碳酸钙粉 生物有机肥料添加碳酸钙粉比较多一点。碳酸钙粉包括轻质碳酸钙粉和重质碳酸钙粉，前者为粉碎法生产，价格便宜一些，后者为沉淀法生产，价格贵一点。碳酸钙粉没有农用标准，一般含量 Ca40%左右。

生物有机肥料添加碳酸钙粉，用量建议按照每亩 20～100kg。碳酸钙粉不宜与氮肥、磷肥直接混合。

3. 草木灰 草木灰为植物燃烧后的灰烬。草木灰的主要成分是碳酸钾（K_2CO_3）和碳酸钙（$CaCO_3$）的混合物，含量最多的是钙、钾元素，一般含钙 10%左右，含钾 4%左右，含磷 1%左右，还含有镁、硅、硫和铁、锰、铜、锌、硼、钼等微量营养元素。草木灰质轻且呈碱性，与氮肥接触易造成氮素挥发损失。

生物有机肥料添加草木灰，经济实惠，用量建议按照每亩 20～100kg。草木灰不宜与氮肥、磷肥直接混合。

4. 硫酸镁 七水硫酸镁含 $Mg \geqslant 9.5\%$，一水硫酸镁颗粒状含 $Mg \geqslant 13.5\%$，一水合硫酸镁粉状含 $Mg \geqslant 15\%$。

生物有机肥料添加硫酸镁，用量建议按照每亩 20～100kg。硫酸镁不宜与磷肥直接混合。

5. 钙镁磷肥 钙镁磷肥又称熔融含镁磷肥，为多元素肥料，是一种含有磷酸根的硅铝酸盐玻璃体，无明确的分子式与分子量。钙镁磷肥不仅提供低浓度磷，还能提供大量的硅、钙、镁。主要成分包括 $Ca_3(PO_4)_2$、$CaSiO_3$、$MgSiO_3$，P_2O_5 含量 12%～18%，Ca 含量 33%，SiO_2 含量 20%，MgO 含量 12%。灰白色粉末，水溶液呈碱性。钙镁磷肥是一种同时含有磷元素、钙元素、镁元素和硅元素的肥料。

生物有机肥料添加钙镁磷肥，需综合计算磷、钙、镁和硅用量要求。

6. 硅肥 硅肥是含 SiO_2 的复杂化合物，为炼铁炉渣、黄磷炉渣、钾长石、海矿石、赤泥等原料经高温煅烧工艺等加工而成。硅肥灰白色粉末或者颗粒状，水溶液呈碱性。

生物有机肥料添加硅肥，用量建议按照每亩 20～60kg。硅肥不宜与氮肥、磷肥直接混合。

第五节　混配调理调节物质增效技术

华中农业大学专家在混凝预处理养猪场污水的基础上，采用自制吸附性生态填料，设计与构建生态廊道。

一、生物有机肥料混配土壤调理剂

1. 混配土壤调理剂目的

（1）混配黄腐酸　促进植物生长，提高抗旱、抗逆能力，提高植株根系活力，防止早衰，提高各种酶活性，增加叶绿素含量，增产和改善品质。

（2）混配黄腐酸钾（钠）　活化板结土壤，促进根系发达、茎叶繁茂，提前成熟，延长保鲜期及采摘期，预防落花、落果，增加果品的含糖量，改善果品品质，改良土壤团粒结构，疏松土壤，提高土壤的保水保肥能力，调节pH，降低土壤中重金属的含量，强化植物根系的附着力和快速吸收能力。

（3）混配腐殖酸　可使肥料增效，改良土壤，刺激作物生长，改善农产品质量，有利于营养元素向作物传送，并能改良土壤结构，有利于农作物的生长。与金属离子有交换、吸附、络合、螯合等作用，缓控释，提高肥料利用率。

（4）混配氨基酸　可固氮解磷、解钾，活化土壤，改善作物生态环境，抑制病虫害，抗重茬，促进离子交换，调节土壤pH，改善土壤团粒结构，起到透气、保肥、保水、保温、抗旱、抗寒、抗涝、抗干热风、抗倒伏等作用，可改善作物的品质，增产效果明显，恢复自然风味，口感好，含糖量高，氨基酸含量高。

（5）混配海藻素　能促进植物细胞分裂和伸长，加速根部发育，提高植物对水分和养分的吸收能力，增强抗逆能力，改善作物品质，提高产量，对植物病虫害有明显抑制作用，疏松土壤，改良土壤板结，加快土壤团粒结构形成，确保土壤有良好的通气性。

（6）混配调酸剂　调节土壤酸性，防治土传病害，防治土壤酸化污染，防治土壤重金属污染，提高产量，改善品种。

2. 用量和方法

（1）混配黄腐酸　结合土壤情况，根据植物生长发育和产量品质需求，依照产品标准和含量，考虑生产成本和销售价格，综合计算用量。推荐用量50～200kg/t。

（2）混配黄腐酸钾（钠）　结合土壤情况，根据植物生长发育和产量品质需求，依照产品标准和含量，考虑生产成本和销售价格，综合计算用量。推荐用量50～150kg/t。

（3）混配腐殖酸　结合土壤情况，根据植物生长发育和产量品质需求，依照产品标准和含量，考虑生产成本和销售价格，综合计算用量。推荐用量100～300kg/t。

（4）混配氨基酸　结合土壤情况，根据植物生长发育和产量品质需求，依照产品标准和含量，考虑生产成本和销售价格，综合计算用量。推荐用量50～100kg/t。

（5）混配海藻素　结合土壤情况，根据植物生长发育和产量品质需求，依照产品标准和含量，考虑生产成本和销售价格，综合计算用量。推荐用量50～100kg/t。

（6）混配调酸剂　结合土壤情况，根据植物生长发育和产量品质需求，依照产品标准和含量，考虑生产成本和销售价格，综合计算用量。推荐用量100～300kg/t。

二、生物有机肥料混配植物调节剂

1. 混配植物调节剂目的

（1）混配聚谷氨酸　提高肥料的溶解、存储、输送与吸收，阻止硫酸根、磷酸根、草酸根与金属元素产生沉淀作用，使作物能更有效地吸收土壤中磷、钙、镁及微量元素，节肥增效，促进作物根系的发育，加强抗病性，对酸、碱具有绝佳的缓冲能力，可有效平衡土壤酸碱性，结合沉淀有毒重金属。

（2）混配壳寡糖　提高农作物产量，改进土壤团粒结构，减少土壤水分蒸发，可制成除草剂和尿素的缓释材料，对植物病害有很好的防治效果。

（3）混配几丁聚糖（甲壳素）　可用作抗病诱导剂、杀菌剂、杀虫剂、作物抗逆剂、种子包衣剂、果蔬保鲜剂、农药缓释剂、土壤改良剂、地膜降解剂和植物生长调节剂。

2. 用量和方法

（1）混配聚谷氨酸　结合土壤情况，根据植物生长发育和产量品质需求，依照产品标准和含量，考虑生产成本和销售价格，综合计算用量。推荐每亩用量 30～100g。

（2）混配壳寡糖　结合土壤情况，根据植物生长发育和产量品质需求，依照产品标准和含量，考虑生产成本和销售价格，综合计算用量。推荐每亩用量 20～60g。

（3）混配几丁聚糖（甲壳素）　结合土壤情况，根据植物生长发育和产量品质需求，依照产品标准和含量，考虑生产成本和销售价格，综合计算用量。推荐每亩用量 50～200g。

第十章 测土配方及专用肥配制

第一节 测土配方施肥技术

一、测土配方施肥技术

测土配方施肥技术又叫平衡施肥技术、精准施肥技术,是以养分归还(补偿)学说、最小养分律、同等重要律、不可代替律、肥料效应报酬递减律和因子综合作用律等为理论依据,以确定养分的施肥总量和配比为主要内容。为了发挥肥料的最大增产效益,施肥必须与选用良种、肥水管理、种植密度、耕作制度和气候变化等影响肥效的诸因素结合,形成一套完整的施肥技术体系。

测土配方施肥以土壤测试和肥料田间试验为基础,根据作物需肥规律、土壤供肥性能和肥料效应,在合理施用有机肥料的基础上,提出氮、磷、钾及中、微量元素等肥料的施用数量、施肥时期和施用方法。通俗地讲,就是在农业科技人员指导下科学施用配方肥。测土配方施肥技术的核心是调节和解决作物需肥与土壤供肥之间的矛盾,同时有针对性地补充作物所需的营养元素,作物缺什么元素就补充什么元素,需要多少补多少,实现各种养分平衡供应,满足作物的需要,达到提高肥料利用率和减少用量,提高作物产量,改善农产品品质,节省劳力,节支增收的目的。

二、测土配方施肥程序和步骤

测土配方施肥技术包括测土、配方、配肥、供应、施肥指导5个核心环节、9项重点内容。

1. 田间试验 田间试验是获得各种作物最佳施肥量、施肥时期、施肥方法的根本途径,也是筛选、验证土壤养分测试技术、建立施肥指标体系的基本环节。通过田间试验,掌握各个施肥单元不同作物优化施肥量,基、追肥分配比例,施肥时期和施肥方法;摸清土壤养分校正系数、土壤供肥量、农作物需肥参数和肥料利用率等基本参数;构建作物施肥模型,为施肥分区和肥料配方提供依据。

2. 土壤测试 土壤测试是制定肥料配方的重要依据之一,随着我国种植业结构的不断调整,高产作物品种不断涌现,施肥结构和数量发生了很大的变化,土壤养分库也发生了明显改变。通过开展土壤氮、磷、钾及中、微量元素养分测试,了解土壤供肥能力状况。

3. 配方设计 肥料配方设计是测土配方施肥工作的核心。通过总结田间试验、土壤养分数据等,划分不同区域施肥分区,同时,根据气候、地貌、土壤、耕作制度等相似性和差异性,结合专家经验,提出不同作物的施肥配方。

4. 试验校正 为保证肥料配方的准确性，最大限度地减少配方肥料批量生产和大面积应用的风险，在每个施肥分区单元设置配方施肥、农户习惯施肥、空白施肥 3 个处理，以当地主要作物及其主栽品种为研究对象，对比配方施肥的增产效果，校验施肥参数，验证并完善肥料配方，改进测土配方施肥技术参数。

5. 配方生产 配方落实到农户田间是提高和普及测土配方施肥技术的最关键环节。目前不同地区有不同的模式，其中最主要的也是最具有市场前景的运作模式就是市场化运作、工厂化加工、网络化经营，这种模式适应我国农村农民科技素质低、土地经营规模小、技物分离的现状。

6. 示范推广 为促进测土配方施肥技术能够落实到田间，既要解决测土配方施肥技术市场化运作的难题，又要让广大农民亲眼看到实际效果，这是限制测土配方施肥技术推广的"瓶颈"。建立测土配方施肥示范区，为农民创建窗口，树立样板，全面展示测土配方施肥技术效果，是推广前要做的工作。推广"一袋子肥"模式，将测土配方施肥技术物化成产品，也有利于打破技术推广"最后一公里"的"坚冰"。

7. 宣传培训 测土配方施肥技术宣传培训是提高农民科学施肥意识，普及施肥技术的重要手段。农民是测土配方施肥技术的最终使用者，迫切需要向农民传授科学施肥的方法和模式；同时还要加强对各级技术人员、肥料生产企业、肥料经销商的系统培训，逐步建立技术人员和肥料商持证上岗制度。

8. 效果评价 农民是测土配方施肥技术的最终执行者和落实者，也是最终受益者。检验测土配方施肥的实际效果，及时获得农民的反馈信息，不断完善管理体系、技术体系和服务体系。同时，为科学地评价测土配方施肥的实际效果，必须对一定的区域进行动态调查。

9. 技术创新 技术创新是保证测土配方施肥工作长效性的科技支撑。重点开展田间试验方法、土壤养分测试技术、肥料配制方法、数据处理方法等方面的创新研究工作，不断提升测土配方施肥技术水平。

三、土壤养分丰缺指标

1. 土壤养分丰缺指标 参见表 10 - 1。

表 10 - 1　耕地养分等级划分标准

养分	极低	低	略低	中等	丰富	极丰富
有机质（g/kg）	<6.0	6.0～10.0	10～20.0	20～30.0	30～40.0	>40.0
全氮（N）（g/kg）	<0.50	0.50～0.75	0.75～1.00	1.00～1.50	1.50～2.00	>2.00
碱解氮（N）（mg/kg）	<30	30～60	60～90	90～120	120～150	>150
有效磷（P_2O_5）（mg/kg）	<3.0	3.0～5.0	5.0～10.0	10～20.0	20～40	>40
速效钾（K_2O）（mg/kg）	<30	30.0～50.0	50～100	100～150	150～200	>200
酸碱度		过酸	偏酸	适宜	过碱	
pH		<5.50	5.50～6.50	6.50～7.50	>7.50	

2. 土壤中、微量元素丰缺指标　参见 10 - 2。

表 10 - 2　土壤中、微量元素有效含量丰缺指标

元素	很低	低	中	高	很高
交换钙（Ca）（mg/kg）	<240	240～480	480～720	>720	
交换镁（Mg）（mg/kg）	<60	60～120	120～180	>180	
有效硫（S）（mg/kg）	<15	15～30	30～40	>40	
有效硼（B）（mg/kg）	<0.25	0.25～0.5	0.5～1.0	1.0～2.0	>2.0
有效锌（Zn）（mg/kg）	<0.5	0.5～1.0	1.0～2.0	2.0～4.0	>4.0
有效钼（Mo）（mg/kg）	<0.10	0.10～0.15	0.15～0.20	0.20～0.30	>0.30
有效铁（Fe）（mg/kg）	<2.5	2.5～4.5	4.5～10.0	10.0～20.0	>20.0
有效铜（Cu）（mg/kg）	<0.1	0.1～0.2	0.2～1.0	1.0～2.0	>2.0
有效锰（Mn）（mg/kg）	<5.0	5.0～10.0	10.0～20.0	20.0～30.0	>30.0

四、测土施肥的配方设计原则

我国测土配方施肥的配方运筹设计原则，正由"缺乏性施肥原则"向"需求性施肥原则"转化。

1. 缺乏性施肥原则　缺乏性施肥原则就是土壤缺什么元素，施什么肥料；土壤缺多少含量，就施多少肥料。缺乏性施肥原则主要是在化肥发展初期，化肥稀缺，供不应求，化肥不够用的时候。"好钢用在刀刃上"。

2. 需求性施肥原则　需求性施肥原则就是作物需要什么元素，施什么肥料；需要多少养分，就施多少肥料，基本不考虑土壤养分含量。需求性施肥原则主要是在化肥发展后期，化肥供应充分，需要多少施多少。

3. 各个元素肥料配方设计原则

（1）氮肥　完全需求性施肥原则。

（2）磷肥、钾肥　缺乏性施肥与需求性施肥相结合原则。

（3）中量元素肥料、微量元素肥料　缺乏性施肥原则。

五、主要农作物施肥配方

参见表 10 - 3、表 10 - 4、表 10 - 5。

表 10 - 3　作物营养元素需求差异

分类	元素	敏感和高需求作物分类及主要品种
大量 元素	喜 N 植物	粮食淀粉植物：水稻、小麦、玉米、高粱、大麦、燕麦、荞麦、粟米、薯类等 块根块茎植物：马铃薯、甘薯、莲藕、白萝卜、胡萝卜、马蹄、山药等 产叶产茎植物：叶菜类、茎菜类、茶叶、桑树等

（续）

分类	元素	敏感和高需求作物分类及主要品种
大量元素	喜 P 植物	块根块茎植物：马铃薯、甘薯、莲藕、白萝卜、胡萝卜等 分蘖分根分芽植物：禾本科植物、豆科植物、十字花科植物、芝麻等 耐旱耐寒植物：冬季植物、早春植物、旱坡地植物等
	喜 K 植物	甜糖植物：果树、瓜果、蔬菜、甘蔗、甘薯、甜菜等 多纤维植物：棉花、苎麻、黄麻、烟草等 长茎秆植物：禾本科植物、藤蔓植物等 耐热耐湿植物：热带水果植物、晚稻等
中量元素	喜 Ca 植物	豆科植物：大豆、花生、蚕豆、豌豆、绿豆、豆菜类、三叶草、苜蓿等 产根产茎植物：马铃薯、甘薯、白萝卜、胡萝卜、莴苣、芦笋等 果皮乔木植物：苹果、梨、枣、柑橘等 异汁异味植物：甜菜、番茄、油麦菜、桑树、烟草、向日葵等
	喜 Mg 植物	大叶植物：叶菜类、茶叶、桑树、香蕉、玉米、高粱、烟草等 甜糖植物：果树、草本瓜果、甘蔗、甘薯、甜菜、马铃薯等
	喜 S 植物	辛辣植物：洋葱、大葱、大蒜、韭菜、生姜、辣椒、花椒等 十字花科植物：油菜、白菜、包菜、白萝卜、菜薹、上海青等
	喜 Si 植物	禾本科植物：水稻、小麦、玉米、高粱、大麦、燕麦、荞麦、粟米等 甜糖植物：果树、草本瓜果、甘蔗、甘薯、甜菜等 蔬菜植物：果菜类、花菜类、茎菜类、叶菜类等
微量元素	喜 B 植物	十字花科植物：油菜、白菜、包菜、白萝卜、菜薹、上海青等 豆科植物：大豆、花生、绿豆、豌豆、蚕豆、豆菜类等 花果植物：芝麻、果树、草本瓜果、结果菜类、开花菜类等
	喜 Zn 植物	禾本科植物：水稻、水稻、小麦、玉米、高粱、大麦、燕麦、荞麦、粟米等 分蘖分根分芽植物：果树、葱姜蒜、块根块茎、大豆、番茄等
	喜 Mo 植物	豆科植物：大豆、花生、绿豆、蚕豌豆、豆菜类、三叶草等 十字花科植物：油菜、白菜、包菜、白萝卜、菜薹、上海青等 富根植物：柑橘、大小麦、甜菜、棉花、胡萝卜、莴苣、番茄等
	喜 Mn 植物	禾本科植物：小麦、大麦、燕麦等 多根植物：马铃薯、大豆、洋葱、莴苣、菠菜、烟草等 果树：柑橘、苹果、桃等
	喜 Fe 植物	木本植物：果树、桑树、茶树等 大叶植物：叶菜类、香蕉、玉米、高粱、烟草、豆科等
	喜 Cu 植物	禾本科植物：小麦、大麦、玉米、水稻、燕麦等 富根植物：菠菜、洋葱、莴苣、番茄、大白菜、甜菜、胡萝卜、烟草
	忌 Cl 植物	优质叶植物：烟草、茶叶、桑树等 可生食植物：果树、草本水果、瓜类蔬菜、块根植物等

表 10 - 4 各类作物吸收氮、磷、钾养分量

作物		收获物	形成100kg 经济产量所吸收养分量（kg）			氮磷钾比例 N：P₂O₅：K₂O
			氮（N）	磷（P₂O₅）	氧化钾（K₂O）	
粮食作物	水稻	籽粒	2.10~2.40	0.90~1.30	2.10~3.3	1：0.48：1.20
	冬小麦	籽粒	3.0	1.25	2.50	1：0.41：0.83
	春小麦	籽粒	3.00	1.00	2.50	1：0.33：0.83
	大麦	籽粒	2.70	0.90	2.20	1：0.33：0.81
	荞麦	籽粒	3.30	1.60	4.30	1：0.48：1.30
	玉米	籽粒	2.57	0.86	2.14	1：0.33：0.83
	谷子	籽粒	2.50	1.25	1.75	1：0.52：0.70
	高粱	籽粒	2.60	1.30	3.00	1：0.50：1.15
	甘薯	鲜块根	0.35	0.18	0.55	1：0.51：1.50
	马铃薯	鲜块根	0.50	0.20	1.06	1：0.40：2.15
	豌豆	豆粒	3.09	0.86	2.86	1：0.27：0.92
油料作物	油菜	菜籽	5.80	2.50	4.30	1：0.43：0.74
	大豆	豆粒	7.20	1.80	4.00	1：0.25：0.55
	芝麻	籽粒	8.23	2.07	4.41	1：0.25：0.53
	花生	荚果	6.80	1.30	3.80	1：0.19：0.55
经济作物	棉花	籽棉	5.00	1.80	4.00	1：0.35：0.80
	烟草	鲜叶	4.10	0.70	1.10	1：0.17：0.26
	大麻	纤维	8.00	2.30	5.00	1：0.28：0.62
	甜菜	块根	0.40	0.15	0.60	1：0.37：1.50
	甘蔗	茎	0.19	0.07	0.30	1：0.36：1.57
蔬菜作物	黄瓜	果实	0.40	0.35	0.55	1：0.87：1.37
	菜豆	果实	0.81	0.23	0.68	1：0.28：0.38
	茄子	果实	0.31	0.10	0.40	1：0.33：1.33
	番茄	果实	0.45	0.50	0.50	1：1.10：1.1
	胡萝卜	块根	0.31	0.10	0.50	1：0.32：1.60
	萝卜	块根	0.60	0.31	0.50	1：0.51：0.38
	结球甘蓝	叶球	0.41	0.05	0.38	1：0.12：0.92
	洋葱	葱豆	0.27	0.12	0.23	1：0.44：0.85
	芹菜	全株	0.16	0.08	0.42	1：0.50：2.6
	菠菜	全株	0.36	0.18	0.52	1：0.50：1.44
	大葱	全株	0.30	0.12	0.40	1：0.40：1.33

（续）

作物		收获物	形成 100kg 经济产量所吸收养分量（kg）			氮磷钾比例 N：P_2O_5：K_2O
			氮（N）	磷（P_2O_5）	氧化钾（K_2O）	
水果作物	柑橘（蜜橘）	果实	0.60	0.11	0.40	1：0.18：0.66
	梨	果实	0.47	0.23	0.48	1：0.48：1.02
	柿子	果实	0.59	0.14	0.54	1：0.23：0.91
	葡萄	果实	0.60	0.30	0.72	1：0.50：1.20
	苹果	果实	0.30	0.08	0.32	1：0.26：1.06
	桃	果实	0.48	0.20	0.76	1：0.41：1.58

表 10-5　主要农作物氮磷钾施肥配方

作物	氮（N）			磷（P_2O_5）			钾（K_2O）		
	严重缺乏	缺乏	潜在缺乏	严重缺乏	缺乏	潜在缺乏	严重缺乏	缺乏	潜在缺乏
棉花	18.5	16.5	14.5	6.0	4.8	3.0	12.5	11.0	9.5
小麦	10.0	8.0	7.0	4.8	3.6	2.4	6.0	4.5	3.6
油菜	11.5	10.0	9.5	5.0	3.5	2.5	5.5	4.0	3.0
早稻	11.5	10.5	9.0	5.0	4.0	3.0	6.0	4.5	3.0
晚稻	12.0	11.0	10.0	4.0	3.0	2.0	7.5	6.0	4.5
中稻	13.0	11.5	10.5	5.0	4.0	3.0	7.5	6.0	4.5
青椒	20.0	18.0	16.0	9.5	8.0	6.5	15.0	13.0	11.0
番茄	22.5	20.5	18.5	9.5	8.0	6.5	16.5	14.5	12.5
黄瓜	19.5	17.5	15.5	9.7	8.2	6.7	15.5	13.5	11.5
豆角	15.0	13.0	11.0	7.5	6.0	5.0	13.0	11.0	9.0
竹叶菜	18.0	16.0	14.0	8.0	6.5	5.0	12.5	11.0	9.5
葡萄	17.5	15.5	13.5	7.7	6.5	5.3	17.5	15.5	13.5

第二节　田间调查、土壤采样及检测分析

一、土壤采样调查单元确定及采样选点

采样目的不同，采样的密度及样点单元差异也不同。根据采样目的，一般采样的密度及样点单元划分如下：

1. 县级耕地地力调查及质量评价　按照农业农村部规定，县级耕地地力调查及质量

评价单元确定，是以土地利用现状图、地形图（平原地区不用）和土壤类型图，三图叠加，重叠部分为一个耕地地力调查及质量评价单元。土壤采样时，一个评价单元连片地块，东部地区 2 000～3 000 亩、中部地区 3 000～5 000 亩、西北地区和东北地区 5 000～10 000 亩取一个样点。优势农作物或经济作物种植区适当加大样点密度。

2. 县级耕地质量验收评定　按照有关省级规定，连片地块，平原 100～200 亩、丘陵 50～100 亩、山区 30～50 亩取一个样点。小于上述面积的单独地块，一个地块取一个样点。

3. 县级测土配方施肥　按照有关规定，以一个行政村为单元取一个样点。

4. 企业测土配方施肥　一般连片地块，平原 100～200 亩、丘陵 50～100 亩、山区 30～50 亩取一个样点。小于上述面积的单独地块，一个地块取一个样点。

5. 田间试验　按照有关规定，试验前一个地块取一个样点，试验后每个处理取一个样点。

二、土壤采样的田间现场调查

在采集土壤样品的同时，走访当地农户和技术人员，填写土壤采样调查表（表 10 - 6）。

表 10 - 6　测土施肥土壤采样调查表

采样编号			采样人			电话		
采样地点	省/市/区		市/州	县/市/区		乡/镇/街/办	村/场	组
种植者					公司/合作社/大户姓名		联系人	
联系电话		样点代表面积			亩	海拔		m（可手机地图查）
耕地类型	水田/旱地/园地/菜地			地形地貌		平原/岗地/丘陵/山区		
底层母质	土壤/砂石/岩石		颜色：	土壤质地		砂土/砂壤/壤土/黏壤/黏土		
耕层厚度		cm		土壤颜色		黄/红/褐/黑/棕/灰（深/浅）		
栽培设施	钢架/大棚/地膜/普通露地			灌溉设施		滴灌/喷灌/浇水/沟灌		
种植作物				收获部位		果实/花/叶/茎秆/根/块根		
近年亩产		kg	偏高/中/低	低产原因				
种植密度		株	施肥次数		次	当季施肥总投资		元/亩
第一次施肥	时间：　月　日 目的：　方法：			肥料品种、亩施用量		① ② ③		kg kg kg
第二次施肥	时间：　月　日 目的：　方法：			肥料品种、亩施用量		① ② ③		kg kg kg
第三次施肥	时间：　月　日 目的：　方法：			肥料品种、亩施用量		① ② ③		kg kg kg

（续）

第四次 施肥	时间： 月 日 目的： 方法：	肥料品种、 亩施用量	① % kg ② kg ③ kg
第五次 施肥	时间： 月 日 目的： 方法：	肥料品种、 亩施用量	① kg ② kg ③ kg
目标亩产	kg	希望解决问题	
其他说明			

采样调查日期：XXXX 年 XX 月 XX 日

注：该表由湖北省有机农业研究会制定。

三、土壤采样技术规范

1. 采样工具 用作化学分析（除重金属分析）的土壤样品可用土钻（或者铁锹）采样；用作容量测定的土壤样品，应用环刀法采样；若要分析土壤微量元素或重金属含量，则应避免使用金属器具取样（采用木制或塑料制品采用）。

2. 采样选点方法 一般有以下几种：

（1）梅花形（也叫五点）定位采样法 适宜于面积不大、地形平坦、地块方正、土壤均匀的地块，也是肥料田间试验采样方法。即在地块四个角和中心点 5 个样点分别采样，混合成一个土样。

（2）蛇形（也叫 S 形）定位采样法 适应于面积中等、长条不规则形状、地势不太平坦、土壤不够均匀须采样较多的地块。即从地块一端向另一端，分别靠左或靠右各取一个样，依次采样多个，采样位置连接呈 S 形。采集多个样混合成一个样品。

（3）棋盘式（也叫网格式）定位采样法 适宜于面积较大、地势平坦、地形基本完整、土壤不够均匀须采样很多的地块。即按照地块面积、形状，划分成若干网格，每个网格中间采集一个样，采集多个样混合成一个样品。

根据面积大小，一般采集 5～20 个样品，混合成一个土样。

3. 采样深度及操作方法 深度视采样目的而定，一般采耕层 0～20cm。土钻或者环刀采样直接操作。铁锹采样：去掉土壤表面杂物，先垂直铲掉一块土壤，形成高度 20cm 以上垂直切面，再垂直铲出一块厚 1cm、长 20cm 以上的土片，用刀片或木片切去两边及底部多余土片，形成一块厚 1cm、宽 2cm、长 20cm 的土条即可（图 10 - 1）。

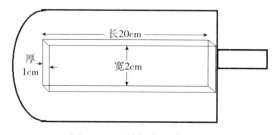

图 10 - 1 铁锹与土条示意

4. 土样混合及保存　一般留取混合样 1～2kg。如数量太多，可先混合铺平，再采取对角线四分法（图 10-2）将多余土样弃去（可反复多次）。将所保留土样装入布袋或聚乙烯塑料袋，内外均应附标签，标明采样编号、名称、采样深度、采样地点、日期、采集人。

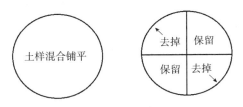

图 10-2　土壤样点四分法减量示意

四、土壤检测标准及方法

1. pH　土壤检测　第 2 部分：NY/T 1121.2—2006 土壤 pH 的测定。

2. 有机质　土壤检测　第 6 部分：NY/T 1121.6—2006 土壤有机质的测定。

3. 全氮　土壤检测第　24 部分：NY/T 1121.24—2012 土壤全氮的测定。

4. 碱解氮　LY/T 1229—1999 森林土壤水解性氮的测定。

5. 有效磷　土壤检测　第 7 部分：NY/T 1121.7—2014 土壤有效磷的测定。

6. 速效钾　NY/T 889—2004 土壤速效钾和缓效钾的测定。

7. 有效钙、镁　土壤检测　第 13 部分：NY/T 1121.13—2006 土壤交换性钙和镁的测定。

8. 有效硫　土壤检测　第 14 部分：NY/T 1121.14—2023 土壤有效硫的测定。

9. 有效硅　土壤检测　第 15 部分：NY/T 1121.15—2006 土壤有效硅的测定。

10. 有效硼　土壤检测　第 8 部分：NY/T 1121.8—2006 土壤有效硼的测定。

11. 有效锌、锰、铁、铜　NY/T 890—2004 土壤有效态锌、锰、铁、铜含量的测定。

12. 有效钼　土壤检测　第 9 部分：NY/T 1121.9—2023 土壤有效钼的测定。

第三节　果茶菜瓜推荐施肥配方

一、柑橘施肥建议

1. 有机肥　每株施有机肥 5～10kg，或者亩施农家肥 2～4m³，树势弱或肥力低的土壤多施用。全部有机肥作基肥最好于秋季施用，秋季未施用的在春季 2～3 月及早施入（尤其是晚熟柑橘在秋季不方便施用的情况下应在春季补施），采用开沟或挖穴方法施用。

2. 分产量施肥配方

（1）亩产 1 500kg 以下的果园　亩施氮肥（N）10～15kg、磷肥（P_2O_5）5～7kg、钾肥（K_2O）10～15kg。

（2）亩产 1 500～3 000kg 的果园　亩施氮肥（N）15～20kg、磷肥（P_2O_5）6～8kg、钾肥（K_2O）15～20kg。

（3）亩产 3 000kg 以上的果园　亩施氮肥（N）20～25kg、磷肥（P_2O_5）8～10kg、钾肥（K_2O）20～25kg。

3. 化肥　分 3～4 次施用。

①第一次是秋施基肥，在上年 9～11 月（晚熟品种最好在 9 月施用，其他品种在采果前后施用）氮磷钾配合施用。

②第二次是春季施萌芽肥，于 2～3 月萌芽前追肥，以氮肥为主，配合磷钾肥。在 5 月根据挂果情况酌情施用稳果肥。

③第三次是夏季施壮果肥，于 7 月果实膨大期施用，以钾肥为主，配合氮磷肥。

4. 中微量元素肥料　缺硼、缺锌和缺钙的柑橘园，在春季萌芽前每亩施用硫酸锌 1～1.5kg、硼砂 0.5～1.0kg、硝酸钙 30kg；缺乏严重的果园，还应在花期叶面喷施 2～3 次 0.2% 硼砂，幼果期喷 2～3 次 0.3% 钙肥。缺镁的柑橘园，在幼果期每亩施用硫酸镁 20～30kg，在秋施肥时钙镁磷肥 30kg 与有机肥配合施用。

二、苹果施肥建议

1. 分产量施肥配方

（1）亩产 2 500kg 以下果园　亩施氮肥（N）5～7.5kg、磷肥（P_2O_5）3～3.5kg、钾肥（K_2O）7.5～10kg。

（2）亩产 2 500～4 000kg 果园　亩施氮肥（N）7.5～15kg、磷肥（P_2O_5）3.5～7kg、钾肥（K_2O）10～17.5kg。

（3）亩产 4 000kg 以上果园　亩施氮肥（N）10～17.5kg、磷肥（P_2O_5）4.5～10kg、钾肥（K_2O）12.5～20kg。

2. 基肥　一次性亩施用腐熟有机肥 300～500kg。

3. 化肥　分 3～6 次施用。

①第一次在 3 月中旬到 4 月中旬，以氮钙肥为主，建议施用一次硝酸铵钙，亩用量 30～50kg。

②第二次在果实套袋前后（5 月底到 6 月初），氮磷钾配合施用，建议施用 17 - 10 - 18 苹果配方肥。

③6 月中旬以后建议追肥 2～4 次。前期以氮钾肥为主，增加钾肥用量，建议施用16 - 6 - 20 配方肥；后期以钾肥为主，配合少量氮肥（氮肥用量根据果实大小确定，果实较大的一定要减少氮肥用量，且增加钙肥等用量）。干旱地区建议采用窄沟、多沟施肥方法，多雨地区可采用放射沟法或撒施。

4. 中微量元素肥料　缺锌、缺硼的果园，萌芽前后每亩施用硫酸锌 1～1.5kg、硼砂 0.5～1.0kg；在花期和幼果期叶面喷施 0.3% 硼砂，果实套袋前喷 3 次 0.3% 的钙肥。土壤酸化的果园，每亩施用石灰 150～200kg 或硅钙镁肥 50～100kg。

三、梨施肥建议

1. 分产量施肥配方

（1）亩产 2 000kg 以下果园　亩施氮肥（N）8～10kg、磷肥（P_2O_5）6～8kg、钾肥

（K_2O）9～11kg。

（2）亩产 2 000～4 000kg 果园　亩施氮肥（N）10～18kg、磷肥（P_2O_5）6～12kg、钾肥（K_2O）12～20kg。

2. 基肥　一次性亩施用腐熟有机肥 300～500kg。

3. 化肥　分 3～5 次施用。

①第一次在 5 月中旬，氮磷钾配合施用。

②6 月中旬以后建议追肥 2～4 次。前期以氮钾肥为主，增加钾肥用量，建议施用20 - 5 - 20 配方肥；后期以钾肥为主，配合少量氮肥。

4. 根外追肥　硼、锌、铁等缺乏的梨园可用 0.2% 硼砂溶液、0.2% 硫酸锌、0.3% 尿素混合液（或 0.3% 硫酸亚铁）和 0.3% 尿素溶液于发芽前至盛花期多次喷施，隔周 1 次。

四、桃施肥建议

1. 有机肥　早熟品种、土壤肥沃、树龄小、树势强的果园亩施腐熟有机肥 300～500kg；晚熟品种、土壤瘠薄、树龄大、树势弱的果园亩施有机肥 300～500kg。

2. 分产量施肥配方

（1）亩产 1 500kg 的桃园　亩施氮肥（N）8～10kg、磷肥（P_2O_5）5～8kg、钾肥（K_2O）10～13kg。

（2）亩产 2 000kg 的桃园　亩施氮肥（N）13～16kg、磷肥（P_2O_5）7～10kg、钾肥（K_2O）15～18kg。

（3）亩产 3 000kg 的桃园　亩施氮肥（N）16～18kg、磷肥（P_2O_5）10～12kg、钾肥（K_2O）18～21kg。

3. 基肥　全部有机肥作基肥最好于秋季施用，秋季未施用的在春季土壤解冻后及早施入，采用开沟或挖穴方法土施；40%～50% 的氮肥、60% 以上的磷肥和 30%～40% 钾肥一同与有机肥基施。中早熟品种可以在桃树萌芽前（3 月初）、果实迅速膨大前分 2 次追肥，第一次氮磷钾配合施用，第二次以钾肥为主配合氮磷钾；晚熟品种可以在萌芽前、花芽生理分化期（5 月下旬至 6 月下旬）、果实迅速膨大前分 3 次追肥。萌芽前追肥以氮肥为主配合磷钾肥，后两次追肥以钾肥为主配合氮磷钾。

4. 根外追肥　上一年负载量过高的桃园，当年应加强根外追肥。萌芽前可喷施 2～3 次 1%～3% 的尿素，萌芽后至 7 月中旬之前，每隔 7d 喷 1 次，按 2 次尿素与 1 次磷酸二氢钾（浓度为 0.3%～0.5%）的顺序喷施。

5. 中微量元素肥料　推荐采用"因缺补缺"、矫正施用的方法。出现中微量元素缺素症时，通过叶面喷施进行矫正。

五、荔枝施肥建议

1. 有机肥　结果盛期树（株产 50kg 左右），每株施有机肥 10～20kg、氮肥（N）0.75～1.0kg、磷肥（P_2O_5）0.25～0.3kg、钾肥（K_2O）0.8～1.1kg、钙肥（Ca）0.25～0.35kg、镁肥（Mg）0.07～0.09kg；幼年未结果树或结果较少树，每株施有机肥 5～10kg、氮肥（N）0.4～0.6kg、磷肥（P_2O_5）0.1～0.15kg、钾肥（K_2O）0.3～

0.5kg、镁肥（Mg）0.05kg。

2. 施肥方法 肥料分 6～8 次分别在采后（一梢一肥，2～3 次）、花前、谢花及果实发育期施用。视荔枝树体长势，可将花前肥和谢花肥合并施用，或将谢花肥和壮果肥合并施用。氮肥在上述 4 个生育期施用比例为 45％、10％、20％和 25％，磷肥可在采后一次施入或分采后和花前两次施入，钾钙镁肥施用比例为 30％、10％、20％和 40％。花期可喷施磷酸二氢钾溶液。

3. 微量元素肥料 缺硼和缺钼的果园，在花前、谢花及果实膨大期喷施 0.2％硼砂＋0.05％钼酸铵，在梢期喷施 0.2％的硫酸锌或复合微量元素肥料。

六、北方葡萄施肥建议

1. 分产量施肥配方

（1）亩产 1 500kg 以下的果园 亩施氮肥（N）10～15kg、磷肥（P_2O_5）5～10kg、钾肥（K_2O）10～15kg。

（2）亩产 1 500～2 000kg 的果园 亩施氮肥（N）15～20kg、磷肥（P_2O_5）10～15kg、钾肥（K_2O）15～20kg。

（3）亩产 2 000kg 以上的果园 亩施氮肥（N）20～25kg、磷肥（P_2O_5）15～20kg、钾肥（K_2O）20～25kg。

2. 中微量元素肥料 缺硼、缺锌、缺镁和缺钙的果园，花前至初花期喷施 0.3％～0.5％的优质硼砂溶液；坐果后到成熟前喷施 3～4 次 0.3％～0.5％的优质磷酸二氢钾溶液；幼果膨大期至采收前喷施 0.3％～0.5％的优质硝酸钙溶液。

3. 化肥 分 3～4 次施用。

①第一次是秋施基肥，应在上年 9 月中旬到 10 月中旬（晚熟品种采果后尽早施用），在亩施用有机肥 500kg 基础上施用 20％氮肥、20％磷肥、20％钾肥。

②第二次在 4 月中旬施用，以氮磷肥为主，施用 20％氮肥、20％磷肥、10％钾肥。

③第三次在 6 月初果实套袋前后施用，根据留果情况氮磷钾配合施用，施用 40％氮肥、40％磷肥、20％钾肥。

④第四次在 7 月下旬到 8 月中旬，施用 20％氮肥、20％磷肥、50％钾肥，根据降雨、树势和产量情况采取少量多次的方法进行，以钾肥为主，配合少量氮磷肥。

4. 追肥 采用水肥一体化栽培管理的高产葡萄园，萌芽到开花前，每亩每次追施氮（N）、磷（P_2O_5）、钾（K_2O）各为 1.2～1.5kg，每 10d 追肥 1 次；开花期追肥 1 次，每亩追施氮（N）0.9～1.2kg、磷（P_2O_5）0.9～1.2kg、钾（K_2O）0.45～0.55kg，辅以叶面喷施硼、钙、镁肥；果实膨大期着重追施氮肥和钾肥，每亩每次追施氮（N）2.2～2.5kg、磷（P_2O_5）1.4～1.6kg、钾（K_2O）3～3.2kg，每 10～12d 追肥 1 次；着色期追施高钾型复合肥，每亩每次追施氮（N）0.4～0.5kg、磷（P_2O_5）0.4～0.5kg、钾（K_2O）1.3～1.5kg，每 7d 追肥 1 次，叶面喷施补充中微量元素。

七、茶树施肥建议

1. 基肥 9 月底至 10 月中旬，每亩 100～150kg 腐熟饼肥或 150～200kg 商品畜禽粪有机肥、30kg 茶树专用肥（18 - 8 - 12 或相近配方），有机肥和专用肥拌匀后开沟 15～20cm 或结合深耕施用。

2. 第一次追肥　春茶开采前 40～50d，每亩尿素 8～10kg 开浅沟 5～10cm 施用，或表面撒施＋施后浅旋耕（5～8cm）混匀。

3. 第二次追肥　春茶结束重修剪前或 6 月下旬，每亩尿素 8～10kg 开浅沟 5～10cm 施用，或表面撒施＋施后浅旋耕（5～8cm）混匀。

八、露地甘蓝施肥建议

1. 基肥　一次性亩施用腐熟有机肥 300kg。

2. 分产量施肥配方

（1）亩产 4 500～5 500kg　亩施氮肥（N）13～15kg、磷肥（P_2O_5）4～6kg、钾肥（K_2O）8～10kg。

（2）亩产 5 500～6 500kg　亩施氮肥（N）15～18kg、磷肥（P_2O_5）6～10kg、钾肥（K_2O）12～14kg。

（3）亩产大于 6 500kg　亩施氮肥（N）18～20kg、磷肥（P_2O_5）10～12kg、钾肥（K_2O）14～16kg。

氮钾肥 30%～40% 基施，60%～70% 在莲座期和结球初期分两次追施，雨水丰富或土壤肥力水平较低的地块，在莲座期前封行时分配 10%～15% 的用量，磷肥全部作基肥条施或穴施。

3. 中微量元素肥料　对于"干烧心"发生较严重的地块，在苗期至结球初期施用硝酸铵钙；对于缺硼的地块，每亩可基施硼砂 0.5～1kg，或叶面喷施 0.2%～0.3% 的硼砂溶液 2～3 次。同时可结合喷药喷施 2～3 次 0.5% 的磷酸二氢钾，以提高甘蓝的净菜率和商品率。

九、设施番茄施肥建议

1. 有机肥　苗期增施腐熟有机肥，补施磷肥，每 $10m^2$ 苗床施腐熟有机肥 60～100kg、钙镁磷肥 0.5～1kg、硫酸钾 0.5kg，根据苗情喷施 0.5%～0.1% 尿素溶液 1～2 次。

2. 基肥　每亩施用优质有机肥 300～500kg。

3. 分产量施肥配方

（1）亩产 4 000～6 000kg　亩施氮肥（N）15～20kg、磷肥（P_2O_5）5～8kg、钾肥（K_2O）20～25kg。

（2）亩产 6 000～8 000kg　亩施氮肥（N）20～30kg、磷肥（P_2O_5）7～10kg、钾肥（K_2O）30～35kg。

（3）亩产 8 000～10 000kg　亩施氮肥（N）30～38kg、磷肥（P_2O_5）9～12kg、钾肥（K_2O）35～40kg。

70% 以上的磷肥作基肥条（穴）施，其余随复合肥追施，20%～30% 氮钾肥基施，70%～80% 分 7～11 次随水追施。苗期施 1～2 次肥，初花期施 1 次肥，初果期施 1 次肥。结果期根据收获情况，每收获 1～2 次追施 1 次肥，共 4～8 次（无限生长型次数多，量减少），每次每亩追施氮肥（N）不超过 4kg。进入盛果期后，根系吸肥能力下降，可叶面喷施 0.05%~0.1%尿素、硝酸钙、硼砂等水溶液，有利于延缓衰老，延长采收期以及改善果实品质。

4. 中微量元素肥料 土壤 pH 小于 6 时易出现钙、镁、硼缺乏，可每亩基施钙肥（Ca）50~75kg、镁肥（Mg）4~6kg，根外补施 2~3 次 0.1%浓度的硼肥。

十、辣椒施肥建议

1. 分产量施肥配方

（1）亩产 2 000kg 以下　亩施氮肥（N）6~8kg、磷肥（P_2O_5）2~3kg、钾肥（K_2O）9~12kg。

（2）亩产 2 000~4 000kg　亩施氮肥（N）8~16kg、磷肥（P_2O_5）3~4kg、钾肥（K_2O）10~18kg。

（3）亩产 4 000kg 以上　亩施氮肥（N）16~20kg、磷肥（P_2O_5）4~5kg、钾肥（K_2O）18~24kg。

2. 基肥　一次施用腐熟有机肥 300~500kg。

3. 施肥方法

①氮肥总量的 20%~30%作基肥，70%~80%作追肥，对于气温高、湿度大的情况应减少氮肥基量，甚至不施。

②磷肥 60%作基肥，留 40%到结果期追肥。

③钾肥总量的 30%~40%作基肥，60%~70%作追肥，追肥期为门椒期、对椒期、盛果期。盛果期根据收获情况，每收获 2 次追施 1 次肥，共 3 次。

4. 中微量元素肥料　在辣椒生长中期注意分别喷施适宜的叶面硼肥和叶面钙肥，防治辣椒脐腐病。

十一、设施黄瓜施肥建议

1. 有机肥　育苗期增施腐熟有机肥，补施磷肥，每 $10m^2$ 苗床施用腐熟有机肥 60~100kg、钙镁磷肥 0.5~1kg、硫酸钾 0.5kg，根据苗情喷施 0.05%~0.1%尿素溶液 1~2 次。

2. 基肥　每亩施用优质有机肥 300~500kg。

3. 分产量施肥配方

（1）亩产 3 000~6 000kg　亩施氮肥（N）12~20kg、磷肥（P_2O_5）5~9kg、钾肥（K_2O）15~24kg。

（2）亩产 6 000~9 000kg　亩施氮肥（N）20~28kg、磷肥（P_2O_5）9~15kg、钾肥（K_2O）24~36kg。

（3）亩产 9 000~12 000kg　亩施氮肥（N）28~36kg、磷肥（P_2O_5）15~18kg、钾肥（K_2O）36~48kg。

（4）亩产 12 000~15 000kg　亩施氮肥（N）36~45kg、磷肥（P_2O_5）18~24kg、钾肥（K_2O）48~60kg。

4. 施肥方法　全部有机肥和磷肥作基肥施用，初花期以控为主，秋冬茬和冬春茬的氮钾肥分 7～9 次追肥，越冬长茬的氮钾肥分 10～14 次追肥，结果期注重高钾复合肥或水溶肥的追施。每次每亩追施氮肥数量不超过 4kg。追肥期为三叶期、初瓜期、盛瓜期，盛瓜期根据收获情况每收获 1～2 次追施一次肥。

十二、蔬菜分类施肥建议

参见表 10-7。

表 10-7　蔬菜分类施肥建议

分区	蔬菜分类	配方肥养分配比			亩推荐施肥量（kg）	
		N	P_2O_5	K_2O	基施配方肥	追施尿素
设施蔬菜区	叶菜类	16	5	9	50～75	10～15
		21	10	14	30～50	
	茄果类	15	6	9	40～60	10～15
		20	10	15	30～40	
	根菜类	14	6	10	50～60	5～7.5
		21	10	14	35～50	
露地蔬菜区	叶菜类	15	7	8	50～60	7.5～10
		23	10	12	30～40	
	茄果类	15	6	9	40～50	10～12.5
		21	8	14	30～40	
	根菜类	14	6	10	40～60	7.5～10
		19	12	14	30～50	
高山蔬菜区	叶菜类	16	7	7	50～70	10～15
		21	11	13	40～50	
	茄果类	15	6	9	50～60	10～12.5
		20	11	14	40～50	
	根菜类	14	7	9	50～75	7.5～10
		22	10	13	40～50	

第四节　专用肥料配制

一、专用复合微生物肥料

1. 专用分类　专用复合微生物肥料可以按照作物分大类、小类等。

2. 产品要求　专用复合微生物肥料可以按照《NY/T 798—2015 复合微生物肥料》标准，氮磷钾含量 8%～25%，有机质≥20%，有效活性菌剂含量≥0.2 亿/g。

3. 研发技术　专用复合微生物肥料要根据土壤、瓜果品种，科学调整氮磷钾配方含量，科学添加中量元素和微量元素钙（Ca）、镁（Mg）、硼（B）等（见测土配方施肥章节）。

钙（Ca）元素——促进植物表皮坚韧，果皮完美健康，增强病虫害抵抗力。

镁（Mg）元素——促进叶面生长，增强光合作用，提高瓜果甜度。

硼（B）元素——促进开花结果，防治落花落果，增产。

锌（Zn）元素——促进植物发新芽，长新根，改善品质。

注意防止相互拮抗，最好采取络合态元素，或者采取包衣法覆盖在肥料表面。

在复合微生物肥料中添加枯草芽孢杆菌、胶冻样类芽孢杆菌、巨大芽孢杆菌、地衣芽孢杆菌、侧孢短芽孢杆菌、细黄链霉菌等（详见有关微生物菌剂章节）。

专用复合微生物肥料还可以根据需要添加肥料功能物质（详见有关章节）。

二、专用有机—无机复混肥料

1. 专用分类 专用有机—无机复混肥料可以按照作物分大类、小类茶。

2. 产品要求 专用有机—无机复混肥料可以按照《GB 18877—2009 有机—无机复混肥料》标准，Ⅰ型氮磷钾 15%，有机质≥20%；或者Ⅱ型氮磷钾 25%，有机质≥15%。

3. 研发技术 专用有机—无机复混肥料要根据土壤、作物品种，科学调整氮磷钾配方含量，科学添加中量元素和微量元素镁（Mg）、硫（S）、锌（Zn）等（见测土配方施肥章节）。

镁（Mg）元素——促进叶面生长，增强光合作用，提高叶片厚度。

硫（S）元素——促进根系生长，增加叶色深度。

硼（B）元素——促进开花结果，防止落花落果，增产。

锌（Zn）元素——促进茶发新芽，长新根，改善品质。

注意防止相互拮抗，最好采取络合态元素，或者采取包衣法覆盖在肥料表面。

专用有机—无机复混肥料还可以根据需要添加肥料功能物质（详见有关章节）。

三、小龙虾营养剂

1. 专用分类 小龙虾营养剂包括稻田成虾肥水养藻营养剂、稻田幼虾稚虾肥饲两用营养剂和虾田水稻专用肥三类。

2. 产品要求 稻田成虾肥水养藻营养剂按照《NY/T 798—2015 复合微生物肥料》标准，氮磷钾含量 8%～25%，有机质≥20%，有效活性菌剂含量≥0.2 亿/g。

稻田幼虾稚虾肥饲两用营养剂按照《NY 884—2012 生物有机肥》标准，有机质≥40%，微生物菌剂≥0.2 亿/克，或者《NY 525—2012 有机肥料》标准，氮磷钾≥5%，有机质≥45%。

虾田水稻专用肥按照《GB 18877—2009 有机—无机复混肥料》标准，Ⅰ型氮磷钾15%，有机质≥20%；Ⅱ型氮磷钾 25%，有机质≥15%。

3. 研发技术

（1）稻田成虾肥水养藻营养剂（复合微生物肥料） 该营养剂要根据肥水养藻需要，科学调整氮磷钾配方含量，一般高氮中磷少钾多氯，科学添加中量元素和微量元素钙（Ca）、铁（Fe）、锌（Zn）等。注意防止相互拮抗，最好采取络合态元素，或者采取包衣法覆盖在肥料表面。在复合微生物肥料中添加枯草芽孢杆菌、光合菌剂等。还可以根据需要添加肥料功能物质。

（2）稻田幼虾稚虾肥饲两用营养剂（生物有机肥）　该专用肥要根据肥水养藻需要，科学调整有机质配方含量，一般要小分子有机物含量高，科学添加中量元素和微量元素钙（Ca）、铁（Fe）、锌（Zn）等。注意防止相互拮抗，最好采取络合态元素，或者采取包衣法覆盖在肥料表面。在生物有机肥中添加枯草芽孢杆菌、光合菌剂等。还可以根据需要添肥料功能物质。

（3）虾田水稻专用肥（有机—无机复混肥料）　该专用肥要根据水稻生长需要，科学调整氮磷钾配方含量，一般高氮低磷中钾，科学添加微量元素锌（Zn）等。注意防止相互拮抗，最好采取络合态元素，或者采取包衣法覆盖在肥料表面。还可以根据需要添加肥料功能物质。

第五节　作物施肥套餐及定制化服务

作物施用生物有机肥料套餐和定制化服务，包括土壤作物现场调查、取土化验、专家推荐施肥配方、定制专用肥料、套餐化肥料销售供应及指导农民施肥。一般发放《测土配方施肥通知单》，举例如下：

例一　测土配方施肥通知单

1. 基本情况

地点：XX省XX县XX镇XX村　农户：XXX　山顶　耕地面积：　亩　土壤类型：黄棕壤

常年种植作物	桃树				
平均亩产量（kg）	2 000				

2. 土壤评价

测试项目	有机质（g/kg）	碱解氮（mg/kg）	有效磷（mg/kg）	速效钾（mg/kg）	有效锌（mg/kg）	有效硼（mg/kg）	pH
含量	22.2	122	7.60	70	1.17	0.64	5.4
肥力评价	缺乏	中等	缺乏	缺乏	中等	缺乏	酸性

3. 目标产量

4. 推荐施肥

作物		施用肥料及肥料用量	施 肥 方 法
桃树	秋肥	①商品有机肥6～10kg/株，生物有机肥1.5～3kg/株，45％硫酸钾型或无氯型复合肥0.5～1.0kg/株	9～10月，挖沟深施，施后浇水浇透
	春肥	②尿素0.5～1.0kg/株 ③45％硫酸钾型或无氯型复合肥0.5～1.0kg/株 ④亩施优质硫酸锌肥0.2kg ⑤亩施优质硼肥0.1kg	1～2月，挖沟深施，施后浇水浇透 叶面喷施1～2次
	夏肥	⑥尿素0.25～0.5kg/株 ⑦亩施磷酸二氢钾0.5～1.0kg	5～6月，挖沟深施 叶面喷施1～2次
	微肥	⑧亩施优质硫酸锌肥1kg ⑨亩施优质硼肥0.5kg	9～10月，挖沟深施或叶面喷施

20XX年XX月XX日

注：①上面推荐施肥是指成龄树，幼树可以只施秋肥和春肥，不施夏肥和微肥。

②沟施方法：沿树冠投影内缘挖深、宽均为20cm的环状沟或穴（以不伤根或者尽量少伤根为好），将肥料直接施入施肥沟内，回填土覆盖，以后逐年更换位置。

③该表由农业农村部生物有机肥创新重点实验室制定。

例二　测土配方施肥通知单

1. 基本情况

　　地点：XX 省 XX 县 XX 镇 XX 村　　农户：XXX　平地　耕地面积：　亩　土壤类型：黄棕壤

常年种植作物	梨树				
平均亩产（kg）	2 000				

2. 土壤评价

测试项目	有机质（g/kg）	碱解氮（mg/kg）	有效磷（mg/kg）	速效钾（mg/kg）	有效锌（mg/kg）	有效硼（mg/kg）	pH
含量	32.4	160	8.60	55	0.33	0.65	5.5
肥力评价	较丰富	较丰富	缺乏	严重缺乏	严重缺乏	缺乏	偏酸

3. 目标产量

4. 推荐施肥

作物		施用肥料及肥料用量	施 肥 方 法
梨树	秋肥	①商品有机肥 5～8kg/株，生物有机肥 1.5～3kg/株，45%硫酸钾型或无氯型复合肥 0.5～1.0kg/株	10～11 月，挖沟深施，施后浇水浇透
	春肥	②尿素 0.25～0.5kg/株 ③45%硫酸钾型或无氯型复合肥 0.5～1.0kg/株 ④亩施优质硫酸锌肥 0.2kg ⑤亩施优质硼肥 0.1kg	2～3 月，挖沟深施，施后浇水浇透 叶面喷施 1～2 次
	夏肥	⑥尿素 0.25～0.5kg/株 ⑦亩施磷酸二氢钾 0.5～1.0kg	6～7 月，挖沟深施 叶面喷施 1～2 次
	微肥	⑧亩施优质硫酸锌肥 1kg ⑨亩施优质硼肥 0.5kg	10～11 月，挖沟深施或叶面喷施

20XX 年 XX 月 XX 日

　　注：①上面推荐施肥是指成龄树，幼树可以只施秋肥和春肥，不施夏肥和微肥。

　　②沟施肥方法：沿树冠投影内缘挖深、宽均为 20cm 的环状沟或穴（以不伤根或者尽量少伤根为好），将肥料直接施入施肥沟内，回填土覆盖，以后逐年更换位置。

　　③该表由农业农村部生物有机肥创新重点实验室制定。

例三　测土配方施肥通知单

1. 基本情况

　　地点：XX 省 XX 市 XX 乡 XX 村　　农户：XXX　耕地面积：　亩　土壤类型：黄褐土土类，岗黄土土种

2. 作物及产量

种植作物	收获部位	亩产量（kg）		
桔梗	鲜根	1 000		

3. 土壤肥力评价

测试项目	有机质（g/kg）	碱解氮（mg/kg）	有效磷（mg/kg）	速效钾（mg/kg）	pH
含量	17.3	69	5.7	163	6.9
肥力评价	严重缺乏	缺乏	缺乏	丰富	中性

4. 推荐施肥意见

施肥	时间	施用肥料及肥料用量	施肥方法

（续）

冬肥	叶枯前后	①亩施精制有机肥 500kg	挖沟深施，盖土
底肥	栽植前或二年发芽前	②第一年亩施有机肥 900kg，以后每年每亩增加 500kg	第一年撒施后旋耕机翻压入土，以后每年挖沟深施
		③根茎叶亩施生物有机肥 200kg	
追肥	茎叶旺盛期	④亩施复合微生物肥料 20kg 或尿素 10kg	结合中耕除草，撒施在土壤表面，尽量入土
	开花结果期	⑤亩施复合微生物肥料 20kg 或尿素 10kg	结合中耕除草，撒施在土壤表面，尽量入土

20XX 年 XX 月 XX 日

注：①底肥：精制有机肥提供氮磷钾营养，培肥土壤；多功能生物有机肥防治作物病虫害，提供微量元素。注意与土壤混合均匀，发酵几天后再栽植作物。

②追肥：在作物生长旺盛期临时补充营养，复合微生物肥料或尿素选一样即可。注意撒施均匀。

③该表由农业农村部生物有机肥创新重点实验室制定。

第十一章　生物有机肥料功能化技术

第一节　新型功能肥料

一、功能肥料定义

功能肥料又叫功能性肥料、多功能肥料、新型功能肥料。是将作物所需的各种营养元素与促进作物生长、发育、高产、优质、高效、健康、安全的生理生化物质相结合，在补充作物营养的同时克服其他限制作物高产的因素，在特定作物的特定时期，解决特定问题的综合性肥料。功能肥料的核心问题是特殊的配方与添加特殊功能的物质。功能肥料是完全肥料。

功能肥料除向作物提供营养元素的肥料功能外，还兼有其他功能如除草、刺激作物生长发育、抗旱、抗病虫害、提高地温等，可以提高肥料利用率，提高单位肥料对农作物增产的效率。其生产方法主要是将具有其他功能的物质科学添加在常规肥料之中。根据作物的土壤、气候等生长条件的不同，有针对性地在肥料中增加其他功能的肥料，对减少农业劳动、提高效率、改善作物生长发育条件，以及提高作物产量、改善产品品质和培肥地力具有一定积极作用。

功能肥料的研究、开发和应用符合生态肥料工艺学的要求，其应用技术将作物栽培学、土壤学、植物营养学、植物保护学、微生物学、化学工程和环境保护学等多种学科进行交叉与提炼，是先进性的技术，是21世纪新型肥料的重要研究以及发展方向之一。

黄腐酸钾肥料、腐殖酸钠肥料、矿源腐殖酸肥料、聚谷氨酸肥料、海藻素肥料、螯合锌肥料、络合钙肥料、纳米硅肥料等，农民看不明白，也搞不懂，正确地施用就更难了。庄稼什么时间需要啥肥料，需要多少，农民不可能弄得很清楚。而功能肥料把一定时期作物需要解决的问题一次性全部解决，农民不用操心，俗称"懒汉肥"。

二、功能肥料的特点

功能肥料有七大优点：

1. 有特定功能，针对性强　功能肥料必须有特定的功能，包括促进作物生长、发育、高产、优质、高效、健康、安全等某一两个方面。功能肥料特定功能一定有很强的针对性，针对某一作物、某一生长时期或者某一个问题。

2. 完全营养，用量精准　功能肥料含有作物所需的大量元素、中量元素、微量元素以及其他营养物质，一次施用，不再施用其他肥料。各种肥料及农药，按照作物阶段性需要量，有针对性地精确计量，既满足需要，又不浪费，经济有效。功能肥料是解决一个阶段所有问题的综合性肥料，又称"轻简施肥"。

3. 药肥一体化　功能肥料不仅含有营养元素，还含有农药，包括植物调节剂、除草剂、杀虫剂、杀菌剂等。药肥一体，既施了肥，又打了药。

4. 富含高新科技　功能肥料含有各种营养元素、化学物质以及农药。成分复杂，用量精准。对于生产、加工、使用都有严格的技术要求，是最高新的现代科学技术。

5. 操作方便，省工省力　功能肥料是把肥料农药等所有需要施用的物质合在一起，一次施用，无需混配，而且施用方便，操作简单，省工省时，深受农民欢迎。

6. 增产优质，经济高效　功能肥料营养完全、功能综合以及用量精准，既有大幅度的增产增收效益，又有降低投入成本的效益。

7. 减肥省药，节能环保　功能肥料提高了肥料利用率，节约资源，省工、节能、不浪费，有利于防止土壤和水污染，保护了生态环境。

三、功能肥料分类

功能肥料按照其功能，分为六大类：

1. 促进作物生长发育肥料　包括：前期促进作物出苗生根肥料，中期促进作物分蘖旺苗肥料，后期作物保蕾保花保果增重肥料。

2. 控制作物生长发育肥料　包括：前期控制作物旺长肥料，中期矮化作物植株肥料，后期防止作物倒伏肥料。

3. 改善作物品质肥料　包括：提高果实营养品质肥料，增加产品食用性能肥料，控制果实外观形状肥料。

4. 改良调理土壤肥料　包括：改良土壤耕作性能有机肥料，促进土壤健康生物肥料，土壤酸碱调理剂、土壤改良剂，控制土壤作物污染肥料。

5. 防治病虫草害肥料　包括：除草剂肥料、杀虫剂肥料、杀菌剂肥料、土壤消毒剂肥料。

6. 特殊环境时期肥料　包括：壮秧剂、育苗剂、拌种肥料、移栽肥料、育秧育苗基质、植物营养土、灌溉水溶肥料。

四、主要功能化肥料配方

目前市面上已经出现了许多功能化肥料配方。主要有：

1. 高利用率的肥料配方　该功能性肥料是以提高肥料利用率为目的，在不增加肥料施用总量的基础上，提高肥料的利用率，减少肥料的流失对环境的污染，达到增加产量的目的。最近发展起来的有底施功能性肥料，如在底施（基施、冲施）等肥料中添加植物生长调节剂，可以提高植物对肥料的吸收和利用，提高肥料的利用率，提高肥料的速效性和高效性。还有控释（缓释）肥料，也可以提高肥料的利用率，减少肥料的使用量。菌肥也属于功能性肥料的一个类型。叶面喷施功能性肥料有缓（控）释肥料，如微胶囊叶面肥料、高展着润湿肥料，均可以提高肥料的利用率。一些植物生长调节剂与叶面肥混施，能提高植物对肥料的吸收和利用，比较成熟的配方有复硝酚钠与叶面肥混用和胺鲜脂与叶面肥混用。根据中国农业大学及河南农业大学的各项研究证明，微量元素与胺鲜脂混合使用可以增加豆类植物对氮的吸收利用，较单独使用胺鲜脂或单独使用肥料增产效果更明显。

叶面螯合肥料是功能肥料的另外一种，它能增加植物对肥料的吸收，尤其促进植物对同价态肥料的吸收，如 EDTA、柠檬酸、氨基酸等整合肥料，可以使植物同时对 Cu^{2+}、Fe^{2+}、Mn^{2+}、Zn^{2+} 等离子吸收，解除了肥料之间的拮抗问题。根据市场调查显示，市场上销售较好的叶面肥料品种均为功能性肥料。

2. 改善水分利用率的肥料配方　即以提高水分利用率，解决一些地区干旱问题的肥料。随着保水剂研究的不断发展，人们开始关注保水型功能肥料。近年来开展了保水型控释肥料的研究，利用高吸水树酯与肥料混合施用，制成保水型肥料，产品在我国西部、北部试验，取得了良好的效果，并占领了一部分市场。最近几年保水型功能肥料的研究刚刚起步，很多科研机构和生产企业进行了相关的研究，也投入了一定的生产，取得了一定的成果，它是一种应用前景非常好的新型肥料品种。

3. 改善土壤结构的肥料配方　由于我国 20 世纪 70、80 年代随着人口的增加，粮食生产的任务加大，导致对土壤的掠夺性开发，造成了土壤毁灭性损害，如土壤、土壤胶体被破坏，有机质降为有史以来最低点，微生物群降低等，严重影响了土壤的再生能力。为此，在最近十年，土壤结构改良、保护土壤结构成为国家农业的一项重大课题，随之产生了改善土壤结构的功能性肥料。如在肥料中增加有机或无机复合肥，日本、美国做的较好，我国已着手研究。在肥料中增加表面活性物质，使土壤变得松散透气。增加微生物群也属于功能肥料的一个类型，如最近两年市场上流行的"勉耕"肥料就是其中一例。伴随高效农业的发展，改善土壤结构的肥料在温室大棚、果园上的应用也会越来越广泛。

4. 适应优良品种特性的肥料配方　随着生物技术的发展，转基因工程已成为农业发展最强劲的方向，一批新的优良品种的应用，大大提高了农业产品的质量和产量，但也存在一些问题，需要有与之配套的专用肥料和相关的农业技术。如转基因抗虫棉在我国已大面积推广应用，但抗虫棉苗期的根系欠发达，抗病能力差，导致了育苗时的困难。2003年中原地带由于抗虫棉苗期病害死株，造成一些棉农种不上棉花，带来了巨大的经济损失。所以随后研究出了针对抗虫棉的苗期肥料，进行苗床施用和苗期喷施，2004 年和2005 年收到了很好的效果。今后，我们还会遇到转基因大豆、转基因玉米、转基因马铃薯等新的优良品种，它们同样会存在不同缺陷，同样需要我们肥料行业生产出相对应的肥料，使这些良种的优良性能发挥出来。

5. 改善作物抗倒伏性的肥料配方　小麦、水稻、棉花等多种农作物其秸秆的高度和承重能力是一定的，控制它们的生长高度，提高载重能力，减少倒伏已经成为肥料施用技术的一个关键所在。施用肥料的目的是增产，假若发生倒伏就会适得其反。最近中国农业大学、厦门大学和河南农业大学都做了很多研究工作，也取得了很大成绩。如小麦、水稻应用的功能性肥料为多效唑＋甲哌嗡和肥料混用，胺鲜脂＋甲哌嗡和肥料混合应用于大豆，乙烯利＋胺鲜脂和肥料混合应用于玉米等，均达到了理想的效果，在施肥的同时，有效地控制株高、防止倒伏，使农作物稳产、高产、优产。

6. 防治杂草的肥料配方　除草功能肥料是指由除草剂与肥料结合的一种多功能肥料，属功能性肥料范畴，也叫除草药肥。如小麦除草专用肥、水稻除草专用肥、甘蔗除草专用肥等。施用时期：小麦应在播前施用，水稻应在插秧前施用，不同的施用时期灭草效果存在差异。试验表明，播（插）前施用除草效果好，对各种杂草的防除率达到 100％，其原因是播（插）前施用能充分发挥药效，把各种杂草消灭在萌芽之中，田间在 30d 内无杂草发生，但中后期有少量杂草发生。施用除草专用多功能肥料省时、省力，节约肥料，还有一定的增产效果。一些资料表明，小麦施用除草专用多功能肥料增产幅度为 10.7%～29.8%，水稻施用除草专用多功能肥料每亩增产稻谷 27.78～36.11kg。除草专用多功能肥料的作用机理有以下几个方面：

①施用除草专用多功能肥料后能有效杀死多种杂草，使土壤中有限的养分供给作物吸收利用，从而使作物增产。

②有些专用肥料是以包衣剂的形式存在，客观上造成肥料中的养分缓慢释放，有利于提高肥料的利用率。

③除草专用多功能肥料在作物生长初期有一定的抑制作用，后期又有促进作用，还能增强作物的抗逆能力，使作物提高产量。

④除草专用多功能肥料施用后，在一定时间内能抑制土壤中氨化细菌和真菌的繁殖，能使部分固氮菌数量增加，因此降低了氮肥的分解速度，使肥效延长，也明显提高了土壤富集氮的能力，提高了氮肥的利用率。

应用具有防治杂草的功能性肥料在国外已有 20 多年的历史，在国内未有应用的报道，国内相应的研究工作尚处在起步阶段。在发芽前除草和叶面喷施除草，并与肥料混合施用，可以提高肥料的利用率，减少杂草对肥料的争夺，且在施用上减少劳动力付出，提高劳动生产率。因此，它必将成为肥料发展的一个重要品种。同时，近 5 年来肥料和除草剂的销售量在国内均处于上升阶段，若强强联合，势必更为强劲，但需要我国的政策法规做出相应的调整，才能给除草剂型功能肥料以发展的空间。

7. 防治病虫害的肥料配方 抗病虫害功能肥料在功能性肥料中应属于最老的成员，少则上千年的历史，大量应用也有百年的历史。种子处理、苗床处理等均是抗病虫害功能肥料应用的典范。如很多种衣剂均由杀菌剂、杀虫剂、植物生长调节剂、种肥等混合而成，浸种剂也是这类肥料，在苗床喷施、浇灌中应用也是此类功能性肥料，并且该类肥料已是培养壮苗、齐苗、争得丰收必不可少的肥料。现在发展为后期施用的追肥、叶面喷施也有该功能的肥料，如根线虫的防治，病毒病的防治，立枯、枯萎病的防治等，均是该功能肥料的用武之地。该功能肥料是应用最广、发展最为成熟的一种功能性肥料。

例如线虫、地下害虫克星功能肥料，这种功能肥料是从天然植物中提取的生物碱、楝素、茶皂素等有效成分和生物提取物，配以氨基酸、黄腐酸及无公害的助剂研制而成，是安全、高效、新型多功能肥料。这种功能肥料能消除韭蛆、蒜蛆、黄瓜根结线虫、地瓜根瘤线虫，以及马铃薯、花生、大豆等作物的蛴螬、地老虎、蝼蛄等地下害虫的危害，同时具有抑菌功能，并可促进作物健壮生长，提高品质，增产增收。用量根据不同作物和施肥方式及病虫害情况，一般每亩用 4～10kg。施用方法：①基施。可与生物有机肥或其他基肥拌匀后同施。②灌根。将该产品用清水稀释 1 000～1 500 倍，灌于作物根部，灌根前将作物基部土壤耙松，使药液充分渗入。③沟施、穴施。与 20 倍以上的生物有机肥混匀后施入，然后覆土、浇水。④冲施。将该产品用水稀释 300 倍左右，随浇地水冲施，每亩用量 5～6kg。

第二节 肥料中的特种功能物质

生产功能性肥料需要添加一些功能物质，以达到功能化的效果。最常见的就是添加生物化学刺激素，这些成分在施用于植物或者根围时，对植物的自然进程能起到刺激作用，包括加强/有益于营养吸收、营养功效、非生物胁迫抗力及作物品质。

功能性肥料和生物刺激素的差别：大多数生物化学刺激素都是功能性肥料，少量生物化学刺激素在国内被归类于植物生长调节剂。这里统一用功能性肥料来指代所有在农业生产中具有特殊功能的物质。目前市面上肥料经常添加的功能物质主要有：

一、黄腐酸

1. 黄腐酸特性 黄腐酸是一种溶于水的红棕色粉末状物质。黄腐酸与生化黄腐酸的区别：黄腐酸是从低级别煤（泥煤、褐煤和风化煤）中提取出来的，组成结构比较单一，主要是芳香族羟基羧酸类物质；生化黄腐酸是从微生物发酵后的植物废料中提取的，组成较复杂，除了芳香族羟基羧酸外，还有一定数量的水溶性碳水化合物、氨基酸、蛋白质、糖酸类物质。在使用效果上，差别不太大。

2. 黄腐酸组成 黄腐酸固体为深棕色，味酸、无臭，易溶于水、乙醇、稀酸、稀碱和含水丙酮。黄腐酸含量 $\geqslant 95\%$，pH2.5～3，重金属含量 $<20mg/kg$，砷含量 $<2mg/kg$。

3. 黄腐酸应用 黄腐酸能促进植物生长尤其能适当控制作物叶面气孔的开放度，减少蒸腾，对抗旱有重要作用；能提高抗逆能力，增产和改善品质。主要应用对象为小麦、玉米、甘薯、谷子、水稻、棉花、花生、油菜、烟草、蚕桑、瓜果、蔬菜等，可与一些非碱性农药混用，并常有协同增效作用。

①可用做液体复肥，含有多种微量元素等有效成分。

②用于农作物喷施，抗旱、抗干热风。以叶面喷洒小麦为例，平均气孔开张度可降低2/3左右，同时还可以提高植株根系活力，防止早衰，提高各种酶活性，增加叶绿素含量20%以上。

③用于苹果、葡萄、花生、西瓜、蔬菜、茶叶等经济作物叶面喷施，可使含糖量增加2～4度，酸度下降，维生素C含量提高，因此能改善果实的品质。用于棉花可防治黄枯萎病，提高产棉率15%～30%。

二、黄腐酸钾（钠）

1. 黄腐酸钾（钠）特性 黄腐酸钾（钠）是一种纯天然矿物质活性钾（钠）元素肥料，黄腐酸钾（钠）含微量元素、稀土元素、植物生长调节剂、病毒抑制剂等多种营养成分，使养分更充足、补给更合理，从而避免了作物因缺少营养元素而造成各种生理性病害的发生，使作物株型更旺盛，叶色更浓绿，抗倒伏能力更强。黄腐酸钾（钠）能及时补充土壤中所流失的养分，使土壤活化，具有生命力，减少了土壤内养分被过度吸收引起的重茬病害，完全可以代替含量相同的硫酸钾或氯化钾及硫酸钾镁，而且天然、环保。

2. 黄腐酸钾（钠）组成　黄腐酸钾（钠）是一种多价酚型芳香族化合物与氮化合物的缩聚物，外观为棕褐色粉末，香甜气味，系纯天然发酵品，无任何毒副作用，达到食用卫生标准。

矿源黄腐酸钾：黄腐酸≥50％，K_2O≥12％，水不溶物≤0.5％，pH9～11。

黄腐酸锌：黄腐酸≥38％，锌≥5％，铁≥1％，水不溶物≤0.5％，pH9～11。

3. 黄腐酸钾（钠）生产　黄腐酸钾（钠）应用现代生物技术，以植物渣体为原料，经生物发酵，成功制取类煤化黄腐酸物质——生化黄腐酸钾（钠）。（黄腐酸属腐殖酸中分子量最小，活性最大的组分，系腐殖酸有效成分中的精华）它集成分、性能、价格的三大优势，无可争辩成为煤化黄腐酸的最佳替代品。

①黄腐殖酸是腐殖酸中的一种成分。腐殖酸广泛存在于自然界的草炭、褐煤、风化煤等中，可从腐殖酸中提取一定的黄腐殖酸与氧化钾制成黄腐酸钾。

②利用生化技术从植物中提取黄腐酸，然后与氧化钾制成黄腐酸钾。

4. 黄腐酸钾（钠）应用　大田作物底肥每亩30～60kg，配合适当的无机肥料，经济作物底肥每亩150～200kg，配合高浓度复合肥每亩30～40kg。

主要功效：黄腐酸钾可活化板结土壤，促进各种瓜果蔬菜和大田农作物的生理代谢，促进根系发达、茎叶繁茂。黄腐酸钾可基施、冲施、追施，冲施或追施亩用量20～30kg，可节约各种肥料，可使瓜果蔬菜及各种大田作物提前成熟10d左右，增产20％以上；可使瓜果蔬菜类延长保鲜期及采摘期，预防落花、落果，增加果品的含糖量，改善果品品质。

①改良土壤团粒结构，疏松土壤，提高土壤的保水保肥能力，调节pH，降低土壤中重金属的含量，减少盐离子对种子和幼苗的危害。

②固氮、解磷、活化钾，特别是对钾肥的增效尤为明显，起到增根壮苗、抗重茬、抗病、改良作物品质的作用。

③强化植物根系的附着力和快速吸收能力，特别是对由于缺乏微量元素而导致的生理病害有明显的效果。

5. 黄腐酸钾（钠）用法用量

①本品极具广谱性，可作为主体、载体用于生产叶肥、微肥、冲施肥、灌根肥、复合肥、生物菌肥、水培养液等肥种，以及制作种衣剂、搅种剂、浸根剂、蘸根粉等产品，也可用于改土、调节土壤pH、缓冲盐碱。本品还可用作各类农药载体（尤其是药肥合一产品）和农药增效剂。

②本品可作基肥、穴肥、冲施，每亩用量50kg。

③本品可喷施、滴灌，每亩用量10kg。

④可作为粉状地膜使用。本品均匀喷散于需要地膜的土壤表面，10min即可成膜，出苗后自动降解为肥料，省钱省工。

⑤特殊用量参考值如下：水培、根灌、滴灌用量为2 000倍浓缩液；水稻、小麦拌种用量为粉剂的0.3％；玉米拌种用量为粉剂的0.5％；棉花拌种亩用粉剂150g；甘薯浸秧用量为200mg/L浓缩液，时间8h；油菜浸种用量为200倍浓缩液，时间6h。本品拌种效果最佳，其效果可延展到作物中后期。果树蘸根亩用100g浓缩液稀释400倍，叶灌喷施

稀释1 000倍。树势衰弱灌根亩用量为2～4kg浓缩液稀释600倍；病树腐烂部位用浓缩液稀释1～2倍涂抹。

⑥矿源黄腐酸钾或锌能提高化肥利用率30％左右。可提高产量改善品质，提高作物的抗逆性。促进根系发达，一般增加根系1/3。调节土壤的pH，螯合土壤中微量元素等。使用方法及用量：大田、蔬菜亩用量500～800g，果树亩用量2～3kg，棉花亩用量1～1.5kg，不同作物对黄腐酸敏感程度不同，用量也不一样，不同厂家产品质量不一样，用量也不同。矿源黄腐酸与肥料配比：矿源黄腐酸在尿素中添加4～6kg粉剂或15kg液体，可起到事半功倍的效果，在复合肥或磷酸二铵中每吨添加6～10kg，在含腐殖酸水溶肥料中添加60～65kg符合国家肥料登记标准的黄钾或黄锌，可节肥20％～30％。

三、腐殖酸

1. 腐殖酸特性 腐殖酸别名黑腐酸、腐质酸、硝基腐殖酸、腐殖酸类、胡敏酸。英文名称 Humic acid。腐殖酸是自然界中广泛存在的大分子有机物质，广泛应用于农、林、牧、石油、化工、建材、医药卫生、环保等各个领域。尤其是现在提倡生态农业建设、无公害农业生产、绿色食品、无污染环保等，更使腐殖酸备受推崇。事实证明，人类的生活和生存离不开腐殖酸。

腐殖酸可分为黄腐酸、棕腐酸、黑腐酸。腐殖酸是动植物的遗骸，主要是植物的遗骸，是经过微生物的分解和转化，以及地球化学的一系列过程形成和积累起来的一类有机物质。它的总量大得惊人，可以万亿吨计。江河湖海、土壤煤矿，以及大部分地表上都有它的踪迹。由于它的广泛存在，对地球的影响也非常大，涉及到碳的循环、矿物迁移积累、土壤肥力、生态平衡等方面。土壤中所含的腐殖酸总量最大。

腐殖质是由死亡的生物物质如木质素等，经微生物降解而产生，难以再进一步降解，其特定的性能和结构取决于给定样本从水或土壤源中提取时的具体条件。虽然腐殖质的来源不同，性能却非常相似，其在土壤和沉积物中可分为3个主要部分：腐殖酸（Humic acid，HA）、富里酸（fulvic acid，FA）和胡敏素（humin，HM）。其中腐殖酸溶于碱，但不溶于水和酸；富里酸既溶于碱，也溶于水和酸；而胡敏素溶于稀碱，不溶于水和酸。腐殖酸能与水中的金属离子结合，有利于营养元素向作物传送，并能改良土壤结构，有利于农作物的生长。腐殖酸与金属离子有交换、吸附、络合、螯合等作用；在分散体系中作为聚电解质，有凝聚、胶溶、分散等作用。腐殖酸分子上还有一定数量的自由基，具有生理活性。

2. 腐殖酸应用 由于腐殖酸具有特殊功能，它将在防沙治沙、改良土壤、城市污水处理、生态农业建设、生产绿色和有机产品、开发药品及保健品等方面发挥其独特的作用。

在农业方面，与氮、磷、钾等元素结合制成的腐殖酸类肥料（例如用氨中和腐殖酸可制成腐殖酸铵肥料），具有肥料增效、改良土壤、刺激作物生长、改善农产品质量等功能。硝基腐殖酸可用作水稻育秧调酸剂。

腐殖酸镁、腐殖酸锌、腐殖酸尿素铁分别在补充土壤缺镁、玉米缺锌、果树缺铁上有良好的效果。腐殖酸和除草醚、莠去津等农药混用，可以提高药效，抑制残毒。腐殖酸钠对治疗苹果树腐烂病具有效果。

腐殖酸微生物包膜复合肥（即有机微生物包膜复合肥），巧妙地利用尿酶抑制剂、硝化抑制剂等进行涂层，达到缓释的效果，并成功地克服了微生物菌、复合肥不能相融的难题，综合了市面上所有产品的优点，效果翻倍。

3. 含腐殖酸水溶肥料　按照含腐殖酸水溶肥料国家农业行业标准 NY 1106—2010，含腐殖酸水溶肥料分大量元素型固体、大量元素型液体和微量元素型 3 种。

①大量元素型固体含量要求：水溶性腐殖酸≥3.0%，氮磷钾≥20.0%。

②大量元素型液体含量要求：水溶性腐殖酸≥30g/L，氮磷钾≥200g/L。

③微量元素型含量要求：水溶性腐殖酸≥3.0%，微量元素≥6.0%。

四、氨基酸

1. 氨基酸特性　氨基酸（amino acid）是含有氨基和羧基的一类有机化合物的通称，是生物功能大分子蛋白质的基本组成单位，是构成动物营养所需蛋白质的基本物质，是含有碱性氨基和酸性羧基的有机化合物。氨基连在 α-碳上的为 α-氨基酸。组成蛋白质的氨基酸均为 α-氨基酸。

无色晶体，熔点极高，一般在 200℃ 以上。不同的氨基酸其味不同，有的无味，有的味甜，有的味苦，谷氨酸的单钠盐有鲜味，是味精的主要成分。各种氨基酸在水中的溶解度差别很大，并能溶解于稀酸或稀碱中，但不能溶于有机溶剂。通常酒精能把氨基酸从其溶液中沉淀析出。

从营养学的角度，氨基酸分为必需氨基酸、半必需氨基酸和非必需氨基酸。

（1）必需氨基酸（essential amino acid）　指人体（或其他脊椎动物）不能合成或合成速度远不适应机体的需要，必需由食物蛋白供给，这些氨基酸称为必需氨基酸。成人必需氨基酸的需要量约为蛋白质需要量的 20%～37%，共有 8 种，分别是：赖氨酸、色氨酸、苯丙氨酸、蛋氨酸（甲硫氨酸）、苏氨酸、异亮氨酸、亮氨酸、缬氨酸。

（2）半必需氨基酸和条件必需氨基酸　包括精氨酸和组氨酸。人体虽能够合成精氨酸和组氨酸，但通常不能满足正常的需要，因此，又被称为半必需氨基酸或条件必需氨基酸，在幼儿生长期这两种是必需氨基酸。人体对必需氨基酸的需要量随着年龄的增加而下降，成人比婴儿显著下降。

（3）非必需氨基酸（nonessential amino acid）　指人（或其他脊椎动物）自身能够合成，不需要从食物中获得的氨基酸，例如甘氨酸、丙氨酸等氨基酸。

2. 氨基酸应用

①可为植物提供更全面的营养，可做叶面肥、浓缩肥、液态肥原料。

②养分含量高、营养全、肥效长、肥效快、吸收利用率高。本产品不仅含有丰富的速效氮（高达 17%），而且还含有丰富的长效有机生态氮（高达 16%），能被作物直接吸收的氨基酸（10%）、有机质（20%），以及高活性、螯合态有机生物钾（2%）、中微量稀土元素（10%）、活菌剂、促长抗病剂、肥料控释增效剂、土壤调理剂、抗重茬剂、细胞赋活因子等，总有效成分高达 80% 以上，可控制土壤尿酶活性，加速养分快速循环、分解和释放，固氮解磷、解钾，活化土壤，提高土壤通透性，促进光合作用，大幅度提高吸收

利用率和肥效期。肥效期长达 80～120d，吸收利用率可达 75％以上，是尿素的 2 倍，因而具有无机氮肥的速效性，又具有尿素、有机肥料的长效性，以及微生物、微肥等的特效性，有机与无机、速效、长效与特效相结合三效合一。

③改善作物生态环境，抑制病虫害，抗重茬。

④消抗逆性强，可起到再生化肥作用。本产品具有较好的离子交换和调节土壤 pH 的作用，可改善土壤团粒结构，起到透气、保肥、保水、保温、抗旱、抗寒、抗涝、抗干热风、抗倒伏等抗逆作用。可使根部大量扩繁复合菌群，从空气中合成氮肥，从土壤中螯合已被土壤固定的多种无机元素供作物吸收，从而达到再生化肥的作用。

⑤本品在生产过程中产生的纯天然促长抗病因子、酶制剂、调控因子等，能彻底改善作物的品质，增产效果明显，使用本品苗齐苗壮根系发达，病虫害少，茎叶壮，控旺长，产量高，可增产 30％～50％，能恢复自然风味，口感好，含糖量高，氨基酸含量高，彻底解决了作物苗期旺长、中期无力、后期脱肥不结实的根本问题。

3. 含氨基酸水溶肥料 按照含氨基酸水溶肥料国家农业行业标准 NY 1429—2010，含氨基酸水溶肥料分中量元素型固体、中量元素型液体、微量元素型固体和微量元素型液体 4 种。

①中量元素型固体含量要求：水溶性含氨基酸≥10.0％，中量元素≥3.0％。

②中量元素型液体含量要求：水溶性含氨基酸≥100g/L，中量元素≥30g/L。

③微量元素型固体含量要求：水溶性含氨基酸≥10.0％，微量元素≥2.0％。

④微量元素型液体含量要求：水溶性含氨基酸≥100g/L，微量元素≥20g/L。

五、海藻素

1. 海藻素特性 海藻素是从海洋植物海藻（algaes）中提取的。海藻是无胚、无维管束、叶状体孢子植物，种类极多，海藻是藻类的总称或简称。有单细胞和多细胞群体等各种形态，植物体大小从几毫米至几米，长度最长可超过 60m，有丝状体、叶状体、囊状体和皮壳状体等形态。色素主要有 4 类：叶绿素、胡萝卜素、叶黄素和藻。

海藻素含有多种植物生长调节素和矿质元素、螯合金属离子以及海洋生物活性物质，如细胞激动素、海藻多糖……可促使植物细胞快速分裂、植物快长、增强新陈代谢、提高抗逆性（如抗干旱）、促进孕蕾开花，尤为重要的是藻红素和藻蓝素，其辅基是吡咯环所组成的链，分子中不含金属，与蛋白质结合在一起，藻红素主要吸收绿光，藻蓝素主要吸收橙黄光，它们能将所吸收的光能传递给叶绿素用于光合作用，这点对治理或改善园林绿化植物的黄化也有重要意义。另外，海藻素还能改善土壤结构、水溶液乳化性、减低液体表面张力，可与多种药、肥混用，能提高展布性、黏着性、内吸性，增强药效、肥效。在植保方面可直接单用，也有抑制有害生物、缓解病虫危害的作用，如与其他制剂复配，还有增效作用。

2. 海藻素组成 海藻素产品为棕色液体，pH4.9，相对密度 1.045，极易溶于水。对大鼠急性口服 LD50 为 15 380mg/kg。为多种激动素混合物，大多数与玉米素类似，系从海藻中提取。主要用作植物生长调节物质，能促进细胞分裂，延缓衰老和增进根、茎生长。

海藻素产品分固体和液体两种，呈酸性，溶于水，具有海藻味。内含多种植物所必需的营养成分、微量元素和海洋生物活性物质、海藻多糖、天然植物生长素，各有效成分保证量为：总氮≥1%，P_2O_5≥6%，K_2O≥18%，海藻酸≥10%，有机质≥40%。

除以上所列有效成分外，海藻素还含有多种螯合态或离子态的中、微量元素，如钙、镁、铁、锌、铜、锰等，这些植物所必需的微量元素以不同的形态进入植物体内参与其生理作用。

3. 海藻素用途用法 海藻素是纯天然海藻提取物，无公害、无污染。可直接叶喷、灌根、浸种、扦插繁殖，也可作营养剂配制专用冲施肥、叶面肥、农药等。用于无公害基地、花卉和苗圃等农业生产。

海藻素集植物所必需的营养成分、海洋生物活性成分、海藻有机质于一体，用于农业生产，主要体现三大功效：

(1)肥效 该产品内含植物必需的营养成分和天然矿物质、生长调节剂，能促进植物细胞分裂和伸长，强化新陈代谢，加速根部发育，提高植物对水分和养分的吸收能力，增强抗逆能力，改善作物品质，提高产量。

(2)抗逆性 该产品含有多种海洋生物活性物质，如海藻多糖、海藻多酚，寡糖素、碘含量比例适中，对植物的粉霉病、灰霉病、红蜘蛛有明显的抑制作用，尤其是对温室红蜘蛛、水稻纹枯病、烟草花叶病抑制作用更强。

(3)环保 海藻素是纯天然海藻提取物，对环境无污染。施用后可疏松土壤，改良因施用化肥造成的土壤板结，加快土壤团粒结构形成，确保土壤有良好的通气性。用海藻素生产的粮食、蔬菜、瓜果、茶叶，其品质优良，无有毒物质残留，符合绿色食品标准。

使用方法：既可用作叶片喷洒，又可用于土壤浇灌或者两者同时使用，最好经常使用。喷施：每亩用量20g，用至少100L水稀释（约5 000倍），每1～2周1次。根浇：每亩用量50g，用至少300L水稀释（约6 000倍），每2～4周1次。小果树：移植时进行土壤浇灌，以后每隔一周喷叶1次。播种类蔬菜：当长出4张叶子时进行首次喷洒，然后每1～2周喷洒1次，或每2～3周进行1次土壤浇灌。移植类蔬菜：移植时进行土壤浇灌，然后就可与播种的蔬菜一样使用。冲施滴灌：每亩500g。

4. 海藻素应用效果

①茄子上施用，茄子坐果多，果皮光滑，果肉紧实，硬度大，无畸形果，着色好，长茄果直而色重，圆茄果圆滑而色艳。

②黄瓜上施用，瓜密、瓜条直，粗细均匀，色度亮，香味浓。

③生姜上施用，叶片挺立增厚、叶色浓绿、不早衰，收获期植株比对照增高5～10cm，分枝多5～6个，姜芽粗壮、表皮光滑、姜味辣甜。

④辣椒上施用，易坐果，长椒果直而鲜艳，圆椒果光滑色亮，均表现为皮增厚，无畸形果。

⑤胡萝卜上施用，根膨大快，充实、个大、脆甜、光滑、无毛根、无裂口，不弯曲，无叉子。

⑥芹菜上施用，叶片鲜嫩，无黄叶、烂叶，叶柄宽厚，纤维少，口感极佳，一般比对照高10～15cm。

⑦西瓜上施用，瓜膨大快，肉质紧实，瓜大皮色重，含糖一般提高 2～3 个百分点，耐贮运。

⑧番茄上施用，果大肉密，色艳密甜，无畸形果，无脐腐病。

六、聚谷氨酸

1. 聚谷氨酸特性 聚谷氨酸（γ-PGA）别称纳豆菌胶、多聚谷氨酸。英文名 POLY-L-GLUTAMIC ACID 2000～15000。它是一种水溶性，可生物降解，不含毒性，使用微生物发酵法制得的生物高分子。γ-PGA 聚谷氨酸是一种有黏性的物质，在"纳豆"——发酵豆中首次被发现。γ-PGA 聚谷氨酸是一种特殊的阴离子自然聚合物，是以 α-胺基（α-amino）和 γ-羧基（γ-caboxyl）之间经酰胺键（amide linkage）所构成的同型聚酰胺（homo-polyamide）。γ-PGA 的分子量从 5 万到 200 万 Da 不等，一般 70 万单位。其保湿锁水功效是透明质酸的 500 倍。

γ-聚谷氨酸具有优良的水溶性、超强的吸附性和生物可降解性，降解产物为无公害的谷氨酸，是一种优良的环保型高分子材料，可作为保水剂、重金属离子吸附剂、絮凝剂、缓释剂以及药物载体等，在化妆品、环境保护、食品、医药、农业、沙漠治理等方面均有很大的商业价值和社会价值。其特性：①对人体和环境无毒，可生物降解，为生态友好型；②水溶性，可得到无味清洁透明的溶液；③易交联形成后期拥有卓越性能的水凝胶；④可制成钠、钙、镁、氢型。

2. 聚谷氨酸生产 纳豆是一种日本人经常食用的传统黄豆发酵食品。经过发酵作用后的纳豆，含有比黄豆本身更丰富的维生素（B_2、B_6、B_{12}、E、K_2）以及更易消化的蛋白质，此外，纳豆中还含有多种消化酵素，以及对身体健康有帮助的特殊多糖（Levan）、血栓分解酵素（Nattokinase），以及 γ-聚谷氨酸（γ-PGA）等，对于促进身体健康有极佳的效果，近年来相当流行食用纳豆来增进身体的健康。γ-PGA 是组成纳豆黏性胶体的主要成分，具有促进矿物质吸收的作用，目前，日本已将 γ-PGA 列入促进矿物质吸收的保健成分表。γ-PGA 特殊的分子结构，使其具有极强的保湿能力，添加 γ-PGA 于化妆品或保养品中，能有效地增加皮肤的保湿能力，促进皮肤健康。与公认的最具保湿能力的透明质酸（Hyaluronic acid，HA）相比，γ-PGA 的保湿效果竟然超出其效果的 2～3 倍，为新一代的生物科技保湿成分。

3. 聚谷氨酸作用 γ-聚谷氨酸可以做为植物增产营养素。

①γ-聚谷氨酸具有超强亲水性与保水能力，漫淹于土壤中时，会在植株根毛表层形成一层薄膜，不但具有保护根毛的功能，更是土壤中养分、水分与根毛亲密接触的最佳输送平台，能有效地提高肥料的溶解、存储、输送与吸收。可阻止硫酸根、磷酸根、草酸根与金属元素产生沉淀作用，使作物能更有效地吸收土壤中磷、钙、镁及微量元素。能促进作物根系的发育，加强抗病性。

②γ-聚谷氨酸可平衡土壤酸碱性，对酸、碱具有绝佳缓冲能力，可有效平衡土壤 pH，避免长期使用化学肥料所造成的酸性土质。

③γ-聚谷氨酸可沉淀有毒重金属，对 Pb^{2+}、Cu^{+2}、Cd^{2+}、Cr^{3+}、Al^{3+}、As^{4+} 等有毒重金属有极佳的螯合效果。

④γ-聚谷氨酸可增强植物抗病及抗逆境能力，整合植物营养以及土壤中的活性成分，可增强抵抗由土壤传播的植物病原所引起的症状。

⑤γ-聚谷氨酸能够促进增产，可使茶叶、瓜果、蔬菜等农产品快速增产，增产量达10%～20%。

4. 聚谷氨酸应用　小白菜每亩 10g，节肥 40%，增产 9.6%；油菜每亩 10g，增产 9.0%；番茄每亩 30g，节肥 50%，增产 25.3%；胡萝卜每亩 30g，节肥 20%，减产 0.7%；茼蒿每亩 50g，增产 7.9%；水稻每亩 75g，节肥 20%，平产；玉米每亩 30g，节肥 20%～10%，增产 6.5%～7.6%；烤烟每亩 75～150g，增产 5.04%～18.6%。

七、壳寡糖

1. 壳寡糖特性　壳寡糖是由壳聚糖解聚制成，是甲壳素、壳聚糖产品的升级产品，具有壳聚糖不可比拟的优越性。壳寡糖又叫壳聚寡糖、低聚壳聚糖，是将壳聚糖经特殊的生物酶技术（也有使用化学降解、微波降解技术的报道）降解得到的一种聚合度在 2～20 之间的寡糖产品，分子量≤3 200Da，是水溶性较好、功能作用大、易被人体吸收、生物活性高的低分子量产品，同时具有纯天然、无辐射、无污染、无添加等特点。它具有壳聚糖所没有的较高溶解度，全溶于水，容易被生物体吸收利用等诸多独特的功能，其作用为壳聚糖的 14 倍。

农业级壳寡糖，也称为氨基寡糖素，是根据植物的生长需要，采用独特的生物技术生产而成，分为固态和液态两种类型。壳寡糖是自然界中唯一带正电荷阳离子碱性氨基低聚糖，是动物性纤维素。壳寡糖是由来源于虾蟹壳的壳聚糖降解成的带有氨基的小分子寡糖，采用先进的生物酶解法制备而成。

壳寡糖可改变土壤微生物区系，促进有益微生物的生长，抑制一些植物病原菌。壳寡糖可刺激植物生长，使农作物和水果、蔬菜增产丰收。壳寡糖可诱导植物的抗病性，对多种真菌、细菌和病毒产生免疫和杀灭作用，对小麦花叶病、棉花黄萎病、水稻稻瘟病、番茄晚疫病等病害具有良好的防治作用。同时，壳寡糖对多种植物病原菌具有一定程度的直接抑制作用。壳寡糖在农业上应用具有微量（PPM 级）、高效、低成本、无公害等特点，对我国农业可持续发展具有重要意义。

壳寡糖可以生物降解，可被甲壳质酶、甲壳胺酶、溶菌酶、蜗牛酶等水解。酶解的最终产物是氨基葡萄糖，不会像合成高分子材料那样对环境造成污染。

2. 壳寡糖作用

（1）促进植物愈伤组织形成　壳寡糖有促进植物愈伤组织形成的效果。通过对甘蓝叶愈伤组织进行的模拟试验，在琼脂培养基上添加羧甲基脱乙酰壳多糖、壳寡糖，将甘蓝叶片在暗室培养 25d，以空白的培养基为对照，比较形成愈伤组织的重量，结果表明，壳多糖及壳寡糖处理与空白对照相比，对形成愈伤组织的促进效果分别为对照的 1.2 倍和 1.5 倍。

（2）促进植物生长　用白花萝卜作根菜类代表进行盆栽试验。用壳寡糖（分子量 3 000Da）水溶液浸种处理、壳寡糖混土处理、甲壳质混土处理及空白对照，于播种后第 13、27 和 37d 测叶长、全株重和根重，结果表明，不论用壳寡糖进行种子处理，还是土壤混合处理，萝卜叶长、全重和根重与未处理区相比都显示出促进生长的效果。壳寡糖种子处理的效果高于土壤处理。与壳寡糖相比，甲壳质的促进作用差。用壳寡糖处理萝卜种子，在田间条件下增产 13%～17%。

（3）使植物细胞活化，提高肥料成分的吸收率 研究显示，壳寡糖能引起植物细胞活化。例如，在番茄子叶上施用壳寡糖，能诱导产生蛋白酶阻害物质。在大豆细胞培养液中添加壳寡糖，能增强 β—葡聚糖（glucosan）的生物合成，它是细胞壁的构成成分之一。豌豆荚施用壳寡糖，与感染镰刀菌一样，会出现抗菌蛋白质。在前述白花萝卜试验中，根部的氮（N）和钾（K）含量在两个壳寡糖处理区均比对照区高。壳寡糖处理使植物细胞活化，提高了肥料成分的吸收活性。壳寡糖及其诱导体对未熟豌豆荚植保素的诱导作用和对两种镰刀菌繁殖的阻害效果明显。壳寡糖进入病原菌的细胞内，阻害病原菌从 DNA 向 RNA 的转录，从而也就阻害了病原菌的增殖。

（4）具有杀毒、杀细菌、杀真菌作用 不仅对真菌、细菌、病毒具有极强的防治和铲除作用，而且还具有营养、调节、解毒、抗菌的功效。可广泛用于防治果树、蔬菜、地下根茎、烟草、中药材及粮棉作物的病毒、细菌、真菌引起的花叶病、小叶病、斑点病、炭疽病、霜霉病、疫病、蔓枯病、黄矮病、稻瘟病、青枯病、软腐病等病害。

3. 壳寡糖应用

（1）作为植物生长调节剂进行种子处理 壳寡糖用于种子处理和种子包衣，可增强植物抗病性并调节植物生长。据园艺场试验，用壳寡糖 800 倍液浸泡油菜、茼蒿种子后播种，可促进根发育，提高产量。用壳寡糖进行种子处理的应用已较为广泛，美国 11 个州已采用壳寡糖包衣方法处理小麦种子。氨基寡糖素处理过的黄瓜植物不但对霜霉病的抗性增强，且对果实采收期可提前 3～5d，产量明显提高。

（2）灌根和叶面处理可提高农作物产量 每亩叶面喷施 2～3g，冲施肥每亩 20～40g。

（3）改良土壤 壳寡糖水性土壤改良剂可以改进土壤团粒结构，增加草莓产量，并可以减少土壤水分蒸发。国外市场上有壳寡糖和微量元素组成的无土栽培液肥。

（4）制成农药、化肥的缓释材料 壳寡糖可制成除草剂和尿素的缓释材料，还可制成甲壳质合成抑制剂等生物农药。美国的一种杀线虫农药 Clandosan，主要成分为壳寡糖，具有一定的肥效。2% 的壳寡糖（氨基寡糖素）溶液，经广泛的田间实验及室内验证西瓜枯萎病、棉花黄萎病、番茄晚疫病、烟草病毒病、黄瓜白粉病、生菜立枯病、辣椒疫病等，均有很好的防治效果。抗线虫时每亩 50g，灌根处理时与阿维菌素一起搭配使用效果更佳。

壳寡糖最好要与其他肥料结合复配使用。与有机粪肥一起做基肥施用，可加快有机粪肥的腐熟分解；与大量元素肥料一起做基肥或追肥施用，可提高大量元素肥料的利用率；与微量元素肥料一起做叶面肥施用，能强力螯合，加快吸收。基于壳寡糖对植物和土壤的综合调控，可显著降低传统肥料的使用量，减少缺素、过量使用、土壤板结、酸化、盐碱化等。

（5）制成转基因植物 将几丁质酶基因克隆到作物中，制成转基因植物，使植物具有酶的活性，成为抗病植物。

（6）鱼、鸡等动物饲料添加剂 甲壳质喂饲红海鲷和狮鱼，可促进生长。还可作为鸡饲料添加剂。

（7）水果保鲜 美国与加拿大用壳寡糖制成水果保鲜剂，保鲜期可达 9 个月。

八、几丁聚糖（甲壳素）

几丁聚糖（chitosan）别名壳聚糖、甲壳胺、脱乙酰甲壳质、可溶性甲壳质、脱乙酰几丁质、聚氨基葡糖，是由自然界广泛存在的几丁质（chitin）经过脱乙酰作用得到的，化学名称为聚葡萄糖胺（1-4）-2-氨基-B-D 葡萄糖，缩写 CTS。产品为白色，略有珍珠光泽，呈半透明片状固体。几丁聚糖为阳离子聚合物，化学稳定性好，约 185℃分解，无毒，不溶于水和碱液，可溶解于硫酸、有机酸（如 1‰醋酸溶液）及弱酸水溶液。甲壳质的脱乙酰基衍生物（Chitosan derivatives）壳聚糖（chitosan）不溶于水，可溶于部分稀酸。

（1）抗病诱导剂 在植物病原菌与寄生植物之间，几丁聚糖对植物病原菌孢子的萌发和生长有阻碍作用，并对病原菌感染的防护机能有诱导作用。如对木瓜花叶病、芹菜尖孢镰刀菌萎蔫症状、番茄根腐病、黄瓜腐霉菌猝倒病、烟草黑胫病、番茄早疫病、棉花炭疽病、小麦赤霉病、水稻白叶枯病、马铃薯环腐病、棉花角斑病、大豆花叶病、大豆根腐病、油菜菌核病、水稻恶苗病、番茄黑斑病等都有抑制作用或产生诱导抗性。其机理是诱导了植物的结构抗病性，如使植物细胞壁加厚或木质化，产生侵填体、乳突等，调节植物体内与抗病有关的酶活性变化，产生植保素、酚类化合物等。

（2）杀菌剂 几丁聚糖能抑制多种细菌的生长和具有抗真菌活性，尤其对真菌和丝状菌类有独特的效果，因此作为天然抗菌剂正在进一步开发利用。由于几丁聚糖具有较强的抑菌作用，可将其制成杀菌剂。

（3）杀虫剂 美国公司从贝壳中提炼出来的杀虫剂——Clandosan 的有效成分即为几丁聚糖和蛋白质的天然混合物，同时还具有一定的肥效，这种杀虫剂与化学杀虫剂不同，它不直接杀虫，而是促进土壤微生物生产出一种杀死线虫和虫卵的酶。此外，几丁聚糖对幼龄害虫及时防治亦有很好效果。黄瓜蚜虫喷施几丁聚糖，第 4 天全部杀灭。番茄发生白粉虱，连续喷施几丁聚糖，一周后全部消除。

（4）作物抗逆剂 几丁聚糖诱导作物的抗性不仅表现在抗病（生物逆境）方面，也表现在抵抗非生物逆境方面。施用几丁聚糖对作物的抗寒冷、抗高温、抗旱涝、抗盐碱、抗肥害和气害、抗营养失衡等方面均有良好作用，这是由于几丁聚糖对作物本身以及土壤环境均产生了多方面的良好影响，譬如几丁聚糖诱导作物产生的多种抗性物质中，有些具有预防、减轻或修复逆境对植物细胞的伤害作用。另外，几丁聚糖能促使作物生长健壮，健壮植株自然也有较强的抗逆能力。实践中，当作物幼苗遇低温冷害而萎蔫时，及时施用几丁聚糖很快植株就恢复了长势；当作物不论是什么原因导致根系老化时，施用几丁聚糖会促使有活力的新根系发生；当作物受农药药害枝叶枯萎时，施用几丁聚糖可以辅助解毒，并使之很快就抽出新的枝叶。

（5）种子包衣剂 几丁聚糖溶液包覆小麦种子，有明显的增产、优质效果。几丁聚糖柠檬酸溶液泡烟草种子，能提高烟草种子活力，促进幼苗生长；过氧化物酶、硝酸还原酶及淀粉酶活性也随几丁聚糖处理浓度的增大而明显提高。

（6）果蔬保鲜剂 根据几丁聚糖的成膜性，对果蔬在采前或采后进行适宜浓度的几丁聚糖涂膜处理，可以有效防止果蔬贮藏期间的失水和皱缩，减缓果蔬转色和营养物质的消耗，并有利于保持果实的硬度，延长保鲜期。其对果蔬保鲜的作用机理主要是：在果蔬表面形成半透膜，抑制病原真菌生长，降低病原菌的侵染性和诱导果蔬产生抗病性。

（7）农药缓释剂　几丁聚糖良好的成膜性和表面多孔结构，将其包覆农药做成缓释剂，减缓了农药释放速度，使药效作用期大大延长。也可在几丁聚糖链上接入杀虫剂，施入农田，使它在自然条件下缓慢水解，药物性能逐渐释放出来，还可延长药物的有效期。这类缓释农药还具有一定的肥效。

（8）土壤改良剂　将几丁聚糖施入到土壤中，可有效地起到抑制土壤中病原菌的作用，促进作物生长。为使几丁聚糖更好地分散到土壤中，可用卤化锂、二甲基乙酰胺、水等混合溶剂，使几丁聚糖溶解其中配制成溶液，再用锯末等载体吸收，干燥后施到土壤中。如果将几丁聚糖制成胶体溶液、颗粒剂施到土壤中，也能起到阻止霉菌繁殖、促进作物生长的作用。

（9）地膜降解剂　地膜作为一种重要的农业生产资料，已在农业生产中广泛使用，但目前常用的地膜为聚乙烯薄膜，这种高分子物质在土壤中不能分解，使土壤板结、土质变坏，对自然环境产生白色污染。含10%甲壳质或壳聚糖制成的聚乙烯—甲壳质或聚乙烯—壳聚糖膜6个月后能被土壤中的微生物完全降解，而且这种地膜伸缩性好，湿润状态下也有足够的强度。使用这种地膜将给农业生产及环境保护带来巨大效益，有广阔的发展前景。

（10）植物生长调节剂　玉米、大豆、小麦、水稻、马铃薯、棉花等作物叶面喷施几丁聚糖都有明显的增产、优质效果。目前，国外已有多种由几丁聚糖制成的植物生长调节剂出售。最近的研究表明，几丁聚糖是一种生长调节物质，能增加禾谷类作物的分蘖力，调节根、茎、叶和花的生长发育，影响生殖器官的大小和多少。也有人认为几丁聚糖可能是通过增加作物的免疫力以达到增产，或可能是以赤霉素的拮抗剂形式调节作物的发育动态。还有报道认为，几丁聚糖通过其在代谢途径中形成一些低聚糖调节植物的生长。

几丁质及其衍生物用作植物生长调节剂具有高的生物相容性、生物降解性和生物活性等特点，在保护环境、促进生态循环和农业可持续发展、生产有机食品上，都具有十分重要的现实意义。

九、莱力素

1. 莱力素的研发与生产　莱力素是由国际欧亚科学院院士、中国科学院上海有机化学研究所姜标研究员，利用仿生化学技术，人工合成的仿大蒜素有机化合物。莱力素由姜标院士担任董事及首席科学家的上海莱慎生物科技股份有限公司全球独家生产。莱力素肥料技术研发全国唯一合作单位为中国农业技术推广协会生物有机肥料专业委员会。莱力素在医药防疫、卫生消毒、食品保鲜、饲料添加等方面已经广泛应用。

2. 莱力素特点　莱力素属于全球首创的最新发明产品，没有国家标准，目前暂时没有纳入肥料农药登记目录，既不属于肥料，也不属于农药，就是普通有机物，因而生产销售也不需要许可证。目前莱力素推广应用定义：具有抗病虫害功能的纯有机态肥料增效剂、肥料添加剂。

3. 莱力素作为肥料产品开发的意义 利用肥料登记许可证，将莱力素放入肥料中，赋予肥料抗病虫害效果（肥料不能说杀菌杀虫），用量少，成本低廉，特别适合开发"爆款"产品：

①液体莱力素水溶性好，特别适合叶面喷施、滴灌喷灌及冲施肥。莱力素使用浓度很低，特别适合无人机喷撒。莱力素用量极少，喷洒在颗粒上，也可以实现有效添加。

②莱力素 pH 偏酸性，与大多数中性、偏酸性肥料都可以混合使用。

③莱力素为有机化合物，与多数中性或偏酸性中量、微量元素都不会产生拮抗作用。

④莱力素与多数中性或偏酸性化肥、复合肥混合施入农田，可以实现药肥一体。

⑤在水果、蔬菜、茶叶等极容易农药污染的作物上，使用莱力素最佳。

⑥莱力素与有机肥混合还可以抑制发酵菌繁殖，防止有机肥腐熟不彻底，施入土壤中发酵烧苗，彻底解决有机肥发芽率问题。

⑦莱力素可以抑制尿素分解，具有提高肥料利用率的效果。

⑧莱力素本身具有促进萌芽、提高发芽率、促进植物生长发育的作用。

⑨莱力素在植物叶面残留时间 7～15d，在土壤残留时间 3～7d。残留少污染少，但也可能后效不够，莱力素团队正在研发缓控释莱力素。莱力素与肥料混合，可保存数年仍然有效。

4. 乙蒜素防治病虫害效果

①乙蒜素被广泛地用于水稻、小麦、黄瓜、辣椒、大豆、油菜、甘薯、棉花、苹果树等几十种作物。它可以用于防治枯萎病、黄萎病、立枯病、稻瘟病、玉米大小斑病、霜霉病、黑斑病等 100 多种的病害，速效性好。

②乙蒜素对多种真菌、细菌有很强的抑制作用，特别对有土壤带菌和种子传播的土传病害效果突出，尤其对枯萎病、黄萎病有较好的防治效果。

③乙蒜素最早是从大蒜中提取出来的，纯乙蒜素模仿大蒜的化学链而开发的仿生物杀菌剂，作为植物源仿生杀菌剂，与作物亲和力强，易吸收，不容易产生抗性。

④乙蒜素与大多数杀菌剂都没有交互抗性，也可以用作其他杀菌剂的复配使用，尤其是与三唑酮、咪鲜胺、恶霉灵、烯酰吗啉混用，不仅可以扩大杀菌谱，同时还能起到相互增效、延长持效期的作用。

5. 莱力素防治病虫害效果问题 莱力素是仿大蒜素产品，其防治病虫害的效果也与大蒜素（乙蒜素）有相似之处。莱力素防治病虫害效果：天然大蒜素及其提纯物——乙蒜素在消毒、杀菌、防虫等方面的应用已经广为人知，尽管其杀菌功效是青霉素的 100 倍，然其常温水溶解度仅为 1.2%，特别其刺鼻的大蒜味更是让人敬而远之。与天然大蒜素及其提纯物乙蒜素比较，莱力素彻底改变了传统大蒜素及乙蒜素的缺点，莱力素的杀菌抗虫效果是乙蒜素的 40 倍，而且没有大蒜素的刺鼻气味。莱力素是仿生有机化学物，无任何毒副作用。作为作物种子拌种剂，避免了化学农药对种子的伤害和药残。

6. 莱力素在土壤病虫害防治方面效果独特

①土壤及其所含水分具有极大容量，一般化学农药用量少了，浓度太稀没有效果；用量多了，极易造成土壤药残污染，而且不易清除。专家们一致苦于没有找到一个适合土壤病虫害防治的农药。

②莱力素生物农药无药残，而且使用浓度低，特别适合用于土壤病虫害的防治。

③土壤消毒是目前针对棘手土传病较有效的解决方案。土壤消毒通过高效快速杀灭土壤中真菌、细菌、线虫、土传病毒、地下害虫等，能够解决作物的连茬、重茬生长问题，平衡土壤菌群，提高植物抗病害能力，显著提高作物的产量和品质。

第三节　功能化生物有机肥料研发

研发功能化生物有机肥料，是为了实现其功能化。关键在两个方面：一是特殊的配方，产生功能化效果；二是添加上一节介绍的功能物质，实现功能化效果。

一、保花保果类生物有机肥料研发

1. 适用作物　主要用于蜜橘、橙子、椪柑、柚子、苹果、桃、梨、葡萄、芒果、香蕉、荔枝、桂圆、枣、杏、李、梅、核桃、板栗等水果、干果植物，这些果树极容易发生落花落果、果实开裂、果皮僵硬等症状，主要是缺乏中量元素或微量元素。

2. 主要功能　保花保果，防止落花落果、果实开裂、果皮僵硬等功能。

3. 研发技术

①主要生物有机肥料包括：NY/T 525 有机肥料、NY 884 生物有机肥、GB/T 18877 有机—无机复混肥料或者 NY/T 798 复合微生物肥料。在这些产品中，科学添加中、微量元素如钙（Ca）、镁（Mg）、硼（B）、锌（Zn）等。

②注意防止相互拮抗，最好采取络合态元素，或者采取包衣法覆盖在肥料表面。

③在生物有机肥或者复合微生物肥料中添加枯草芽孢杆菌、胶冻样类芽孢杆菌、巨大芽孢杆菌、地衣芽孢杆菌、侧孢短芽孢杆菌、细黄链霉菌等（详见有关微生物菌剂章节）。

④根据需要添加一部分本章节中有关的肥料功能物质，重点添加一些改善品质的功能物质如氨基酸、聚谷氨酸等。

二、稳产优质抗重茬类生物有机肥料研发

1. 适用作物　主要用于西瓜、草莓、甜瓜、火龙果、菠萝、香蕉、冬瓜、南瓜、番茄等草本瓜果植物，这些瓜果类植物极容易发生重茬和土传病害。烂瓜烂果、重茬减产、偏酸不甜等症状，主要是营养元素比例失调、重茬及土传病害造成的。

2. 主要功能　提高产量，改善甜度等品质，防止烂瓜烂果、抗重茬及土传病害等功能。

3. 研发技术

①主要生物有机肥料包括：NY/T 525 有机肥料、NY 884 生物有机肥、GB/T 18877 有机—无机复混肥料或者 NY/T 798 复合微生物肥料。在这些产品中，科学添加中、微量元素如钙（Ca）、镁（Mg）、硼（B）等。

②注意防止相互拮抗，最好采取络合态元素，或者采取包衣法覆盖在肥料表面。

③在生物有机肥或者复合微生物肥料中添加枯草芽孢杆菌、胶冻样类芽孢杆菌、巨大芽孢杆菌、地衣芽孢杆菌、侧孢短芽孢杆菌、细黄链霉菌等（详见有关微生物菌剂章节）。

④根据需要添加一部分本章节中有关的肥料功能物质，重点添加一些改善品质的功能物质如氨基酸、聚谷氨酸等。添加抗虫害病害的有机物质如中药渣、烟末、花椒叶、大蒜渣等。如果有药肥登记证，可以按照登记证要求添加防治病虫害的生物农药。

三、高产抗病虫害类生物有机肥料研发

1. 适用作物　主要用于蔬菜和瓜类植物，这些蔬菜和瓜类植物极容易发生品质降低、减产、病虫害等症状，主要是营养元素比例失调、病虫害造成的。

2. 主要功能　提高产量，改善品质，防治病虫害等功能。

3. 研发技术

①主要生物有机肥料包括：NY/T 525 有机肥料、NY 884 生物有机肥、GB/T 18877 有机—无机复混肥料或者 NY/T 798 复合微生物肥料。在这些产品中，科学添加中、微量元素如钙（Ca）、镁（Mg）、硼（B）、锌（Zn）等。

②注意防止相互拮抗，最好采取络合态元素，或者采取包衣法覆盖在肥料表面。

③在生物有机肥或者复合微生物肥料中添加枯草芽孢杆菌、胶冻样类芽孢杆菌、巨大芽孢杆菌、地衣芽孢杆菌、侧孢短芽孢杆菌、细黄链霉菌等（详见有关微生物菌剂章节）。

④根据需要添加一部分本章节中有关的肥料功能物质，重点添加一些改善品质的功能物质如氨基酸、聚谷氨酸等。添加抗虫害病害的有机物质如中药渣、烟末、花椒叶、大蒜渣等。如果有药肥登记证，可以按照登记证要求添加防治病虫害的生物农药。

四、优质抗虫抗病类生物有机肥料研发

1. 适用作物　主要用于茶叶、烟草、叶菜等产叶类植物，这些产叶类植物极容易发生虫害病害、减产、品质降低等症状，主要是营养元素比例失调、虫害病害造成的。

2. 主要功能　改善品质，防治虫害、病害等功能。

3. 研发技术

①主要生物有机肥料包括：NY/T 525 有机肥料、NY 884 生物有机肥、GB/T 18877 有机—无机复混肥料或者 NY/T 798 复合微生物肥料。在这些产品中，科学添加中、微量元素如钙（Ca）、镁（Mg）、硫（S）、锌（Zn）等。

②注意防止相互拮抗，最好采取络合态元素，或者采取包衣法覆盖在肥料表面。

③在生物有机肥或者复合微生物肥料中添加枯草芽孢杆菌、胶冻样类芽孢杆菌、巨大芽孢杆菌、地衣芽孢杆菌、侧孢短芽孢杆菌、细黄链霉菌等（详见有关微生物菌剂章节）。

④根据需要添加一部分本章节中有关的肥料功能物质，重点添加一些改善品质的功能物质如氨基酸、聚谷氨酸等。添加抗虫害病害的有机物质如中药渣、烟末、花椒叶、大蒜渣等。如果有药肥登记证，可以按照登记证要求添加防治病虫害的生物农药。

五、调理修复土壤生物有机肥料研发

1. 适用作物　主要用于土壤严重酸化、土壤重金属超标地区，这些地区土壤严重酸化，重金属超标，造成减产和品质降低。

2. 主要功能　调理土壤酸化、修复土壤重金属等功能。

3. 研发技术

①主要生物有机肥料包括：NY/T 525 有机肥料、NY 884 生物有机肥、GB/T 18877 有机—无机复混肥料或者 NY/T 798 复合微生物肥料。在这些产品中，科学添加中、微量元素如钙（Ca）、镁（Mg）、硅（Si）、锌（Zn）等。

②注意防止相互拮抗，最好采取络合态元素，或者采取包衣法覆盖在肥料表面。

③在生物有机肥或者复合微生物肥料中添加枯草芽孢杆菌、胶冻样类芽孢杆菌、巨大芽孢杆菌、地衣芽孢杆菌、侧孢短芽孢杆菌、细黄链霉菌等（详见有关微生物菌剂章节）。

④根据需要添加一部分本章节中有关的肥料功能物质，重点添加一些改善品质的功能物质如氨基酸、聚谷氨酸等，添加石灰、碳酸钙等土壤调理剂。

六、苗床生物有机肥料研发

1. 适用作物　主要用于水稻育秧、蔬菜育苗、花卉苗木育苗，以及肥料、基质或者营养土。作物在育苗时期有三大特点：

①植株发育不完善，器官幼嫩，功能低下，相当于人类的婴儿时期。

②对土壤酸碱性、湿度、氧气、温度等反应敏感，要求严格。

③有非常特殊的氮磷钾及中微量元素等营养元素、形态及比例需求。

2. 主要功能　有四大功能：

①调节土壤 pH 至微酸性状态。

②苗床土壤消毒，防治苗期病虫害。

③按要求提供氮磷钾及中微量等营养元素。

④调节植物生长发育，培育壮苗，抗寒冻，旺苗早发，提高移栽成活率，为高产打下基础。

3. 研发技术　苗床肥料相当于婴儿食品，有效性和安全性都极其重要。

苗床肥料、基质或者营养土及要求：

①苗床肥料一般氮磷钾要求高一点，作物苗期速效养分更好吸收。

②苗床肥料有机质要求低一点，主要是增加透气性，而且有机质一定要腐熟彻底，防止烧苗。

③苗床肥料也需要一些微量元素。

④苗床肥料微酸性最好。

第十二章　生物有机肥防治重茬及土传病害技术

随着全球沙漠化、荒漠化形势的日益严峻，可耕土地越来越少，而我国人多地少的矛盾更加突出，提高复种指数（重茬耕作）是解决问题的唯一办法。但是随之而来的土传病害等重茬病却造成了作物的大面积减产、绝产，一般其发病率在 $10\%\sim30\%$，植株常常枯死，造成缺苗断垄，严重的可达 $80\%\sim90\%$，甚至全园死亡，造成绝收，重茬病是一种毁灭性病害。重茬病成为农业专家和广大农民研究和关注的重点课题，但长时间一直没有重大的突破性进展。研发抗重茬、抗土传病害生物有机肥料具有广阔的发展前景。

第一节　重茬和土传病害发生机理及危害

一、重茬发生机理及危害

1. 重茬　重茬也叫连作，是指在一块田地上连续栽种同一种作物。不少作物如豆科植物、瓜类、蔬菜、草莓及某些中草药等，都因重茬造成植物根部病菌，导致植物枯萎病、叶枯病、病毒病等危害，烂根死棵，严重影响作物生长。辣椒、棉花、烟草、芝麻、西瓜、黄瓜、草莓、党参等，如果重茬种植，会造成严重的减产，同时会伴随着病虫害加重的情况发生。特别是对一些经济作物来说，非常忌重茬。

2. 重茬发生原因和机理　到底是什么原因造成了作物不耐重茬，大幅度减产，经过华中农业大学梁华东教授长期研究，主要归纳为以下 4 个方面。

（1）有毒分泌物大量累积　任何生命体都有排泄物，而且其排泄物一般对自己都是有毒的。比如动物粪便，之所以排泄出来，是因为对自己无用甚至有害，否则动物就自己吸收了。作物自身在生长的过程中，会释放到根系周围某些代谢或分解的化学物质，对其他同种个体会产生直接或间接的有害影响，比如有机酸、醛、醇、烃类等植物生长抑制物，这也就是我们所说的"自毒现象"，往往表现为长势弱、产量低等。现代农业高密度种植，超高产量情况下，植物分泌排泄物也是大量增加和累积，来不及分解消耗，势必危害自身生长发育。就好比城市粪便垃圾比农村粪便垃圾危害大很多，因为农村地广人稀，粪便垃圾危害也会小很多。不耐重茬的作物根系会分泌出毒素，来毒害相邻的作物根系。在这类作物重茬种植的情况下，会造成根系分泌的毒素在土壤中富集，对重茬作物根系产生毒害作用，从而造成长势不佳、产量降低、品质下降。

（2）有害生物病菌急速增加　就像粪便多的地方苍蝇蚊虫也会很多一样，有毒分泌物的大量增加累积，势必会带来嗜好这些分泌物的有害生物病菌大量聚集繁殖。有害生物病菌大量聚集繁殖也就是土传病害的迅速蔓延，危害作物生长。土传病害和虫害是造成不耐重茬作物连作时严重减产以及病虫害加剧的一个重要原因。这类不耐重茬作物的土传病害

153

病菌和虫卵在土壤中大量残留,影响作物根系的正常生长,造成根系生长不良以及地上部分生长受到限制。即便是隔年种植,这些残留的病菌和虫卵仍然能对其造成一定的影响,叫做迎茬。另外,一些未腐熟的有机质含有线虫等,也造成了线虫在土壤中越积越多。通常针对土传病害采取土壤消毒、灌根等措施,但土壤消毒存在消毒不彻底或将有益微生物也直接杀死等现象,会打破菌群的平衡。

(3) 土壤酸化 这些有机分泌物,而且多数是有机酸类分泌物的大量增加累积,再加上大量化肥的使用,造成土壤快速酸化,土壤酸化反过来又抑制作物的生长。土壤中逐年积累过多的盐分,对土壤营养元素的抑制作用和对作物根系的毒害作用,直接影响作物对土壤营养和水分的吸收。

(4) 个别中微量元素的枯竭性缺乏 每种植物对营养的吸收都有自己的偏爱,也就是对某一元素很敏感,吸收量特别多。对某一营养元素耗竭性的吸收,势必造成这一元素在土壤中的枯竭性缺乏,对下一季作物生长产生严重影响,甚至造成减产或绝收。长期连作一种作物和不合理施肥,就会造成土壤中的大、中、微量元素产生不均衡以及缺肥现象,这些会直接影响作物对养分的吸收,从而降低作物产量,病害发生严重。双子叶植物根系的分泌物中苹果酸和水杨酸与土壤中的金属离子结合形成络合物,柠檬酸与之结合形成络合物和螯合物,比如烟草、马铃薯、番茄、辣椒等。禾本科植物根系分泌的麦根酸一般只会和金属离子形成螯合物。相对来说,根系对于螯合物的吸收利用会更高,这也是为什么一些不耐重茬的作物在连作之后会出现严重的缺素症。还有一点就是一些农作物对某些微量元素的过分需求,造成土壤中某些微量元素的缺失,从而出现缺素症。

3. 植物耐重茬性分类 各种植物对重茬的忍耐程度不一。

(1) 严重重茬作物 葫芦科(西瓜、葫芦、冬瓜、甜瓜、黄瓜、西葫芦等),茄科(茄子、番茄、辣椒),豆科(黄豆、豌豆、菜豆等),菊科(菊花、向日葵、莴苣),调味植物(大葱、大蒜、韭菜、生姜、洋葱),草莓,烟草,部分中草药。

(2) 耐重茬植物 禾本科(水稻、小麦、玉米、高粱、大麦等),十字花科(油菜、白萝卜、大白菜、小白菜、上海青、黑白菜、菊花菜、菜薹、花椰菜、西兰花等),伞形科(胡萝卜、香菜、芹菜、当归、白芷、柴胡、明党参、北沙参等),百合科(黄花菜、麦冬、芦荟、万年青等),相对能忍耐重茬。

还有一些植物短期内比较耐重茬,长期种植也会产生重茬疾病,比如柑橘类,包括一些十字花科植物油菜等,只是程度不同。

4. 重茬危害

(1) 大幅度减产甚至绝收 重茬后减产非常严重,重茬问题解决不了,作物根部都是病,作物生长缓慢,苗子弱小,病害增多。施肥越来越多,投入越来越大,产量却越来越低。水果减产 20%～40%,蔬菜减产 30%～50%,有的甚至超过 50%。产量影响之大,甚至出现绝产的现象,令人触目惊心。

(2) 烂根死棵 大棚瓜烂死,大棚菜烂死,花生成片死亡,马铃薯烂死,姜瘟烂死,洋葱烂死,芦笋烂死,草莓烂死,各种果树烂根死亡等。

(3) 发育不良 大蒜干尖,个小独头。大葱干尖,葱白瘦黑。洋葱块小翘皮难看。韭菜叶细,贴地倒伏。芦笋倒伏,中空味苦。胡萝卜短小,分叉变形。草莓果小,晚熟畸形。瓜菜瘦弱，叶小皱缩。瓜果难坐，果形奇丑。西瓜水瓤，甜瓜裂口。果树早衰，烂枝流胶。果实多病，叶色不正。总之，凡是一切不正常现象，几乎就是重茬病害所致。

二、土传病害发生机理及危害

1. 土传病害 土传病害是指病原体如真菌、细菌、线虫和病毒随病残体生活在土壤中，条件适宜时从作物根部或茎部侵害作物而引起的病害。侵染病原包括真菌、细菌、放线菌、线虫等。其中真菌为主，分为非专性寄生与专性寄生两类。非专性寄生是外生的根侵染真菌，如腐霉菌（Pythium）引起苗腐和猝倒病，丝核菌引起苗立枯病。专性寄生是植物微管束病原真菌，典型的象尖孢镰（Fusarium oxysporum）、黄萎轮枝孢（Verticillium alboatum）等引起的萎蔫、枯死。根病的严重程度受根端分泌物成分和浓度的左右。因此，抑制根围系统病原物的活动，就成为保护根系并进行土传病害防治的基础。但必须重视和考虑土壤理化因素对植物、土壤微生物和根部病原物三者之间相互关系的制约作用。

2. 土传病害类型 在温室中发生最为普遍、危害最为严重的有瓜类灰霉病、疫病、白粉病、根腐病、枯萎病、菌核病、蔓枯病、苗期猝倒病、立枯病和多种细菌性病害等；茄果类灰霉病、菌核病、黄萎病、根腐病、枯萎病、绵腐病、绵疫病、褐纹病、细菌性溃疡病、青枯病、髓部坏死病、苗期猝倒病、立枯病等；黄瓜枯萎病；豆类灰霉病、枯萎病、疫病、根腐病、菌核病、细菌性疫病等。

3. 土传病害发生原因

（1）连作 主要原因是由于连续种植一类作物，使相应的某些病菌得以连年繁殖，在土壤中大量积累，形成病土，年年发病。如茄科蔬菜连作，疫病、枯萎病等发生严重；西瓜连作，枯萎病发生严重；姜连作，可导致严重的姜瘟；草莓连作 2 年以上，则死苗 30%～50%。

（2）施肥不当 大量施用化肥尤其氮肥，可刺激土传病菌中镰刀菌、轮枝菌和丝核菌的生长，从而加重了土传病害的发生。自 1993 年我国棉花黄萎病大爆发以来，几乎连年大发生，与棉田大量使用化肥，土壤中有机物质大量减少有关。

（3）线虫侵害 土壤线虫与病害有密切关系。土壤线虫可造成植物根系的伤口有利于病菌侵染而使病害加重，往往线虫与真菌病害同时发生，如棉花枯萎病与土壤线虫密不可分，在美国棉花枯萎病称为枯萎—线虫复合病害。

第二节 生物有机肥防治重茬技术

重茬病属于世界性国际难题，目前抗重茬的方法有化学方法、物理方法和生物方法，还有就是各种方法结合使用。化学方法就是用化学农药进行土壤消毒，此方法具有操作方便、见效快、持效期短的特点，但容易复发。物理方法就是利用高温、水泡或者电来进行土壤消毒，此方法具有操作麻烦、见效快、效果好、易复发的特点。生物方法是利用有益微生物杀死有害微生物，此方法具有操作方便、见效慢、效果好、持效期长、不易复发的特点。生物方法是最有前途的方法。

一、有机肥抗重茬效果公认

有机肥可以减轻重茬危害，这已经是公认的事实。栽培实验的相关研究成果也说明了有机肥是可以预防重茬的。广义上的有机肥概念还是比较广的，不仅是指经过生物发酵制成的有机肥，还包括传统意义的农家肥、田地中的秸秆以及秸秆腐熟物等。而重茬的危害则是由于田地连年种植同一种作物，土壤中积累大量该种作物的病虫害虫卵细菌等，待再次种植作物的时候，就会使危害加重。此外，由于生产上的重茬，单一农作物对土壤中某种元素的吸收而导致该元素供给不足，出现缺素的症状，这就是为什么生产上要避免连续重茬的原因。

1. 有机肥为土壤有益菌提供了大量营养 施用有机肥使得土壤有益菌大量繁殖，抑制甚至消除了土壤有害菌。土壤和空气里本身就存在大量有益菌菌种，一旦施用有机肥，有益菌就会不断繁殖，形成优势菌群。

2. 提供大量中微量元素，满足植物某一中微量元素的匮缺 有机肥是完全肥料，含有所有中微量元素，可以防治土壤中植物所需的任何元素的缺乏，虽然供给速度不及化肥，但是化肥营养元素片面，不利于重茬田地耕种施肥。

3. 施用有机肥后土壤中的有机质能够显著提高 有机肥还能改善土壤的理化性状，使土壤耕性变好，土壤通透性能得到很大提高。再有就是有机肥本身及分解过程中，也会吸附固化一部分土壤有毒分泌物，促进土壤有毒分泌物快速分解。

4. 有机肥可调节土壤 pH，防止土壤酸化危害

二、微生物菌剂以毒攻毒防治重茬

影响作物生长，造成减产甚至绝收的最大问题就是重茬病害。使用农药防治土传病害一是效果不理想，二是严重污染土壤，不易大面积推广。而采用专用微生物菌剂防治重茬土传病害，以毒（有益微生物）攻毒（有害微生物），效果理想，无任何污染或副作用。

采用益生菌原液中的多种有益微生物来消灭这些病菌，并补充因重茬被作物带走的微量元素，就能够很好地防治因连作造成的病害。其中的微生物筛选自土壤中，对大多数病原菌都具有拮抗作用，而它们自身具有互惠共生关系。因此，不仅其定殖能力强，而且微生物之间又可以相互促进，并分泌对植物具有多种促生长作用的因子，所以在克服作物重茬的同时，对作物健康生长和丰收有着显著的影响。一方面，有益微生物排除有害病菌与作物接触，并杀死部分致病菌，同时分泌一些有益于植物的化学物质促进植物健康生长；另一方面，作物根部分泌的化学物质和部分脱落死亡的细胞，对有益微生物的生长和定殖有重要的促进作用，有益微生物与作物之间的这种互惠共生关系是克服重茬连作的动力所在。

三、抗重茬生物有机肥料研发

抗重茬生物有机肥料研发主要是选用有效有机肥和微生物菌剂。

1. 选用有效有机肥 主要是选用小分子速效且有机质含量高的有机肥，比如饼粕类、酒糟类、食品渣类、鸡粪、猪粪等，效果比较好。

2. 选用有效微生物菌剂　选用有效微生物菌剂，要根据具体作物研发生产专用型生物有机肥料。按照以下抗重茬效果要求选用：

（1）能够影响根分泌物　消耗或是改变根分泌物，从而改变根际营养成分。

（2）可以启动植物的次生代谢　生物菌剂（地力旺）虽然是人为筛选出来的有益菌，但是它在植物根系的定殖也属于对植物的侵染，在此过程中植物受到胁迫会产生次生代谢物质，如酚类、黄酮类等，这些物质可提高植物抵抗病原物的能力，在诱导抗病性过程中起着特别重要的作用

（3）具有活化土壤养分，疏松土壤的效果　生物菌的固氮、解磷、解钾等作用，可把土壤中被固定的营养元素释放出来，改善土壤养分供应，满足作物对养分的需求，增强土壤的通透性，改变其团粒结构及理化性质。

（4）调节作物的内源激素　实验研究已经证明，生物菌可增加植物体内吲哚乙酸、乙烯等生长调节素的生成，可增强根尖活力，从而间接地提高作物的抗病性。

（5）"占位"侵染位点的竞争　形成优势菌群，迅速占领植物体上一切可能被病原物侵染的位点，使得病原菌和线虫都无法侵染作物，且其代谢产物还能毒杀线虫。有机肥能够增加土壤有机质的含量，改变土壤的理化性质及团粒结构，增加土壤肥力。螯合态中微量元素可被作物直接吸收利用，补充作物营养，也是开启作物次生代谢的必要条件之一。

3. 研发生产抗重茬生物有机肥料　研发生产抗重茬生物有机肥料以生物有机肥为最好，有机肥料和复合微生物肥料次之，有机—无机复混肥料再次，使用专用微生物菌剂也可以达到效果。优质理想的抗重茬生物有机肥料应该具有以下效果：

①高抗重茬、根腐病、病毒病、稻瘟病等病害。

②缓解药害，减轻除草剂的残留药害。

③对作物幼苗期由虫害、药害、病害综合引起的黑根、烂心、干叶卷叶、生长缓慢有预防效果。

④抗虫，对作物地下害虫和后期蚜虫有极强的预防性。

⑤补充有益营养元素，提高化肥利用率，减少化肥使用量。

⑥缓冲土壤酸碱性。

第三节　生物有机肥防治土传病害技术

土传病害在全世界都比较难治疗，防治土传病害，必须认真实行"以防为主，综合防治"的植保方针，以减少温室菌源为中心目的。主要方法有化学方法、物理方法和生物方法，还有就是各种方法结合使用。生物方法是利用有益微生物杀死有害微生物，此方法具有操作方便、见效慢、效果好、持效期长、不易复发的特点。生物方法是最有前途的方法。

一、选用有针对性的微生物菌剂

抗土传病害微生物菌剂有很多，按照"以毒攻毒"的防治原则，一定要科学选用针对性强，有显著效果的微生物菌剂。有效果的微生物菌剂品种主要有：

1. 枯草芽孢杆菌　第一具有抗生作用。抗生作用是指拮抗微生物通过产生代谢产物在低浓度下就能够对病原微生物的生长和代谢产生抑制作用，从而影响病原微生物的生存和活动。第二具有溶菌作用。枯草芽孢杆菌的溶菌作用主要表现是通过吸附在病原菌的菌丝上，并随着菌丝生长而生长，而后产生溶菌物质，造成原生质泄露使得菌丝体断裂，或者是产生抗菌物质，通过溶解病原菌孢子的细胞壁或细胞膜，致使细胞壁穿孔、畸形等，从而抑制孢子萌发。第三可以诱导植物产生抗性及促进植物生长。其中以枯草芽孢杆菌的抗逆性最强、功能最多、适应性最广、效果最稳定。枯草芽孢杆菌能够产生类似细胞分裂素、植物生长激素的物质，促进植物的生长，使植物抵抗病原菌的侵害。

2. 胶冻样类芽孢杆菌　可以给土壤补入大量有益微生物，在作物根部形成有益菌群，有效抑制土壤有害和致病微生物的繁殖，显著减少多种土传病害和重茬病害的发生，如小麦白粉病、棉花立枯病、黄枯萎病、果蔬霜霉病、灰霉病、疫病和线虫等。

3. 地衣芽孢杆菌　地衣芽孢杆菌细胞可调整菌群失调达到治疗目的，可促使机体产生抗菌活性物质，杀灭致病菌；能产生抗活性物质，并具有独特的生物夺氧作用机制；能抑制致病菌的生长繁殖；能产生抗活性物质，并具有独特的生物夺氧作用机制；能抑制致病菌的生长繁殖。

4. 侧孢短芽孢杆菌　作为非脊椎动物的病原菌，侧孢短芽孢杆菌对不同的无脊椎动物如昆虫、线虫和软体动物都具有致病性。能够抑制线虫的卵孵化和幼虫发育，对植物寄生性线虫具有杀虫活性。对马铃薯甲虫和烟草甲虫幼虫有毒性作用，对大豆夜蛾表现出不同的毒性水平。对家蝇具有感染性，有杀蚊作用。对水生蜗牛、光滑双脐螺、斑马贻贝有杀灭活性。已确定的抗菌物质有非肽类的芽孢菌胺、肽类抗生素、聚酮化合物以及几丁质酶等，对各类真菌和细菌都表现出广谱的抑菌活性。对小麦赤霉病等多种植物病原菌具有明显的抑制作用。对青枯病菌、烟草黑胫病菌、致病性革兰氏阳性和阴性菌、食品腐败病菌、立枯丝核菌、尖孢镰刀菌、茄病镰刀菌、烟曲霉菌、烟草赤星病菌、杨树烂皮病菌、灰霉病菌和苹果轮纹病菌均有抑制作用。

5. 细黄链霉菌　其代谢产物中含有生长素、抗菌素、苯乙酸、琥珀酸及细胞分裂素等作物生长所必需的生长调节剂成分，能够抑制病菌繁殖，防病保苗；产生纺锤菌素；产生螺旋霉素，对革兰氏阳性及阴性细菌、酵母菌、丝状真菌都有抑制作用。常用于农业上防病保苗，达到增产增收、保水养田、抑制病害、提高品质"四效合一"的功效。

6. 哈茨木霉菌　哈茨木霉菌在吸附寄生到有害病菌上以后（如病害真菌的菌丝），会分泌出细胞分解酶素去溶解穿透有害病菌的细胞壁，进而达到汲取有害病菌体内营养、抑制并杀死有害病菌、控制病菌繁殖生长的效果。哈茨木霉菌在接触或吸附到病菌上以后，能够分泌出对病菌具有强烈抑制作用的抗生素物质，进而达到阻止病菌定植侵染、抑制病菌繁殖扩散甚至是杀死病菌的抑菌杀菌效果。哈茨木霉菌的环境适应能力强、繁殖速度快、对病菌具有很强的排他性，在使用到土壤中或在作物表面后，它不仅能够快速繁殖形成庞大的哈茨木霉菌群规模，而且还可以通过与病菌竞争养分、争夺氧气消耗、挤压病菌生存空间的方式，从而达到抑制病菌、灭杀病菌的效果。哈茨木霉菌在使用到土壤中或作物表面后，会在作物土壤中、作物根部、作物茎叶表面等部位快速繁殖抢占生存空间，并在作物根部、茎叶、花果等部位表面形成一层阻止外部病菌侵染着生的哈茨木霉菌保护菌层，诱导作物在体内分泌抵抗病菌的化合物（激活增强作物自身的防御系统），从而在阻止病菌侵染作物和提高作物抗病能力的基础上，实现保护作物健康的病害预防的效果。

二、抗土传病害生物有机肥料研发

研发生产抗土传病害生物有机肥料以生物有机肥为最好，有机肥料和复合微生物肥料次之，有机—无机复混肥料再次，使用专用微生物菌剂也可以达到效果。

抗土传病害生物有机肥料研发生产，一是要筛选特别有效的微生物菌剂，二是要选用优质有效的有机质，主要是选用小分子速效，且有机质含量高的有机肥，比如饼粕类、酒糟类、食品渣类、鸡粪、猪粪等，效果比较好。优质理想的生物有机肥料应该具有以下效果：

1. 能够形成健康有益的优势菌群　施入土壤后迅速繁殖，能有效调节由于长期连作导致的土壤微生态失衡，对立枯病、根腐病等 30 余种病害有较好的防治效果。

2. 能够快速分解消除土壤中作物的有毒分泌物　有益菌群在土壤中生存繁殖，能有效分解作物残留物及残留物分解所产生的有机酸、醛、醇、烃类植物生长抑制物。菌群代谢产物富含赤霉素、吲哚乙酸、玉米素等植物生长刺激素，能有效调节作物生长水平。

3. 补充中微量元素，促进养分平衡　含钙、镁、硅、硼、锌、铁等中、微量元素，并含有解磷、解钾、固氮菌群，能有效促进土壤物质的转化，提高土壤肥料利用率，补充土壤缺失的养分。

4. 改良土壤物理性状　通过微生物和有机质的作用，可改善土壤物理性状，优化土壤结构，提高土壤通透性能。

华中农业大学研发的抗土传病害生物有机肥（有机质 40%，微生物菌剂 0.2 亿/g）2013 年施用在结球甘蓝和花椰菜上，处理（2）常规施肥＋生物有机肥（每亩 50kg）、处理（3）常规施肥＋生物有机肥（每亩 100kg），比处理（1）常规施肥对照（CK），黑腐病、软腐病大幅度降低。由表 12-1 可以看出，结球甘蓝、花椰菜施用生物有机肥后病情指数、病株率低于对照，以每亩施用 100kg 生物有机肥的效果最好。结球甘蓝每亩施用 50kg 生物有机肥的病株率比对照降低 3.5%，病情指数比对照降低 6.9；每亩施用 100kg 的病株率比对照降低 6.1%，病情指数比对照降低 13.0。花椰菜每亩施用 50kg 生物有机肥的病株率比对照降低 12.9%，病情指数比对照降低 58.9；每亩施用 100kg 的病株率比对照降低 17.8%，病情指数比对照降低 60.7。

表 12-1　生物有机肥对结球甘蓝、花椰菜抗病性的影响

品种	病害	处理	病株率		病情指数	
			%	比 CK	病指	比 CK
结球甘蓝	黑腐病	（1）	8.2	—	15.2	—
		（2）	4.7	−3.5	8.3	−6.9
		（3）	2.1	−6.1	2.2	−13.0

（续）

品种	病害	处理	病株率		病情指数	
			%	比 CK	病指	比 CK
花椰菜	软腐病	（1）	23.4	—	69.1	—
		（2）	10.5	−12.9	10.2	−58.9
		（3）	5.6	−17.8	8.4	−60.7

增产效果也很明显。处理（2）常规施肥＋生物有机肥（每亩 50kg）分别比处理（1）常规施肥对照，增产 3.4％、5.7％；处理（3）常规施肥＋生物有机肥（每亩 100kg）分别比处理（1）常规施肥对照，增产 11.5％、16.6％（表 12 - 2）。

表 12 - 2　生物有机肥对结球甘蓝、花椰菜产量的影响

品种	处理	区组（kg/区）				亩产（kg）	亩增产	
		Ⅰ	Ⅱ	Ⅲ	平均		kg	%
结球甘蓝	（1）	166.2	165.5	167.1	166.3	3 326	—	—
	（2）	172.5	169.9	174.0	172	3 440	114	3.4
	（3）	185.5	186.5	184.5	185.5	3 710	384	11.5
花椰菜	（1）	103	104.5	104	103.8	2 076	—	—
	（2）	109	110.5	109.5	109.7	2 194	118	5.7
	（3）	121	121.5	120.5	121	2 420	344	16.6

第十三章　生物有机肥治理修复土壤酸化污染技术

第一节　土壤酸化及危害

一、绝大多数植物适宜在中性土壤中生长

　　土壤酸碱性通常用土壤 pH 表示，它指的是土壤溶液中游离的 H^+ 和 OH^- 浓度不同而表现出来的性质。当土壤溶液中 H^+ 浓度大于 OH^- 浓度时，土壤呈酸性反应；两者相等或接近时，土壤呈中性反应；OH^- 浓度大于 H^+ 浓度时，土壤呈碱性反应。土壤溶液中氢离子或氢氧离子浓度不同，表现出酸碱性。如氢离子浓度大，表现出酸性；若氢离子浓度小，而氢氧离子浓度大，则表现出碱性。土壤的酸碱程度，用 pH 表示。pH 大则氢离子浓度小，表明为碱性；反之则为酸性。pH 等级分为 $1\sim14$，pH$>$7.5 为碱性范围，pH$<$6.5 为酸性范围，pH $6.5\sim7.5$ 为中性范围。

　　土壤酸碱性与植物生长关系非常密切，主要有二：一是各种植物都有一定的 pH 适应范围，有的适应范围宽，有的适应范围窄。在生产实践中应了解掌握主要植物最适宜的 pH 范围。二是影响养分的有效性，如磷元素养分的有效性。磷在酸性条件下，易与土壤中游离的铁、铝化合成溶解度低的磷酸铁、铝，使磷的有效性大大降低；在碱性条件下，又易与钙形成溶解度低的磷酸钙盐，使磷的有效性降低。一般在 pH6$\sim$7 时土壤中磷素有效性最高。锰、锌、铜、铁等在碱性条件下其有效性降低。土壤过酸，则铝、锰的溶解度增大，有效铝、锰过多，还会发生毒害。另外，土壤微生物以在 pH 中性时活动最旺盛，释放养分最多，有效性养分最高。

　　土壤酸碱度（pH）对土壤肥力及植物生长影响很大。酸性土壤中病害加剧；中性土壤中磷有效性大；碱性土壤中微量元素有效性差。绝大多数农作物都喜欢在中性（pH $6.5\sim7.5$）土壤中生长；pH 低于 6.0 的微酸性土壤就会造成作物减产；pH 低于 5.0 的酸性土壤作物就会大幅度减产；pH 低于 4.0 的强酸性土壤中作物甚至会绝收。

　　由于长期自然选择的结果，植物最适应起源地的 pH 环境。一般说，起源于南方或高山上的植物适应偏酸性土壤，起源于北方的植物则适应中性或偏碱性土壤。总的看，大多数植物和微生物一般适宜微酸性、中性或微碱性环境，最适 pH 在 $6.1\sim7.5$ 之间。通常把对 pH 要求严格的植物叫做土壤酸碱性的"指示植物"，例如，茶和映山红是酸性土壤的指示植物，盐蒿和碱蓬是盐土的指示植物。不同植物所要求的 pH 范围各异，有的要求 pH 范围较广，有的要求 pH 范围较窄。常见植物（包括作物）适宜的土壤 pH 范围见表 13-1。由表中可以看出，绝大多数作物最适宜的 pH 还是在弱酸性至微碱性的范围。

表 13-1　常见植物最适宜的土壤 pH 范围

pH 范围	植物（包括作物）种类
4.0～5.0	兰花、高灌木越橘、黑云杉、泥炭藓
4.5～5.0	杜鹃、白雪松、石松
5.0～5.5	茶、马铃薯、马尾松
5.0～6.0	甘薯、菠萝、板栗、油桐、草夹竹桃、冷杉、云杉、铁杉、火炬松、冬青
5.0～6.5	荞麦、草莓、山毛榉、欧洲落叶松
5.0～7.0	黑麦、花生、亚麻、紫云英、柑橘
5.0～7.5	燕麦、栎（5.0～8.0）
5.5～6.5	萝卜、辣椒、野菊花
5.5～7.0	蚕豆、豇豆、胡萝卜、黄瓜、白三叶、秋海棠、蒲公英、菟丝子、雏菊
5.5～7.5	玉米、小麦、烟草、番茄
6.0～7.0	大豆、西瓜、甘蓝、芹菜、莴苣、洋葱、苕子、东方百合、非洲紫罗兰、银杏、槐
6.0～7.5	水稻、大麦、红三叶、结球甘蓝、菠菜、紫丁香、侧柏、狗尾草、菊花
6.0～8.0	棉花、油菜、豌豆、甘蔗、甜菜、向日葵、紫苜蓿、花椰菜、南瓜、芦笋、天竺葵、苹果、樱桃、桃、梨、核桃、杏、桑、白杨、洋槐、野芥菜、泡桐、榆、高粱（6.0～8.5）

二、土壤酸化形成及原因

1. 土壤酸化形成过程　土壤酸化指的是土壤吸收性复合体接受了一定数量交换性氢离子或铝离子，使土壤中碱性（盐基）离子淋失的过程。酸化是土壤风化成土过程的重要方面，导致 pH 降低，形成酸性土壤，影响土壤中生物的活性，改变土壤中养分的形态，降低养分的有效性，促使游离的锰、铝离子溶入土壤溶液中，对作物产生毒害作用。

土壤酸化的化学进程为：受自然和人为因素的影响，土壤溶液中 H^+ 浓度增加，与土壤胶体表面吸附的 Ca^{2+}、Mg^{2+}、K^+、Zn^{2+} 等盐基离子交换，H^+ 被土壤胶体吸附，而盐基离子进入土壤溶液，伴随降雨进入地下水或地表水，或者被作物吸收利用后，随着作物的收获而带离土壤，从而使土壤中盐基离子减少，盐基饱和度降低，H^+ 饱和度增加。另一方面，当土壤有机质复合体或铝硅酸盐黏粒矿物表面吸附的 H^+ 达到一定程度后，这些粒子的晶格结构就会遭到破坏，铝氧八面体会解体，Al^{3+} 脱离八面体晶格的束缚而转变成交换性 Al^{3+}，交换性 Al^{3+} 进入土壤溶液后可进一步水解产生 1～3 个 H^+。因此，决定土壤酸化进程的最重要因子是土壤阳离子的交换性能。在中性或碱性土壤中，交换复合体上离子交换是由盐基离子支配的；在酸性矿质土壤中，通常是由铝组分决定的，所以土壤是否发生酸化是由交换复合体上盐基离子和铝离子的数量和比例决定的。

2. 酸雨是南方土壤酸化的主要原因之一　酸雨可导致土壤酸化。我国南方土壤本来多呈酸性，再经酸雨冲刷，加速了酸化过程；我国北方土壤呈碱性，对酸雨有较强缓冲能力，一时半时酸化不了。土壤中含有大量铝的氢氧化物，土壤酸化后，可加速土壤中含铝的原生矿物和次生矿物风化而释放大量铝离子，形成植物可吸收形态的铝化合物。植物长期和过量地吸收铝，会发生中毒，甚至死亡。

3. 过量化肥施用是中国土壤普遍酸化的原因 在自然界中，酸性土壤占全球没有冰覆盖土壤的30％，它们常常与生物多样性和生产力水平低下有关。土壤酸化可能是由酸雨造成的，然而过度使用氮肥则是造成土壤酸化的另一个原因。从20世纪70年代开始，为了获得更高的产量，我国农民便开始越来越多地使用化肥，然而这种做法在提高农作物产量的同时却也造成了水质及空气的污染。

美国《科学》杂志曾报告，从20世纪80年代早期至今，几乎在中国发现的所有土壤类型其酸碱度都下降了0.1到0.8个单位，这种规模的土壤酸化通常需要几十万年的时间。土壤酸化可能是由酸雨造成的，然而为了追求产量，施石灰、烧火粪、施有机肥等传统农业措施一点点的缺失，使耕地土壤养分失衡，长期大量施用化肥是造成土壤酸化的重要原因，过量化肥施用已被研究人员确认为是造成中国土壤酸化的罪魁祸首。

许多研究表明，化肥的施用尤其是铵态氮肥的施用对土壤酸化影响很大，而我国氮肥施用量居高不下，已成为土壤酸化的一个重要因素。Summner研究发现，与农艺措施相比，即使最严重的酸雨沉降也只贡献总酸性物质输入的7％～25％。Barak等也发现，施用氮肥引起的土壤酸化作用比酸沉降的影响大25倍。张晓玲认为，施肥等农艺措施在加剧土壤酸化过程中起主导作用。

常用单分子化学肥料对土壤酸化的贡献，主要体现在化学酸性和生理酸性两个方面（表13-2）。另外，据华中农业大学梁华东教授的研究生抽查全国100多个知名企业的复混肥料产品检测，只有3个产品pH为中性，其他绝大多数产品为酸性，而且浓度越低，酸性越强。低浓度复混肥料（氮磷钾25％～29％）pH 2～4，中浓度复混肥料（氮磷钾30％～39％）pH 3～5，低浓度复混肥料（氮磷钾40％以上）pH 4～6。这主要是浓度越低的复混肥料，生产配方中低浓度、强酸性原料（过磷酸钙、氯化铵、硫酸铵）量越多。

表13-2　常用单分子化学肥料的化学酸碱性和生理酸碱性

化肥类型及名称		化学酸碱性	生理酸碱性
氮肥	碳酸氢铵	碱性	中性
	硫酸铵	弱酸性	酸性
	氯化铵	弱酸性	酸性
	磷酸铵	弱酸性	中性
	尿素	中性	中性
磷肥	过磷酸钙	酸性	酸性
	重过磷酸钙	酸性	酸性
	钙镁磷肥	碱性	碱性
	磷矿粉	中性或微碱性	碱性
钾肥	氯化钾	中性	酸性
	硫酸钾	中性	酸性

（续）

化肥类型及名称		化学酸碱性	生理酸碱性
复合肥	硝酸磷肥	弱酸性	中性
	磷酸一铵	酸 性	中性
	磷酸二铵	微碱性	中性
	磷酸二氢钾	弱酸性	中性

过磷酸钙等因含少量游离酸，施入土壤后其游离酸进入土壤溶液，直接导致土壤酸化，属化学酸性肥料。硫酸铵、氯化铵、硫酸钾、氯化钾等施入土壤后，因作物吸收的 NH_4^+ 和 K^+ 比 SO_4^{2-} 和 Cl^- 多，从植物根系中置换出更多 H^+，使土壤酸化，属生理酸性肥料。复合肥施入土壤后，因植物吸收的阳离子比阴离子多，也能促使土壤酸化。

中性或碱性肥料亦可促进土壤酸化。尿素是典型的中性氮肥，施入土壤后，呈分子态溶入土壤溶液中，而后在脲酶的作用下全部转化为碳酸铵，碳酸铵水解产生 NH_4^+ 和 CO_3^{2-}，前者被作物吸收利用，或变成氨气挥发到大气中，还可能在硝化细菌的作用下被转化成 NO_3^-，遗留在土壤中，若大量施用，就会提高土壤的酸度。碳酸氢铵是典型的碱性氮肥，施入土壤后，在土壤水溶液中被分解为 NH_4^+ 和 HCO_3^-，前者可被作物吸收利用，如果大量施用，也常因土壤通气条件好，碳源丰富，硝化作用强，而被氧化成 NO_2^- 或 NO_3^-，遗留在土壤中，从而使土壤逐步酸化。

另外，化肥的投入，大大提高了作物产量，随着作物的收获，特别是移走农作物秸秆，带走了更多的盐基离子，留下更多的 H^+，加速了土壤酸化，这是施肥导致土壤酸化的间接原因。

三、我国土壤酸化普遍且严重

在酸碱度分级方面，因研究目的不同，各国的分级标准不完全一致。我国比较流行的分级标准主要有《中国土壤》和中国土地资源网的论述。

《中国土壤》一书将我国土壤的酸碱度分为五级（表 13 - 3），即强酸性、酸性、中性、碱性、强碱性。中国土地资源网上的土壤酸碱度等级划分标准将其分为七级（表 13 - 4），即酸性极强、强酸性、酸性、中性、碱性、强碱性、碱性极强。综合《中国土壤》和中国土地资源网的标准可以看出，两者关于酸性土壤的界定都是以 pH6.5 为界线，《中国土壤》将 pH5.0～6.5 的土壤称为酸性土壤，将 pH<5.0 的土壤称为强酸性土壤；中国土地资源网将 pH5.5～6.5 的土壤称为酸性土壤，将 pH4.5～5.5 的土壤称为强酸性土壤，而将 pH<4.5 的土壤称为酸性极强土壤。

表 13 - 3 《中国土壤》土壤酸碱度五级划分标准

反应强度	强酸性	酸性	中性	碱性	强碱性
pH 范围	< 5.0	5.0～6.5	6.5～7.5	7.5～8.5	>8.5

表 13 - 4　土地资源网土壤酸碱度七级划分标准

反应强度	酸性极强	强酸性	酸性	中性	碱性	强碱性	碱性极强
pH 范围	< 4.5	4.5～5.5	5.5～6.5	6.5～7.5	7.5～8.5	8.5～9.5	> 9.5

我国土壤酸化具有面积大、分布广、酸化程度高和危害大等特点。据统计，我国酸化土壤面积达 2 亿 hm², 约占全国总面积的 22.7%, 主要分布在长江以南广大地区，多数集中于广东和广西（两广）、福建、台湾、江西、湖南和湖北（两湖）、云南、贵州、浙江、安徽、四川、江苏与西藏 14 个省份。以土壤类型来分，可划为华中和华南的红壤地带和四川、贵州、云贵高原的黄壤地带。这些地区酸化土壤的 pH 多数在 5.5 以下，严重的 pH 甚至小于 4.5, 并且这种酸化的程度和面积仍在增加。中国工程院张福锁院士将 20 世纪 80 年代全国土壤普查的结果与 30 年后进行的调查结果进行对比后发现，中国几乎所有土壤类型的 pH 均下降了 0.13～0.80 个单位，平均下降 0.5 个单位。即使是抗酸化的土壤类型，也显示其 pH 下降，并在《科学》杂志上公开了这一结果。"土壤侵蚀、酸化和盐碱化是当前我国耕地退化的三大主要表现。其中，土壤酸化的主要推手之一就是化肥的过量使用。"张福锁教授介绍，自然界土壤 pH 下降一个单位需要上万年，但我国耕地 pH 下降 0.5 个单位却只用了 30 年，土壤酸化速度之快令人咋舌。土壤酸化导致土壤营养元素有效性降低，有毒重金属离子活性增强，土壤结构变差，影响作物生长发育，并带来一系列环境问题，已经成为影响我国粮食安全和农业生产可持续发展的主要障碍因素之一。在小麦、玉米、水稻这些粮田里面，70% 的酸化是因为过量施氮造成的；在果蔬田里过量氮对酸化贡献高达 90%。从胶东半岛来看，20 世纪 80 年代以中性为主的土壤，现在基本上变成酸性或中强酸性的土壤，就是说普遍酸化。我们分析的结果，胶东半岛的酸化原因 63.4% 是氮肥过量，30% 是作物收获带走盐基离子。

根据华中农业大学梁华东教授调查湖北省 26 个县市区耕地土壤 pH 加权平均值统计（表 13 - 5），研究区内土壤 pH 含量平均为 6.44, 比第二次土壤普查的 6.81 降低了 0.38, 降低 5.52%。不同类型和区域耕地土壤 pH 均有一定程度降低，其中旱地高于水田，山区降幅最大，达到 12.6%, 高于丘陵，再高于平原。湖北省耕地土壤 pH 含量整体呈下降趋势，其中尤以山区及旱耕地酸化趋势严重。说明湖北省近 30 年来施用肥料偏酸，特别是低浓度肥料、含氯肥料使用偏多，造成湖北省耕地土壤整体 pH 有酸化势头。

表 13 - 5　土壤 pH 平均值变化

pH	加权平均值		增减	
	第二次土壤普查土壤 pH	30 年后土壤 pH	增减值	增减率（%）
总耕地	6.81	6.44	−0.38	−5.52
水田	6.55	6.39	−0.17	−2.52
旱地	7.05	6.50	−0.55	−7.82
平原	6.95	6.92	−0.03	−0.44
丘陵	6.72	6.32	−0.40	−5.97
山区	6.72	5.87	−0.85	−12.60

四、土壤酸化的危害

耕地土壤酸化后主要影响土壤养分的有效性；产生铝、锰、铁等毒害；破坏土壤结构，土壤物理性质变差；有害微生物滋生，引发作物众多生理病害，最终导致作物减产，农产品品质降低。

1. 影响土壤养分有效性 土壤 pH 的高低直接影响到各种养分的固定、释放与淋失。土壤 pH 在 6.5 左右时，各种营养元素的有效性都较高，并适宜多数作物的生长。氮的最适 pH 为 6~8；磷的最适 pH 为 6.5~7.5 或 8.5 以上；钾的最适 pH 为 6~7.5；硫、钼的最适 pH 为 6 以上；钙、镁的最适 pH 为 6.5~8.5；铁的最适 pH 为 6.5 以下；硼、锌、铜的最适 pH 为 5~7；锰的最适 pH 为 5~6.5。当 pH<5 时，因土壤中的活性铁、铝增加，易形成磷酸铁、铝沉淀，当 pH>7 时，易形成磷酸钙沉淀，磷的有效性降低。如 pH6.5~7.0 时，土壤有效磷为 49.6mg/kg，当 pH<5.5 时，只有 6.3mg/kg，约为原来的 1/17。在 pH6.5~8.5 的土壤中钙和镁的有效性高，在强酸和强碱性土壤中钙和镁的有效性降低。在酸性和强酸性土壤中铁、锰、铜、锌等微量元素的有效性高，当 pH>7 时，有效性明显下降，并常出现植物缺铁和缺锰。强酸性土壤中钼的有效性低，当 pH>6 时，其有效性增加。硼的有效性在 pH6.0~7.0 和 pH>8.5 的土壤中有效性高，在强酸性和 pH7.0~8.5 的土壤中有效性都低。2010 年前后，恩施土家族苗族自治州烟草主产区连续出现缺钙、缺镁、缺硼的综合症状，叶片萎蔫，主根发育不良，侧根形成黑白相间的毛刷状根，逐渐死亡。经取样检测，pH 平均为 4.4，交换性钙 72.5mg/kg，活性镁 25.7mg/kg，大大低于交换性钙 480mg/kg，交换性镁 120.0mg/kg 的临界点。

2. 产生铝、锰、铁等重金属毒害 在强酸性土壤中能出现铝、锰的胁迫与毒害。在 pH<5.5 的强酸性土壤中，交换性铝可占阳离子交换量的 90% 以上，容易产生游离 Al^{3+}，当游离 Al^{3+} 的量达到 0.2cmol/kg 时，可使作物受害，大田作物的幼苗特别敏感，形成短粗根系，抑制养分的吸收。施用石灰使土壤的 pH 升至 5.5~6.3 时，大部分 Al^{3+} 会沉淀，毒害消除。土壤酸化后，土壤中含铝的原生和次生矿物风化加速而释放大量 Al^{3+}，形成植物可吸收形态的铝化合物。植物过量的吸收铝，不仅会降低农产品品质，还会对植物体特别是植物根系生长产生极大影响，甚至导致植物中毒死亡。在强酸性的水田里，铝、铁、锰都危害水稻的生长，使水稻产生黑根、锈根。土壤酸化还会引起土壤中有毒重金属元素的活化。研究表明，土壤酸化后，锰、铬、镉等重金属元素溶解度明显升高，镉、铜、锌等离子释放强度明显增大，不仅影响作物生长，降低农产品品质，还会通过食物链危害人体或动物体的健康。

3. 滋生众多病害 土壤中大多数有益微生物适合生长在 pH6.5~7.5 的中性环境条件下。随着土壤 pH 的降低，这些微生物的种类和活性都会随之降低，进而影响土壤中有机质的矿化，土壤中 C、N、P、S 的循环和养分间的转化也会受到严重的障碍，造成农作物减产。土壤酸化还会滋生有害微生物，使根际病害增加，且控制困难。耕地酸化导致甘蓝、白菜等十字花科的根肿病，芹菜、白菜的根腐病，茄果类蔬菜的青枯病、黄萎病，莴苣因缺钙出现"金镶边"等生理病害偏重发生的现象。近几年，玉米"打桩"、纹枯病加重，水稻迟发、僵苗等都与耕地土壤酸化密切相关。对利川市齐跃山高山蔬菜基地进行实地调查，部分甘蓝因根肿病危害，导致产量和品质急剧下滑，亩产降到 1 000kg 以下，白羊塘村、红光村大部分绝收，不得不改种玉米，经济价值明显降低，严重伤害了农民的种植积极性。部分农户自发施用石灰治理耕地酸化，亩用生石灰 200kg 进行改良，2 年后，亩产已基本恢复到正常产量，甘蓝亩产达到 4 000kg 以上。

4. 影响土壤物理性质　随着土壤酸性增强，土壤中的腐殖质大多变为可溶性的腐殖酸，易于淋失。土壤有效态 Ca^{2+} 含量与土壤交换性 Al^{3+} 呈显著的负相关关系，酸性土壤 Al 活化是导致土壤 Ca^{2+} 含量降低的主要原因，而 Ca^{2+} 是形成土壤结构的主要盐基成分，土壤 Ca^{2+} 含量低造成土壤结构解体而难以形成良好的黏粒结构，使土壤板结。耕地严重酸化后，土壤结构被破坏，物理性质变差，土壤团粒减少，多形成块状或柱状结构，僵硬板结，"天晴一把刀，下雨一团糟"，甚至土表结皮，影响通气透水，窒息作物根系，使之生长不良，抗逆性下降，抵御旱、涝自等然灾害的能力减弱。

5. 对农业生产影响概括

（1）引起农作物减产甚至绝收　自 20 个世纪 80 年代以来，中国土壤严重酸化，南方部分农田已无法耕种。部分地区的土壤 pH 达到 3 或 4，已无法种植玉米、烟草和茶叶。pH<5，情况就很严重了，而 pH<4，许多树种都无法成活。

（2）破坏土壤肥力　土壤的严重酸化，降低了土壤微生物活性，造成土壤板结，易耕性降低，肥料利用率降低，肥力退化，水土流失加剧。

（3）提高土壤重金属含量　据专家研究，南方耕地特别是平原地区耕地由于 pH 下降、土壤酸化，导致土壤重金属活性增强，土壤中大量难溶于水的重金属转化为可溶于水，镉、铅等重金属含量大幅度上升，已经对我国粮食生产造成严重威胁。

（4）加剧农作物病虫害　土壤的严重酸化，造成农作物病虫害加剧，特别是酸腐类病害严重。

（5）降低农作物抗逆性　土壤的严重酸化，严重降低农作物抵抗病虫害、旱涝灾害的能力。

（6）影响农产品品质　土壤的严重酸化，造成农作物病虫害加剧，再加上重金属的污染，严重地影响到农产品品质。

第二节　生物有机肥料治理土壤酸化

我国南方传统治理土壤酸化的方式是施用石灰，调酸补钙。施用石灰，一调酸二补钙。调节酸碱，可以增加养分的有效性，所以，调酸（施石灰）就相当于施肥。秋收后，把地里的秸秆杂草收拾干净，亩撒生石灰 100kg，翻耕，耙匀。熏制火粪，一举多得。用地里的秸秆和田边地角的杂草熏制火粪，也是治理土壤酸化的有效措施。火粪呈碱性，含钾较多，有调节土壤酸碱度和补钾的作用，先民们就是靠施用火粪维持土壤的酸碱平衡和钾元素的平衡。施有机肥，平衡酸碱。有机肥有极大的缓冲性，有调节土壤酸碱度的作用，长期施用可以平衡酸碱，培肥地力。覆盖栽培，减轻淋溶。在农业生产中覆盖栽培（地膜覆盖和草覆盖），可减轻降水对土壤的冲刷，降低土壤中碱性盐基的淋溶。测土配方，精准施肥。按土壤按作物需求进行测土配方施肥，降低化肥的施用量，能有效地防治土壤酸化。施用氮磷肥时，选择尿素、磷酸二铵，减少氯化铵、硫酸铵和过磷酸钙的用量。

一、调酸型生物有机肥料研发

调酸型生物有机肥料的研发，主要从有机质调理、微生物调理、调理剂调酸和碱性肥料调理 4 个方面着手。

1. 选用调酸性强的有机质 氨基酸分子上同时含有碱性氨基和酸性羧基，具有缓冲酸碱性的特性，遇到碱性物质，与酸基结合，失去碱性；遇到酸性物质，与氨基结合，失去酸性。所以选用氨基酸含量比较高的有机肥原料，生产调酸型生物有机肥料。一般蛋白质、总氮含量比较高的有机质，氨基酸含量也相对较高，比如发酵饼粕、鸡粪、鱼肉残渣等。

腐殖酸也有一定缓冲酸碱性的功能，与金属离子有交换、吸附、络合、螯合等作用，再就是腐殖酸可促进土壤形成胶体、团聚体，减少 H^+ 与土壤胶体表面吸附的 Ca^{2+}、Mg^{2+}、K^+、Zn^{2+} 等盐基离子交换，抵抗延缓了土壤酸化。所以选用腐殖酸含量比较高的有机肥原料，生产调酸型生物有机肥料。一般脂肪、总磷含量比较高的有机质，腐殖酸含量也相对较高，比如发酵饼粕、酒糟等。

2. 选用有调酸功能的微生物 光合菌属于独立营养微生物，菌体本身含 60% 以上的蛋白质，且富含多种维生素，还含有辅酶 Q_{10}、抗病毒物质和促生长因子，它以土壤接受的光和热为能源，将土壤中的硫氢和碳氢化合物中的氢分离出来，变有害物质为无害物质，并以植物根部的分泌物、土壤中的有机物、有害气体（硫化氢等）及二氧化碳、氮等为基质，合成糖类、氨基酸类、维生素类、氮素化合物、抗病毒物质和生理活性物质等，是肥沃土壤和促进植物生长的主要力量。光合菌群的代谢物质可以被植物直接吸收，还可以成为其他微生物繁殖的养分。具体菌剂品种要进行试验筛选，选择优良品种生产调酸型生物有机肥料。

3. 选用添加调酸剂 氨基酸、腐殖酸（特别是黄腐酸钾、钠等）都是比较好的调酸功能物质，除此以外，还有一些调酸剂，如聚谷氨酸、甲壳素等都是比较好的调酸剂（详见有关章节）。在生物有机肥料中添加一些调酸剂，生产成调酸型生物有机肥料。

4. 选用添加碱性肥料或物质 最强的碱性肥料是钙镁磷肥、钙镁磷钾肥，磷酸二铵也有一定碱性。最常用的碱性物质就是石灰，但是添加石灰要谨慎，石灰碱性太强，容易影响氮磷肥料肥效。草木灰比较理想，一是碱性不强，二是价格低廉，三是还含有一定养分。

添加碱性肥料或者碱性物质生产的生物有机肥料产品，pH 不要太高，pH9.0 以下最好，太高容易降低肥料有效性。

二、调酸型生物有机肥料使用

土壤有机质中的腐殖质有着巨大的比表面和表面能，具有较强的吸附性能和较高的阳离子代换能力，可缓冲土壤溶液中 H^+ 浓度变化，同时与土壤中 Al^{3+} 结合形成复合物，降低土壤中 Al^{3+} 的饱和度，缓解土壤酸性，降低 Al^{3+} 的毒害作用。施用有机肥与农产品的收获是两个互逆的过程,增施有机肥可有效补充由于农产品的移除而引起的盐基离子损失,一方面能为土壤生物提供营养和能源物质,增加土壤中微生物丰度和微生物活性;另一方面微生物活动分解有机质产生的多种有机络合物能富集土壤养分,在提高土壤养分有效性的同时还能增加土壤对酸碱的缓冲性,改善土壤结构,增加土壤团粒结构的形成。其作用机理在于:有机肥通常为碱性,随着有机肥的施用,大量盐基离子进入土壤,增加了土壤溶液的离子强度和阳离子交换量(Materechera & Mkhabela,2002),且有机物在矿化过程中产生大量富含羟基、苯酚等官能团的酸性物质,与土壤中羟基铝、铁水氧化物发生配位体交换,消耗土壤中的 H^+,有机物分解产生的有机酸在进一步脱羟过程中释放 CO_2,也能消耗土壤中的 H^+(Yan et al.,1996)。

1. 调酸有机肥料 农作物秸秆、畜禽粪便、绿肥及草木灰等,因其含有大量的营养成分,能够提高土壤肥力,增加土壤微生物的种类及活性,改变其种群分布密度,降低土壤交换性 Al^{3+} 的含量,常用于酸性土壤改良。水稻、大豆、豌豆等秸秆能增加土壤中交换性盐基离子含量,降低土壤酸度和交换性 Al^{3+} 的含量。家畜粪肥能在一定程度上提高土壤 pH,还能降低土壤 Cd 的活性。绿肥能有效降低土壤中交换性 H^+ 和 Al^{3+} 含量,提高 CEC,增强酶活性,还能提升土壤养分因子含量。胡衡生等研究发现,在酸性土壤种植格拉姆柱花草五年和三年的土壤与对照区相比,pH 分别上升 0.34 和 0.22,同时,土壤中重要营养元素含量大幅增加,且种植年限越长,土壤肥力提高越明显。草木灰本身就是一种碱性肥料,能中和土壤中的酸,可降低土壤酸度和土壤中活性铝的含量,还可以促进磷元素的释放,为作物生长发育和微生物活动提供良好的环境条件。

2. 微生物肥料 微生物肥料是一种特定的菌剂,含有较多的活性微生物,其生命活动能够促进土壤中的物质转化,提高植物对养分的吸收,改善作物营养,调控作物生长及防治作物病虫害,从而达到增产的目的。涂永成在干旱区复合微生物菌肥土壤改良实验中发现,添加复合微生物菌剂和有机堆肥均能提高土壤含水量,降低土壤容重,增大土壤孔隙度,改善土壤酸碱性,维持合理的可溶性盐含量,并能较大程度提高土壤中的速效养分含量和增加土壤中细菌、真菌和放射线菌等有益微生物的种类和数量。

3. 生物质炭 生物质炭属于黑炭,不仅可以中和土壤酸度,降低铝对作物的毒害作用,还因其含有丰富的营养元素,可以提高土壤中有效养分的含量,提高作物的产量。张瑞清等室内培养实验表明,用两种生物质原料果木炭和稻壳炭不同浓度处理后,土壤 pH 显著提高,交换性酸降低的含量与对照差异显著。袁金华等利用培养实验分析加入稻壳制备的生物质炭对酸性红壤和黄壤的改良效果,得出加入生物质炭后,两种不同性质的土壤阳离子交换量及盐基饱和度均较对照处理有不同程度的增加,提高了土壤养分利用效率。Major 等研究了生物质炭长期施入对玉米产量的影响,结果表明,第一年施入生物质炭对玉米产量影响不显著,后 3 年玉米产量均显著高于不施生物质炭的土壤,且随着生物质炭用量的增加,其增产作用更加明显。

华中农业大学在生物有机肥料中添加土壤调理剂,配制成为可以改良土壤酸化的生物有机肥料,达到了农民一次使用生物有机肥料,既施肥又改酸的效果。主要技术指标:有机质≥45.0%,$N+P_2O_5+K_2O≥5\%$,土壤调理剂 10%,水分≤30%,pH≥8.5,其主要功能是提高土壤 pH，改善土壤肥力，提供植物营养，提高作物品质。试验地点在湖北省鹤峰县烟地，海拔 1 051m。供试土壤黄棕壤类、山地黄棕壤亚类、黄筋土种。土壤理化性状：pH 5.38，有机质 36.3g/kg，碱解氮 101.5mg/kg，有效磷 16.8mg/kg，速效钾 218mg/kg。试验时间 2017 年 5～9 月，小区面积 30m^2，双行栽植，每行 25 株，每个小区 50 株（表 13-6）。

表 13-6　施用调酸生物有机肥料后土壤 pH 变化统计

	处理 1			处理 2			处理 3			处理 4			处理 5		
	前	后	偏差	前	后	偏差	前	后	偏差	前	后	偏差	前	后	偏差
I	5.11	5.09	−0.02	5.11	5.16	+0.05	5.11	5.31	+0.2	5.11	5.50	+0.39	5.11	5.38	+0.27
II	5.11	5.10	−0.01	5.11	5.15	+0.04	5.11	5.32	+0.21	5.11	5.51	+0.40	5.11	5.32	+0.21
III	5.11	5.11	0.00	5.11	5.15	+0.04	5.11	5.30	+0.19	5.11	5.51	+0.40	5.11	5.40	+0.29
IV	5.11	5.1	−0.01	5.11	5.15	+0.04	5.11	5.31	+0.2	5.11	5.51	+0.4	5.11	5.34	+0.26

表 13-7 表明，常规施肥对土壤 pH 没有影响，各处理 pH 差异应为测试误差；供试调酸生物有机肥料能有效提高酸性土壤 pH，在试验设计最高用量以内，用量越大，降酸效果越好，当每亩用量达到 300kg 时，pH 平均能提高 0.4 个单位。

表 13-7　试验不同处理对烟草产量的影响

处理	重复（n）			小区平均 (kg)	亩产 (kg)	与处理 1 比较	
	1	2	3			增产量（kg）	增产率（%）
1	5.49	4.91	5.00	5.13	1 710	—	—
2	5.63	5.67	5.49	5.60	1 867	157	9.18
3	7.25	7.56	5.67	6.83	2 277	567	33.15
4	4.61	6.32	5.51	5.48	1 827	117	6.84
5	4.95	4.93	5.09	4.99	1 663	−47	−2.70

由表 13-7 可看出，处理 3、处理 2、处理 4 分别比处理 1 每亩增产 567kg、157kg、117kg，增产率分别为 33.15%、9.18%、6.84%。处理 5 比处理 1 每亩减产 47kg，减产率为 2.70%。试验结果表明，供试调酸生物有机肥料能有效提高烟草产量和品质，提高上、中等烟比例，降低下等烟比例。

第三节　土壤重金属污染及危害

土壤是人类赖以生存的重要资源，与人类面临的粮食、资源和环境等问题息息相关。土壤重金属污染是世界各国面临最为棘手的问题之一，在中国形势尤为严峻。污染土壤的重金属主要来源于人类工农业生产过程，包括工业废渣、废气排放、污水灌溉以及农药和磷肥等大量施用。重金属元素在土壤中富集到一定程度致使土壤污染，影响土壤的生态环境和农业生产功能，危害人体健康。明确土壤重金属来源，掌握土壤重金属污染和风险特征，探究重金属在土壤环境中迁移转化过程，建立高效的重金属污染土壤修复技术和安全利用重金属污染土壤等方面的研究内容，一直是近年来土壤重金属污染相关学者所关注的焦点和热点。

一、土壤重金属污染成因

土壤重金属污染（heavy metal pollution of the soil）是指由于自然因素或者人类活动，土壤中的重金属过量沉积，含量明显超过背景值（原生含量）并造成生态环境质量恶化的现象。其特点是滞后性、隐蔽性、长期性、不可逆性和难修复性。污染土壤的重金属主要包括汞（Hg）、镉（Cd）、铅（Pb）、铬（Cr）和类金属砷（As）等生物毒性显著的元素，以及有一定毒性的锌（Zn）、铜（Cu）、镍（Ni）等元素。当前纳入土壤污染治理范畴的主要是砷（As）、汞（Hg）、镉（Cd）、铅（Pb）、铬（Cr）。

通过调查数据发现，耕地中土壤的轻微、轻度、中度和重度重金属污染点位比例分别达 13.7%、2.8%、1.8% 和 1.1%，其中矿区中超标点位高达 33.4%，部分污水灌区中 71% 的土壤被污染。土壤中重金属污染是由自然背景和人为作用两部分原因造成的，其中自然背景又与成土母质、气候、地形、生物、时间等多种因素有关。

①成土母质的矿物成分为硫化物的土壤，包括有色金属矿床、煤层和黑色岩系集中区的土壤，是富含重金属元素的地质体在原地风化形成的，继承了母质的矿物成分和化学组成，土壤中镉、铅、铬、镍、钨、锡等相应的重金属元素含量普遍较高。

②河流上游汇水地区存在富含镉、铅、铬等重金属元素的地质体时，岩石经过物理、化学和生物风化形成的碎屑等，由河水迁移运送到下游并沉积下来，这些沉积物以及在此基础上发育的土壤中镉、铅等重金属元素的含量也会比较高。通常情况下，由地质体风化和河流迁移形成的土壤中重金属元素的富集，其范围都是比较大的。

③有色金属矿区的岩石（比如石灰岩等）重金属含量高，在风化过程中释放的重金属富集于土壤而成为重金属污染重灾区，其中镉的污染面积最大。成土作用也会引起土壤中重金属含量增加。如岩溶地区成土母岩为碳酸盐岩，在形成土壤的过程中，岩石的主要化学成分碳酸钙发生溶解淋失，而在岩石中含量很低的砷、镉、铅、汞强烈富集，可使土壤中砷、镉、铅、汞等元素含量比成土母岩富集 10~20 倍之多，从而使西南岩溶地区成为我国土壤中镉、铬、汞等有害元素含量较高的地区之一。

④随着城市化和工业化的快速发展，采矿、冶炼等工矿企业排放的"三废"，煤和石油等矿物燃料的燃烧以及农药化肥的过量施用，重金属通过各种途径进入土壤，其中，大量的采矿废水和尾矿渣的直接外排，是导致土壤重金属污染的重要原因之一，导致土壤重金属污染呈流域性的状态，而不是点线面孤立存在，即凡是周边土壤被重金属污染，或者处在有色金属矿区下游的土壤，重金属含量超标风险非常之大。

⑤土壤重金属污染的成因可分为以下几种情况：

1）土壤成土母质的风化过程：土壤成土母质自然风化对土壤重金属本底含量的影响。

2）自然风力和水力转运：受风力和江河湖海水流造成的自然物理和化学迁移过程。

3）工矿企业生产对土壤重金属的额外输入：工矿企业产生大量含有重金属的工业废水、废气、废渣、生活垃圾不断输入到土壤。一些冶炼企业在开采中废石和尾矿随意堆放，致使尾矿中富含的重金属随雨水径流进入地下水系统或者土壤。

4）农业生产活动影响：包括利用重金属超标的城市污泥、畜禽废弃物加工生产的有机肥、农药等农田投入品的土壤重金属输入。

5）交通运输对土壤重金属污染的影响：主要包括现代交通工具产生的含有重金属的尾气等以大气沉降等方式进入到土壤。

⑥化肥过量使用和土壤酸化是我国土壤重金属面源污染形成最重要的原因。在我国的农业生产中，出于对农业经济效益单一追求，过量施入氮肥和磷肥，导致土壤酸性上升，土壤酸化使重金属的活性提高。根据相关统计表明，每下降一个单位土壤 pH，土壤中就会增加十倍重金属流活性值。过量使用化肥，导致土壤酸化。研究显示，土壤 pH 每下降一个单位，重金属镉的活性就会提升 100 倍，增加骨痛病等疑难病症的患病风险。大多数情况下，土壤重金属为矿物态，不溶解于水中，农作物也就不能吸收（类似于矿物态磷钾元素）。当土壤 pH 下降一定程度，矿物态重金属就会溶解于水中，转变成离子态，被农作物所吸收。

⑦土壤镉污染。以 Cd 为例，在土壤中的形态主要分为离子交换态、碳酸盐结合态、腐殖酸结合态、铁锰氧化物结合态、残渣态。其中离子交换态 Cd 离子吸附在土壤黏粒、腐殖质及其他成分上，这部分离子比较活跃，容易被作物吸收。随大气沉降、农资投入及水流入的重金属主要集中在土壤表层而导致上层重金属含量高于下层。土壤中的 Cd 主要分布在 0~15cm 的土壤表层，15cm 以下含量显著减少。另外由于土壤黏粒对重金属 Cd 的吸附作用，黏粒中重金属含量高，在水田特殊环境条件下 Cd 表层富集的现象更为突出。在水田环境条件下，随着翻耕整田，土体搅动分散，在自然沉降过程中，土壤黏粒由于沉降速度较慢而向表层富集，表层土壤 Cd 超标就难以避免了。Cd 的表面富集成为稻米超标的主因。

水田土壤分层检测结果发现，0~1cm 土壤中的 Cd 含量可以比 3~5cm 土壤中高出一倍，而在这个层次下的土壤 Cd 含量则变化不大或略有降低。由于 Cd 离子表层富集现象的存在，即使 Cd 含量不高的土壤也可能生产出 Cd 含量超标的大米来。水稻属于浅根系作物，根系对表层土壤中 Cd 离子的吸收，使得水稻中 Cd 含量超标。

二、土壤重金属污染的危害

由于重金属不能被微生物降解，一旦进入土壤，很难消除，其在土壤中积累到一定程度就会导致土壤质量退化、农作物产量和品质降低，并随着食物链呈现逐级放大，进而危及人体健康。被重金属污染的土壤存在以下几大危害：

1. 重金属影响土壤生态体系　随着重金属的增加，会影响土壤微生物群落，降低土壤微生物和活性细菌数量，从而降低土壤酶的活性。有研究表明，长期大量施用含 Pb 的污灌，有可能使土壤中氮的转化受到较为严重的影响。

2. 重金属影响农作物生长发育　湖南隔大米事件敲响了土壤镉（Cd）污染的警钟。在重金属土壤污染中，镉污染是危害性最大的。Cd 元素已被联合国环境规划署列为全球性危害化学物质之首。Cd 污染不仅会引起土壤功能的失调、土质的下降，还会不同程度地损害植物的生理发育，影响植株的生长代谢。土壤被 Cd 污染后，会抑制水稻生长，田间表现为生长矮小，分蘖减少，水稻根系发育生长不良，叶片失绿，穗小粒空，产量降低。当土壤中 Cd 含量达到一定浓度时，就会通过水稻根系吸收，人食用后，进入人体。灌溉水中 Hg 含量达到 2.5mg/L 时，水稻生长就会受到明显抑制，表现为生长矮小，分蘖减少，根系发育生长不良，叶片失绿，穗小粒空，产量降低，籽粒含 Hg 超出食用标准（以 Hg 计，≤0.2mg/L）。

3. 重金属影响人体健康　重金属一旦通过食物链进入人体，对全身各系统和器官均产生危害，尤其是对神经系统、造血系统、循环系统和消化系统。Pb 严重中毒时，引起血管壁抗力减低，发生动脉内膜炎、血管痉挛和小动脉硬化，还可造成死胎、早产以及婴儿精神呆滞等病症

4. 土壤重金属污染特点　重金属污染物在土壤中移动性很小，不易随水淋滤，通过食物链进入人体后，潜在危害极大，应特别注意防止重金属对土壤的污染。土壤重金属污染特点如下：

①重金属不能被微生物降解，是环境中长期、潜在的污染物。

②因土壤胶体和颗粒物的吸附作用，长期存在于土壤中，浓度多呈垂直递减分布。

③与土壤中的配位体（氯离子、硫酸离子、氢氧离子、腐蚀质等）作用，生成络合物或螯合物，导致重金属在土壤中有更大的溶解度和迁移活性。

④土壤重金属可以通过食物链被生物富集，产生生物放大作用。

⑤重金属的形态不同，其活性与毒性也不同。土壤 pH、Eh、颗粒物以及有机质含量等严重影响其在土壤中的迁移和转化。

⑥形态多变。随 Eh、pH、配位体不同，常有不同的价态、化合态和结合态。形态不同，其有效性和毒性也不同。

⑦很难降解：污染元素在土壤中一般只能发生形态的转变和迁移，难以降解。

三、土壤重金属污染严重威胁我国粮食安全

研究发现，局部地区土壤污染在全国多个研究目标区域表现的非常严重。例如镉、汞、铅、砷等异常，普遍存在于长江中下游某些区域；汞、铅异常，普遍存在于城市及其周边地域，放射性异常，在部分城市十分严重。根据 2010 年中国水稻研究所与农业部稻米及制品质量监督检验测试中心发布的《我国稻米质量安全现状及发展对策研究》中的研究数据显示，中国 1/5 的耕地受到了重金属污染，表现最严重的镉污染耕地涉及 11 个省份 25 个地区。《中国环境发展报告（2012）》的统计数据显示，我国平均每年发生十起特大重金属污染事件，目前受污染耕地合计约占耕地总面积的 1/10，约有 1.5 亿亩。全国每年因重金属污染的粮食达 1 200t，造成直接经济损失超过 200 亿元。2014 年环保部和国土资源部联合发表的《全国土壤污染状况调查公报》显示，全国土壤总的点位超标率为 16.1%，耕地、林地、草地土壤点位超标率分别为 19.4%、10.0%、10.4%，中度污染以上占 2.6%，以重金属污染为主，其中镉的点位超标率为 7%（需要指出的是，该调查的取样方式为每 64km² 取 1 个样）。2011 年环保部出台的《重金属污染综合防治"十二五"规划》指出重金属污染的区域性，其中内蒙古、江苏、浙江、江西、河南、湖北、湖南、广东、广西、四川、云南、陕西、甘肃、青海 14 个省份被列为重点治理省份。近些

年来，我国"毒大米"、"毒蔬菜"、"毒水果"等事件的频频曝光，进一步引起了社会各界对我国土壤重金属污染的关注。

以各种化学或物理形态存在的土壤重金属污染物，在进入环境或生态系统后就会存留、积累和迁移。它们不仅使作物减产，还通过植物根系进入植物中，如水稻、蔬菜等各种常见的农作物中，最终到达人体内，并累积到了足以致病的剂量，对人类健康造成严重危害。同时它藏在土壤中更隐蔽，污染暴露的时滞较长，容易被人们忽视，比水污染和大气污染更危险。空气和水的流动可以带走污染物，进行自我修复，但污染物质特别是重金属一旦进入土壤，降解起来非常困难。被污染的土壤通过自净能力完全复原其周期长达千年。

植物吸收土壤养分，按照吸收类型分为主动吸收和被动吸收。所谓主动吸收，就是植物需要什么元素就吸收什么元素，需要多少就吸收多少；所谓被动吸收，就是土壤供给植物什么元素，植物就吸收什么元素，供给多少就吸收多少。水稻因为长期淹水生长，是最典型的被动吸收植物，一旦重金属溶解于水中，水稻很容易被动吸收。这也就是为什么大米很容易重金属污染的原因。由于我国人民是以大米为主食，所以大米重金属污染问题关系到我国粮食安全和人民健康。

第四节　生物有机肥料修复治理土壤重金属污染

我国已经开始真正认识到问题的严重性，国家关于土壤污染防治的相关政策正在日渐明晰。根据《重金属污染综合防治"十二五"规划》的安排，全国有河南、广西、陕西、广东、江西、浙江、四川、江苏、湖南、云南、湖北、甘肃、青海和内蒙古共计 14 个省份被纳入"十二五"重金属重点治理省份。但作为一个行业，土壤修复在我国尚处于起步阶段，亟待促进发展。在发达国家，土壤修复产业占环保产业产值的比重最高可达到 35％，而在我国，这一数字还不到 1％。2016 年，国务院发布《土壤污染防治行动计划》（简称"土十条"），特别是 2018 年全国人大颁布《土壤污染防治法》，标志着我国土壤污染防治进入一个新的阶段。经济学家预测，土壤污染修复治理将带来 10 万亿元的产业。

一、生物有机肥料是修复土壤重金属污染的最有效措施

当前世界各国很重视对重金属污染治理方法的研究，并开展广泛的研究工作。根据处理方式，处理后土壤位置是否改变，污染土壤治理技术可分为：原位（Insitu）治理和异位（Exsitu）治理。异位治理环境风险较低，见效快且系统处理预测性较高，但成本高，对环境扰动大。相对来说，原位治理则更为经济实用，操作简单。根据治理工艺及原理的不同，污染土壤治理技术可分为：工程治理措施和物理化学修复两大类。工程治理措施主要包括：客土、换土、去表土和深耕翻土等措施；物理化学修复主要包括：固化/稳定化、电动修复、络合淋洗、蒸汽浸提、氧化还原、农业修复、生物修复等。

利用生物技术修复土壤污染是土壤重金属污染修复治理的必然选择。由于中国土壤重金属污染"量大面广"的基本特征，一方面决定了难以大规模推广任何成本高昂的技术，另一方面在国内也难以使用国外主要针对小块土地修复的技术。有一些物理、化学方法可

以较快治理重金属污染，但通常成本高昂，不适用于大面积土壤污染治理，并且这些方法容易破坏土壤内部的生态系统，造成二次污染。相比较而言，利用生物技术修复更接近自然生态，从经济投入、修复周期和避免二次污染等多方面考虑都是目前修复受污染土壤的最佳途径。

所以，研发有效治理修复土壤重金属污染的生物有机肥料，既是一个国家战略战术，也是一个前景广阔的巨大产业。

二、修复治理土壤重金属污染生物有机肥料研发

重金属污染土壤修复工作在我国才刚刚起步，目前修复率不足 3%（Wu，2010）。因此，在我国，土壤污染的防治任务正面临着越来越严峻的考验，研发重金属污染的治理技术已经成为环境工作者和农业工作者亟需解决的任务。由于土壤类型、立地条件、负载生物种类、土地利用方式的不同，对土壤环境质量标准也存在一定差异，即使土壤重金属含量相同，不同地块污染与否及程度会不同，治理和修复方法也会不同，需要适合污染区实际情况的高效、绿色、廉价的修复技术和方法，在不破坏土壤基本性质和维持生产力情况下，净化面广量大的农田土壤。

华中农业大学土壤重金属修复科研团队，在长江学者黄巧云教授的带领下，先后进行了 20 多年的深入研究，取得了许多重大科研成果，位于全国前列。并与安徽莱姆佳生物科技股份有限公司等企业合作，进行了多项科技成果转化并推广应用。其中，利用特制的生物有机肥料治理修复土壤重金属污染，获得多项国家发明专利，效果非常理想。

1. 利用有机肥吸附、络合、固化重金属　有机物料（如秸秆）对重金属具有吸附能力，一方面能吸附固定土壤中的重金属，另一方面秸秆分解能增加可溶性重金属浓度。秸秆还田是目前较为倡导的农作物秸秆处置办法，研究秸秆对污染土壤重金属固定和有效性影响具有现实意义。南京农业大学试验研究了添加水稻残体对土壤 Cd 的形态转化和有效性影响，结果显示，在培养过程中，添加秸秆处理使土壤 Cd 的有效性降低了 17%～92%，但氯化钙提取态 Cd 浓度有所增加。其主要原因是固态有机质固定土壤 Cd，可溶态有机质与 Cd 络合，增加了溶液中 Cd 的浓度，但可溶性有机质络合的 Cd 其有效性也降低，因而降低了水稻对 Cd 的吸收。与 Cd 等阳离子相比，有机质对以阴离子氧化物形态存在的 Sb 等影响显著不同。日本东京农业大学研究表明，在长期添加有机质生态修复的污染土壤中总 Sb 低于未修复土壤，但其 Sb 水溶态、交换态等均远高于未修复土壤。进一步添加有机质堆肥发现，土壤中可溶态、交换态和 EDTA 提取态增加 2～4 倍，该形态的提高分别是由土壤 pH 升高、有机质结合和有机质—Fe 所固定的 Sb 所致。对 As 和 Sb 这类土壤污染物，铁基材料具有较好的固定效果。有机肥作为化学改良剂之一，既可以吸附重金属，又可以非常有效地改良土壤理化性质，为植物生长提供营养元素和良好的生长环境，是一种非常有潜力的改良材料。但是有机肥成分复杂，应用效果存在很大差异。

2. 选用有调酸功能的微生物　微生物对重金属修复强化功能主要表现在以下几个方面：通过转化重金属形态优化植物根际环境，改善植物生存条件来促进植物生长，提高植物的生物量；以菌根和内生菌等方式与植物根系形成联合体，提高植物抗重金属毒性的能力；促进根系发展，增大植物根部吸收量和增强植物向其地上部分转运重金属的能力。微

生物益生菌群，通过自身的生物反应，降低土壤的酸度，提高土壤的 pH，从而降低土壤中有害重金属的毒害；同时肥料中的微生物菌可以将重金属固定，促使土壤中活性重金属变为有机结合态，形成过滤层和隔离层，降低作物对土壤中重金属的吸收，从而避免土壤中重金属等有害物质或其分解产物通过"土壤—植物—人体"，或通过"土壤—水—人体"间接被人体吸收，损害身体健康。在重金属污染土壤上，耐性植物或超积累植物在长期选择下形成特异的微生物群落，研究土著微生物及其与植物间的相互作用，可强化植物修复。具体菌剂品种要进行试验筛选，选择优良品种，生产重金属修复型生物有机肥料。

长江学者黄巧云教授等先后筛选研究 10 多个微生物菌剂菌种，获得多项发明专利。

①一种用于重金属污染治理的无色杆菌及其应用，专利号 ZL 2015 1 0531312.X。

②一种用于重金属镉污染治理的短波单胞菌及其应用，专利号 2015 1 0531313.4。

③一种高吸附镉的丝状真菌淡紫拟青霉 XLA 及制备方法和应用，专利号 ZL 2012 1 0180738.1。

④一种产黄青霉 CH03 菌株及其在修复重金属污染土壤中的应用，专利号 ZL 2013 1 0688283.9。

⑤一种防治土壤环境病原菌的芽胞杆菌制剂及制备方法和应用，专利号 ZL 2012 1 0180761.0。

⑥一种高吸附镉的丝状真菌毛霉 XLC 及制备方法和应用，专利号 ZL 2012 1 0180801.1。

⑦一种高吸附镉的丝状真菌产黄青霉 J-5 及制备方法和应用，专利号 ZL 2012 1 0181161.6。

⑧吸附重金属镉的重组恶臭假单胞菌 CH01 及应用，专利号 ZL 2009 1 0273441.8 等。

3. 选用添加重金属修复调理剂　氨基酸、腐殖酸（特别是黄腐酸钾、钠等）都是比较好的重金属修复调理剂。除此之外，还有一些调酸剂，如聚谷氨酸、甲壳素等都是比较好的重金属修复调理剂（详见有关章节）。生物炭是由生物质在完全或部分缺氧的情况下经热解炭化产生的一类高度芳香化、难熔性的固态物质，因其难分解，具固碳作用，被应用于改良土壤性质和提高土壤肥力；同时，由于其具有大的比表面积和表面官能团等，可固定重金属，生物炭也成为重金属污染土壤修复研究的热点材料。生物炭施入重金属污染的土壤后，因其具有较强的吸附能力，能吸附周围土壤中解吸的重金属，改变其附近土壤重金属的迁移和转化行为。在生物有机肥料中添加一些调酸剂，可以生产成调酸型生物有机肥料。

4. 选用添加碱性肥料或物质　通过添加碱性肥料或物质，提高 pH，间接降低重金属的溶解性，降低重金属活性。

碱性最强的肥料是钙镁磷肥、钙镁磷钾肥，磷酸二铵也有一定碱性。最常用的碱性物质就是石灰，但是添加石灰要谨慎，石灰碱性太强，容易影响氮磷肥肥效。草木灰比较理想，一是碱性不强，二是价格低廉，三是还含有一定养分。添加碱性肥料或者碱性物质生产的生物有机肥料产品 pH 不要太高，pH9.0 以下最好，太高容易降低肥料有效性。

三、修复治理土壤重金属污染生物有机肥料使用

研究结果表明，生物有机肥料和普通鸡粪对 4 种重金属离子的吸附量大小依次为 $Cr^{3+}>Pb^{2+}>Cd^{2+}>As^{6+}$，解吸量大小顺序为 $Pb^{2+}>Cd^{2+}>Cr^{3+}>As^{6+}$，而解吸率的大小顺序为 $As^{6+}>Pb^{2+}>Cd^{2+}>Cr^{3+}$，这主要与 4 种金属离子的电荷种类、数量及水合离子半径等密切相关。与干鸡粪相比，生物有机肥料增加了对 4 种重金属离子的吸附率，同时降低了对 4 种重金属离子的解吸率。

华中农业大学所做田间试验结果表明，处理（3）常规施肥＋有机肥的稻米镉含量平均为 1.997mg/kg，处理（2）常规施肥＋生物有机肥的稻米镉含量平均为 1.967mg/kg，处理（1）常规施肥对照的稻米镉含量平均为 2.693mg/kg，分别降低 25.8％、27.0％，见表 13－8。

表 13－8　不同处理对稻米镉含量的影响

处理	稻米镉含量（mg/kg）					
	Ⅰ	Ⅱ	Ⅲ	合计	平均	降低（％）
（3）	1.89	3.25	0.85	5.99	1.997	25.8
（2）	2.49	0.93	2.48	5.9	1.967	27.0
（1）	4.83	1.97	1.28	8.08	2.693	—

第十四章　农业废弃物污染和有机肥安全性防控

有机肥曾是农业生产的最重要肥源之一，在改良土壤物理化学性质、培肥地力、提高土壤微生物活性以及提高作物产量和改善品质等方面都具有重要作用。但值得注意的是，作为养殖业大国，动物性有机肥在中国是最大的一类，而现代集约化养殖下生产出的有机肥在肥效上特别是抗生素和重金属等的成分上已经不同于传统上的有机肥。换言之，动物性肥料是否顺利资源化成为化肥的替代品，还是成为零增长行动的拦路虎，关键取决于其安全性。

生物有机肥料原料差异极大，成分非常复杂，在生产使用过程中存在许多安全性问题，包括腐熟度问题、抗生素问题、重金属问题等，都需要研究解决。

第一节　农业废弃物及环境污染防治

一、养殖场直接喷洒微生物菌剂防臭工艺

针对养殖场圈栏粪便污染和臭气问题，华中农业大学专家创新了圈栏喷洒发酵微生物菌种，甚至在饲料里添加微生物菌种，让粪便一旦排出，就开始发酵，水冲或者刮产到粪池类，发酵速度更快。大幅度消除了养殖场圈栏及粪池里臭味，降低养殖场污染（图 14-1）。由于提前开始发酵，到后期翻堆发酵时间缩短，菌种成本略微增加，但臭味就是氨气，就是氮肥，有机肥料含氮量可提高 0.4%。按照一个氮养分 40 元计算，0.4 个养分，增值 16 元，减去增加的菌种 7 元/t，还增值 9 元/t（表 14-1）。

图 14-1　养殖场喷洒微生物菌剂防治臭味

表 14-1 猪圈喷洒微生物菌种试验

处理	春秋发酵时间（d）	菌种成本（元/t）	肥料含氮（%）	臭味
不喷洒菌种	12	20	3.2	强
每冲水一次，喷洒1%菌种	10	27	3.6	弱
比较	-2	+7	+0.4	减少

二、养殖场洒菌提前发酵降污减本增效技术

针对粪便运输到肥料工厂的装卸、运输、堆放污染问题，本项目创新了直接在粪池或者养殖场喷洒菌剂发酵的新工艺。由于畜禽粪便在养殖场就提前开始发酵，减少了装车、运输、下车及粪便进厂后堆放时的臭味污染。而且到后期翻堆发酵时间缩短，菌种成本减少，有机肥料含氮量提高。按照一个养分40元计算，0.6个养分，增值24元，加上节约菌种4元，增值28元/t（表14-2）。

表 14-2 养鸭场喷洒微生物菌种试验

处理	春秋发酵时间（d）	菌种成本（元/t）	肥料含氮（%）	臭味
不喷洒菌种	10	20	4.6	强
每14d，喷洒菌种	7	16	5.2	弱
比较	-3	-4	+0.6	减少

三、高含水粪便的无动力循环发酵沼气工程

1. 畜禽粪便处理最大的难点就是含水高　在我国西北地区，干旱缺水，空气干燥，畜禽粪便一般很干，含水量20%以下。干燥的畜禽粪便一是味道很小，污染小；二是可以垒堆存放，不占场地；三是可以直接装包、运输、撒施。基本上不需要特别处理，完全可以作为有机肥销售施用，没有障碍。内蒙古的羊粪、牛粪甚至可以卖到福建种植柚子。

南方大量水冲粪便，即使干刮粪便含水量也在50%以上。畜禽粪污主要来源于尿液、粪便渗出液和冲洗水，其中COD高达5 000～20 000mg/L，氨氮浓度高达800～2 000mg/L，悬浮物浓度（TSS）也高达2 000mg/L以上，超标数十倍。这种高浓度废水如不经过处理直接排放，将对周边环境产生巨大污染。按照全国畜禽粪便38亿t计算，其中污水占一半以上。畜禽粪便含水量在50%～70%，就像泥巴；含水量70%以上，就像汤水。装车、运输及施入农田都极不方便，这就是农民不愿意使用畜禽粪便的关键所在。

2. 粪便污水沼气发酵处理的特点　沼气是有机物质在厌氧条件下，经过微生物的发酵作用而生成的一种混合气体。人畜粪便、秸秆、污水等各种有机物在密闭的沼气池内，在厌氧（没有氧气）条件下发酵，被种类繁多的沼气发酵微生物分解转化，从而产生沼气。沼气工程是目前我国处理养殖粪尿废弃物的主要技术之一，对畜牧养殖废弃物的降污

减排做出了重要贡献。沼气发酵方法治理畜禽粪便和污水具有以下特点。

（1）沼渣沼液可以用作肥料 沼气发酵后残渣中小分子有机物含量很少，使用一般不烧苗。发酵过程中 N、P、K 等肥料成分几乎得到全部保留，一部分有机氮被水解成氨态氮，速效性养分增加，节约了肥料资源。

（2）沼渣沼液气味很小，不吸引苍蝇或鼠类 发酵过程中部分杂草种子和一些病原物、寄生虫卵被杀灭，有利于保护生态环境。

（3）可产生有用的终产物——甲烷 甲烷是一种清洁燃料，可以直接做燃料或者发电，节约能源资源。

（4）发酵条件要求低，什么原料都可以 一些粪便、垃圾、生活污水等都是沼气发酵的好原料，不需要添加任何辅料，发酵成本低，有利改善了农村的环境卫生条件，对人畜健康都有好处。

3. 传统沼气发酵粪便的严重障碍

（1）沼渣沼液不好处理利用 沼渣作为肥料非常好，但是其含水量高达 50%～80%，装车、运输、堆放以及撒到农田都极其困难。采取罐车抽出、运输、撒施一则有时间障碍和条件障碍，二则成本高。沼液作为液体肥料也很好，但是也存在运输、储存及使用障碍。有条件的地方，可以采取管道的方法把沼液直接输送灌溉到农田，基本可行。但时间、条件、设施等方面也有障碍。传统沼气池沼液非常浑浊，不能进行滴灌喷灌，这是目前沼气发酵方法处理畜禽粪便和污水的最大障碍。

（2）沼渣沼液残留致病菌 因为沼气发酵是常温发酵，没有产生高温，所以部分致病菌没有被杀死，施入农田会造成病害。再就是很多沼渣沼液养分比例（氮含量比例过高）、有机质类型（小分子速效有机质）也不完全达到农田直接施用条件，用于农田也常常产生烧苗、疯长，只长茎叶、少结果等问题，很多地方的农民已经完全不能接受沼液用于农田灌溉的应用方式。

（3）沼气池建设容易，管理困难 沼气池"三分建、七分管"。要定期进料、搅拌、出渣出液，查看池中情况，防止漏气，管理十分麻烦。很多农民建起沼气池，用一两年就不再管理。

4. 新型无动力循环发酵沼气池的优点

华中农业大学、武汉理工大学与湖北部分沼气企业，通过多年联合攻关，研发出了"新型无动力循环发酵沼气池工程"，具有以下优点：

①不需要外部动力，不用电，自动循环发酵。

②循环发酵，有机物充分分解，沼渣极少。

③自动出渣，不需要人工出渣，大大减少人工出渣带来的安全隐患及不方便。

④沼气池内没有任何浮渣，避免了传统沼气池浮渣日积月累，填满沼气池，影响沼气池使用寿命，可以 10 年不维护不维修。

⑤沼液中有机物 COD 等含量很低，清澈透明。

⑥沼液可以直接用于农田滴灌喷灌，既可以替代减少化肥使用，还可以实现水肥一体化（图 14-2）。

图 14-2　新型无动力循环发酵沼气池

四、养殖场污水絮凝剂无害化处理新方法

畜禽养殖场排除的粪水（污水），一般为胶体状水，就是水中含有一定量的胶原蛋白等分子，与水分子一起形成胶体，不容易分离，因此脱水困难。鲜奶、豆浆、城市污泥、木薯渣、酵母液、动物下水（下脚料）等都是这样的。比如鲜奶形成不了奶酪，发酵变成酸奶，就可以制奶酪。豆浆制不成豆腐，只有加了石膏，变成豆腐脑，才能制成豆腐。胶体状水要想脱水干净、脱水快，必须让胶原蛋白与水形成的胶体分离，一般采取添加化学物质絮凝沉淀变成非胶体状才能过滤，或者发酵直接氧化掉。而受液体高含水量的限制，厌氧发酵（沼气发酵）存在 3 个障碍：一是发酵时间长（一两周）、效率低；二是发酵成本高，要添加大量辅料；三是会产生沼气不安全。只有絮凝剂沉淀法是时间最短（几个小时）、效率高、成本低、最安全。所以，华中农业大学专家推荐絮凝剂沉淀法治理粪便污水。

目前常用的絮凝剂有两大类：一类无机絮凝剂。聚合氯化铝（PAC）、聚合硫酸铁（PFS）、聚合氯化铝铁（PAFC）、聚合硅酸铝铁（PSAF）4 种无机絮凝剂；第二类有机絮凝剂。阳离子聚丙烯酰胺（CPAM）、阴离子聚丙烯酰胺（APAM）、非离子聚丙烯酰胺（NPAM）3 种有机絮凝剂。经过华中农业大学专家大量研究，发现有机无机絮凝剂混合配合，既降低成本，又提高絮凝效果。因不同畜禽粪水中物质含量不同，添加哪些絮凝剂种类、比例及用量需要进行现场试验筛选。在武汉市天健农业发展有限公司养猪场的猪粪粪水试验中，无机、有机絮凝剂混配使用时投加顺序对养猪废水混凝处理效果较好。先PAFC 后 CPAM 的投加顺序对污水处理效果最好，先 CPAM 后 PAFC 效果次之，同时投加 PAFC、CPAM 效果最差，所以在混配正交试验或是在工程应用中应先投加 PAFC 后投加 CPAM（图 14-3）。

五、养殖场污水多级微生物强化处理新技术

针对养殖场废水高化学需氧量（COD）、高氨氮、低碳氮比、处理成本高的特点，华中农业大学专家采用污水处理后资源化回用的思路，对养殖场废水进行多级微生物强化处

图 14-3 养殖场污水使用絮凝剂无害化处理

理，并全部冲栏回用，在回用环节解决养殖场臭气等环境问题，从而开发出一套低成本、高效率的猪场废水处理新工艺。开发的新工艺集成了组合工艺污水处理技术、多级微生物强化技术、污水资源化回用技术、大系统循环脱氮技术等多种技术，在四级组合处理系统中（ABR—AMBR—SBR—RWR），将不同种类净水微生物（水解酸化细菌、硝化细菌、反硝化细菌、净水芽孢杆菌、光合细菌及 EM 菌）投放到污水处理的不同反应池中，优化活性污泥菌群结构，强化污水处理效果，并将最终出水全部用于养殖场舍冲栏回用，回用过程中同步实现水体脱氮。该新工艺的工艺流程如下：养殖场废水→沼液储池→微生物强化厌氧折流板反应器（EM—ABR）→微生物强化厌氧生物膜反应器（EM—AMBR）→微生物强化序批式生物反应器（EM—SBR）→低浓度二氧化氯 ClO_2 消毒及微生物强化回用水池（EM—RWR）→冲栏回用水（进入污水储池，下一个循环）。在中试运行基地中连续运行污水处理系统 3 个多月，按照运行工艺过程和运行参数进行操作，整体运行情况良好，运行平稳。其排放指标达到国家污水处理二级排放标准，部分指标达到国家污水排放一级标准，远远优于养殖业污染排放标准。

在回用水中投加环境友好微生物菌剂（光合细菌、EM 菌等），并用该回用水连续用作猪舍冲栏水。通过检测猪舍周围臭味物质含量，与自然水塘水冲栏猪舍空气样品比较，使用回用水冲栏后猪舍空气中氨、硫化氢、臭味浓度三项指标改善效果更明显，证明该回用水冲栏可以明显改善猪舍周边环境气味。完全可以替代甚至优于自然水。

六、养殖污水生态廊道分级处理工艺技术

国内的规模化猪场常用厌氧—好氧组合工艺处理养殖污水，但这种模式存在反应时间长，构筑物容积大，氨氮不易达标等诸多缺点，在实际应用中投资和运行成本高，给养殖户带来较大的经济负担。此外，厌氧—好氧组合工艺处理养殖污水的实质是将污水中的有机质转化成二氧化碳和氮气排放到大气中，在这个过程中不仅消耗大量能源，污水中的碳

源也未得到有效回收利用。寻找一种效果好、成本低，甚至在达标处理的同时实现资源回收利用的处理工艺，对解决规模化养殖场污水的污染难题尤为重要。

华中农业大学专家在混凝预处理养猪场污水的基础上，采用自制吸附性生态填料，设计与构建生态廊道梯级处理混凝出水，并在梯级处理池表面种植去污能力强的凤眼莲充分吸收污水中的氮、磷等营养物质。养猪场污水经该多元耦合工艺处理后，出水达到《畜禽养殖业污染物排放标准》（GB 18596—2001）要求，得到的生态处理养猪场污水多元耦合工艺对有效解决规模化养猪场污水污染具有重要意义（图 14-4）。

图 14-4　养殖场污水多级微生物强化处理

第二节　生物有机肥料安全性及分级

一、生物有机肥料安全问题

我们通常认为有机肥是安全的。一些发达国家在有机农业实践中，提倡施用有机肥而拒绝化肥。国内绿色食品的肥料标准中，也规定只准施用有机肥和微生物肥。所谓有机肥是指农家就地取材、自行积存制作的肥料，也称"农家肥"。有机肥以富含有机质的动物、植物为原料积制而成，除含植物所必需的氮、磷、钾外，还含有其他营养成分，故又称绿色肥料。常用的有机肥有人粪尿、厩肥、家禽粪、家畜的蹄角、鱼杂、骨粉等动物性肥料和油粕、绿肥、豆饼、酱渣、米糠、堆肥、塘泥、泥炭等植物性肥料。有机肥须经充分腐熟后才能施用，否则对作物是有害的。一般认为，大量施用有机肥可改良土壤，使砂土变得肥沃，黏土变得疏松易耕。此外，还可协调土壤中空气与水分的比例，从而有利于作物根系的生长和对水分、养料的吸收。然而，有机肥和化肥一样，施用不当同样会带来硝酸盐淋失、温室气体排放等生态威胁。目前，一些发达国家已经通过立法的形式来控制和指导农田有机肥的施用。近些年，我国规模化养殖业迅速发展，畜禽粪便中重金属、抗生素等含量增加，有机肥的安全性也存在隐患。商品肥料中存在镉、汞、砷、铅、铬、镍、钴、硒、钒、锑、铊、水溶性氟、缩二脲、三氯乙醛、多环芳烃、石油烃、邻苯二甲酸酯类、蛔虫死亡率、粪大肠菌群落、三聚氰胺等有毒有害成分的危害。

有机肥的主要安全性问题有以下几个方面：

1. 腐熟度问题 新鲜有机肥特别是食品渣、饼粕、畜禽粪便等，含有较多小分子速效有机物，再就是碳氮比过高，C/N 为 30 以上。未经过腐熟发酵，直接施入农田，容易在土壤中快速发酵，严重的会升温，好氧发酵会消耗大量土壤中的氧气，造成土壤缺氧，作物被闷死，这就是农民常说的没有腐熟的有机肥会"烧苗"。新鲜有机肥特别是畜禽粪便含有大量抗生素，施入农田容易影响作物生长。新鲜有机肥特别是畜禽粪便，恶臭味很重，污染环境，还引来苍蝇蚊子。未腐熟的有机肥特别是秸秆等，碳氮比高，在农田中发酵，还会与作物竞争吸收氮肥，影响作物生长，所以，腐熟度问题是有机肥最常见、最严重的安全性问题。

2. 病虫卵、杂草种子问题 新鲜有机肥特别是畜禽粪便、秸秆含有大量病原菌、病虫卵、杂草籽，施入农田容易传播病虫害，增加田间杂草。

3. 重金属污染问题 部分畜禽粪便、城市污泥、河道湖泊污泥、生活垃圾、工业废渣等存在重金属超标问题，用一般的简单发酵腐熟工艺无法除去，需要一些特殊方式才能除去，只有在选择原料时尽量避免使用重金属超标的有机肥原料。

长期施用猪粪的稻田，大多数土壤砷含量已超过国家规定的最高标准。另外，水稻有一定的砷富集能力，而且水稻中的砷含量与土壤中的砷含量也存在明显的正相关。2008年一份对畜禽饲料镉污染情况调查的研究报告显示，饲料中硫酸锌不纯组分中镉的测定值为 28 641mg/kg，可见我国饲料添加剂中存在着很大的问题。有跟踪结果表明，某省 1990—2008 年期间猪粪中的铜、锌、砷、铬和镉的含量分别增加 771%、410%、420%、220% 和 63%，而牛粪中这些元素分别增加 212%、95%、200%、791% 和 -63%（镉下降了），家禽粪便中分别增加 181%、197%、1 500%、261% 和 196%，且在 2002—2008年间土壤中重金属含量大幅度增加，这反映了 2002 年后饲料添加剂的广泛使用。动物肥料中所含的重金属在这 18 年间大幅度增加，其施用对土壤的影响应当加以考虑。

4. 残留抗生素农药等问题 部分畜禽粪便、秸秆、中药渣、食用菌渣中残留一些抗生素、有机农药、有毒有机物等，可以通过发酵腐熟进行处理，经发酵腐熟分解后再利用，不能发酵腐熟或者通过其他方法处理的，不要利用。

中国科学院广州地球化学研究所发布的一项研究结果表明，2013 年中国抗生素使用量惊人，年用量 16.2 万 t，约占世界用量的一半，其中 52% 为兽用，48% 为人用，超过 5万 t 抗生素被排放进入水土环境中。无疑兽用抗生素进入水土环境之前，也主要是积累在其排泄物中。

5. 强酸强碱高盐问题 一些制药、工业废渣，存在强酸性（pH 低于 4.5）、强碱性（pH 高于 8.5）或者盐含量（包括氯离子）超标，或者极强腐蚀性、易燃易爆等，也要进行适当处理后才能利用。

6. 异物过多总量 餐厨垃圾、生活垃圾含有大量塑料、玻璃、瓷器、金属、木屑、砖石块等，如果含量太多，也尽量不要利用。

二、有机肥资源安全性分类

有机物的优劣可以从安全性和使用效果两个方面去衡量判断。最重要的是安全性。原料的安全性是我们首先要考虑的，有机物的安全性决定了有机肥是否安全，进而决定了种出来的作物能否健康。安全性就是分析有机物中是否含有有毒有害成分，主要有：病菌虫卵、抗生素、高盐物质、强酸强碱物质、重金属。像畜禽粪便当中的病菌虫卵、抗生素、强碱性物质等都影响安全性；有些食品工业下脚料和废弃物，像酱油渣，在目标成分提取的过程中需要加入过量的盐分，也影响安全性；有些化学工业废弃物、河道污泥当中的重金属超标，也影响安全性。存在安全隐患的有机物原料，后患无穷。

市场上经常接触到的一些有机物，从安全性和使用效果两个方面进行简单的 10 分制打分，排序如下，仅供参考（表 14-3）

表 14-3　有机物安全性与肥效评价

序号	分类	主要品种	安全分	肥效分	综合分
1	饼粕	菜籽饼、花生饼、芝麻饼、豆粕、玉米胚芽饼、棉籽饼、茶籽饼、麸皮、油糠、金针菇及鸡头菇渣	10	10	20
2	食品渣	饼干糕点渣、快餐食品渣、酵母液、藕渣、薯泥薯渣	10	9	19
3	酒糟	啤酒糟、白酒糟、葡萄酒糟、醋糟、木薯渣、糠醛渣、柠檬酸渣、糖渣、淀粉渣	10	8	18
4	中药渣	中药药渣、生物有机药渣、蚕沙	9	7	16
5	秸秆纤维	稻草、麦秆、玉米秆、豆秆、花生秆、米糠、玉米芯、瓜藤、蔬菜叶、烟秆、烟末、香菇渣	8	6	14
6	食用菌渣	平菇渣、蘑菇渣、草菇渣、杏鲍菇渣	7	7	14
7	畜禽粪便	猪粪、牛粪、鸡粪、鸭粪、羊粪、兔粪、宠物粪便、沼渣沼液	6	8	14
8	鱼粪底泥	鱼粪、鱼池底泥	7	5	12
9	餐厨垃圾	餐厨垃圾、鱼肉加工残渣废液	5	7	12
10	生物碳	木屑秸秆等烧制的生物炭	10	3	13
11	煤炭类	风化煤、褐煤、泥炭、草炭、泥炭、煤矸石	10	2	12
12	锯末木屑	锯末竹屑、枯枝落叶、废弃木材、食用菌段木、棉秆	9	4	13
13	湖泥河泥	河道污泥、塘泥、湖泥	4	4	8
14	生活垃圾	生活垃圾	1	1	2
15	城市污泥	净化水污泥、下水道污泥	1	3	4
16	工业废渣	制药、造纸泥、印染、电镀、皮革厂等废渣废泥	0	4	4

三、生物有机肥料生态分级

前几年有关部门起草了一个《肥料分级及要求》国家标准，暂未颁布实施。主要是把现有肥料按照生态安全性分为三级：生态级肥料、农田级肥料和园林级肥料。并制定了其中农田级和生态级商品肥料中镉、汞、砷、铅、铬、镍、钴、硒、钒、锑、铊、水溶性氟、缩二脲、三氯乙醛、多环芳烃、石油烃、邻苯二甲酸酯类、蛔虫死亡率、粪大肠菌群落、三聚氰胺等有毒有害成分限值指标。这些限值指标要求是强制性要求，不论是明示执行相应国家标准、行业标准、地方标准、团体标准或者企业标准的肥料，还是未标明执行标准的进口肥料，只要明示用于农田，都必须达到该限值要求。

生态级肥料的定义是能提供一种或多种植物必需的营养元素，改善土壤性状，提高土壤肥力，不给生态系统带来负面作用，维持持续稳定的农业生产和生态安全的一类肥料。所以生态肥料标准的制定，应该做到能够控制有害物质通过肥料进入土壤和食物链的途径，确保粮食质量安全；能够按照有害物质的含量分级，指导建立分对象施用等安全施肥规则；能够确保肥料可利用资源的有效利用，防止污染原料的非预期使用；能够提高中国肥料安全质量水平，提升生产企业资源节约和环境保护意识。要保证不给生态系统带来负面作用，首先就要考虑现行肥料行业中存在的风险点。风险点可能来自原料、肥料生产，也可能来自不合理使用，如磷肥和复合肥中的矿物质原料，可能将超标的重金属物质带入土壤等。

按照这个思想，生物有机肥料也可以分为 3 个生态级别。

1. 生态级生物有机肥料 非畜禽粪便生产，主要是饼粕类、食品渣类、酒糟类、中药渣类和部分秸秆，无任何化学或有害成分，有害有毒物质含量很低，产品达到有机农业或者绿色农业生产技术指标要求。生态级生物有机肥料可以用于有机农业、绿色农产品生产。

2. 农田级（大田级）生物有机肥料 农田级生物有机肥料，也叫大田级生物有机肥料，可以利用大部分有机原料，包括饼粕类、食品渣类、蘑菇菌渣、酒糟类、中药渣类外，还有畜禽粪便类、秸秆类、食用菌渣类、鱼粪底泥、餐厨垃圾、枯枝落叶或湖泥河泥等，要求重金属、有害菌、抗生素等有毒有害成分不超标，符合国家标准规定。农田级生物有机肥料可以用于无公害农业生产、普通大田农作物生产。

3. 园林级生物有机肥料 园林级生物有机肥料主要利用餐厨垃圾、湖泥河泥、生活垃圾、城市污泥、制药等工业废渣等，含有一些少量的有毒有害物质，不适合用于农田农业生产，只能用于园林绿化肥料。

第三节 有机肥料腐熟问题

据中国科学院南京土壤研究所十多年来在江苏及全国十几个省份的调查及小区施用畜禽粪便试验表明：①畜禽粪便中全氮含量较 20 世纪 90 年代初增加了 25%，水溶性氮占总氮含量的 15%，其中 66% 为水溶性有机氮，畜禽粪便中水溶性氮尤其是水溶性有机氮的流失，对水体的影响不容忽视。②畜禽粪便中全磷含量较 90 年代初增加了 76%，与农作物氮磷养分需求比例相比，长期施用有机肥易造成土壤磷素累积，畜禽粪便施用对农田土壤磷素的流失影响不容忽视。③畜禽粪便中锌、铜、镉残留量较高，但与 90 年代初相比，部分元素残留量增加较多，如铜、锌、砷、镉、铬等分别增加了 388%、234%、782%、478%、426%，长期大量地施用畜禽粪便等有机肥，同样可造成土壤重金属累积与农产品重金属污染。④畜禽粪便中各种抗生素，尤其是磺胺类抗生素检出率普遍较高，长期大量地施用畜禽粪便，有可能造成土壤抗性菌及超级病菌等的繁殖及扩散。⑤畜禽粪便中沙门氏菌高于 105MPN/g 的样品检出率达 56.7%，四环素抗性菌含量普遍较高，部分商品有机肥中粪大肠菌群超标。⑥长期小区试验表明，畜禽粪便施用增加了土壤重金属、病原菌、抗性菌污染及次生盐渍化风险，其可溶性碳、氮、磷和兽药对水体也构成了一定的威胁，尤其是酸性土壤镉污染；畜禽粪便施用可使土壤中抗生素抗菌性与病原菌数量增加 0.5～2 个数量级，并致土壤中同时抗 4 种抗生素以上的多重抗性细菌比例显著增加。

一、有机肥腐熟的目的意义

腐熟是有机肥分解过程的一个阶段。在这个阶段，有机物已经变到不能辨认它原来的形态，成为一团黑色松软的物质，有时有臭味，在原重量上失去原来的 3/4，在碳氮比上变得较小。有机肥施用前强调腐熟，是因为没有腐熟的有机肥中所含的养分形态绝大部分是迟效态的，作物不能直接吸收利用。不经腐熟的有机肥施入土壤中，不仅肥效差，而且还会滋生杂草和传播病菌和虫卵。因此，有机肥腐熟的目的是为了释放养分，提高肥效，同时避免肥料在土壤中腐熟时产生某些对作物不利的影响，特别是产生的高温，容易"烧苗"。

有机肥发酵腐熟的目的意义如下：

1. 氧化小分子有机物，降低碳氮比，防止田间"烧苗"　新鲜有机肥特别是食品渣、饼粕、畜禽粪便等，含有较多小分子速效有机物，再就是碳氮比过高，C/N 为 30 以上。未经过发酵腐熟，直接施入农田，容易在土壤中快速发酵，严重的会升温，好氧发酵会消耗大量土壤中的氧气，造成土壤缺氧，作物被闷死，这就是农民常说的没有腐熟的有机肥会"烧苗"。近年来，随着有机肥大量使用，常常出现类似问题，造成农民损失，企业赔钱。新鲜有机肥经过发酵腐熟，小分子速效有机质被氧化，碳氮比大幅度降低，再施入到土壤中就不会"烧苗"。

2. 烘干过多水分，方便使用　新鲜有机肥特别是畜禽粪便等，含有较高水分，有的高达 60%～90%，在运输、上下车、储存、施用上都不方便。通过高温发酵，把水分烘干，到达国家标准 30% 以下，可以非常方便运输、上下车、储存、施用。在发酵期间，根据有机肥的温度变化，可以判定有机肥的发酵腐熟程度。当气温 15℃ 时，堆积后第三天，有机肥表面以下 30cm 处的温度可达 70℃，堆积 10d 后可进行第一次翻堆。翻堆时，有机肥表面以下 30cm 处的温度可达 80℃，几乎无臭。第一次翻堆后 10d，进行第二次翻堆。翻堆时，有机肥表面以下 30cm 处的温度为 60℃。再过 10d 后，第三次翻堆时，有机肥表面以下 30cm 处的温度为 40℃，翻堆后的温度为 30℃，水分含量达 30% 左右。之后不再翻堆，等待后熟。后熟一般需 3～5d，最多 10d 即可。后熟完成，有机肥即制成。这种高温堆腐，可以把粪便中的病虫卵和杂草种子等杀死，大肠杆菌也可大为减少，达到有机肥无害化处理的目的。

3. 杀死病虫卵、杂草种子　新鲜有机肥特别是畜禽粪便、秸秆，含有大量病原菌、病虫卵、杂草种子，施入农田容易传播病虫害，增加田间杂草。通过高温发酵，持续

70℃高温 7～15d，将杀死绝大部分病虫卵和杂草种子。

4. 降解抗生素　新鲜有机肥特别是畜禽粪便含有大量抗生素，施入农田容易影响作物生长。通过高温发酵，可以逐步降解抗生素。

5. 除去肥料臭味，保护环境　新鲜有机肥特别是畜禽粪便，恶臭味很重，污染环境，还引来苍蝇蚊子。有机肥的腐熟是一个复杂的过程，有机物质是在土壤微生物作物下进行的矿质化和腐殖化的过程。要使有机物质分解，释放养分就必须依靠微生物的活动才能实现。在腐熟过程中，有机物质的分解与合成是同时进行的。一方面，一些有机物质由复杂的形态转变为简单的形态，由不溶于水的物质转变为水溶性的物质，从而提高养分的有效性，使养分易被作物吸收利用，这就是矿质化作用；另一方面，一些简单的化合物或分解过程中的中间产物，在微生物的作用下，重新合成为复杂的化合物，最后可合成为腐殖质，这就是腐殖化作用。因此，腐殖质的产生是有机肥腐熟的重要标志，其含量的多少与有机肥的质量有密切的关系。有机肥发酵腐熟后，氨气被吸附固定，臭味绝大部分消去。

6. 防止在农田中与作物争氮　未腐熟的有机肥特别是秸秆等，碳氮比高，在农田中发酵，还会与作物竞争吸收氮肥，影响作物生长。腐熟后有机肥碳氮比适中，施入农田不再与作物竞争氮肥。

7. 提高有机肥肥效　有机肥发酵腐熟后，氮磷钾养分逐步分解释放，大分子有机质逐步分解降解，方便作物吸收利用，肥效大幅度提高。

二、有机肥腐熟过程掌控

虽然国内外在有机肥腐熟度的评价方面已经作了广泛而深入的研究，提出了众多的评价指标及方法，但仍没有形成一种公认的有机肥腐熟度指标。有机肥腐熟度指标划分为三类：物理学指标、化学指标（包括腐殖质）和生物学指标。有机肥腐熟度的评价方法分为表观分析法、化学分析法、波谱分析法及植物生长分析法四类。

1. 物理学指标（或表观分析指标）　指有机肥发酵腐熟过程中的一些比较直观的变化，如温度、气味和颜色等。具体有：

①堆肥开始，堆体温度是逐渐升高再降低的变化过程，而堆肥腐熟后，堆体温度与环境温度一致或稍高于环境温度，一般不会明显变化，因此，温度是堆肥过程中最重要的常规检测指标之一。

②堆肥原料具有令人不快的气味，并在堆肥过程中会产生 H_2S、NH_3 等难闻的气体，而堆肥过程后期这些气味逐渐减弱，并在堆肥结束后消失，所以气味也可以作为堆肥腐熟的指标。

③堆肥过程中堆料逐渐发黑，腐熟后的堆肥产品呈黑褐色和黑色，颜色也可以作为判断标准之一。

④对不同时间堆肥的水萃取物在波长 280nm、465nm 和 665nm 的光学性质研究表明，由于个别有机成分的少量存在，抑制了对短波的吸收，而对 665nm 波长的可见光影响较少，由此通过检测堆肥萃取物在波长 665nm 下的吸光度变化来反映堆肥腐熟度。

2. 化学指标　由于物理学指标难于定量化表征堆肥过程中堆料成分的变化，所以通过分析堆肥过程中堆料的化学成分或化学性质的变化，以评价堆肥腐熟，该方法更常用一些。这些化学指标有：有机质变化指标、氨氮指标、腐殖化指标、碳氮比和有机酸等。具体内容包括：

①在堆肥过程中，堆料中的不稳定有机质分解转化为二氧化碳、水、矿物质和稳定化有机质，堆料的有机质含量变化显著，因此可以通过一些反映有机质变化参数（如 COD、BOD 及 VS 等）的测量及某些有机质在堆肥过程中的变化规律来表征腐熟度。

②在堆肥的生化降解过程中，含氮的成分发生降解产生氨气，在堆肥后期部分氨气被氧化成亚硝酸盐和硝酸盐，所以可以用亚硝酸盐或硝酸盐的存在判断腐熟度，并且由于这两个指标的测定较为快速和简单，具有较好的实用价值。

③堆肥过程中伴随着腐殖化的过程，研究各腐殖化参数的变化，是评价腐熟度的重要方法，由此提出 CEC（阳离子交换容量）、腐殖质 HS、腐殖酸 HA、富里酸 FA、富里部分 FF 及非腐殖质成分 NHF 等参数，用以评价堆肥腐熟度。

④碳源是微生物利用的能源，氮源是微生物的营养物质，碳和氮的变化是堆肥的基本特征之一，C/N（固相）是最常用于评价腐熟度的参数。也有研究指出，微生物在堆肥原料的降解中其代谢发生在水溶相，因此水溶性有机碳/有机氮的指标，可以作为堆肥腐熟度的参数。

⑤有机酸广泛存在于未腐熟的堆肥中，可通过研究有机酸的变化，评价堆肥腐熟度。

3. 生物学指标　堆料中微生物的活性变化及堆肥对植物生长的影响，可用于评价堆肥腐熟度。这些指标主要有呼吸作用、生物活性及种子发芽率实验等。具体有：

①堆肥是富含腐殖质的稳定产品，微生物处于休眠状态，此时腐殖质的生化降解速率及二氧化碳产生和氧气消耗都较慢，因此可以用二氧化碳的产生和微生物的耗氧速率作为反映腐熟度的指标。

②可以用反映微生物活性变化的参数如酶活性、ATP 和微生物的数量、种类来表征堆肥的稳定和腐熟。

③未腐熟的堆肥产品对植物的生长有抑制作用，因此可用堆肥和土壤混合物中植物的生长状况来评价堆肥的腐熟度，考虑到堆肥腐熟度的实用意义，这是最终和最具说服力的评价方法。

有机肥腐熟度评价方法中的波谱分析法，该方法可以从物质结构的角度认识堆肥过程和腐熟度问题。迄今为止较多使用的是 [13]C-核磁共振法和红外光谱法。红外光谱法可以辨别化合物的特征官能团，核磁共振法可提供有机分子的骨架信息。

三、有机肥腐熟判定指标

1. 温度　温度从持续高温多天后，返回到常温（气温）左右。

在发酵期间，根据堆肥的温度变化，可以判定堆肥的发酵腐熟程度。当气温 15℃ 时，堆积后第三天，堆肥表面以下 30cm 处的温度可达 70℃，堆积 10d 后可进行第一次翻堆。翻堆时，堆肥表面以下 30cm 处的温度可达 80℃，几乎无臭。第一次翻堆后 10d，进行第二次翻堆。翻堆时，堆肥表面以下 30cm 处的温度为 60℃。再过 10d 后，第三次翻堆时，堆肥表面以下 30cm 处的温度为 40℃，翻堆后的温度为 30℃，水分含量达 30％ 左右。之后不再翻堆，等待后熟。后熟一般需 3～5d，最多 10d 即可。后熟完成，堆肥即制成。这种高温堆腐，可以把粪便中的病虫卵和杂草种子等杀死，大肠杆菌也大为减少，达到有机肥无害化处理的目的。堆肥腐熟后堆体温度与环境温度一致或稍高于环境温度，一般不会明显变化。

2. 碳氮比 碳氮比稳定到 15～20。

碳氮比是指有机物中碳的总含量与氮的总含量的比值。碳氮比对微生物的生长代谢起着重要的作用。碳氮比低，则微生物分解速度快，温度上升迅速，堆肥周期短；碳氮比过高，则微生物分解速度缓慢，温度上升慢，堆肥周期长。不同碳氮比对堆肥氨气挥发和腐熟度的影响：低碳氮比的氨气挥发明显大于高碳氮比，说明碳氮比越低，其氮素损失越大；低碳氮比堆肥中盐分含量过高，会抑制种子发芽率。高碳氮比会导致堆肥中肥料养分含量不达标。碳氮比合理，较有利于减小氮素的损失和促进堆肥的腐熟。综合考虑各方面因素，堆肥的碳氮比控制在 25～30 为宜。在粪便堆肥过程中，碳源被消耗，转化为 CO_2 和腐殖质，氮则主要以氨气的形态散失，或者转化为硝酸盐和亚硝酸盐，或为微生物生长代谢所吸收。因此，碳和氮的变化是反映堆肥发酵过程重要的特征，总碳含量和总氮含量均呈下降趋势，且总碳含量下降速度大于总氮含量下降速度。碳氮比则是用来判断堆肥反应是否达到腐熟的重要指标，C/N 变化总体上呈现出缓慢下降趋势。

一般禾本科作物的茎秆如水稻秆、玉米秆和杂草的碳氮比都很高，可以达到（60～100）:1，豆科作物茎秆的碳氮比都较小，如一般豆科绿肥的碳氮比为（15～20）:1。碳氮比大的有机物，分解矿化较困难或速度很慢，原因是当微生物分解有机物时，同化 5 份碳时约需要同化 1 份氮来构成其自身细胞体，因为微生物自身的碳氮比大约是 5:1。而在同化（吸收利用）1 份碳时需要消耗 4 份有机碳来取得能量，所以微生物吸收利用 1 份氮时需要消耗利用 25 份有机碳，也就是说，微生物对有机质分解的碳氮比为 25:1。如果碳氮比过大，微生物的分解作用就慢，而且要消耗土壤中的有效态氮。

碳氮比讲的是有机物料（发酵物料）中碳总量和氮总量的比例，例如碳氮比为 25，则说明物料中碳含量是氮含量的 25 倍。碳氮比一般推荐在 25～30 为合适，但很多物料碳氮比不在这个范围内，所以需要添加"碳"或者"氮"来调节。碳源：微生物生长提供能量的碳水化合物，例如红糖（见效比较快）、糖蜜、淀粉（见效较慢，持效期长）。氮源：为微生物生长提供氮素，包括尿素、氨基酸等。有机肥的发酵其实就是大量微生物将有机物料进行分解、分化，最后形成二氧化碳和腐殖质。碳氮比过高：例如木屑碳氮比是 491，微生物所需要氮元素受到限制，微生物增殖较慢，发酵时间较长，物料腐殖化程度低，发酵不彻底。碳氮比低：微生物生长需要的能量得不到满足，发酵速度慢，氮会以氨气形式排出，造成有机营养损失，还会有臭味。花生饼、豆饼、菜籽饼、鸡粪等碳氮比在 8～10 之间，碳氮比较低，不需要加尿素，加尿素会使得碳氮比更低。

沼气发酵和液肥制作，碳氮比要求比较宽，一般 6～30 都可以。在制作花生麸、豆饼等有机液肥时，也可以适当加入糖蜜、红糖，可以提高碳氮比，当然这也和发酵菌配方有一定关系。

堆肥发酵，堆肥的要求会高一些，要求水分适宜、透气适宜、粗细适宜，碳氮比要求高一些，20～30 比较合适。鸡粪等发酵时，建议加入适量木屑，在发酵稻草等秸秆时，建议加入尿素。

3. 发芽指数　发芽指数 GI≥85％。

发芽指数（Germination Index，GI）是指种子分别在腐熟有机肥浸出液中的发芽量（数量和重量）与在蒸馏水中的发芽量的比值。发芽指数是种子的活力指标。在发芽试验期间，每天记载发芽粒数，然后计算发芽指数。发芽指数高，活力就高。生物学方法是评价堆肥无害腐熟的最终和最具有说服力的方法，植物生长分析最能直接地反映堆腐产品对植物的影响，但所需时间长，劳动量大；而种子发芽试验，成为测试植物毒性快速和可靠的生物测试方法，它受到堆腐产品各方面性质的影响，是一个综合性的参数。

种子发芽实验法：植物种子在未腐熟堆肥的萃取液中生长受到抑制，而在腐熟堆肥的萃取液中生长得到促进。因此，可用种子发芽指数来评价堆肥腐熟度，当 GI＞50％时，表明堆肥已达腐熟。采用种子发芽指数评价堆肥腐熟度的方法，虽然会因堆肥原料、供试种子不同而不同，却是被广泛接受和应用的一种方法。

①取 20g 鲜样，加入 200ml 蒸馏水，振荡 20min，30℃下浸提一昼夜，上清液用慢速滤纸过滤，滤液待用。

②在 9cm 培养皿内铺入相应大小的滤纸一张，均匀放进 20 粒颗粒饱满、大小接近的小青菜种子，用移液管取 5.0ml 堆肥浸提液于培养皿中，并以蒸馏水作对照实验。每个处理作 3 次重复。

③将培养皿放置在（25±1）℃、80％湿度培养箱中培养 24h。

④测种子发芽率和根长，并计算 GI。

$$GI = \frac{\text{堆肥浸提液的种子发芽率} \times \text{种子根长}}{\text{蒸馏水的种子发芽率} \times \text{种子根长}} \times 100\%$$

如果 GI≥50％，则可认为基本腐熟。当 GI 达到 80％～85％时，这种堆肥就可以认为已经完全腐熟，对植物没有毒性。

第四节　生物有机肥料重金属问题

一、重金属限量指标

生物有机肥料重金属限量指标，不同标准限量有一定差距。《GB/T 23349—2009 肥料中砷、镉、铅、铬、汞生态指标》和《GB/T 18877—2020 有机—无机复混肥料》限量指标一样，偏高；《GB 20287—2006 农用微生物菌剂》单独一个限量指标，中等；《NY/T 525—2021 有机肥料》、《NY 884—2012 生物有机肥》和《NY/T 798—2015 复合微生物肥料》限量指标一样，略低。另外，相比而言，《NY 1110—2010 水溶肥料汞、砷、镉、铅、铬的限量要求》限量指标最低。

肥料中重金属检测国家标准有两个：一个是国家推荐标准《GB/T 23349—2009 肥料中砷、镉、铅、铬、汞生态指标》，另一个是国家农业行业标准《NY/T 1978—2010 肥料汞、砷、镉、铅、铬含量的测定》（表 14－4）。

表 14 - 4　不同标准重金属限量指标

项　　目	指　　标			
	GB/T 23349—2009 GB/T 18877—2020	GB 20287—2006	NY/T 525—2021 NY 884—2012 NY/T 798—2015	NY 1110—2010
砷及其化合物的质量分数（以 As 计）mg/kg　≤	50	75	15	10
镉及其化合物的质量分数（以 Cd 计）mg/kg　≤	10	10	3	10
铅及其化合物的质量分数（以 Pb 计）mg/kg　≤	200，150	100	50	50
铬及其化合物的质量分数（以 Cr 计）mg/kg　≤	500	150	150	50
汞及其化合物的质量分数（以 Hg 计）mg/kg　≤	5	5	2	5

据有关专家测定了来自 10 个地区不同生产原料的 118 个商品有机肥样品中重金属的含量，结果表明：商品有机肥样品中 Cd、Hg、Pb、Cr、As、Zn、Cu、Ni 的平均值分别为 0.600、0.120、7.34、84.30、9.45、202.91、91.06、11.01mg/kg。以猪粪为主要生产原料的商品有机肥中重金属平均值最高，Cr、As、Cd、Pb 超过中国商品有机肥重金属限量标准，Cu、Zn、Hg、Ni 均未超标。说明我国畜禽粪便重金属超标比较常见。

二、重金属超标问题

长期以来，我国畜牧业生产中大量使用各种能促进畜禽生长和提高饲料利用率、抑制有害菌的微量元素添加剂，滥用和超标使用兽药也十分严重。如氨苯胂酸既是抗菌剂，又是饲料添加剂，用于猪、鸡促进生长，通常在饲料中的添加量为 625mg/kg。氨苯胂酸是一种五价有机胂制剂，它能使生猪机体的同化作用加强，促进蛋白质合成，改善皮肤营养，增强骨髓的造血功能，同时还具有广谱高效的抗菌能力，能有效抑制并杀灭沙门氏菌、大肠杆菌、球虫、密螺旋体、附红细胞体、衣原体等细菌和原虫。因此，规模化生猪养殖企业普遍存在大量超标使用氨苯胂酸现象，生猪无病也会用来防病。

生猪和鸡是我国居民肉类消费的主体，这些畜禽养殖的粪便也就成为制造有机肥的主要来源。畜禽规模化养殖滥用各种兽药和添加剂现象，给有机肥带来了严重的安全问题。经国家认证的有检测资质的实验室检测，许多规模化养殖场所产生的沼渣、沼液等有机肥砷含量在 7～15mg/kg。根据国家《农田灌溉水质标准》规定，水作田和蔬菜田砷含量应小于 0.05mg/kg，使用这些有机肥，则超标达 140～300 倍；旱作田砷含量应小于等于 0.1mg/kg，使用这些有机肥，也会超标 70～150 倍，严重威胁着农业生产及食品安全。

畜禽粪便等有机肥源的重金属含量部分超标，使用不当，易污染农田。我国目前的畜禽饲料添加剂质量标准不够严格，质量管理更是松懈，造成许多地方在饲料添加剂中大量使用铜、铁、锌、锰、钴、硒、碘、砷等中微量元素。污泥中虽然各种重金属的平均含量都比较高，但因我国农用污泥重金属含量标准的指标远高于德国的腐熟堆肥标准，所以 8 个样品中，只有一个样品 Zn 含量超标。当前有机肥的质量与 20 世纪 90 年代初相比，部分重金属的含量有所增加，其中鸡粪和猪粪中 Zn、Cu、Cr、Cd、As、Hg 含量增加较多，牛粪中 Zn、Cu、As、Hg 含量也有增加，羊粪则变化不大。秸秆中所有重金属含量的变化不大，仅略有增加，但堆肥中 Zn、Cu、Cr 含量增加 2～4 倍。由于饲料添加剂用量增加和标准不严，造成目前我国畜禽粪便重金属污染问题十分严重，令人担忧。

中国科学院合肥物质科学研究院，在有机肥重金属治理方面取得重要进展。科研人员利用黏土、生物炭等天然材料制备出一种功能化纳米复合材料，这种材料具有大量活性基团，可以高效抓取有机肥中的砷、铜等重金属离子，有效抑制其活性和毒性，阻止其与作物根系接触，降低在作物中的富集量，提高粮食安全性。由于该种材料环境友好、工艺简单、成本低，因而具有较高的应用价值。这项成果也为破解制约我国养殖业和有机肥产业可持续发展的关键问题提供了原创性技术支撑。

第五节　生物有机肥料其他污染危害

目前我国的有机肥料产品鱼龙混杂，很多劣质不安全产品充斥市场（尤其是遭热议的有机肥抗生素含量问题），虽然在表象和短期内看不出什么影响，但时间久了会对土壤环境和农产品健康造成极大的危害。生物有机肥料存在抗生素问题、粪大肠菌问题、蛔虫卵问题等。

一、抗生素问题

畜禽粪便的有机肥源存在有机污染的隐患。畜禽粪便中的有机污染物主要通过饲料添加剂进入，由于养殖场饲料中添加相关物质往往是保密的，抗生素等有机物的投入数量目前尚无法估计。最常用的是土霉素、四环素、金霉素和强力霉素。抗生素类生长剂大多数在畜禽体内有残留现象，并且当残留量达到一定水平时就不会再继续累积，且在停止饲喂含抗生素饲料后经一段时间，便可由动物机体本身代谢排出，通过粪便进入环境。我国的研究也已经证实有机肥中存在 POPs（持久性有机污染物），如多环芳烃、有机氯类等，但对其危害目前尚无深入研究。

自抗生素发明后被人类当作仙丹妙药用于医疗与畜畜养殖，由于长期滥用，无法完全被机体吸收的残留物随着人畜的排泄物流入土壤与河道，使得土壤变成抗生素抗药菌株生长的温床。人类赖以为生的水中含有小于水分子的抗生素，连净水器也剔除不掉。

抗生素污染水体。2007 年浙江大学医学院第一医院调查推算，中国每年生产抗生素原料大约 21 万 t，除 3 万 t 出口外，有 9.7 万 t 抗生素用于畜牧养殖业，占年产量的 46.1%。

动物食用抗生素的排泄物污染了水与土壤。研究显示，这些抗生素经动物消化道后迅速排出体外，残留物中仍然有许多没被降解，最后进入地表水体、土壤以及地下水。

2000 年美国地质调查所对全美国范围内 139 条河流进行调查，检测到 16 种抗生素化合物。在加拿大、韩国以及禁止使用抗生素饲料添加剂的欧盟（如西班牙和英国），在地表水及污水处理厂的污泥中也广泛检测到抗生素的残留。

抗生素污染土壤。暨南大学环境工程系曾研究了 20 种抗生素在珠三角（广州、东莞、中山、佛山和惠州等地）53 个蔬菜基地土壤中的分布与含量，这些抗生素包括 4 种喹诺酮类、4 种四环素类、8 种磺胺类、4 种大环内酯类等。

暨南大学环境工程系表示，养猪场菜地土壤中抗生素含量远远高于一般菜地土壤，原因是养猪场菜地施用猪粪作肥料、用鱼塘水灌溉（用抗生素饲料养殖鱼），使猪粪和鱼塘水中的抗生素转移到土壤里。土壤里的残留物又随着降雨渗入地表与地下。

畜禽、水产养殖过程中滥用抗生素，不仅会威胁农产品质量安全，还会对水、土壤生态环境产生影响。代谢过程会有相当一部分抗生素进入畜禽粪污等养殖废弃物，根据污染防治要求，使用这些废弃物制成的有机肥料存在抗生素超标的风险。但是，多年来由于没有检测标准和残留限值，有关执法部门无法对可能将抗生素带入土壤的有机肥料、有机—无机复混肥料、沼肥等进行监管。

有关部门起草的《肥料分级及要求》强制性国家标准，规定了商品肥料的抗生素含量限值标准。该标准发布实施后，于 2017 年 3 月 1 日起实施的 4 种抗生素的检测方法标准（GB/T 32951—2016）一起形成"生态级肥料"中的抗生素限制规范。

2017 年 3 月 1 日，《有机肥料中土霉素、四环素、金霉素与强力霉素的含量测定　高效液相色谱法》（GB/T 32951—2016）开始实施，成为中国第一个肥料产品中抗生素残留检测方法的国家标准。

在此次工业和信息化部公示的《肥料分级及要求》报批稿中，将各种工艺生产的商品肥料分为园林级、农田级和生态级 3 个级别，标准正式实施后包装标识中必须标注出"生态级"、"农田级"或"园林级"字样。

对标称"生态级"的商品肥料，按 GB/T 32951—2016 国家标准检测出土霉素、四环素、金霉素和强力霉素的含量，这 4 种抗生素的含量总和不得超过 1.0mg/kg。

另外，《肥料分级及要求》国家标准还规定了农田级和生态级商品肥料中镉、汞、砷、铅、铬、镍、钴、硒、钒、锑、铊、水溶性氟、缩二脲、三氯乙醛、多环芳烃、石油烃、邻苯二甲酸酯类、蛔虫死亡率、粪大肠菌群落、三聚氰胺等有毒有害成分限值指标。

这些限值指标要求是强制性要求，不论是明示执行相应国家标准、行业标准、地方标准、团体标准或者企业标准的肥料，还是未标明执行标准的进口肥料，只要明示用于农田，都必须达到限值要求。

二、粪大肠菌群问题

粪大肠菌群系指一群在 44.5℃±0.5℃ 条件下能发酵乳糖，产酸产气，需氧和兼性厌氧的革兰氏阴性无芽胞杆菌。粪大肠菌群数为每克（毫升）肥料样品中粪大肠菌群的最可能数（MPN）。

大肠菌群并非细菌学分类命名，而是卫生细菌领域的用语，它不代表某一个或某一属细菌，指的是具有某些特性的一组与粪便污染有关的细菌，这些细菌在生化及血清学方面并非完全一致，其定义为：需氧及兼性厌氧、在 37℃ 能分解乳糖，产酸产气的革兰氏阴性无芽胚杆菌。一般认为该菌群细菌可包括大肠埃希氏菌、柠檬酸杆菌、产气克雷伯氏菌和阴沟肠杆菌等。

大肠菌群主要包括畅杆菌科中韵埃希氏菌属、柠檬酸杆菌属、魔雷伯氏菌属和肠杆菌属。这些属的细菌均来自于人和温血动物的肠道，需氧与兼性厌氧，不形成芽孢；在 35～

37℃条件下，48h内能分解乳糖，产酸产气，革兰氏阴性。大肠菌群中以埃希氏菌属为主，埃希氏菌属俗称典型大肠杆菌。大肠菌群都是直接或间接地来自人和温血动物的粪便。本群中典型大肠杆菌以外的菌属，除直接来自粪便外，也可能来自典型大肠杆菌排出体外7～30d后在环境中的变异。所以食品中检出大肠菌群，其中典型大肠杆菌为粪便近期污染，其他菌属则可能为粪便的陈旧污染。

大肠菌群是作为粪便污染指标菌提出来的，主要是以该菌群的检出情况来表示食品中是否有粪便污染。大肠菌群数的高低，表明了粪便污染的程度，也反映了对人体健康危害性的大小。粪便是人类肠道排泄物，其中有健康人粪便，也有肠道患者或带菌者的粪便，所以粪便内除一般正常细菌外，同时也会有一些肠道致病菌存在（如沙门氏菌、志贺氏菌等），因而食品中有粪便污染，则可以推测该食品中存在着肠道致病菌污染的可能性，潜伏着食物中毒和流行病的威胁，对人体健康具有潜在的危险性。

NY/T 525—2021有机肥料、NY 884—2012生物有机肥、GB/T 18877—2020有机—无机复混肥料、NY/T 798—2019复合微生物肥料和GB 20287—2006农用微生物菌剂统一规定，生物有机肥料标准：粪大肠菌群≤100个/g（ml）。粪大肠菌群的检测按照国家标准《肥料中粪大肠菌群的测定》（GB/T 19524.1—2004）执行。

粪大肠菌群最主要的消去方式是高温杀菌，发酵温度70℃，持续5d以上基本可以杀死粪大肠菌。

三、蛔虫卵问题

蛔虫是无脊椎动物，线虫动物门，线虫纲，蛔目，蛔科。是肠道内最大的寄生线虫，成体略带粉红色或微黄色，体表有横纹，雄虫尾部常卷曲。蛔虫是世界性分布种类，是哺乳动物最常见的寄生虫，感染率可达70%以上。虫卵随粪便排出，卵分受精卵和非受精卵两种。前者金黄色，内有球形卵细胞，两极有新月状空隙；后者窄长，内有一团大小不等的粗大折光颗粒。只有受精卵才能卵裂、发育。在21～30℃、潮湿、氧气充足、荫蔽的泥土中约10d左右发育成杆状蚴。脱一次皮变成具有感染性幼虫的感染性虫卵，此时如被吞食，卵壳被消化，幼虫在肠内逸出，然后穿过肠壁，进入淋巴腺和肠系膜静脉，经肝、右心、肺，穿过毛细血管到达肺泡，再经气管、喉头、口腔、食道、胃，回到小肠，整个过程约25～29d，脱3次皮，再经1月余就发育为成虫。

NY/T 525—2021有机肥料、NY 884—2012生物有机肥、GB/T 18877—2020有机—无机复混肥料、NY/T 798—2019复合微生物肥料和GB 20287—2006农用微生物菌剂统一规定，生物有机肥料标准：蛔虫死亡率≤95%。蛔虫死亡率的检测方法按照国家标准《肥料中蛔虫卵死亡率的测定》（GB/T 19524.2—2004）执行。

蛔虫最主要的消去方式是高温杀菌，发酵温度70℃持续5d以上基本可以杀死蛔虫和蛔虫卵。

第十五章　微生物菌剂肥料选育与利用

第一节　微生物菌剂肥料

一、微生物肥料定义

微生物肥料又叫生物肥料、农用微生物菌剂。微生物肥料通过微生物生命活动的作用使作物增产，是农业生产中使用的一种肥料。其在我国已有近50年的历史，从根瘤菌剂—细菌肥料—微生物肥料，从名称上的演变已说明我国微生物肥料逐步发展的过程。微生物肥料含有大量有益微生物，可以改善作物营养条件、固定氮素和活化土壤中一些无效态的营养元素，创造良好的土壤微生态环境来促进作物的生长。长期以来，社会上对微生物肥料的看法存在一些误解和偏见。一种看法认为其肥效很高，把它当成万能肥料，甚至扬言可以完全取代化肥；另一种看法则认为其根本不是肥料。其实这两种都是偏见。多年试验证明，用根瘤菌接种大豆、花生等豆科作物，可提高共生固氮效能，确实有增产效果，合理应用菌肥拌种或施用微生物肥料，对非豆科农作物也有增产效果，而且有化肥达不到的效果。

按照农业部批准登记的微生物肥料产品，共有9个菌剂类品种和2个菌肥类品种。9个菌剂包括：根瘤菌剂、固氮菌剂、溶磷菌剂、硅酸盐菌剂、菌根菌剂、光合菌剂、有机物料腐熟剂、复合菌剂和土壤修复菌剂。微生物菌剂要求具有直接或间接改良土壤、恢复地力、维持根际微生物区系平衡、降解有毒有害物质等作用。2个菌肥包括：复合微生物肥料和生物有机肥。

二、微生物肥料的主要作用

微生物肥料（生物肥料）的功效是一种综合作用，主要与营养元素的来源和有效性有关，或与作物吸收营养、水分和抗病（虫）有关。总体来说，微生物肥料的作用有以下几点：

1. 增进土壤肥力　施用固氮微生物肥料，可以增加土壤中的氮素来源；解磷、解钾微生物肥料，可以将土壤中难溶的磷、钾分解出来，转变为作物能吸收利用的磷、钾化合物，改善作物的营养条件。

2. 制造和协助农作物吸收营养　根瘤菌侵染豆科植物根部，固定空气中的氮素。微生物在繁殖中能产生大量的植物生长激素，刺激和调节作物生长，使植株生长健壮，促进对营养元素的吸收。

3. 增强植物抗病和抗旱能力　微生物肥料在作物根部大量生长繁殖，抑制或减少了病原微生物的繁殖机会；抗病原微生物可减轻作物的病害；微生物大量生长，菌丝能增加作物对水分的吸收，使作物抗旱能力提高。

4. 减少化肥用量和提高作物品质　使用微生物肥料对于提高农产品品质，如蛋白质、糖分、维生素等的含量有一定作用，有的可以减少硝酸盐的积累。在有些情况下，品质的改善比产量提高更为有益。

三、正确认知与合理利用微生物肥料

1. 微生物菌数的误区　微生物菌剂、生物有机肥和复合微生物肥料国家标准菌数含量要求 0.2～2 亿/g 不等，但是市场上见到许多 5 亿/g、10 亿/g、20 亿/g、50 亿/g 甚至 100 亿/g 的。微生物肥料的菌数含量不是越多越好吗？答案是否定的。因为微生物繁殖速度超过任何生物。一般细菌约每 20min 可分裂 1 次（1 代），1 个微生物 7h 可繁殖到约 200 万个，10h 后可达 10 亿以上，所以不需要那么多菌数，关键看微生物菌剂的品种、活性以及相互混配。

2. 微生物肥料功能的单一性　微生物种类非常多，每克土壤里含有微生物种类上万种，个数上亿个。微生物划分为八大类：细菌、病毒、真菌、放线菌、立克次体、支原体、衣原体、螺旋体。功能大致分为腐熟类、分解类、抗性类、杀菌类、生理活性类、养分类等。但是单一微生物，它的功能也是单一的，比如：酿酒微生物只能酿酒，不能发面；发面微生物只能发面，不能酿酒。

3. 微生物肥料对环境的强敏感性　微生物用肉眼看不到，要放大几十、几百上千倍才能够看得见。其生命极其脆弱，对温度、湿度、氧气、酸碱性、养分等环境要求非常严格，稍有不适就没有活性（肥效）、不繁殖甚至死亡。每克土壤里含有微生物种类上万种，个数上亿个。这些土著微生物在当地生活了几百上千年，非常适宜当地的环境条件。新来一种微生物还要面临与土著微生物你死我活的争斗。

拿温度来说，一般菌肥中的生物菌在土壤 18～25℃时生命活动最为活跃，15℃以下时生命活动开始降低，10℃以下时活动能力已很微弱，处于休眠状态甚至死亡。因此，微生物肥料使用时要注意土壤温度，调节好土壤湿度。

再就是，耐高温的微生物就不耐中温、低温；耐低温的微生物就不耐中温、高温。

4. 微生物肥料效果是有限的　一些企业过分宣传其生物菌的效果，造成农民误解。

微生物肥料效果非常不稳定。包括：一是环境的不稳定，微生物菌剂的效果相差很大；二是生长发育条件的差异，导致微生物菌剂的效果相差很大；三是同样微生物品种，个体差异也很大，其环境忍耐性、繁殖率、生理活性等不同，使得微生物菌剂的效果相差很大。所以，很多微生物菌剂施了，没有任何效果很正常。

5. 微生物肥料与化肥关系　一些企业宣传说生物菌可以固氮、解磷、解钾，可代替化肥，可以不施化肥。这夸大了微生物肥料的效果，容易造成农民误解，甚至经济损失。说生物菌可以包治百病，可以增产很多很多，可以大幅度改良品质等等，都属于夸大效果。

首先，农作物需要化肥，可以用有机肥替代部分化肥，但是不能用微生物菌剂替代化肥。其次，化肥、有机肥好比米面主食，是不能替代的；微生物菌剂只相当于保健品，起辅助作用。再次，化肥、有机肥、微生物菌剂相互配合，才能发挥其最大效果，达到高产、优质、少病的目的。

6. 微生物肥料混配的复杂性　微生物的种类非常多，种类上万种。微生物菌的品种分八大类：细菌、病毒、真菌、放线菌、立克次体、支原体、衣原体、螺旋体。功能大致分腐熟类、分解类、抗性类、杀菌类、生理活性类、养分类等。单一微生物效果有限，相互配合才能发挥最大效果。但是微生物的混配技术非常复杂，只有专家经过严格的实验，才能推广使用。

7. 微生物肥料生产使用的严格性　微生物肥料是生物活性肥料，生产过程、运输储存、施用方法比化肥、有机肥严格，要注意使用条件，严格按照说明书操作，否则难以获得良好效果。

（1）微生物肥料对环境要求比较严格　一般菌肥中的生物菌在土壤 $18\sim25℃$ 时生命活动最为活跃，$15℃$ 以下时生命活动开始降低，$10℃$ 以下时活动能力已很微弱，处于休眠状态甚至死亡。因此，微生物肥料使用时要注意土壤温度，调节好土壤湿度。

（2）注意施肥时期　微生物肥料施入土壤后，生物菌需要一个适应、生长、供养、繁殖的过程，一般在 $15d$ 后可发挥作用。如果作追施，在作物的营养临界期前施用。施用时间适宜在清晨和傍晚或无雨阴天，这样可避免阳光中的紫外线将微生物杀死。避免在高温、干旱条件下使用。

（3）微生物肥料不能长期泡在水中　在水田施用应干湿灌溉，促进生物菌活动。以好气性微生物为主的产品，则尽量不要用在水田。

（4）微生物菌剂在施足有机肥基础上效果佳　如果土壤中的有机质供应充足，生物菌就会大量繁殖，抑制有害菌；反之，生物菌就会因食物缺乏而死亡。因此，作物定植前一定要施足有机肥。

（5）微生物肥料可单独使用，也可与其他肥料混合使用　微生物肥料应避免与未腐熟的农家肥混用，否则会因农家肥发酵产生的高温杀死微生物而影响肥效。此外，避免与过酸、过碱的肥料混用。

（6）避免与农药同时使用　化学农药都会不同程度抑制微生物的生长和繁殖，甚至杀死微生物。不要将菌肥与杀菌剂、杀虫剂、除草剂和含硫化肥（如硫酸钾等）以及草木灰混合使用。不用拌过杀虫剂、杀菌剂的工具装微生物肥料。

（7）微生物肥料不宜久放　拆包后要及时施用，注意产品保质期。

第二节　微生物菌剂肥料利用分类

农业部批准登记的微生物肥料产品共有 9 个菌剂类品种和 2 个菌肥类品种。9 个菌剂包括：根瘤菌剂、固氮菌剂、溶磷菌剂、硅酸盐菌剂、菌根菌剂、光合菌剂、有机物料腐熟剂、复合菌剂和土壤修复菌剂。微生物菌剂要求具有直接或间接改良土壤、恢复地力、维持根际微生物区系平衡、降解有毒有害物质等作用。2 个菌肥包括：复合微生物肥料和生物有机肥。复合微生物肥料是把无机营养元素、有机质、微生物菌有机结合于一体，体现化学肥料、有机肥料以及微生物肥料的综合效果，是化解土壤板结现象，修复和调理土壤，提高化学肥料利用率，提高果实品质及产量的首推肥料。生物有机肥是指特定功能微生物与主要以动植物残体为来源，并经无害化处理、腐熟的有机物料复合而成的一类兼具微生物肥料和有机肥效应的肥料。

9 个菌剂类品种包括：

一、根瘤菌剂

根瘤菌与豆科植物共生，是形成根瘤并固定空气中的氮气供植物营养的一类杆状细菌，是能促使植物异常增生的一类革兰氏染色阴性需氧杆菌。正常细胞以鞭毛运动，无芽孢，可利用多种碳水化合物，并产生相当量的胞外黏液。如根瘤菌属和慢性根瘤菌属都能从豆科植物根毛侵入根内形成根瘤，并在根瘤内成为分枝的多态细胞，称为类菌体。还有土壤杆菌属，能够通过外伤入侵多种双子叶植物和裸子植物，致使植物细胞转化为异常增生的肿瘤细胞，产生根癌、毛根或杆瘿等。20 世纪 70 年代至 80 年代初的研究结果，根瘤菌科的变化较大，现包括 7 属 36 种，但其中的放射土壤杆菌不能引起植物异常增生。根瘤菌属和慢生根瘤菌属两属细菌都能从豆科植物根毛侵入根内形成根瘤，并在根瘤内成为分枝的多态细胞，称为类菌体。类菌体在根瘤内不生长繁殖，却能与豆科植物共生固氮，对豆科植物生长有良好作用。这两属细菌的表现性状极相似，只是根瘤菌属的细菌在酵母膏、甘露醇、无机盐琼脂上生长快，3～5d 的菌落直径可达 2～4mm；在含碳水化合物的培养基上产酸。慢生根瘤菌属的细菌却与之相反，菌落生长甚慢，5～7d 其直径还不足 1mm，在含碳水化合物的培养基上不产酸，反而呈碱性。根瘤菌属是于 1889 年由 B.弗兰克建立的，它包括 3 种：豌豆根瘤菌、苜蓿根瘤菌和百脉根瘤菌。慢生根瘤菌属是 D.C. 乔丹于 1982 年从根瘤菌属中分化出来的，属内暂有一种，即曾经称为大豆根瘤菌的大豆慢生根瘤菌。上述两属细菌时常制成细菌制剂在田间施用，作为作物或牧草增产的一种手段（见固氮微生物）。土壤杆菌属 1942 年由 H.J. 康恩建立，其性状与前述两属的根瘤细菌颇相似，但不能在豆科植物根上形成能共生固氮的根瘤。本属细菌能够通过外伤入侵多种双子叶植物和裸子植物，致使植物细胞转化为异常增生的肿瘤细胞，产生根癌、毛根和杆瘿等病状。土壤杆菌属内各个种诱发根癌的能力与其所特有的 Ti 质粒有关。本属细菌为土传性植物病原菌。叶杆菌属是 1984 年 D.H. 克内泽尔建立的一属细菌，其表现性状与前述 3 属相近，特点是在紫金牛科和茜草科中某些热带种的叶片上形成共生叶瘤。细菌在叶瘤内也呈多态，但是否能共生固氮还不能断定。共有两个种：紫金牛叶杆菌和茜草叶杆菌。现代的分类手段，如 DNA 碱基组成、DNA 同源性、rRNA 顺反子相似性、蛋白凝胶电泳、数值分类等结果，都证明土壤杆菌与两属根瘤菌有一定的亲缘关系，也证明将根瘤细菌分为两属是符合客观实际的。rRNA 顺反子相似性的研究结果证明，叶杆菌属与前 3 属有一定关系，所以暂归属于根瘤菌科。

根瘤菌剂是指以根瘤菌为生产菌种制成的微生物制剂产品，它能够固定空气中的氮元素，为宿主植物提供大量氮素，从而达到增产的目的。在多年不种绿肥或新开垦的耕地上种植豆科绿肥时接种根瘤菌，能确保豆科绿肥生长良好。根瘤菌剂是种植豆科作物的主要菌性肥料，因为它里面含有大量、活体的根瘤菌，人们称它为活肥料。采用简单易行的干瘤法和鲜瘤法也可收到事半功倍的效果。虽然空气成分中约有 80% 的氮，但一般植物无法直接利用，花生、大豆、苜蓿等豆科植物，通过与根瘤菌的共生固氮作用，才可以把空气中的分子态氮转变为植物可以利用的氨态氮。每个根瘤就是一座微型氮肥厂，源源不断地把氮输送给植株利用。

二、固氮菌剂

固氮菌属于细菌的一科。菌体杆状、卵圆形或球形，无内生芽孢，革兰氏染色阴性。好氧、厌氧、兼性厌氧均有，有机营养型，能固定空气中的氮素，包括固氮菌属、氮单孢菌属、拜耶林克氏菌属和德克斯氏菌属。固氮菌肥料多由固氮菌属的成员制成，包括共生固氮菌和自生固氮菌。

1. 共生固氮菌 在与植物共生的情况下才能固氮或才能有效地固氮，固氮产物氨可直接为共生体提供氮源。主要有根瘤菌属（Rhizobium）的细菌与豆科植物共生形成的根瘤共生体，弗氏菌属（Frankia，一种放线菌）与非豆科植物共生形成的根瘤共生体；某些蓝细菌与植物共生形成的共生体，如念珠藻或鱼腥藻与裸子植物苏铁共生形成苏铁共生体，红萍与鱼腥藻形成的红萍共生体等。根瘤菌生活在土壤中，以动植物残体为养料，过着"腐生生活"。当土壤中有相应的豆科植物生长时，根瘤菌迅速向其根部靠拢，从根毛弯曲处进入根部。豆科植物根部在根瘤菌的刺激下迅速分裂膨大，形成"瘤子"，为根瘤菌提供了理想的活动场所，还供应了丰富的养料，让根瘤菌生长繁殖。根瘤菌又会卖力地从空气中吸收氮气，为豆科植物制作"氮餐"，使其枝繁叶茂。这样，根瘤菌与豆科植物形成共生关系，因此根瘤菌也被称为共生固氮菌。根瘤菌生产出来的氮不仅满足豆科植物的需要，还可以分出一些帮助"远亲近邻"，储存一部分给"晚辈"，所以我国历来有种豆肥田的习惯。

2. 自生固氮菌 还有一些固氮菌，如圆褐固氮菌，它们不住在植物体内，能自己从空气中吸收氮气，繁殖后代，死后将遗体"捐赠"给植物，让植物得到大量氮素，这类固氮菌叫自生固氮菌。

固氮菌肥料特点：一是固氮菌对土壤酸碱度反应敏感，其最适宜 pH 为 7.4～7.6，酸性土壤上施用固氮菌肥时，应配合施用石灰以提高固氮效率。过酸、过碱的肥料或有杀菌作用的农药，都不宜与固氮菌肥混施，以免发生强烈的抑制。二是固氮菌对土壤湿度要求较高，当土壤湿度为田间最大持水量的 25%～40% 时才开始生长，60%～70% 时生长最好。因此，施用固氮菌肥时要注意土壤水分条件。三是固氮菌是中温性细菌，最适宜的生长温度为 25～30℃，低于 10℃或高于 40℃时，生长就会受到抑制。因此，固氮菌肥要保存于阴凉处，并要保持一定的湿度，严防暴晒。四是固氮菌只有在碳水化合物丰富而又缺少化合态氮的环境中，才能充分发挥固氮作用。土壤中碳氮比低于 40～70∶1 时，固氮作用迅速停止。土壤中适宜的碳氮比是固氮菌发展成优势菌种，固定氮素最重要的条件。因此，固氮菌最好施在富含有机质的土壤上，或与有机肥料配合施用。五是土壤中施用大量氮肥后，应隔 10d 左右再施固氮菌肥，否则会降低固氮菌的固氮能力。但固氮菌剂与磷、钾及微量元素肥料配合施用，则能促进固氮菌的活性，特别是在贫瘠的土壤上。六是固氮菌肥适用于各种作物，特别是对禾本科作物和蔬菜中的叶菜类效果明显。固氮菌肥一般用作拌种，随拌随播，随即覆土，以避免阳光直射；也可蘸秧根或作基肥施在蔬菜苗床上，或与棉花盖种肥混施；也可追施于作物根部，或结合灌溉追施。

固氮菌肥料是利用固氮微生物将大气中的分子态氮（氮气）转化为植物能利用的含氮化合物，进而为其提供合成蛋白质所必需的氮素营养肥料。微生物自生或与植物共生，将大气中的分子态氮转化为植物可吸收的氨的过程，称为生物固氮。生物固氮是在极其温和的常温常压条件下进行的生物化学反应，不需要化肥生产中的高温、高压和催化剂，因此，生物固氮是最便宜、最干净、效率最高的施肥过程。固氮菌肥料是最理想、最有发展前途的肥料。目前固氮菌肥料的生产基本上采用液体发酵的方法。产品可分为液体菌剂和固体菌剂。从发酵罐发酵结束后及时分装即成液体菌剂，发酵好的液体再用灭菌的草炭等载体吸附剂进行吸附即成固体菌剂。固氮菌肥料是含有大量好气性自身固氮菌的微生物肥料。自身固氮菌不与高等植物共生，没有寄主选择，而是独立生存于土壤中，利用土壤中的有机质或根系分泌的有机物作碳源来固定空气中的氮素，或直接利用土壤中的无机氮化合物。固氮菌在土壤中分布很广，其分布主要受土壤中有机质含量、酸碱度、土壤湿度、土壤熟化程度及速效磷、钾、钙含量的影响。固氮菌肥料是含有大量好气性自身固氮菌的微生物肥料。固氮菌肥料对棉花、水稻、小麦、花生、油菜、玉米、高粱、马铃薯、烟草、甘蔗以及各种蔬菜都有一定增产作用。

三、解磷菌剂

土壤磷素循环是以微生物活动为中心的。微生物的活动对土壤磷的转化和有效性影响很大。溶磷菌会通过自身生命活动，分泌有机酸类等物质溶解土壤中作物不易吸收的钙磷化合物、铁磷化合物及铝磷化合物等，促使土壤无效磷的溶解及利用，进而协助土壤中微生物的增长，预防土壤病害发生，减少连作障碍等问题，以达到土壤改良之功效。国内外大量的研究证明，土壤中存在许多微生物，它们能够将植物难以吸收利用的磷转化为可吸收利用的形态，具有这种能力的微生物叫作解磷菌或溶磷菌（pHospHate-solubilizing microorganisms）。具有解磷作用的微生物种类很多，也比较复杂。有人根据解磷菌分解底物的不同将它们划分为能够溶解有机磷的有机磷微生物和能够溶解无机磷的无机磷微生物，实际上很难将它们区分开来。具有解磷作用的微生物，解磷细菌类有芽孢杆菌（*Bacillus*）、假单胞杆菌（*Pseudomonas*）、欧文氏菌（*Erwinia*）、土壤杆菌（*Agrobacterium*）、沙雷氏菌（*Serratia*）、黄杆菌（*Flavobacterium*）、肠细菌（*Enterbacter*）、微球菌（*Micrococcus*）、固氮菌（*Azotobacter*）、根瘤菌（*Bradyrhizobium*）、沙门氏菌（*Salmonella*）、色杆菌（*Clromobacterium*）、产碱菌（*Alcaligenes*）、节细菌（*Arthrobacter*）、硫杆菌（*Thiobacillus*）、埃希氏菌（*Escherichia*）；解磷真菌类有青霉菌（*Penicillium*）、曲霉菌（*Aspergillus*）、根霉（*Rhizopus*）、镰刀菌（*Fusarium*）、小菌核菌（*Sclerotium*）；放线菌类有链霉菌（*Streptomyces*）。

1. 解磷菌剂的特点　一是溶解无效性磷能力强。溶磷菌可溶解无效性磷，转变成植物能利用的磷素，其分泌的多糖物质，可使土壤团粒构造变好，增加土壤优良的物理特性。二是促进植物营养吸收。喷施在作物地上部分可促进作物生长，增强植物叶片的光合作用，提高碳水化合物含量。三是增加植物抗病能力。可提高土壤中养分的有效利用，增进根系生长及养分吸收，加强作物对不良环境的抵抗能力，减少农药的施用。四是降低生产成本。增加根部的有益微生物，可使土壤中被固定的有效性磷肥再次被利用，从而降低化学肥料的施用，提高农民收益。五是减少环境污染。过度使用化学肥料将对土壤造成污染，影响生物平衡及土壤微生物的应用，施用解磷菌可减少氮磷肥料的大量使用，对环境污染也会降到最低。

2. 解磷菌的应用　20 世纪 80 年代以后，国内许多单位相继开发出了由多种芽孢杆菌组成的复合解磷菌制剂，但由于解磷细菌的遗传稳定性差，这些菌剂在生产上使用的效果并不理想。*Penicillium bilaii* 是一种解磷效果很好的土壤真菌，大量的研究表明，用 *Penicillium bilaii* 进行种子处理或土壤接种，提高了土壤中有效磷含量，促进了多种作物磷吸收量的增加和产量的提高。另外还有报道，解磷菌与根瘤菌或菌根菌配合应用，对发挥解磷功能和提高农作物的产量都具有很好的作用。从我国情况来看，全国有 74% 耕地土壤缺磷，解决这一问题不外乎两条途径：一是增加磷源投入，二是提高难溶性磷的利用率。从农业的可持续发展来看，第一条途径存在一定的问题。首先，磷是一个不可再生资源；其次，磷肥生产需要大量的硫酸或磷酸，能源消耗大，增加了农业生产的成本；再次，高水溶性磷肥施入固磷强的石灰性土壤中。而第二条途径的潜力则很大，它是对土壤中磷及所施入的磷肥进行活化以提高其有效性，走低投入高产出的可持续发展之路。第二条途径包括三方面的内容：一是发挥植物的自身潜力，通过育种技术的创新，定向地筛选培育磷高效植物品种来开发利用土壤难溶性磷素资源，这方面研究已成为世界许多科学家研究的热点；二是在研究磷在土壤中的形态分布特征和作物吸磷特性的基础上，通过改进磷肥的施用技术等方式提高磷的潜在有效性；三是从土壤中筛选高效解磷微生物，研制成解磷菌剂拌种或直接施入土壤，将土壤中难溶性磷活化出来。可见解磷菌的研究，对发展持续高效农业具有深远的战略意义。

四、硅酸盐菌（解钾菌）剂

硅酸盐细菌（*Silicate bacteria*）由于其生命活动的作用，可将含钾矿物中的难溶性钾溶解出来供作物利用，并将其称为钾细菌，用这类菌种生产出来的肥料叫硅酸盐菌肥，俗称钾细菌肥。硅酸盐细菌一方面由于其生长代谢产生的有机酸类物质，能够将土壤中含钾的长石、云母、磷灰石、磷矿粉等矿物中的难溶性钾及磷溶解出来为作物和菌体本身利用，菌体中富含的钾在菌死亡后又被作物吸收；另一方面它所产生的激素、氨基酸、多糖等物质可促进作物的生长。同时，细菌在土壤中繁殖，也可抑制其他病原菌的生长。这些都对作物生长、产量提高及品质改善有良好的作用。硅酸盐细菌主要指胶冻样芽孢杆菌（*Bacillus mucilaginosus*）的一个变种或环状芽孢杆菌（*B. circulans*）及其他经过鉴定的菌株。*B. circulans* 是得到国际承认的菌株，有文献表明其有一定毒力，需慎重对待。我国和前苏联学者一般认为硅酸盐细菌是指胶冻样芽孢杆菌（*Bacillus mucilaginosus*），国际上现已承认其分类上的名称。后来有些研究表明，某些非硅酸盐细菌也有类似分解钾磷的功能。

目前的硅酸盐细菌肥料剂型主要是草炭吸附的固体剂型，其生产条件、工艺要求、质量要求和使用条件同于一般的微生物肥料，主要用于缺钾地区。我国农业土壤中的缺钾问题日趋明显，而我国钾素化肥生产能力严重不足，每年需要进口。实际上土壤中钾的总含量并不缺乏，只是速效钾供应不足，研究和开发利用解钾微生物，阐明其作用机理是微生物肥料研究和应用中的一个重要课题。硅酸盐细菌肥料适宜施用的作物种类多，在棉花、烟草、甘薯、水稻、玉米和果树上表现出较好的效果，增产达 10% 左右，并能提高品质。施用方式主要为拌种、穴施和根外追肥。目前国内与硅酸盐细菌的混培制剂并不是很多，具有代表性的是 JT 复合菌种，该菌种是由台湾硅酸盐细菌和日本诺卡氏放线菌混培而成，由西安中晟化工中国大陆地区唯一销售，在农业生产中取得了丰硕的成果。

五、菌根菌剂

菌根菌是特定的真菌与特定的植物根系形成的相互作用的共生联合体。作用与关系：在植物的幼苗时期，真菌侵入幼苗的表皮层中，由植物供给真菌生长发育所必需的养料，而真菌繁衍出来的菌丝又为植物输送其从植物根系以外吸收的水分和养分，真菌发挥的是自己外延范围大的优势，植物则起到了调节和储存的作用，从而促进了双方的生长。植物与菌根菌关系的建立与促进植物与真菌共生关系的建立需要一定的过程，也需要环境的配合，单靠其通过自然的过程来完成这种关系的建立，成功的概率会降低，所以就要人为地为它们提供共生的条件，接种菌根菌就是有效途径之一。松类、栎类、桤木等树种的根部都有菌根菌与苗木共生。在新开辟种植地或移栽苗木时，要从相同树种的树下挖取带有菌根菌的表层湿润土壤，一并撒入种植沟或栽植穴内，并保持土壤湿度，以促进菌种的繁衍。

六、光合菌剂

光合菌（简称 PSB）是地球上最早出现具有原始光能合成体系的原核生物，是在厌氧条件下进行不放氧光合作用细菌的总称，其广泛存在于地球生物圈的各处。在水产养殖中，能够降解水体中的亚硝酸盐、硫化物等有毒物质，实现充当饵料、净化水质、预防疾病、作为饲料添加剂等功能，它的诸多特性，使其在无公害水产养殖中具有巨大的应用价值。光合细菌和蓝藻类属于独立营养微生物，菌体本身含 60% 以上的蛋白质，且富含多种维生素，还含有辅酶 Q10、抗病毒物质和促生长因子；它以土壤接受的光和热为能源，将土壤中的硫氢和碳氢化合物中的氢分离出来，变有害物质为无害物质，并以植物根部的分泌物、土壤中的有机物、有害气体（硫化氢等）及二氧化碳、氮等为基质，合成糖类、氨基酸类、维生素类、氮素化合物、抗病毒物质和生理活性物质等，是肥沃土壤和促进动植物生长的主要力量。光合菌群的代谢物质可以被植物直接吸收，还可以成为其他微生物繁殖的养分。光合细菌如果增殖，其他的有益微生物也会增殖。例如：VA 菌根菌以光合菌分泌的氨基酸为食饵，它既能溶解不溶性磷，又能与固氮菌共生，使其固氮能力成倍提高。光合细菌是从自然界和养殖池塘中分离出来，利用现代生物工程技术，经过人工选育和繁殖扩增制成的液体和固体生物制剂。其突出特点是：适应性强，可广泛用于淡水养殖和动物养殖，多菌种复合，菌数高，营养互补，净水能力强，饵料效果明显，改善水质效果好，是水产绿色养殖首选产品。包括沼泽红假单胞菌、嗜硫红假单胞菌、紫菌红螺菌（红螺菌）、深红红螺菌及促生长活性因子和载体，以 PSB 细胞总数计算。

光合菌应用：一是将本品用 30～40℃ 水活化 2～4h 后，稀释 10～20 倍后全池均匀泼洒。首次亩用量 2kg，用于 1.5～2m 深水面，间隔 10～15d 使用 1 次，其后用量减半。二是高温多雨季节或水质严重恶化时，需连用 3d，亩用量 2kg，等水色转爽、嫩后，每隔 7～10d 使用 1 次，用量减半。三是作为生物开口饵料时，可在生物幼体开口前，一次性全池泼洒，亩用量为 15～20kg。四是直接混于饵料中，添加量：鱼虾苗种饵料中 1.5%～2%，成长期 0.5%～1%。鳗鱼、甲鱼、河蟹、对虾饵料中添加量为 1.5%～2%。

七、有机物料腐熟剂

有机物料腐熟剂（包括秸秆腐熟剂）是指能加速各种有机物料（包括农作物秸秆、畜禽粪便、生活垃圾及城市污泥等）分解、腐熟的微生物活体制剂，以及能分解各种有机物料的细菌、真菌、放线菌等多种微生物复合而成的生物制剂产品。腐熟剂可以使有机物料中所含的有机质及磷、钾等元素成为植物生长所需的营养，并产生大量有益微生物，刺激作物生产，提高土壤有机质，增强植物抗逆性，减少化肥使用量，改善作物品质，实现农业的可持续发展。

1. 秸秆腐熟　一是机械收割时将秸秆机械粉碎，留在田间；二是施肥施菌，按每亩 2kg 腐熟剂的用量将秸秆腐熟剂用泥土（或肥料）拌和均匀后立即撒施到铺好秸秆的田内；三是旋耕混合，施肥后迅速旋耕，适宜水深 1～2cm，田面无水，难以泛浆，水层过深，压草效果差，旋耕两次，田面无草即可插田；四是整地播种（插秧），机械灭茬后将浸种后的水稻种子均匀撒播于地表（播种量应较常规栽培法增加 10% 左右），再灌水，或灭茬后灌水泡田，平整后插秧、抛秧。

2. 畜禽粪便腐熟　特别是生物肥料厂及一些大型养植场，为了加快发酵速度，同时也为了节省成本，会直接把秸秆配合粪便或农田垃圾发酵做肥，因为发酵剂的作用，肥料发酵不但时间快，肥效好，而且可以有效提高农作物的抗旱、抗寒和抗病能力，深受老百姓的喜欢。优点为：一是功能强大。畜禽粪便加入腐熟剂，可在常温（15℃以上）下，迅速升温、脱臭、脱水，一周左右完全腐熟。二是多菌复合。主要由细菌、真菌复合而成，互不拮抗，协同作用。三是功能多、效果好。不仅对有机物料有强大的腐熟作用，而且在发酵过程中还繁殖大量功能菌并产生多种特效代谢产物，从而刺激作物生长发育，提高作物抗病、抗旱、抗寒能力，功能细菌进入土壤后，可固氮、解磷、解钾，增加土壤养分，改良土壤结构，提高化肥利用率。四是用途广、使用安全。可处理多种有机物料，无毒、无害、无污染。五是促进有机物料矿质化和腐殖化。物料经过矿质化，养分由无效态和缓效态变为有效态和速效态，经过腐殖化，产生大量腐殖酸，刺激作物生长。

3. 使用范围　包括畜禽粪便、作物秸秆、饼粕、糠壳、污泥、城市有机废弃物、农产品加工废弃料（蔗糖泥、果渣、茶渣、蘑菇渣、酒糟、糠醛渣等）。使用数量：一般用量为 0.1%～0.3%。原辅料及要求：主料为畜禽粪便、果渣、蘑菇渣、酒糟、糠醛渣、茶渣、污泥等大宗物料。由于果渣、糠醛渣等酸度高，应提前用生石灰调至 pH 7.0 左右。辅料为米糠、锯末、饼粕粉、秸秆粉等。要求干燥、粉状、高碳即可。原辅料配比为主料：辅料＝5：1～3：1。水分控制在 50%～60%，手抓物料成团无水滴，松手即散。使用方法：按要求将本品、主料和辅料全部混合均匀（方法一：可以先拿少部分物料与发酵剂混合均匀，然后再用这一部分物料与大量的物料混合。方法二：使用前活化，将发酵剂、红糖、水按照 1：1：20 的比例，活化 8～24h，期间最好每隔 1～2h 充分搅拌一下，之后可以加入适当的水与物料搅拌均匀即可）。堆料高度 1m，环境温度 15℃ 以上。堆温升至 60℃ 时开始翻倒，每天 1 次，如堆温超过 65℃，再加次翻倒。腐熟标志：堆温降低，物料疏松，无物料原臭味，稍有氨味，堆内产生白色菌丝。腐熟的原肥可直接使用或用于生产商品有机肥、生物有机肥、有机—无机复混肥、复合微生物肥料等。

八、复合菌剂

1. 复合菌特性　菌种纯、活菌数高、密度大、杂菌少；可促进农作物生长，提高农产品品质，抑制土传病害，改良土壤，溶解无效态磷；耐高温，在造粒烘干过程中不失活，能长期保存。

2. 农业功效　一是提高肥效、溶解无效态磷；二是固氮、解磷、释钾，分解土壤有机质，释放土壤中无效态磷，平衡土壤酸碱性，显著提高肥料的利用率，减少肥料用量，降低成本；三是激活土壤，提高产量；四是促进有益微生物繁殖，产生丰富代谢产物等活性物质，增强植物根系吸收能力，从根本上提高产量；五是抑菌抗虫，克服连作；六是补充土壤中大量有益菌，抑制有害菌的生长繁殖，减轻土传病害、植物病害及线虫发生概率；七是提高果实品质，提早采收，延长采收期，增加收入。

3. 环保用途　一是净化水质。复合菌能将水体里的污染物质作为营养源吸收降解，尤其是光合细菌所不能分解的大分子有机物，却能被乳酸菌和酵母菌进行较充分的分解；二是平衡水体 pH。有些水域碱性较高，不适合鱼类生长，复合菌中乳酸菌和酵母菌能够分泌酸，中和水体中的碱性，抑制产碱微生物的生长，使 pH 降低；三是抑制有害藻类，促进浮蝣动物生长。复合菌生长优势较强，能竞争性地抑制有害藻类生长，同时复合菌自身是浮蝣动物的天然饵料。

4. 作肥料使用　可作为蔬菜等农作物的肥料，乳酸菌具有抑制腐败菌的作用，可防治烂根病；可作为发酵菌剂使用，复合菌能将一些难以分解的生物纤维等物质分解，从而提高肥料的营养价值。

九、土壤修复菌剂

土壤微生物修复技术是一种利用土著微生物或人工驯化的具有特定功能的微生物，在适宜环境条件下，通过自身的代谢作用，降低土壤中有害污染物活性或降解成为无害物质的修复技术。重金属污染土壤的微生物修复原理主要包括生物富集（如生物积累、生物吸着）和生物转化（如生物氧化还原、甲基化与去甲基化以及重金属的溶解和有机络合配位降解）等作用方式。

有机污染土壤的微生物修复原理主要包括微生物的降解和转化。其通常依靠氧化作用、还原作用、基因转移作用、水解作用等反应模式来实现。从修复场地来分，土壤微生物修复技术主要分为两类，即原位微生物修复（in-situbioremediation）和异位微生物修复（ex-situbioremediation）。

原位微生物修复不需将污染土壤搬离现场，直接向污染土壤中投放 N、P 等营养物质和供氧，促进土壤中土著微生物或特异功能微生物的代谢活性，降解污染物。原位微生物修复技术主要有生物通风法、生物强化法、土地耕作法和化学活性栅修复法等。

异位微生物修复是把污染土壤挖出，进行集中生物降解的方法。主要包括预制床法、堆制法及泥浆生物反应器法等。

十、菌肥

菌肥包括：复合微生物肥料和生物有机肥。

1. 复合微生物肥料　复合微生物肥料执行标准 NY/T 798—2015，是指特定微生物与营养物质复合而成，能提供、保持或改善植物营养，提高农产品产量或改善农产品品质的活体微生物制品（见第十一章）。

2. 生物有机肥　生物有机肥执行标准 NY 884—2012，是指特定功能微生物与主要以动植物残体（如畜禽粪便、农作物秸秆等）为来源，并经无害化处理、腐熟的有机物料复合而成的一类兼具微生物肥料和有机肥效应的肥料（见第九章）。

第三节　微生物菌种特性与筛选

一、枯草芽孢杆菌

枯草芽孢杆菌（*Bacillus subtilis*）是芽孢杆菌属的一种。单个细胞（0.7～0.8）$\mu m \times$（2～3）μm，着色均匀，无荚膜，周生鞭毛，能运动。革兰氏阳性菌，芽孢（0.6～0.9）$\mu m \times$（1.0～1.5）μm，椭圆到柱状，位于菌体中央或稍偏，芽孢形成后菌体不膨大。菌落表面粗糙不透明，污白色或微黄色，在液体培养基中生长时，常形成皱醭。为需氧菌。可利用蛋白质、多种糖及淀粉，分解色氨酸形成吲哚。在遗传学研究中应用广泛，对此菌的嘌呤核苷酸的合成途径与其调节机制研究较清楚。广泛分布在土壤及腐败的有机物中，易在枯草浸汁中繁殖，故名枯草芽孢杆菌，是用途最广，最受欢迎的微生物菌剂。主要作用有 8 个方面：

1. 抗生作用　抗生作用是拮抗生物通过产生次生代谢产物来抑制病原物的生长，或致病活性。近半个世纪以来，人们从枯草芽孢杆菌不同菌株的代谢产物中分离纯化了多种有效抗菌物质。

2. 溶菌作用　枯草芽孢杆菌的溶菌作用主要表现是通过吸附在病原菌的菌丝上，并随着菌丝生长而生长，而后产生溶菌物质，造成原生质泄露使得菌丝体断裂；或者是产生抗菌物质，通过溶解病原菌孢子的细胞壁或细胞膜，致使细胞壁穿孔、畸形等，从而抑制孢子萌发。

3. 诱导植物产生抗性及促进植物生长　其中以枯草芽孢杆菌的抗逆性最强、功能最多、适应性最广、效果最稳定。枯草芽孢杆菌能够产生类似细胞分裂素、植物生长激素的物质，促进植物的生长，使植物抵抗病原菌的侵害。

4. 保护环境　枯草芽孢杆菌应用于作物或土壤时，能够在作物根际或体内定殖，并起到特定的肥料效应。目前，微生物肥料在培肥地力，提高化肥利用率，抑制农作物对硝态氮、重金属、农药的吸收，净化和修复土壤，降低农作物病害发生，促进农作物秸秆和城市垃圾的腐熟利用，提高农作物产品品质和食品安全等方面表现出了不可替代的作用。

5. 对土壤中菲与苯并芘的吸附及生物降解功能　土壤与其相连的水环境称为土壤—水环境系统。该系统中存在着大量的土壤固有微生物，并在表面存在生物膜，因为生物膜形成了隔离层，有机污染物在接触到支撑生物膜的固体基底之前，必须首先到达并且穿过这个隔离层，这样就强烈地改变了矿物颗粒或基底的吸附行为，对吸附作用产生了重要的影响。研究表明，以枯草芽孢杆菌为接种微生物，对菲与苯并芘都可进行吸附或生物降解，48h 液相 PAHs 浓度达到平衡时，微生物对菲消除了 98%，对苯并芘消除了 85%。接种的样品 48h 吸附等温线均呈线形，能较好地符合线性方程。

6. 对土壤微生物呼吸强度的影响　土壤呼吸强度作为土壤生物活性指标之一，能够在一定程度上反应土壤营养物质的转化和供应能力。其呼吸速率变化及变化方向也反应了生态系统对胁迫的敏感程度和响应模式，是环境安全评价的一项重要指标。当土壤受到外来污染物污染时，微生物为了维持生存可能需要更多的能量，而使土壤微生物的代谢活性发生不同程度的响应。

7. 对土壤脲酶活性的影响　应用土壤酶作为监测指标，评价农药的生态毒理效应已成为环境科学领域的研究热点之一。而脲酶属于土壤中研究的比较深入的一种水解酶类，是惟一对尿素在土壤中转化及尿素利用率有重大影响的酶。尿素施入土壤后，在脲酶的催化作用下，迅速分解成二氧化碳和氨，所以土壤脲酶活性的降低，不仅可使尿素水解减缓，使其水解产物更多地被土壤吸附，有效地减少尿素水解产物氨的挥发损失，也可相应地减少水解产物 NH_3 硝化作用的潜势。

8. 对盐碱地的改良　土壤中盐分积累会危害土壤结构如黏滞、通气性差、容重高、土温上升、好气性微生物活动差、养分释放慢、渗透系数低、毛细作用强等，导致表层土壤盐渍化进一步加剧，造成土壤冷、硬、板现象。一般说来，当土壤表层或亚表层中的水溶性盐类累积量超过 0.1%，或土壤碱化层的碱化度超过 5%，就属于盐渍土。

二、胶冻样类芽孢杆菌

胶冻样类芽孢杆菌（*Paenibacillus mucilaginosus*）又叫胶质芽孢杆菌，是一种能分解硅酸盐矿物的细菌，因此一些学者把它称为硅酸盐细菌。由于该菌种能分解钾长石、云母等铝硅酸盐类的原生质矿物，使土壤中的不溶性 K、P、Si 等转变为可溶性元素供植物利用，同时还可产生多种生物活性物质，促进植物生长，在采矿、冶金、微生物肥料、饲料工业上具有广阔的应用前景。胶冻样类芽孢杆菌菌粉微生物肥料是一种有机的生物活体，是继有机肥、化肥、微量元素肥料之后的又一种新型肥料。微生物肥料可以说是无公害农业和有机农业生产的理想肥料，在农业可持续发展中有着广阔的开发应用前景。胶冻样类芽类孢杆菌菌粉微生物肥料的作用有 4 个方面：

①高活性菌胶冻样类芽孢杆菌菌粉在土壤中繁殖生长，可起到固氮、解磷、解钾并释放出可溶性钙、硫、镁、铁、锌、钼、锰等中微量元素的作用，既增进了土壤肥力，又为作物生长提供了可吸收利用的全面营养元素，化肥利用率明显提高。

②胶冻样类芽孢杆菌菌粉施入土壤后，在其代谢过程中还产生赤霉素、吲哚乙酸、细胞分裂素等多种生理活性物质和蛋白质氨基酸类物质，可同比增加作物叶绿素含量 16%～18%，显著增强作物光合作用，促进作物根系发达和生长健壮，增强作物抗寒、抗旱、抗

病和抗逆能力，提高作物产量并改善产品品质。

③有效菌给土壤补入大量的有益微生物，在作物根部形成有益菌群，可有效抑制土壤有害和致病微生物的繁殖，显著减少多种土传病害和重茬病害的发生，如小麦白粉病，棉花立枯病、黄枯萎病、果蔬霜霉病、灰霉病、疫病和线虫等。

④胶冻样类芽孢杆菌菌粉施入土壤后，"菌随根长，根随菌壮"，并不断为作物分解提供适量的各种营养元素，可预防和改善作物的生理性缺素病变。如果树应用微生物菌剂后，小叶、黄叶、早期落叶现象明显减少；树势壮而不旺、果面干净、甜度提高，果品品质显著提高。

三、巨大芽孢杆菌

巨大芽孢杆菌（*Bacillus megaterium*）为革兰氏阳性菌，属于芽孢杆菌属。杆状，末端圆，单个或呈短链排列，(1.2～1.5) μm×(2.0～4.0) μm，能运动。芽孢(1.0～1.2) μm×(1.5～2.0) μm，椭圆形，中生或次端生。液化明胶慢、胨化牛奶、水解淀粉、不还原硝酸。巨大芽孢杆菌为产孢杆菌，且为革兰氏阳性菌及好氧菌，也为常见的油中腐生菌。它能够形成芽孢，其芽孢的抗辐射能力是 *E. coli* 的 36 倍。巨大芽孢杆菌可以用来生产解磷固钾肥，且具有很好的降解土壤中有机磷的功效，是生产生物有机肥的常用菌种，也是制作水体处理剂的常用菌种。将它施用到烟叶上，对提高烟叶发酵增香效果独特。

四、地衣芽孢杆菌

地衣芽孢杆菌（*Bacillus licheniformis*）是一种在土壤中常见的革兰氏阳性嗜热细菌。地衣芽孢杆菌细胞形态和排列呈杆状、单生，可调整菌群失调达到治疗目的，可促使机体产生抗菌活性物质杀灭致病菌，能产生抗活性物质，并具有独特的生物夺氧作用机制，能抑制致病菌的生长繁殖。地衣芽孢杆菌作用有七点：一是有效预防水产动物肠炎、烂鳃等疾病。二是分解养殖池中的有毒有害物质，净化水质。三是具有较强的蛋白酶、脂肪酶、淀粉酶的活性，促进饲料中营养素降解，使水产类动物对饲料的吸收利用更加充分，并能够分解禽粪中的羽毛。四是刺激水产动物免疫器官的发育，增强机体免疫力。五是促进肠道内正常生理性厌氧菌的生长，调整肠道菌群失调，恢复肠道功能。六是对肠道细菌感染具有特效，对轻型或重型急性肠炎，轻型及普通型急性菌痢等均有明显疗效。七是能产生抗活性物质，并具有独特的生物夺氧作用机制，能抑制致病菌的生长繁殖。

五、哈茨木霉菌

哈茨木霉菌一是环境适应能力强、繁殖速度快、繁殖能力强、抗逆性比较强；二是适用范围广，以菌克菌，绿色环保，无任何危害，综合效果好；三是复配使用性强，它可以和大多数的肥、药一起使用；四是防治真菌病害效果好，能够大幅减少田间病害发生率，减少打药次数和农药使用量。

适合在作物根部使用的哈茨木霉菌的菌株名叫 T-22，而适合在作物叶部使用的哈茨木霉菌名叫 G-41，市面上也有把 T-22 菌株和 G-41 菌株复合到一起的哈茨木霉菌复合菌剂。如果把适合根部使用的 T-22 哈茨木霉菌菌株用在作物的叶部，或者把适合叶部使用的 G-41 哈茨木霉菌菌株用在作物的根部，那么即使你在田间作物上使用了大量的哈茨木霉菌，也很难在田间作物上见到用菌补菌的好效果，这也就是很多人经常说自己使用哈茨木霉菌见不到效果或使用效果非常差的一个重要原因。

1. 哈茨木霉菌防治病虫害的作用

①哈茨木霉菌在吸附寄生到有害病菌上以后（如病害真菌的菌丝），会分泌出细胞分解酶素去溶解穿透有害病菌的细胞壁，进而达到汲取有害病菌体内营养、抑制并杀死有害病菌、控制病害菌繁殖生长的效果。

②哈茨木霉菌在接触或吸附到病害菌上以后，能够分泌出对病害菌具有强烈抑制作用的抗生素物质，进而达到阻止病害菌定植侵染、抑制病害菌繁殖扩散甚至是杀死病害菌的抑菌杀菌效果。

③哈茨木霉菌的环境适应能力强、繁殖速度快，对病害菌具有很强的排他性，在使用到土壤中或在作物表面上以后，它不仅能够快速地繁殖形成庞大的哈茨木霉菌群规模，而且还可以通过与病害菌竞争养分、争夺氧气消耗、挤压病害菌生存空间的方式，从而达到抑制病菌、灭杀病菌的效果。

④哈茨木霉菌在使用到土壤中或作物表面后，会在作物土壤中、作物根部、作物茎叶表面等部位快速繁殖抢占生存空间，并在作物根部、茎叶、花果等部位表面形成一层阻止外部病害菌侵染着生的哈茨木霉菌保护菌层，诱导作物在体内分泌抵抗病害菌的化合物（激活增强作物自身的防御系统），从而在阻止病害菌侵染作物和提高作物抗病能力的基础上实现保护作物健康的病害预防效果。

2. 哈茨木霉菌分解转化养分与刺激促进作物生长的作用

①哈茨木霉菌在土壤中所分泌的纤维素酶对作物秸秆具有很强的分解作用，它不仅可以加速地下秸秆的快速腐烂分解，而且还能把土壤中作物根系不能直接吸收的大分子有机物转化成能被作物根系直接吸收利用的小分子有机物，从而起到改良土壤、培养地力、提高作物根系养分吸收利用率的促长效果。

②哈茨木霉菌使用到作物根部周边土壤中以后，它在作物根部繁殖活动的过程中，不仅能够起到缓解板结、改良土壤、抑菌杀菌、保护根部、促进吸收的作用，而且它所分泌的生物酶等活性物质，可以刺激作物根系细胞的生长发育，从而对作物起到增强根系活性、促长壮棵的作用。

3. 哈茨木霉菌使用方法

（1）拌种和浸种　在作物需要播种时，按照每 50～60g 哈茨木霉菌拌种 500g 种子，或把哈茨木霉菌稀释 100 倍浸种 10～15min，在对种子进行浸种、拌种后再进行播种。

（2）蘸根和浸根　在农作物需要进行移栽定植时，按照每 500g 水中加入 40～50g 哈茨木霉菌，或把哈茨木霉菌稀释 40～80 倍后进行蘸根，或把哈茨木霉菌稀释 300～500 倍后浸根 15～30min，在对苗株进行蘸根或浸根后捞出凉干再进行移栽定植。

（3）淋浇和灌根　在田间作物上使用哈茨木霉菌时，按照把哈茨木霉菌稀释 200～300 倍每棵灌根菌液 150～300ml（苗期每棵 150～200ml，成株 250～300ml）淋浇灌根，对作物使用菌液进行淋浇灌根。

（4）冲施和滴灌　在田间作物上使用哈茨木霉菌时，按照每亩使用 500g 哈茨木霉菌，或把哈茨木霉菌稀释 300～500 倍，然后结合田间浇水或滴灌设备在全田冲施或滴灌菌液。

（5）喷雾和喷灌　在田间作物上使用哈茨木霉菌时，苗床上可以按照每平方米使用 3～4g 哈茨木霉菌的用量兑水喷洒，成株按照每桶水中加入 50g 哈茨木霉菌的用量方法进行茎叶均匀喷雾。

（6）土施　在把哈茨木霉菌当做底肥或者种肥使用时，一般每亩使用量掌握 300～1 000g 左右，哈茨木霉菌在使用时距离作物种子和根部越近越好，为了使用方便且均匀，可以把哈茨木霉菌先与细土掺混均匀，然后用清水喷潮润后全田撒施或撒施到播种穴定植沟内。

（7）拌肥　在施用有机肥时，可以按照每 500kg 有机肥中加入 500g 哈茨木霉菌的用量方法，把有机肥升级成微生物菌肥使用，不建议在使用高浓度化肥时加入任何菌剂，因为高浓度化肥容易直接杀死活菌。

六、侧孢短芽孢杆菌

侧孢短芽孢杆菌（*Brevibacillus laterosporu*）在延迟期为革兰氏染色阴性，菌体呈细长的杆状；在对数生长期，为革兰氏染色阳性，菌体呈短而粗的杆状；在静止期，革兰氏染色又转为阴性，菌体成细长的杆状，偶尔也能观察到椭圆形的芽孢。不从碳水化合物产气，不水解淀粉，兼性厌氧，葡萄糖培养液中培养物的 pH 小于 8.0。作为非脊椎动物的病原菌，有关研究人员曾报道了这种细菌的杀线虫能力，不同侧孢短芽孢杆菌菌株拥有不同的线虫致病因子，具有很强的杀线虫能力，组织病理电镜实验证实，这种蛋白酶严重破坏了线虫体壁。菌株表现出了明显的杀线虫活性，重组蛋白酶在体外对线虫体壁降解，而蛋白酶缺失菌株丧失了大部分的杀线虫活性，死亡线虫在生测中保持了完整的体壁，表明蛋白酶在线虫侵染中起主要作用。

七、细黄链霉菌

细黄链霉菌（*Streptomyces microflavus*）是链霉菌属放线菌。孢子丝直或柔曲，孢子卵圆形至杆状，表面光滑。有发育良好的分枝菌丝，菌丝无横隔，分化为营养菌丝、气生菌丝细黄链霉菌、65 孢子丝。孢子丝再形成分生孢子，孢子丝螺旋形，螺旋数目一般 1～3 圈。孢子柱形，$0.8 \times (1.3～1.7)$ μm。其代谢产物中含有生长素、抗菌素、苯乙酸、琥珀酸及细胞分裂素等作物生长所必需的生长调节剂成分，能够转化土壤中氮、磷、钾，提高土壤肥力，减少化肥用量；抑制病菌繁殖，防病保苗；刺激细胞分裂，促进作物生根、发芽、成熟；提高作物产量，产生纺锤菌素、螺旋霉素，对革兰氏阳性及阴性细菌、酵母菌、丝状真菌都有抑制作用，常用于农业上防病保苗，同时可作菌肥，能转化土壤中氮磷元素，提高土壤肥力，具有刺激作物生长的作用。可促进有效物质合成，显著提高农产品的品质，达到增产增收、保水养田、抑制病害、提高品质"四效合一"的功效。

八、解淀粉芽孢杆菌

解淀粉芽孢杆菌（*Bacillus amyloliquefaciens*）用于实验和科研检测，属于菌株类。

解淀粉芽孢杆菌对丁草胺具有明显的降解效果。解淀粉芽孢杆菌属革兰氏阳性芽孢杆菌，可污染医院75％酒精消毒液、潮湿损害的房屋、食品，造成新生儿、婴幼儿等免疫力低下的特殊人群感染。

九、植物乳杆菌

植物乳杆菌（*Lactobacillus plantarum*）是乳酸菌的一种，最适生长温度为30～35℃，厌氧或兼性厌氧，菌种为直或弯的杆状，单个、成对或成链状，最适pH6.5左右，属于同型发酵乳酸菌。此菌与其他乳酸菌的区别在于此菌的活菌数比较高，能大量地产酸，使水中的pH稳定不升高，而且其产出的酸性物质能降解重金属。由于此菌是厌氧细菌（兼性好氧），在繁殖过程中能产出特有的乳酸杆菌素，乳酸杆菌素是一种生物型的防腐剂。在养殖中后期，由于动物的粪便和残饵料增加，会下沉到池塘的底部，并且腐烂，滋生很多病菌，生成大量的氨氮和亚硝酸盐，使底部偷死现象严重。如果长期使用植物乳酸杆菌，就能很好地抑制底部粪便和残饵料的腐烂，也就降低了氨氮和亚硝酸盐的增加，可大量减少化工降解素的用量，使养殖成本降低。主要作用：一是净化水质，特别是养殖中后期，有机质过多，黑水、老水、浓茶水、铁锈水等水质老化池塘。二是分解塘底有机物，除臭，消除藻类毒素，营造良好栖息环境。三是降解水体中氨氮、亚硝酸盐等有害物质，降低有机耗氧量，间接增氧，改良水质。四是维持藻、菌相平衡，降低稳定水体pH。

十、黑曲霉

黑曲霉（*Aspergillus nige*）属半知菌亚门，丝孢纲，丝孢目，丛梗孢科，曲霉属真菌中的一个常见种。广泛分布于世界各地的粮食、植物性产品和土壤中，是重要的发酵工业菌种，可生产淀粉酶、酸性蛋白酶、纤维素酶、果胶酶、葡萄糖氧化酶、柠檬酸、葡糖糖酸和五信子酸等。有的菌株还可将羟基孕甾酮转化为雄烯。生长适宜温度37℃，最低相对湿度为88％，能引起水分较高的粮食霉变和其他工业器材霉变。在生物肥料工业上，黑曲霉具有裂解大分子有机物和难溶无机物，便于作物吸收利用，改善土壤结构，增强土壤肥力，提高作物产量的效果。

十一、米曲霉

米曲霉（*Aspergillus oryzae*）属半知菌亚门，丝孢纲，丝孢目，丛梗孢科，曲霉属真菌中的一个常见种。米曲霉是一类产复合酶的菌株，除产蛋白酶外，还可产淀粉酶、糖化酶、纤维素酶、植酸酶等。在淀粉酶的作用下，将原料中的直链、支链淀粉降解为糊精及各种低分子糖类，如麦芽糖、葡萄糖等；在蛋白酶的作用下，将不易消化的大分子蛋白质降解为蛋白胨、多肽及各种氨基酸，而且可以使辅料中粗纤维、植酸等难吸收的物质降解，提高营养价值、保健功效和消化率，广泛应用于食品、饲料、生产曲酸、酿酒等发酵工业，且已被安全地应用了1 000多年。米曲霉基因组的破译，也为研究由曲霉属真菌引起的曲霉病提供了线索。

十二、根瘤菌

根瘤菌（*Rhizobium*）与豆科植物共生，形成根瘤并固定空气中的氮气为植物提供营养，是能促使植物异常增生的一类革兰氏染色阴性需氧杆菌。正常细胞以鞭毛运动，无芽孢。可利用多种碳水化合物，并产生相当量的胞外黏液。如根瘤菌属和慢性根瘤菌属都能从豆科植物根毛侵入根内形成根瘤，并在根瘤内成为分枝的多态细胞，称为类菌体。还有土壤杆菌属，能够通过外伤侵入多种双子叶植物和裸子植物，致使植物细胞转化为异常增生的肿瘤细胞，产生根癌、毛根或杆瘿等。虽然空气成分中约有 80% 的氮，但一般植物无法直接利用，花生、大豆、苜蓿等豆科植物，通过与根瘤菌的共生固氮作用，才可以把空气中的分子态氮转变为植物可以利用的氨态氮。在种子发芽生根后，根瘤菌从根毛入侵根部，在一定条件下，形成具有固氮能力的根瘤，在固氮酶的作用下，根瘤中的类菌体将分子态氮转化为氨态氮，与此同时，每个根瘤就是一座微型氮肥厂，源源不断地把氮输送给植株利用。豆科作物周围的土著根瘤菌数量很少，难以满足作物生长的需要。所有豆科作物都需要人工接种根瘤菌剂。根瘤菌剂给农作物生产的氮肥不会有环境污染，不需要长途运输，使用过程中没有氮流失。而人工施用化学氮肥流失率往往大于 50%。当豆科作物萌发并长出根毛后，根瘤菌受根毛分泌的凝集素的刺激和吸引，大量聚集在根际和根表上。根毛与根瘤菌接触后，首先是细胞壁变软，发生根毛卷曲，然后是细胞壁内陷，根瘤菌随之侵入根毛，直至根的皮层，根瘤菌在皮层大量繁殖并转变为类菌体，此时根部皮层大量增生，形成瘤状组织，最后突出根部形成根瘤，当有效根瘤的剖面呈粉红色时，说明根瘤进入成熟阶段，开始固氮，并向植株提供氮素。人工接种结瘤固氮性能优良的根瘤菌，用以提高共生固氮效率。

第十六章 生物有机肥料经营管理与市场营销

第一节 生物有机肥料轻简化经营

一、生物有机肥料生产规模及特点

受原材料规模的限制，与化肥相比，生物有机肥料生产企业一般相对规模较小。化肥、复混肥料单个生产厂一般年产 10 万 t 很常见，年产几十上百万吨也有，而且规模越大效益越好。而生物有机肥料企业单个生产厂年产 10 万 t 几乎不可能，一般 1 万～2 万 t、2 万～3 万 t，5 万 t 以上的极少。因为生物有机肥料企业受原料限制，一是大多数畜禽粪便、秸秆等原料规模不大；二是为防止运输集中造成污染，原料不宜长距离运输；三是受成本控制影响，一般就地就近发酵腐熟、加工销售。

与化肥相比，生物有机肥料生产企业多数生产厂受原料和规模限制，一般品种比较少，产品效果及特点相对固定，成本相对稳定。一个单一生物有机肥料厂，其原料如果为猪粪，那么其产品的养分含量、使用肥效、生产特点、成本加工都由猪粪控制和影响，包括氮磷钾含量一般 5% 左右，有机质含量 35% 左右，有机质以中分子为多，造粒比较困难，生产成本中等偏下；其原料如果为鸡粪，那么其产品的养分含量、使用肥效、生产特点、成本加工都由鸡粪控制和影响，包括氮磷钾含量一般 8% 左右，有机质含量 40% 左右，有机质以小分子为多，造粒比较容易，生产成本中等；其原料如果为牛粪，那么其产品的养分含量、使用肥效、生产特点、成本加工都由牛粪控制和影响，包括氮磷钾含量一般 3% 左右，有机质含量 55% 左右，有机质以大分子为多，造粒很困难，生产成本较低。

二、生物有机肥料市场销售特点

受规模和成本的限制，与化肥相比，生物有机肥料产品一般就地就近销售比较好。一是受规模限制，单个生物有机肥厂年产 2 万 t 左右，一个县的销售市场就足以满足了，没有必要销售到很远的地方。二是受成本价格限制，400 元/t 的成本，500 元/t 的销售价格，在一个县、100km 以内销售，运输成本一般不超过 100 元/t，客户基本上可以接受。一旦远距离运输，几百甚至上千公里运输距离，每吨运费几百元，甚至超过了有机肥本身的成本，就成了"豆腐盘成肉价钱"，客户难以接受。所以，有机肥的销售市场一般以周边 100km 为佳，一般不超过 200km。三是受用量限制，化肥每亩农田一次用量超过 100kg 的很少，而有机肥每亩一次用量一般都在几百千克甚至一吨以上，这么大的用量农民非常在意有机肥的成本。

三、生物有机肥料企业的规模化发展

受生产规模和销售市场的限制，生物有机肥料一般单个生产厂比较小。生物有机肥料企业如果要规模化发展，只有走小而多、工厂分散的路子。结合销售市场、不同原料来源，科学规划，在不同区域建设工厂，统一管理和销售。根力多生物科技股份有限公司就是成功的典型，根力多生物科技股份有限公司年销售规模已达 40 万 t，但是其生产确分布于全国 19 个独资、控股或者合资工厂，而且布局合理，产品原料多样，品种丰富。

四、生物有机肥料轻简化生产销售

与化肥相比，生物有机肥料生产经营有其独特的特点。为了科学进行生物有机肥料的生产经营，我们提倡生物有机肥料的六大轻简化生产经营创新理念：

（1）提倡就地就近加工生产，就地就近销售　受原材料规模的限制，生物有机肥料生产企业一般相对规模较小。生物有机肥料企业单个生产厂一般年产 2 万 t 为好。有机肥远距离运输，运费大幅度增加甚至超过了有机肥本身的成本，客户难以接受。因而有机肥的销售市场一般以周边 100km 为佳，一般不超过 200km。

（2）提倡建厂规模小，工厂多　受生产规模和销售市场的限制，生物有机肥料一般单个生产厂比较小。生物有机肥料企业如果要规模化发展，只有走小而多、工厂分散的路子。结合销售市场、不同原料来源，科学规划，在不同区域建设工厂，统一管理和销售。

（3）提倡散装销售，提倡废旧包装、简单包装　有机肥发酵腐熟原料 300 元/t，如果加上包装 75 元/t，以及人工费 75 元/t，一下就增加了 150 元/t，总成本变成 450 元/t，增加了 50%，将严重影响市场客户的接受程度。如果散装销售，每吨可以减少成本 50%。而且有机肥一般就地就近销售，散装运输也很方便。再就是使用回收的废旧包装 15 元/t，使用不覆膜、无内袋的简单包装 30 元/t，也能够大大降低成本。

（4）提倡不造粒，提倡不添加造粒　一是普通转鼓、圆盘造粒成本倍增，比如粉状有机肥成本 300 元/t，而造粒成本 200～300 元/t，几乎翻倍。二是造粒原料受到限制，猪粪，特别是牛粪纤维素含量多，黏连性差，造粒非常困难。三是造粒容易污染有机肥。一般肥料造粒需要添加膨润土、黏结剂、防结块剂等化学物质，会影响有机肥的纯洁性。四是造粒高温烘干容易造成养分损耗，有机肥养分含量本身就不高，在 400℃ 高温烘干，氮元素容易挥发损失。五是高温烘干容易造成有机质炭化，降低有机质的有效性。六是造粒后的有机肥撒入农田不容易散开，影响土壤分解和植物吸收。

提倡不添加造粒、挤压造粒、绞齿造粒。不添加造粒就是不加水造粒，不加水就不用烘干，既节约成本又保证了养分的含量和肥效。挤压造粒就是不添加造粒，挤压造粒的优点就是不加水、不烘干，成粒效率高，特别适合牛粪等造粒困难的原料，而且设备投资少，不占地方，适合小规模生产。缺点：一是水分含量控制比较严格，二是设备容易坏，三是颗粒是柱状的，没有普通肥料球状颗粒受欢迎。现在专家们研制出了一个集转鼓造粒和挤压造粒优点于一身的新型造粒工艺——先挤压再抛圆工艺。就是先用挤压造粒机将有机肥挤压成柱状颗粒，再在圆筒中转动磨掉棱角，变成球状颗粒。绞齿造粒专门用于含水量比较高的湿润有机肥造粒，效率高，成粒为球状颗粒，效果很好。缺点是需要低温烘

干，对物料有一定限制。

（5）提倡不同原料混配　不同农业废弃物类型、不同养分含量、不同有机质分子类型进行科学混配，再发酵、加工，一是可以提高发酵腐熟效率，比如牛粪纤维素含量多，发酵腐熟缓慢，添加鸡粪小分子有机质后发酵腐熟速度明显加快。二是可以保证有机肥的产品质量，比如鸡粪发酵腐熟有机肥，速度快效率高，但是损耗大，残留有机肥量很低，添加秸秆，就可以大幅度提高发酵腐熟后的有机肥产量。三是可以调整发酵腐熟后有机肥中的有机质、氮磷钾养分含量，比如鸡粪氮磷钾含量高而有机质含量相对较低，而牛粪氮磷钾含量低而有机质含量较高，二者混合发酵腐熟，可以取长补短，既达到国家标准，又降低生产成本。

（6）提倡直销、网售和定制化　生物有机肥料由于成本低、用量多、运输近等特点，注定了生物有机肥料不能进行传统的一级批发、一级零售这样的三级销售。一级批发需要转运、仓储，再加上批发商的利润，一级零售也需要转运、仓储，再加上零售商的利润，无形中大大增加了生物有机肥料的销售价格，价格基本上翻一倍甚至几倍，农户基本上不能接受。而直销是从工厂到农户的直接销售，减少了两次转运、两次仓储成本，减掉了批发商、零售商的利润，大幅度降低了给农户的售价，农户很容易接受。

为服务于生物有机肥料产品直销，特别是服务于经济作物种植大户，必须配套进行网路线上销售，构建工厂与农户之间的桥梁。

另外，对于农户还可以实施有针对性的定制化服务，比如不同原料产品、不同养分含量等。

第二节　肥料产业与市场

传统的中国农资市场就像农村人口分布一样，源于中国农业组织形态落后，农民分散居住，有限耕种，文化程度不高，对外交流不发达。过去凡涉及对农村市场的商业模式都困囿于市场以县、乡镇甚至村为单元的无限分割，小单位的耕种及小规模的购买，使企业难以形成有效的市场组织模式，或者组织成本太高而毫无商业价值可言。

随着国家对"三农"的不断重视及农业的不断进步，土地流转带来农业规模化、集约化快速发展，新型农业经营主体、多元服务主体兴起，肥料企业要加强构建集约化、专业化、组织化、社会化相结合的新型农资供应体系。

然而市场需求模式不断发生变化，新型农户需求如何演变？用户需求如何决定哪些企业能够赢利？用户需求的变化会如何影响行业价值的再分配？在这些方面，目前大中小企业在同一起跑线上。以往企业可以用质量和价格作为与用户的连接点，如今则需要用服务、速度、定制化来连接。在价值链的末端及直接用户层面上，像农场主、土地承租商等用户及企业依然可以为这个环节创造价值，从而获得战略胜势。从以往农资行业的发展可以看出，曾经的行业领先企业大多在以下几个环节投入，最终形成对行业竞争关键要素的占有。

①行业竞争第一要素是资源。复合肥主要是氮、磷资源，有机肥主要是有机质来源。过去的30年，拥有氮（尿素）资源的山东企业（依靠山西的煤资源）和拥有磷资源的湖北企业在行业中遥遥领先，涌现出不少复合肥上市公司。而今的有机肥产业，有机质的来源将成为成功的关键要素，比如畜禽粪便、秸秆、糖厂糖蜜、木薯渣、食用菌渣、食品渣

等有机质来源、质量及成本。可以说资源成就了中国当今肥料行业的领先企业。

②行业竞争第二要素是规模。产能规模多大算大？销售规模多大算安全销量？行业内部不断刷新着规模记录。规模决定着成本，决定着效益，决定着抗风险能力。

③行业竞争第三要素是品牌。品牌战略成就了山东农资企业，或者换一个说法，广告成就了山东农资企业。在产品同质化的销售环境里，以品牌产生市场拉力无疑是成功的阶段性竞争要素，特别是对于农村农户来说，对广告还有一定的认同力。在品牌战略的设计中，以用户为基础的战略核心必须建立在企业与顾客的关系上，而不是满足渠道或其他环节上，通过品牌维系企业与客户关系的，是在满足客户需求的过程中形成的信誉与信任。所以品牌管理策略将对这些企业提出挑战。

④行业竞争第四要素是资本。上市已成为多数农资企业追逐的目标，资本充裕成为任何企业力图更大进步的助推器。资本让企业在价值链相关环节进行多元化以巩固竞争优势，可以说资本是输血剂，利用得好可让企业以几何倍数成长。金融资本的力量让价值链相关环节充满活性，让生产企业更快速地布局渠道，经销商放心进行大宗贸易。

综上所述，可以说资源、规模、品牌、资本成为了农资行业竞争的关键要素，以各种形式成就了行业内的领先企业。

未来很长一段时期，我国基本国策是要优化目前的农业生产组织方式，未来企业面对的不再是单一的小户散户，更多的是家庭农场、农业化公司、专业大户、合作社等。所以，从行业竞争关键要素的发展变迁来看，可预见的将来，对这类新型用户的组织能力将成为重要的竞争关键要素，甚至在某种程度上，对用户的组织能力所产生的作用不亚于上述几种要素。企业曾经面对分散的消费群体，消费量微小，难以组织，或组织投入产出不成比例，使企业不能不放弃组织。但未来，随着消费个体消费数量、耕种面积的提升，如何更有效地组织起用户将成为各级企业必须深入研究的课题。在规模、资源、品牌、资本等要素禀赋持续发酵的同时，农资价值链环节上的每一个环节（生产商、经销商、零售商或第三方），谁能最终以某种形式组织起用户，谁将成为行业赢家。国美、苏宁在家电行业的成功除了规模成本，更关键的是他们重组了家电消费群的消费模式，这也是他们最终战胜百货业态中家电商场的关键因素。人民公社曾是农村社会化组织形式的尝试，改写了中国农村的存在状态。如今用何种模式来组织农村新型用户形成类似人民公社的"人民商社"，成为赢得未来市场的最大命题。

现阶段企业对用户的组织形式如下：

①通过改变生产组织模式来组织用户，让用户参与产品设计。所谓小批量合作定制，就是与新型用户建立直接的业务合作，为一定面积的土地定制生产产品，并通过一系列的农化服务，为规模种植提供精确施肥方案，以此组织用户。

②中小型企业应集中有限的资源，用区域的深度抗击区域广度；用专业性抗击资源性轰炸；用工作量抗击宏观环境。聚焦服务单一（群）目标，与新型用户建立战略联盟。这个交易结构不是现实当中一个简单的一次性合约，是慢慢做出来的，是由很多对用户的承诺，很多利益交换，很多相互的妥协、知识交流、用户共享等利益共同锁定，共同交织而成的一个动态关系。

③深入开展村级营销模式，与用户开展大量的互动活动，利用农村媒体平台、县级金

融平台，加深对用户的利益捆绑机制。

④建立基于用户层面的品牌建设，而不仅仅是在中间商圈子有品牌。例如海尔是企业品牌，也是产品品牌，而海尔还有针对农户打造的小神童服务品牌。农资企业原来多靠产品和渠道来驱动业务发展，但新型用户涌现，原有业务模式组织力日趋不足，企业需靠品牌来驱动业务。不同的农业模式、不同的种植结构，其消费心理、消费行为、消费习惯必然大不一样，把握新用户需求动态，关注和重视用户价值，以品牌吸引力组织用户群。

⑤企业必须专注于对乡镇强势终端的占有。广西一个零售商，单一品牌年销量达 600 多 t，其对附近用户的组织能力、号召力非常强大。对于小散用户尚存的市场，未来几年，农资营销的主要竞争在终端，也就是在门店。农民往往容易相信离自己较近的门店，这种相信甚至超过传播的力量。在乡村一级，目前最有效的组织用户的途径还是利用终端商的能力，或者村级"能人"的力量。

⑥为新型用户提供农业运营咨询的服务。服务涵盖土壤化学、肥料、农作物栽培、果树蔬菜、特色优势农产品、设施农业、农技推广等领域。其任务主要是为进入农业领域的公司及个人经营提供前瞻性建设和决策咨询服务；通过试验研究提出施肥配方，提供配方生产工艺，研究施肥新技术，为用户提供"保姆式"服务，同时服务是有偿的。

第三节　肥料市场调查与分析

市场调查在一定程度上是市场管理工作的重要组成部分之一，调查目的只针对下一步的市场策划工作和为决策者提供决策依据和信心。它是指按一定的程序，采用一定的方法，通过系统、客观地识别、收集、整理和分析有关的市场信息，为企业提高决策质量，发现和解决营销中的机遇和问题提供信息依据。市场调查与分析是实施高效营销的基础。市场调研的目的有三：

①深度了解市场竞争态势，洞悉区域市场状况，分析和发掘自身长处和缺陷、对手优点和弱点，发现市场机会。

②进行区域市场营销策略的调整，使营销策略更精准，更适合市场的实际情况。

③历练营销队伍，提升一线营销人员市场运作的质感。

一、区域销售市场调查

进入肥料市场第一个工作就是进行市场调查，包括作物信息的调查、经销商信息资料的整理工作等。对于信息资料的整理主要从如下 4 个部分做起：

①网上查资料，了解本县县志，了解本地农业发展情况、种植结构、市场容量、生活习惯，用肥购肥习惯、寻找网上留下的大的经销商联系方式并做好记录整理。

②去下面的终端网点拜访了解种植结构及农民购肥用肥习惯，了解进货渠道，了解上面渠道有实力经销商的信息资料，做好记录整理。

③调研市场同品类竞争对手的产品情况、市场覆盖率、终端占有率、经销商经营情况以及市场运作方式。

④调研区域经销商之三个锁定。第一个锁定老供销社体系，第二个锁定连锁经营店，

第三个锁定有实力的批发代理客户。针对本公司产品的定位，可以选择乡镇经销商做代理，网络本着多元化，只要能有量，合适的才是最好的。

1. 区域销售市场调查 对某区域市场的经销商进行调查，为市场精细化运作提供支持和保证。针对经销商要详细填写《经销商调查档案表》，以了解和掌握各个经销商销售产品的状态（表16-1）。

表16-1 经销商调查档案表

编号： 填表人： 日期： 年 月 日

基本情况	公司名称			地址		
	姓名		年龄		经营历史	
	电话		业务员数量		配送车型和数量	
	市场区域					
经营状况	主营品牌 （公司和竞品）	经营时间		去年销量	产品类型	平均利润空间 （元/t）
	去年所有品牌销售量 t；其中竞品产品 t。					
	终端网络数量总计 个，其中包括镇终端 个，村终端 个。					
	针对品牌投入的推广资源有哪些（如电视广告、店招、墙体广告、赠品等）：					

业务员对经销商的评价：

2. 终端销售市场调查 对某区域市场的终端销售市场进行采集，为下一步的终端和市场精细化运作提供支持和保证，针对每个终端要详细填写《终端商调查档案表》，以了解和掌握各个终端销售产品的状态（表16-2）。

表16-2 终端商调查档案表

编号： 填表人： 日期： 年 月 日

基本情况	终端名称			地址		
	店主姓名		年龄		经营历史	
	手机		电话		配送车型和数量	
	市场区域 （具体覆盖村）					

（续）

	主营品牌（竞品）	经营时间	去年销量（t）	产品类型	利润空间（元/袋）
经营状况					
	去年所有化肥销售量　　　t；生物有机肥料　　　t；其中竞品产品　　　t。				

业务员对终端商评价：

3. 终端市场价格体系调查　了解各个终端公司各产品各渠道环节进货价、零售价格水平以及各环节利润水平，通过价格体系和价格信息的了解，确认渠道的利润空间是否能够得到保证（表16-3）。

表16-3　终端市场价格体系

产品＼价格	出厂价（元/t）	经销商批发价（元/t）	经销商利润（元/t）	终端商销售价（元/t）	终端商利润（元/t）	终端关键政策	竞品终端利润（元/t）

要调查终端现款和赊销的价格变化，终端价格折让或实销等具体、详细的信息。

4. 市场推广活动调查　调查了解户外广告、终端广宣、农化服务、宣传活动等市场推广方式的效果及终端的评价和建议。

二、销售市场分析

1. 经销商分析　从经销商资金实力、网络数量和质量、主推公司产品的积极性（对比公司产品销售数量、增长趋势和竞品销售数量等综合分析），分析该经销商对公司的忠诚度。另外，从经销商内部管理、人员精神状况、终端网络客情维护等方面进行综合分析，以确定该客户高效运营的程度。

2. 终端网络数量、结构和分析　按照终端主销区域以及覆盖范围，结合该终端销量，分析哪些区域存在空白，哪些区域比较薄弱，哪些区域终端冲突激烈，以此作为梳理和调整终端、发展终端客户决策信息的基础。另外，要根据终端销售量、主推积极性确定哪些是核心终端，哪些是非核心终端。

3. 价格体系分析 相对于主要竞品，公司产品终端利润空间是否能够保证终端销售的积极性；如果不足，应该调整到什么水平；公司产品终端零售价格水平客户是否能够承受；各类产品零售价格应该确定在什么水平。

4. 市场推广活动分析 在户外广告、终端广宣、终端陈列、农化服务、宣传活动等推广方式上，哪些方面做得不足，哪些方面执行得不力，举例说明如何对公司的市场推广活动进行分析（表16-4）。

表16-4 市场推广活动

主要推广方式	本公司产品	竞争性产品	整改措施	组织保证
户外广告				
终端广宣				
终端陈列				
农化服务				
一田三会				

三、竞争性产品调查与分析

通过对区域市场上主要竞争产品情况进行细致了解，确定标杆竞品，制定精准高效的营销策略，有效地争夺市场。

1. 主要竞争性产品调查内容 参见表16-5至表16-7。

表16-5 主要竞争性产品市场情况

填表人：　　　　　　　　　　　　　日期：　　年　月　日

公司名称	品牌	主销产品	主销区域	年销量（t）

填表说明：

厂家、品牌：同一个厂家的多个品牌要分别列出。例如：厂家×××；品牌×××。

主销产品：指的是铺货率较高或销量处于前三位的产品，注明含量、工艺等。

主销区域：指的是这个品牌主要卖到哪些乡镇，例如：×××镇。

表 16 - 6　主要竞争性产品含量价格

填表人：　　　　　　　　　　　　　　日期：　　　年　　月　　日

竞争性产品及品牌	规格（kg/袋）	N-P$_2$O$_5$-K$_2$O（%）	有机质（%）	菌数（亿/g）	批发价格（元/t）	零售价格（元/袋）

填表说明：

主要竞品品牌：指的是该区域市场销售额、铺货率处于前列的品牌。

含量 N-P$_2$O$_5$-K$_2$O：此项要标注硫基、氯基、硝基等。

批发和零售价格：写清楚竞品的终端进货价格，终端的零售价格。

表 16 - 7　主要竞争性产品营销方式

填表人：　　　　　　　　　　　　　　日期：　　　年　　月　　日

主要竞争性产品	竞品 1	竞品 2	竞品 3
经销商概况及经营能力			
主要的市场推广和广宣形式			
终端促销的主要形式			
客户促销的主要形式			

填表说明：

经销商概况及经营能力：化肥销售额，其中特肥销售额；经销商个人身份、经历、经营历史以及资金状况。

主要的市场推广和广宣：主要做哪些具体宣传活动，都在什么季节做，都做了哪些形式的广告，大致数量有多少。

终端促销的主要形式：主要的、典型的促销活动形式、时间、力度。

客户促销的主要形式：主要的、典型的促销活动形式、时间、力度。

2. 主要竞争性产品分析

（1）覆盖区域分析　根据主要竞品的销售量多少，将区域市场分为主销区域、辐射区域和空白区域。空白区域就是薄弱区域，需要重点发展，其次是辐射区域，最后再逐步渗透、攻击主销区域。

（2）产品组合分析　根据主要竞品主销产品类型分析哪些类型产品是必须要有的；哪些类型产品是要补充的；主要竞品价格"穿底"的产品，也是重点发展的产品。

（3）价格体系分析　对主要竞品各级价格体系、利润空间分析是制定公司相应产品各级价格体系和利润空间分析的基础。在价格体系和利润空间分析上，要参照考虑主要竞品的品牌定位，不要追求价格低、高利润。

（4）宣传、推广分析　主要竞品采取何种宣传、推广方式，覆盖面情况如何？执行的效果怎么样？这些都是制定和选择推广策略、推广方式的基础性决策信息。

（5）终端促销分析　主要竞品采取何种方式的终端、客户促销？促销的时间、力度、形式如何？对公司的影响和冲击有多大？需不需要应对，如何来应对？

四、用户调查与分析

1. 调查方式

（1）抽样访谈

（2）实地考察

（3）网络收集

（4）朋友咨询

（5）行业协会及政府部门访谈

2. 用户调查内容

（1）区域情况　描述调研地点的人口规模、耕地面积、经济情况等。

（2）作物类型　实地调查当地种植作物的名称、种植规模、经济价值等。

（3）种植模式　客户散种、小基地、大农场等。

（4）商业流通模式　连锁店情况、经销商与零售商数量、农资交易市场情况。

（4）用肥情况　喜欢哪种类型肥料，品牌、价格、购买周期。

（6）购买习惯　散买、批量、赊销、团购等。

（7）对产品态度　品类如差异化、新配比等。

（8）施肥特点　如冲施、撒施、喷施等。

（9）竞争对手　名称、主要品种、营销模式、销量情况、人员配置、口碑等。

（10）媒介及媒体接触习惯　电视、报纸、广播、杂志、户外、频道、时间、地点、版面。

（11）化肥施用季节性　旺季时间、淡季时间、无明显淡旺季。

（12）消费总量分析　化肥、农药、种子等主要品种名，年销量，农作物的年产量。

（13）土壤肥力　说明调查区域的土壤特点，主要缺乏哪些元素。

（14）种植大户　名称、地点、负责人、联系方式，主要作物名，施用化肥品种及用量，施肥方式，销售途径（自行销售还是公司收购，是否有异地销售含销往地点、数量等）。

（15）经销商喜欢的推广方式　折扣、实物促销，农化、试验田，电视广告、报纸广告，POP，其他。

（16）物流描述　货物运输方式，仓储选址，业务交通工具选择。

（17）周边农贸市场调查　名称、地点、数量、交易量。

（18）结算习惯　现结、赊账。

（19）地方对农资的政策情况　国家及地方政府对当地农资销售有何政策限制。

（20）行业组织、政府组织、民间组织　名称、负责人、办公地点、职责。

（21）公关对象　市场监督、农业农村及政府相关部门、行业协会等，要具体到人。

3. 调研表格　参见表16-8至表16-13。

表 16 - 8　当地主要作物及施肥

作物 ＼ 情况	种植面积（亩）	亩产值（元）	种植方式	施肥品种、用量

表 16 - 9　市场结构

名称 ＼ 市场结构	连锁店	经销商数量	强势经销商	零售商数量	农贸交易市场数量

表 16 - 10　农民用肥习惯

肥料名称 ＼ 习惯	喜欢的类型	喜欢的品牌	接受的价格	购买周期	购买习惯	施肥技术	化肥施用季节性

表 16 - 11　对高端产品态度

产品 ＼ 态度	效果	价格（元/t）	其他意见

表 16 - 12　种植大户

企业名称	负责人	地点	联系方式	种植作物	使用化肥品种及用量	购买方式	购买途径

表 16 - 13　竞争对手

竞争对手 公司	地点	负责人	主要品种	营销模式	销量	人员配置	口碑

4. 经销商调研小技巧

①通过旁敲侧击，库存观察，向同行了解等形式了解经销商资金实力大小、信誉状况、仓储能力。

②观察经销商个人车辆、业务车辆、业务员数量，是否经常下乡村跑市场？

③下游终端店面宣传资料是否齐全（横幅、宣传单、招贴画）？产品摆放是否整齐？是否摆放在显眼位置？

④是否自己制作宣传资料？是否可以为用户量身定制施肥方案？

⑤是否聘请农技服务人员从事农化服务或者与当地农技服务站有固定的合作关系？

⑥是否有过自行组织下村宣传推广活动，例如基层电视广告、下乡讲课、利用戏班子、庙会或者政府组织的一些活动进行宣传推广？

⑦工商、质检、农业等行政部门关系是否过硬？

第四节　经销商合作与管理

要想在竞争中赢得优势和话语权，公司必须建立紧密合作、高度协同的渠道，以获得营销效率、效益等优势，来放大企业现有的品牌、技术和产品优势。公司要掌控渠道，首先是要掌控经销商，通过管理输出的形式来培育核心经销商，使经销商与公司一条心，协同作战。在坚持厂家先投入的基础上，鼓励经销商投入费用共同运作市场，参与竞争，向市场要销量、要利润。

一、经销商维护

对经销商有效地维护，及时指导和信息沟通，保证快速响应市场，不断地深化客情，牵引和强化经销商主推意愿，这既是经销商日常维护的基本工作，同时也是培育主推或专销的核心经销商所不可或缺的。

1. 经销商维护要点　业务员针对经销商的拜访必须做到"5准备、4必谈、3必到"。

"5准备"：

（1）明确拜访目的　跟进销量与进度，督促打款和发货；了解情况：区域动态、实际销售、对手信息、终端和客户意见；落实政策和活动，协助推广、示范户建设、农技讲座、墙体广告等；处理违规行为：恶性窜货、竞价行为、维护市场秩序；沟通客情，调动经销商主推的积极性。

（2）查阅客户资料　了解去年同期、上月和本月打款、发货、销量和目标达成情况；了解经销商贴现利息、返利、宣传推广等费用按照公司政策的核销情况。

（3）准备道具和物料　带齐公司相关销售政策、文件等；准备相关记录表、名片、笔记本、笔、办公包等；准备相关要提供的账目、凭证、文件、赠品、物料等。

（4）电话沟通预约　前三天与经销商电话沟通，初步了解情况和需求；与经销商预约具体见面时间和参与人员（客情不好也可以不预约）。

（5）设计线路　按照节约交通成本和工作轻重缓急的原则，制定合理的拜访路线。

"4必谈"：

（1）市场动态　了解竞品的产品、价格、渠道政策、宣传推广、销量动态；了解客户的需求、种植结构、市场容量等变化情况；了解市场的占有率及提升状况；分享市场发展信息、行情、行业信息；介绍公司产品生产、管理动态；了解客户对农化服务、推广活动的反应。

（2）市场推广与网络管理　相关的市场推广活动推进如何？有什么困难？需要何种支持？终端维护情况如何？终端有何反馈意见？新终端网点开发情况如何？业务员的工作状态如何？市场是否有窜货、竞价现象？

（3）公司政策　解释公司针对经销商推出的促销打款发货政策，宣导公司提供的农化服务以及推广活动和支持政策。

（4）销量与目标　本月销量目标完成情况？什么原因导致本月目标未达成？去年同期的销量和目标是多少？下降和上升的原因是什么？核心终端进货量与目标是多少？了解经销商和终端存货情况，尤其是在旺季即将结束的前2周，掌握经销商和终端库存水平，在保证经销商一定存货压力和压制其他品牌资金占用的前提下，及时指导经销商规避存货跌价风险，以获得存货收益。

"3必到"：

（1）经销商仓库　了解本产品和其他竞品库存情况、产品出货实际状况等；了解经销商库存的竞品产品品项；了解经销商实际经营的竞品品牌。

（2）经销商的门店 了解产品销售实况；了解经销商针对业务员的日常管理情况；了解经销商车辆配置、使用分配和配货实况；观察其内部运作情况。

（3）核心终端或经纪人 了解核心终端对公司产品、服务、推广活动的意见和建议；了解核心终端本产品和其他竞品的库存情况、产品出货实际状况；了解产品销售实况；了解竞品的产品、价格、终端政策、宣传推广、销量动态；了解客户对产品、价格、农化服务、推广活动等的反应。

2. 经销商维护记录 每次业务员拜访经销商之前和之后，都要填写《经销商拜访记录表》，以便做好拜访准备，及时记录拜访信息，及时解决问题和总结经验（表16-14）。

表 16 - 14　经销商拜访记录

姓名		所属部门		职位	
拜访对象				申请日期	
拜访时间	自　　年　　月　　日至　　年　　月　　日，共计　　天				
本次经销商拜访目的					
拜访过程记录（主要工作内容）					
本次拜访主要达成的工作成果					
经销商提出的未解决问题					
直接上级评语和指导					

填表说明：
出差前填写完出差目的部分，经主管领导签字后方可出差。
出差返回后24h内向主管领导提交出差报告。
出差目的要尽量具体化、数量化。

每次业务员填写的《经销商拜访记录表》，直接上级都要进行点评和指导，及时监督业务员工作质量，并发现问题和指导工作。

二、经销商评估和调整

1. 经销商评估 经销商评估主要根据终端网络质量、经销商主推意愿两个重要决定因素评估。另外，经销商的经营理念和资金状况也是评估经销商的两个重要参考因素。经销商评估可参考公司经销商分析和经销商评估表执行，下面对经销商的评估进行细化。

（1）终端网络质量评估 终端网络质量主要从终端数量增减、终端销量增减以及终端客情变化3个方面来综合评估（表16-15）。

表 16 - 15　经销商终端网络质量评估

评估指标	评估方式和内容	评估结果
终端数量增减	参照上个销售季节或上个年度情况，评估终端网络数量	如果不是出于保持终端合适数量、控制终端竞价的主动调整情况，终端数量减少，说明终端网络质量下降，甚至严重下降。终端数量增加，说明网络质量得到提升
终端销量增减	参照上个销售季节或上个年度情况，结合行情因素，评估终端销量变化，尤其是分析重点终端或排名前 40% 的核心终端销量变化情况	如果大部分终端销量显著下滑，说明终端网络质量在下降。如果上一年度的核心终端今年的平均销量显著高于一般终端平均水平，说明终端网络质量比较好；如果显著低于一般终端平均水平，说明终端网络质量严重下滑。如果大部分终端销量显著上升，明显高于行情上涨状况，说明终端网络质量很好
终端客情变化	从终端对经销商为人处事的评价上，分析经销商的终端客情关系	如果普遍评价较好，认为合作基本愉快，说明网络质量较好；如果普遍评价不好，合作不愉快，甚至停止经营或减少销售，说明网络质量显著降低

（2）经销商主推意愿　经销商主推意愿主要从经销品牌变化、各品牌销量变化、打款积极性以及配合厂家工作 4 个方面来综合评估（表 16 - 16）。

表 16 - 16　经销商主推意愿评估

评估指标	评估方式和内容	评估结果
经销品牌变化	从经销商增加和减少品牌数量、厂家来分析	如果经销商增加同类或同档次产品，说明经销商主推意愿下降。如果经销商增加大厂家、有名气品牌产品，弱化甚至削掉小品牌产品，说明经销商主推意愿严重下降
各品牌销量变化	从各品牌销量增加或减少变化情况来分析	如果经销商整体销售没有显著下滑，而公司产品销量占经销商年度整体销售量的比例下滑，甚至严重下滑，说明经销商主推意愿严重下降
打款积极性	从经销商资金分配和打款积极性来分析	如果经销商先于公司给其他厂家打款，且给公司分配金额不足，甚至严重不足，说明经销商主推意愿下降
配合厂家工作	按照厂家市场运作要求，积极配合，并投入资源支持	积极配合厂家的网络建设、市场推广活动，甚至主动投入资源、费用，说明主推意愿强烈；反之，不积极、不主动，说明主推意愿下降，甚至已经将公司产品不作为主推产品了

（3）经营理念　是否认同高效营销的基本操作，是否注意维护和深化与终端的客情关系，是否愿意配合厂家的市场推广工作，都是评估经销商经营理念的重要因素。

（4）资金状况　经销商是否有其他重要投资或开支，是否有强大的资金来源支持或融资能力等，都是评估经销商资金状况的重要因素。

2. 经销商调整 参照上述两个主要因素和两个参考因素，对经销商进行定量和定性评估。在淡季及时调整，不断优化。如果不能取消经销权或时机不成熟，可以采取缩小经销区域，设立分产品经销商等过渡方式，优化区域市场经销商。表16-17为公司经销商评估表，总体上来说，如果某区域市场经销商的加权综合评分在80分以上，则该经销商的质量比较好；如果低于60分，则可将此经销商做为下一阶段可能调整的对象。

表16-17 经销商综合评估

得分 项目	100分	80分	60分	40分	20分	打分
实力（包括人力、资金、运力）	当地前三名	当地排名前列	一般	较差	很差	
终端网络	所有乡镇都有完善的网点布局，且部分区域已在村里设置终端	仅在乡镇有终端，村子里几乎没有	绝大多数乡镇有网点，少量乡镇无终端	较差	很差	
发展意识	急于发展，有学习习惯，已有一定理念，自己对促销、广告和服务有投入	有学习习惯，已有一定理念，想投入但缺乏指导	一般	有初步理念，无动作	满足现状	
服务意识	主动周期性拜访下辖客户，能及时送货并与二级客户建立良好的客情关系	不定期主动服务	被动服务	被动服务只送大户	无服务意识	
人员管理	公司化的运营体系，业务员素质高，有明确的分工和管理制度，有量化的目标和绩效考核体系，执行到位，业务员纪律性强	有基础管理制度，但执行有偏差	一般	较差	无业务员，或裙带关系，业务员等于送货员	
客情	下辖客户80%以上表示对该经销商满意	60%	40%	20%	20%以下	
经营品牌	产品线相容且互不冲突	代理产品2～4个，且与本品有违背	4个以上	6个以上	10个以上	

第五节　产品推广及促销活动

一、参加展销会

（一）会前准备

1. 明确参展目的，以目的来指导行动　参展的目的，一般有如下 3 种：

（1）直接促销、招商，注重的是成交

（2）宣传产品、公司

（3）完成任务式的露脸，以便自己不被人遗忘或者引起一些不必要的猜疑、议论

2. 确定参展人员和制定参展方案　参照参展方案完成以下 4 项工作，具体内容也可根据情况进行调整。

（1）小组成员确定及分工　确定参展人员；所有参展人员开碰头会；列举所有可能需要做的工作，不分先后和重要性；把参展工作归类，划定各工作小组，确定负责人及小组成员。

（2）工作进程表　把参展工作分解，每项工作落实到个人，确定工作进程，每天检查工作进度，不能完成的需说明原因。

（3）物料准备及经费预算　列举所有需要使用的物料、价格及如何取得等，对于可能的方案应列举出来。

（4）参展现场效果图　展位效果的设计，确定各种物品的摆放位置。

3. 媒体关系处理　选择哪个媒体，媒体之间如何使用和配合，在媒体上宣传什么信息，宣传时间、版面、价格，联系方式，负责人以及媒体公关等。

4. 其他准备工作

（1）物料准备　宣传册、现场宣传单、产品宣传单、易拉宝、X 展架、横幅；名片收集盒、名片、公司徽章；电脑、音响、投影仪、一次性杯子、插排、U 盘等；包装袋、样品、样品袋；手推车、小货架；实验道具，比如矿泉水瓶、打火机、香烟等；手机保证足够的电池；气候变化所带的衣物等。

（2）谈判准备　规定说辞（在此框架下自由发挥），派发宣传单、样品等。

5. 会前沟通　对外：跟主办方索取资料、争取资源；对内：培训、分工、统一口径。

（二）会中

（1）布展　办证，物料运送，专业施工队，请模特，吃喝住，检查展位布置情况。

（2）开展　提前半小时到会，接客谈判，会中会，收集资料（竞争对手、客户、产品），公关（重要客户的拜访、吃饭，与主办方搞关系，媒体，上游客户）。

（3）客户拦截　展位内拦截，展位附近拦截，礼仪小姐拦截。

（4）会中跟进（当日跟进）　短信/微信，拜访重要客户。

（5）现场拍摄　工作照，现场促销方式，展位设计，跟客户合照（给客户以荣耀）。

（6）现场宣传　企信通，游行。

（7）市场调查　调查问卷，访谈。

（8）小结　总结当天工作，制定第二天的对策。

（9）撤展　回程票务预订。

（三）会后

1. 总结座谈　会议结束当天马上进行。主持人一个，所有参展人员挨个发言，领导、专家点评，有专人记录，形成会议纪要。

2. 客户跟进　12h内短信/微信联系；24h内电话联系；一周内寄资料、拜访，或交由当地业务员拜访。

3. 建档（客户数据库）

（1）整理资料　按照客户所在的区域整理；按照客户的重要性整理，分公司A、B、C三级，主要衡量指标是成交意向、实力、该地区的市场前景。

（2）归档　形成客户数据库。客户有某些特殊情况的，要加以特别说明，比如特殊身份（技术推广站长）、特殊社会关系，有超强的推广能力等。

二、主办促销会议

促销会议包括：招商会、农民会、培训会等。

招商会：新产品或主推产品进驻某一区域的主要业务推广形式。通常由当地的政府农业部门、种植协会或某一大经销商组织召集当地经销商或零售商或种植大户参会，通过讲解形势、趋势、农化知识、销售知识、产品功效、销售政策等内容打动参会人员，达到销售目的的销售会议。

农民会：用来取悦农民、提升品牌形象、加大农民对产品认识的一种常用互动形式，目的是间接推动产品的销售。常用的会议形式包括：种植大户分享会、电影会、示范田观摩会等。

培训会：培训会的对象有经销商和零售商、种植大户、一般农民。

（一）会前准备

1. 暖场

（1）让客户频繁地接触到产品信息　包括接待处、会场布场、餐厅等各场合。4～7次的接触可形成心理定势。通过写真展示，内容是种植效果对比，以及产品介绍、会场摆放产品原形。

（2）营造氛围　①营造高贵。针对高层次客户（经销商、零售商、种植大户），把小会议包装成隆重的会议，同时也表示出对客户的重视。档次越高客户就越不敢随便，因此所有在场员工必须穿西服、打领带，教会经销商要养成这种习惯，适用于高层次的客户；②营造热闹、实惠、回馈。针对一般农民，提前宣传，准备礼品、赠品。

（3）主题的确定　必须要有明确的招商主题，有条件可以彩色喷绘，无条件可以用横幅。

（4）把邀请到的政府单位变成协办单位，增加公司的公信力　让更有公信力的权威机构作为协办单位，这对销售并没有影响，反而提高了产品的可信度。

（5）榜样客户的包装　PPT制作及发言主题的准备。

（6）对工作人员的要求　工作证件及服装要统一，路线要标注，并提示客户带好身份证，了解会议期间的天气情况，工作人员一律不能喝酒（醉酒者考核），清除房间中收费的物品。

（7）对工作人员的考核　对工作人员进行组织性纪律性严格考核，对安全意识、服务意识、团队意识严格考核（会后要兑现）。

2. 发挥典型的作用

①事先找到使用过我们产品的客户，让他为我们说话，最好能用当地的方言，并且事先要沟通好说什么，可以发挥，但是要给其定一个大致的内容。

②要事先与典型沟通，发言可以搞笑点，主要侧重于发言人如何艰苦创业，在使用我们产品后丰收和发财的经历。为了达到刺激消费效果，引起从众效应，一定要注意保密。

③为了达到发言人感动的程度，在发言人发言之前，制作好其 PPT 播放，主要内容就是其值得自豪的事情，比如艰苦的奋斗史、有社会责任感、有情有义等，配合适当的文字说明和背景音乐，因此，要求业务员平常要注意收集客户的照片。

3. 注意细节，别闹笑话　细节问题会让人对公司的实力和形象产生怀疑，千万别出现明显的错别字等。

4. 发言席及席卡的制作　称呼及姓名一定要准确，发言席应该在主席台的 1/3 处，也就是黄金分割点，而非中间。

5. 内部演练　内部演练时集体指出缺点，以最少 80％的人被打动为下限。

6. 介绍产品统一说辞　增强产品的传达效果和客户的信心。

7. 换位思考　客户在想什么？无非就是：

①挣钱的产品，稳定的货源，严格的渠道保护和良好的售后服务，报价协议。

②产品的投入产出比传统产品高吗？

③产品使用的效果？

④产品是否适合当地土壤和作物？

⑤如何科学地使用本产品？

⑥化肥市场走势。

8. 审阅讲稿　建议审议发言人的稿件（或帮助其写好稿件），不要出现太专业的、难懂的内容，比如费解的生产流程、制作工艺、难懂的术语等。

主要突出讲解该产品如何适合当地的作物。

（二）会中

1. 控制发言时间和控场

①每个人发言控制在 30min 之内，时间太长客户不易集中精力。

②发言人要注意现场的反应，及时调整，不能光顾自己讲。

③员工要注意维持现场秩序。

2. 选重点客户进行服务

3. 会议过程中的其他注意事项　需要有一个可以控场、煽情的主持人。

4. 会议一定要生动，有互动小游戏配合，引起高潮　会议太平庸，客户会失去兴趣，可设立有奖提问、抽奖（以公司产品做奖品）等活动。

5. 会议议程

①农化专家介绍一些施肥专业知识（核心传递"想多赚钱就要用好肥料"）。

②产品介绍（核心传递"产品的效果和投入产出比"）。

③代表发言（经销商：核心传递"挣钱""合作愉快"；用户：核心传递"使用后的喜悦"，以引起从众效应）。

④互动环节（作用是不冷场，现场气氛好）。

6. 农化专家讲课　包装农化专家，最好是 XX 大学特聘教授，或有"中国 XX"头衔。

（三）会后跟进

1. 进一步协助经销商辅导客户科学使用产品　有条件的可选择一些重点客户做示范田。

2. 及时完成发货和相关的物料配送

3. 收集客户资料，建立客户档案　情感关心（客户是否安全到家）、跟进回访、政策落实、产品使用、传播支持、终端客户的教育等。

三、田间示范现场

1. 时间　确定最佳示范时间，根据各种化肥对作物发挥最佳效用的时间来确定。

2. 试验田的选择

①交通方便、视野开阔。

②肥沃程度适中，太肥沃作物对比效果不明显，太瘦做不出效果。

③地势：容易淹水/干旱的不选。

④灌溉条件：不好的不选。

⑤连做：严重土质变差的不选。

⑥面积不能太少，以免影响视觉效果，保证 2 亩以上。

3. 试验客户　有影响力的客户：村干部、种植大户、技术带头人、致富能手。

4. 试验实施人

①安排农业技术部门去做。

②自己亲自去做，要求经销商配合。

5. 试验作物

①选择效果最明显的作物，各部门应向总部销售部汇报有关方面信息，供其他部门参考。

②当地的主要作物。

③经济价值高的作物。

6. 对照　试验时在不过量的情况下，尽可能加大一些用量，把效果做出来，保证成功率。

7. 插牌　试验成功才插牌，不成功不插牌，想办法补救。如差异化产品，如果没有补救，一定要和种植户沟通，以免引起反面的效果。

8. 保留试验记录　试验开始即拍照、摄像（作物、客户发言），试验过程全程跟踪试验进展情况，并拍照、摄像，必要时一开始就在作物上做标记。

9. 扩大宣传

①观摩会。

②讲课/开会。

③制作写真。

涉及农户问题，必须及时上报，在萌芽状态时解决问题。因为农户是不理性的，一旦闹起来影响很不好。

四、召开现场会

现场促销/销售对象包括：经销商、零售商、基地大户、田间地头的农民。

1. 准备工作

（1）资料准备　参表 16 - 18。

表 16 - 18　资料准备

序号	工具类别	具体工具
1	理货工具 （指导客户准备）	无色透明胶布、剪刀、胶水、钉子、铁锤、抹布等
2	谈判辅助工具	名片、公司资质、产品目录（封面＋自编目录＋产品宣传单页，装订成册）；白大褂、白手套、鞋套、样品（袋/瓶）；企业宣传视频（手机版）；微信公众号、网站、公司介绍 PPT；报纸、杂志书籍等
3	效率工具	马克笔、伸缩梯子、农化手册、区域地图、笔记本等
4	产品效果展示	实物展示工具：展示生根、松土效果的对照塑料杯等 案例展示：成功示范田资料照片及视频，或者 PPT 文件 官方文件：协会、农业相关部门示范数据等
5	宣传促销工具	海报、喷绘、单页、条幅、挂旗、X 展架、易拉宝、促销礼品等
6	田间检测工具	测土壤 pH、测 NPK、测叶绿素；测糖度仪、卡尺、卷尺、秤盘等简便工具
7	报价签约工具	报价单、空白订货单、合同协议、促销计划表及方案
8	节日礼品	中秋（感谢信、月饼、茶叶）、春节（感谢信、特产）

（2）卖点准备　我们的产品有什么与众不同的地方，客户为什么非买我们的产品不可；通用卖点：赚钱、质量好、渠道保护、售后服务好；根据铺面、地域具体情况，现场快速发掘卖点，这个需要较高的业务观察能力。

（3）问题准备　一是预想客户针对产品会提出什么问题，我们该如何应对，要尽量做到问不倒（如果能做到问不倒，那就成功一半了，在很多时候客户不愿意跟我们合作就是因为我们的业务水平不够，我们对产品知识不熟悉，因而对我们失去信心）。常见问题：价格高、不好卖、没地方摆放、新产品不敢销售、颗粒不好、颜色不好等。二是初次出差收集整理的新产品问题、客户的疑虑，能有把握当场解答的就当场解答，不能当场解答的回来后团队解决，千万不能不懂装懂，被抓住漏洞，如果没有很好地解决、回答这些问题，就不要再次拜访提出问题的客户。

2. 现场促销方法　一是接近客户。客户进入促销区后的十秒中内，尤其重要，在客户到来的十秒中之内，应该向客户打招呼或以眼神注视客户，表达竭诚的欢迎之意，这样做能够减轻客户进入一个陌生环境所感受的压力（特别是农民），让客户觉得自己挺重要。

这是一个通用的原则，在这个原则基础上，还有许多细分的情况需要区别对待：当他们看上去是有目的的寻找时，你可以很直接地上前去询问；当他们只是随便浏览时，你需要和他保持一定的距离，让客户随意、轻松的看，但你一定不能不关注他们，注意观察他们是否需要你的帮助；当他们浏览后，停留在某一个位置时，一定要抓住机会介绍产品；当有客户直奔产品而来时，你必须以饱满的精神、专业的口吻将产品的主要性能和产品的卖点向客户介绍。

3. 组织农民会

①分类：零售商组织；业务员组织；通过当地技术部门组织；通过村干部组织；手机短信＋微信通知组织。

②组织过程的技巧：多种方法组合进行；越深入基层，难度越小；充分考虑农民闲忙时间；适当增加有诱惑力的信息（赠品、样品等）。

③聘请技术权威、领导发言。

第十七章　生物有机肥料政策项目申报与招投标

第一节　生物有机肥料财政补贴项目申报

一、农业农村部绿色种养循环项目

"绿色种养循环项目"开始于 2021 年，源自国家"储粮于技"战略。该项目具有常年性特点，即大部分县都有，每年基本都有。通过以奖代补等方式带动，扩大粪肥还田，利用社会化服务市场规模，引导专业化服务主体加大投入，提高规模效益，降低运营成本，确保经济可行，促进增产提质，形成良性循环。中央财政对专业化服务主体粪污收集处理、粪肥施用到田等服务予以适当补奖支持，对试点县的支持，原则上每年不低于1 000 万元。项目管理部门是各个县（市、区）农业农村局的土壤肥料管理机构（土壤肥料工作站、耕地质量与肥料管理站等）。

项目要求：选择北京、天津、河北、黑龙江、上海、江苏、浙江、山东、河南、安徽、江西、湖北、湖南、广东、四川、云南、甘肃 17 个省份开展试点。试点县可以结合本地畜禽粪污资源化利用主推技术模式，主要对粪肥还田收集处理、施用服务等重点环节予以补奖，不得用于补助养殖主体畜禽粪污处理设施建设和运营。支持对象主要是提供粪污收集处理服务的企业（不包括养殖企业）、合作社等主体，以及提供粪肥还田服务的社会化服务组织。试点补奖政策实施范围仅限耕地和园地，不含草场草地。相关省份根据粪污类型、运输距离、施用方式、还田数量等合理测算各环节补贴标准，依据专业化服务主体在不同环节的服务量予以补奖，补贴比例不超过本地区粪肥收集处理施用总成本的30％。对提供全环节服务的专业化服务主体，可依据还田面积按亩均标准打包补奖。试点优先安排蔬菜和粮食生产，兼顾果茶等经济作物。补奖资金对商品有机肥使用补贴不超过补贴总额的 10％。

二、农业农村部化肥减量增效项目

"化肥减量增效项目"开始于 2015 年，源自农业部发布的"2020 年化肥零增长行动方案"。该项目具有常年性特点，即大部分县都有，每年基本都有。每个县中央财政投资一般 50 万～200 万元。项目管理部门是各个县（市、区）农业农村局的土壤肥料管理机构（土壤肥料工作站、耕地质量与肥料管理站等）。主要开展土壤采样化验、发放测土配方施肥通知单、示范推广配方肥。方法是招标采购上述部分服务或者产品，包括采购部分有机肥送给农民。

项目要求：突出抓好施肥新技术、新产品、新机具"三新"配套应用，提高技术到位率。同时要努力实现"一减三提"，即农用化肥施用量实现稳中有降，有机肥施用面积占比、测土配方施肥覆盖率、化肥利用率稳步提升。

三、农业农村部退化耕地治理项目

"退化耕地治理项目"开始于2020年，源自国家"储粮于技"战略。该项目具有示范性特点，即个别县都有，每年基本都有。每个县中央财政投资一般1 000万元。项目管理部门是各个县（市、区）农业农村局的土壤肥料管理机构（土壤肥料工作站、耕地质量与肥料管理站等）。主要针对土壤酸化调理剂企业、生物有机肥料企业、绿肥种子企业等，项目主要内容是推广销售土壤酸化调理剂、有机肥料、种植绿肥。方法是招标采购土壤酸化调理剂、有机肥料、绿肥种子送给农民。

项目要求：在江苏、浙江、安徽、福建、江西、山东、河南、湖北、湖南、广东、广西、重庆、四川13个省份土壤pH小于5.5的强酸性耕地上开展酸化土壤治理试点，集成展示施用石灰质物质和酸性土壤调理剂、种植绿肥还田、增施有机肥等技术措施，因地制宜试验总结酸化耕地综合治理技术模式。在河北、山西、内蒙古、吉林、山东、河南、甘肃、宁夏8个省份，开展轻、中度盐碱耕地治理试点。结合排灌设施建设，集成展示施用碱性土壤调理剂、耕作压盐、增施有机肥等技术措施，因地制宜试验总结盐碱耕地综合治理技术模式。

四、农业农村部农业面源污染治理项目

"农业面源污染治理项目"开始于2015年，2018年生态环境部、农业农村部联合印发《农业面源污染治理与监督指导实施方案（试行）》。该项目少部分县有。每个县中央财政投资一般2 500万元，分两年实施。项目管理部门是各个县（市、区）农业农村局的农村生态环境监测（保护）站。主要针对支持经济主体建设畜禽粪便、秸秆、尾菜回收处理工厂，补贴建厂和购买设备。

项目要求：建成一批整建制全要素全链条推进农业面源污染综合防治基地，创新一套整建制全要素全链条推进农业面源污染综合防治机制，引领带动区域农业绿色发展水平整体提升。投入品使用减量增效。科学施肥施药技术集成应用，统配统施、统防统治服务模式普遍推行，主要农作物化肥、农药利用率均达到45%以上。农业废弃物有效利用。秸秆、农膜和畜禽粪污收集、储运、利用体系逐步健全，市场化机制加快构建，畜禽粪污综合利用率达到82%以上，秸秆综合利用率达到88%以上，废旧农膜回收率达到87%以上。生态循环模式初步形成。农业产地环境明显改善，种养循环、农牧结合更加紧密，绿色生产方式加快推广，农业发展全面绿色转型取得明显进展。

五、农业农村部高标准农田建设项目

"高标准农田建设项目"开始于2018年，主要源自国家"储粮于地"战略。该项目具有常年性特点，即几乎每个县都有，每年都有。每个县中央财政投资一般1亿元左右。项目管理部门是各个县（市、区）农业农村局的农田建设管理科（办）。主要通过招投标，以村为单位进行山、水、林、田、路、土综合整治。包括采购部分有机肥送给农民。

项目要求：采取田、水、路、林、村综合整治措施；坚持数量、质量、生态并重；坚持农民主体地位，充分尊重农民意愿。通过土地整治建设形成的集中连片、设施配套、高产稳产、生态良好、抗灾能力强，与现代农业生产和经营方式相适应。高标准农田建设应达到"田地平整肥沃、水利设施配套、田间道路畅通、林网建设适宜、科技先进适用、优质高产高效"的总体目标。

六、可以实施有机肥补贴内容的其他项目

包含有机肥补贴内容的项目包括：

（1）粮食绿色高产高效创建项目 粮食绿色高产高效创建就是以推进农业供给侧结构性改革为主线，以绿色发展为导向，开展粮棉油糖和园艺作物（水果、蔬菜、茶叶）整建制创建，示范推广绿色高产高效技术模式。其补助资金主要用于3个方面：一是物化投入补助。对种子（苗）、水稻专用肥、有机肥、果茶园绿肥、高效低毒低残留农药、黏虫色板、防虫网、杀虫灯、性诱剂、基质、套袋、加厚（可降解）地膜等物化投入进行补助。二是社会化服务补助。三是技术推广服务补助。可能会设立采购有机肥送给农民补贴内容，项目管理部门是各个县（市、区）农业农村局有关部门。

（2）优质农产品基地建设项目 包括优质（绿色、高产、特色等）蔬菜基地建设项目、优质水果基地建设项目、优质茶叶基地建设项目，都可以列为有机肥补贴内容，项目管理部门为各个县（市、区）农业农村局有关部门。

七、地方有机肥补贴项目

目前省级地方财政已经设立普惠制有机肥补贴项目的有北京、上海、江苏、浙江、山东等省份。这些省份设立了地方财政有机肥补贴制度，对生物有机肥料企业实施"敞开补贴"，每生产销售1t有机肥，补贴100～200元。有的省补贴后，有机肥的销售价格甚至降低到100元/t出厂价。项目管理部门多数是各个县（市、区）农业农村局。

部分地方政府，以东北地区和京津冀等9个省份为重点，包括安徽等省，设立农作物秸秆综合利用补贴，秸秆还田每亩补贴几十元。对秸秆生产有机肥补贴的，可补贴秸秆打捆回收费、机械设备费等。项目管理部门多数是各个县（市、区）农业农村局有关部门。

第二节 有机肥税收、电费、铁路运费等优惠政策

一、有机肥生产经营销售税收减免政策

我国企业税收主要有两大块：一是销售增值税，一是企业所得税。

1. 增值税减免政策 企业增值税又分为两个类型：一般纳税人和小规模纳税人。

（1）一般纳税人 按照2017年11月修订的《中华人民共和国增值税暂行条例》第二条增值税税率第二点规定：纳税人销售交通运输、邮政、基础电信、建筑、不动产租赁服务，销售不动产，转让土地使用权，销售或者进口下列货物，税率为11％。下列货物指饲料、化肥、农药、农机、农膜。也就是说一般纳税人化肥企业缴税税率为销售额的11％，但是可以利用进项税进行抵扣。

（2）小规模纳税人　按照《中华人民共和国增值税暂行条例》第十二条规定：小规模纳税人增值税征收率为3％，国务院另有规定的除外。小规模纳税人的企业进项税不得抵扣。

（3）有机肥免增值税政策　根据财政部、国家税务总局《关于有机肥产品免征增值税的通知》（财税〔2008〕56号）规定：为科学调整农业施肥结构，改善农业生态环境，经国务院批准，现将有机肥产品有关增值税政策通知如下：

（一）自2008年6月1日起，纳税人生产销售和批发、零售有机肥产品免征增值税。

（二）享受上述免税政策的有机肥产品是指有机肥料、有机—无机复混肥料和生物有机肥。1）有机肥料（NY 525—2012）。指来源于植物和（或）动物，施于土壤以提供植物营养为主要功能的含碳物料。2）有机—无机复混肥料（GB 18877—2009）。指由有机和无机肥料混合和（或）化合制成的含有一定量有机肥料的复混肥料。3）生物有机肥（NY 884—2012）。

（三）（此条款已经废止）。

（四）纳税人销售免税的有机肥产品，应按规定开具普通发票，不得开具增值税专用发票。

（五）纳税人申请免征增值税，应向主管税务机关提供以下资料，凡不能提供的，一律不得免税。

1）生产有机肥产品的纳税人。①由农业部或省、自治区、直辖市农业行政主管部门批准核发的在有效期内的肥料登记证复印件，并出示原件。②由肥料产品质量检验机构一年内出具的有机肥产品质量技术检测合格报告原件。出具报告的肥料产品质量检验机构须通过相关资质认定。③在省、自治区、直辖市外销售有机肥产品的，还应提供在销售使用地省级农业行政主管部门办理备案的证明原件。

2）批发、零售有机肥产品的纳税人。①生产企业提供的在有效期内的肥料登记证复印件。②生产企业提供的产品质量技术检验合格报告原件。③在省、自治区、直辖市外销售有机肥产品的，还应提供在销售使用地省级农业行政主管部门办理备案的证明复印件。

（六）主管税务机关应加强对享受免征增值税政策纳税人的后续管理，不定期对企业经营情况进行核实。凡经核实所提供的肥料登记证、产品质量技术检测合格报告、备案证明失效的，应停止其享受免税资格，恢复照章征税。

2. 企业所得税减免政策　按照《中华人民共和国企业所得税法》第四条规定：企业所得税的税率为25％。第二十八条规定：符合条件的小型微利企业，减按20％的税率征收企业所得税。

《中华人民共和国企业所得税法实施条例》第九十二条解释说：企业所得税法第二十八条第一款所称符合条件的小型微利企业，是指从事国家非限制和禁止行业，并符合下列条件的企业：

（一）工业企业，年度应纳税所得额不超过30万元，从业人数不超过100人，资产总额不超过3 000万元；

（二）其他企业，年度应纳税所得额不超过30万元，从业人数不超过80人，资产总额不超过1 000万元。

《中华人民共和国企业所得税法》第二十八条还规定：国家需要重点扶持的高新技术企业，减按15％的税率征收企业所得税。

所以生物有机肥料企业要积极进行高新技术企业认定，认定后的高新技术企业的企业所得税税率由原来的25％降为15％，相当于在原来基础上降低了40％。

二、有机肥生产用电电价问题

各个地方用电收费标准有一定差异，主要是根据电力来源（水电较低，火电较高），再就是电力紧张程度、地区差异、年用电量等。电价分三大类：第一类工商业用电，比如湖北省0.8元/度左右；第二类居民生活用电，比如湖北省0.6元/度左右；第三类农业用电，比如湖北省0.5元/度左右，贫困县0.3元/度左右。

2013年11月，国务院颁布了的《畜禽规模养殖污染防治条例》第三十条明确规定：畜禽养殖场、养殖小区的畜禽养殖污染防治设施运行用电执行农业用电价格。

2017年国务院办公厅《关于加快推进畜禽养殖废弃物资源化利用的意见》第十一条要求：统筹解决用地用电问题。落实畜禽规模养殖用地，并与土地利用总体规划相衔接。完善规模养殖设施用地政策，提高设施用地利用效率，提高规模养殖场粪污资源化利用和有机肥生产积造设施用地占比及规模上限。将以畜禽养殖废弃物为主要原料的规模化生物天然气工程、大型沼气工程、有机肥厂、集中处理中心建设用地纳入土地利用总体规划，在年度用地计划中优先安排。落实规模养殖场内养殖相关活动农业用电政策。

因为国家电力主管部门还没有正式发文通知，目前大多数地区有机肥生产还是执行工商业用电价格，一旦文件下发，有机肥执行农业用电指日可待。

三、有机肥铁路运费优惠

按照我国铁路运费计算办法，铁路运费由发到基价＋运行基价两部分构成。整车货物每吨运价＝发到基价＋运行基价×运价里程。发到基价和运行基价因为不同货物类型使用不同运价号（表17-1），运费基价也不一样。按照国家《铁路货物运输品名分类与代码表》：化肥属于第13大类"化肥及农药"，第1小类"化学肥料"，第1部分，包括：含合成氨、氮肥（如硫酸铵、尿素、石灰氮、氨水等）、磷肥（如过磷酸钙、钙镁磷肥等）、钾肥（如硫酸钾、氯化钾等）、合成复合肥料（如硝酸磷肥、磷酸二氢钾肥、钙镁磷钾肥、磷酸铵肥等）、混配复合肥料（指用氮肥、磷肥等按比例混配的肥料）、微量元素肥料（指含硼、硫、锌及其他微量元素的肥料）及其他肥料。目前按照2号运价号计算运费。适用本类的货物，应由托运人在运单上填写货物名称后注明"（化肥）"字样。

而化工产品属于第15大类，按照6号或者7号运价号。其中包括：非农用的氨水、硫酸铵、尿素、氯化钾、氯化铵等。目前国家已经开始将化肥列入化工产品运价号，即按照6号或者7号运价号计算运费。

而有机肥料，目前已经列入第99大类"其他货物"中，第3小类"动植物残余物、饲料"，第5部分"有机肥料及其他肥料"，包含：农家肥料、有机肥料、有机—无机复混肥料等。按照2号运价号计算运费。也就是说，有机肥已经列入国家优惠铁路运费。

表 17 - 1　铁路运费基价

类别	运价号	发到基价（元/t）	运行基价 ［元/（t·km）］
整车	1	4.6	0.021 0
	2	5.2	0.023 9
	3	6.0	0.027 3
	4	6.8	0.031 1
	5	7.6	0.034 8
	6	8.5	0.039 0
	7	9.6	0.043 7
	8	10.7	0.049 0
	9	0.150 0 元/（t·km）	
	冰保	8.3	0.045 5
	机保	9.8	0.067 5
零担	21	0.085 元/10kg	0.000 350 元/（10kg·km）
	22	0.101 元/10kg	0.000 420 元/（10kg·km）
	23	0.122 元/10kg	0.000 504 元/（10kg·km）
	24	0.146 元/10kg	0.000 605 元/（10kg·km）
集装箱	1t 箱	7.2 元/箱	0.031 8 元/（箱·km）
	5.6t 箱	55.2 元/箱	0.243 8 元/（箱·km）
	10t 箱	85.3 元/箱	0.376 8 元/（箱·km）
	20 英寸①箱	149.5 元/箱	0.660 3 元/（箱·km）
	40 英寸箱	292.3 元/箱	1.290 9 元/（箱·km）

①1 英寸＝2.54cm。

第三节　生物有机肥科技项目申报

一、企业技术中心申报

企业技术中心分为国家级和省级两种，一般先有省级才能申报国家级。企业技术中心属于科技创新平台的一种。

以湖北省为例，根据湖北省发展改革委员会《湖北省企业技术中心认定管理办法》及当年湖北省发展改革委员会发布的通知，推荐符合条件的创新平台，并将推荐名单及其申请材料报送省发展改革委员会。

1. 申请企业技术中心条件

①在湖北省境内依法注册，具有独立法人资格。

②在本行业中具有明显的规模优势、发展优势和竞争优势，有较强的技术创新能力。

③已组建企业技术中心，且正常运作一年以上，组织体系健全，管理制度完善，具有较好的技术创新机制、创新效率和显著的效益。

④有持续稳定的研究开发投入，年度研究与试验发展经费支出额不低于 500 万元；拥有技术水平高、实践经验丰富的技术带头人，专职研究与试验发展人员数不少于 50 人；具有比较完善的研究、开发、试验条件，技术开发仪器设备原值不低于 800 万元。

⑤信用状况良好，申请受理截止日期前 3 年内，未发生下列情况：1) 因违反海关法及有关法律、行政法规，构成走私行为，受到刑事、行政处罚，或因严重违反海关监管规定受到行政处罚；2) 因违反税收征管法及有关法律、行政法规，构成偷税、骗取出口退税等严重税收违法行为；3) 司法、行政机关认定的其他严重违法失信行为。

2. 企业技术中心提交材料

①湖北省企业技术中心评价数据表。

②湖北省企业技术中心申请报告。

③企业研发项目情况表（607－1 表）、企业研究开发活动及情况表（607－2 表）。

④财务报表（企业资产负债表、损益表、现金流量表）。

⑤湖北省企业技术中心评价指标证明材料。

⑥湖北省企业技术中心组建方案。

⑦湖北省企业技术中心数据填报表及附表。

⑧湖北省企业技术中心评价指标必要证明材料。

企业技术中心申报常年办理。

企业技术中心批准后，第一可以获得省、市州、县市区有关奖励补贴；第二可以有资格申报重大科技创新等项目；第三对于申报科技成果奖励、申报其他项目、招投标等都十分有利。

二、工程（研究）中心申报

工程中心或者工程研究中心分为国家级和省级两种，一般先有省级才能申报国家级。工程中心或者工程研究中心属于科技创新平台的一种。

以湖北省为例，根据湖北省发展改革委员会《湖北省工程研究中心管理办法》及当年省发展改革委员会发布的通知，推荐符合条件的创新平台，并将推荐名单及其申请材料报送省发展改革委员会。

1. 申请工程研究中心条件

①工程研究中心主要依托单位须具有主持省级及以上重点科研项目的经历，具备良好的产学研合作基础，拥有一批具有自主知识产权、有待工程化开发、技术含量高和市场前景好的科技成果和技术储备。

②工程研究中心主要依托单位须拥有先进的研发试验基础设施配套条件，其中相关研发设备原值数不少于 2 000 万元，研发场地面积不少于 1 000m^2。

③工程研究中心主要依托单位须具有较高水平的研究开发和技术集成能力及相应的人才队伍。创新平台总人数不少于 40 人，其中专职科研人员数量不少于 20 人。

④工程研究中心主要依托单位联合省内外高校、科研机构、龙头企业开展产学研实质性共建，联合开展技术创新、组织创新和服务模式创新。

⑤工程研究中心所在产业领域符合年度认定的重点领域。

2. 工程（研究）中心提交材料

①湖北省工程（研究）中心评价数据表。

②湖北省工程（研究）中心申请报告。

③企业研发项目情况表（607-1表）、企业研究开发活动及情况表（607-2表）。

④财务报表（企业资产负债表、损益表、现金流量表）。

⑤湖北省工程（研究）中心评价指标证明材料。

⑥湖北省工程研究中心组建方案。

⑦湖北省工程研究中心数据填报表及附表。

⑧湖北省工程研究中心评价指标必要证明材料。

工程（研究）中心申报常年办理。

工程（研究）中心批准后，第一可以获得省、市州、县市区有关奖励补贴；第二可以有资格申报重大科技创新等项目；第三对于申报科技成果奖励、申报其他项目、招投标等都十分有利。

三、工程技术中心申报

工程技术中心分为国家级和省级两种，一般先有省级才能申报国家级。工程技术中心属于科技创新平台的一种。

以湖北省为例，湖北省科学技术厅《湖北省工程技术研究中心管理办法》第七条，省工程中心的认定条件：（一）企业类。

①工程中心的研发人员不低于30人。其中，中高级职称（或硕士以上学位）所占比例不低于30%。农业、社会发展领域的工程中心，中高级职称（或硕士以上学位）人数不少于5人。

②所依托企业申请认定前一年销售收入达到3亿元以上（农业领域2亿元以上），且前3年研发投入经费年均不低于1500万元，农业、社会发展领域不低于500万元。

③工程中心近3年与上下游企业有合作或委托研发项目。

④工程中心近3年至少有1项新产品实现销售，高新技术领域的非高新技术企业必须有省级备案登记的高新技术产品。

⑤工程中心近3年累计获得知识产权成果4项以上，其中自主完成的不少于1项。知识产权成果包括发明专利、新药临床批件、新药证书、动植物新品种、新兽药等类别，但不包括实用新型专利和外观设计专利（下同）。

湖北省科学技术厅《湖北省工程技术研究中心管理办法》第八条，当年第四季度为省工程中心认定的受理、评审、公示、审定的工作时间。第九条，省内符合上述第七条的省工程中心，由所依托的企业、高校提出认定申请。企业、高校按所属领域，向省科技厅高新处、农村处、社发处提交认定申请材料。申请材料中应附有由税务、知识产权等相关行政部门或专业机构出具的年销售收入、研发经费投入、知识产权成果等证明材料。

工程技术中心批准后，第一可以获得省、市州、县市区有关奖励补贴；第二可以有资格申报重大科技创新等项目；第三对于申报科技成果奖励、申报其他项目、招投标等都十分有利。

四、重点实验室申报

重点实验室包括国家级、部级、省级3种类型。重点实验室属于科技创新平台的一种。

以湖北省省级重点实验室为例。根据湖北省科学技术厅发布的《湖北省重点实验室管理办法》第十条，省级重点实验室申报须满足下列条件：

①实验室定位清晰，科学问题凝炼准确，有明确的研究方向。

②具有较好的学术研究基础，在省内能引领同类学科发展。

1）依托单位为高等院校、科研院所的重点实验室：近3年应承担过与研究领域相关的国家级基础研究项目3项以上，被SCI/SSCI和EI收录论文数量达到5篇以上，申请专利5项以上，其中授权发明专利1项以上或至少获得省部级以上奖励1项。

2）依托单位为医院的重点实验室：除满足条件1）外，其依托单位应是三级甲等医院。

3）依托单位为企业的重点实验室：应具备高新技术企业资格，具有开展应用基础研究能力，在本行业有代表性，企业当年销售收入达到3亿元以上，企业研发投入占销售收入5%以上，或者年研发投入达到1 000万元以上，近3年承担过国家重大科研项目，近3年累计获得专利授权5项以上，其中发明专利1项以上，科技成果转化的年平均数达到5项以上。

③有高水平研究团队，至少拥有30人以上固定研究人员。依托单位为高等院校、科研院所的重点实验室。高级职称以上人员占固定研究人员比例应达到50%以上。有本研究领域高水平的学术带头人，获得过省级以上人才计划支持。

④学术委员会由本研究领域的国内外优秀专家组成，其中依托单位人数不超过总人数的三分之一。

⑤具备培养高级人才的能力，依托单位为高等院校的重点实验室应具有硕士学位授予权。

⑥具备良好的科研实验条件，人员与用房相对集中。实验室的场地面积1 000m² 以上，有清晰边界；科研仪器总价值（原值）在1 000万元以上。

⑦有健全的管理制度，有实验室专职管理人员和技术人员。

⑧依托单位能够稳定支持实验室开展工作，在经费、人才、运行等方面提供保障，近两年经费投入每年不少于50万元。

根据《湖北省重点实验室管理办法》第三条，省重点实验室系主要依托我省境内高等院校、科研院所和有基础研究能力的其他单位建设的相对独立的科研实体，鼓励和支持有基础研究能力的高新技术企业建立省重点实验室。第九条，依托单位按照申报要求和条件负责组织填写《湖北省重点实验室建设申请书》（以下简称《申请书》，附件一），负责审核相关材料真实性。

重点实验室批准后，第一可以获得省、市州、县市区有关奖励补贴；第二可以有资格申报重大科技创新等项目；第三对于申报科技成果奖励、申报其他项目、招投标等都十分有利。

五、院士专家工作站申报

院士专家工作站包括"院士工作站"，一定要院士参加，以及"专家工作站"，要求二级以上的教授研究员参加即可。院士专家工作站属于科技创新平台的一种。

1. 设立院士专家工作站的企事业单位应具备以下条件：

①在市场监督部门注册，具备独立法人资格，生产经营和事业发展状况良好。

②有明确的具有较高技术水平、对行业发展有重大影响的研究项目和稳定的经费支持，能为院士专家及其创新团队进站工作提供必要的科研、生活条件及其他后勤保障。

③拥有专门的研发机构，其研发人员和创新团队结构合理、研发能力较强。

④与相关领域1名以上（含1名）院士专家或者二级研究员和教授担任首席专家及其创新团队签约，并建立长期稳定的合作关系。有明确约定的重大科技创新、成果转化或产品研发等合作项目，同时对涉及知识产权归属、受益分配、商业保密等事项签有协议和责任书。

2. 申报设立院士专家工作站需提交以下材料：

①本单位书面申请报告一式两份。

②企事业单位法人证书和单位组织机构代码证副本复印件，各一式两份（副本复印件单位盖章）。

③《院士专家工作站申请表》一式两份。

④申报单位与相关院士专家合作协议书。

⑤申报单位认为需要提交的其他材料。

注：申报单位的纸质申报材料报市州科协，由市州科协存档，电子版在网上随附件上传。

约定的重大科技创新、成果转化或产品研发等合作项目，同时对涉及知识产权归属、受益分配、商业保密事项签有协议和责任书。

六、高新技术企业认定

1. 高新技术企业认定条件　按照科技部、财政部、国家税务总局《高新技术企业认定管理办法》第十条，高新技术企业认定须同时满足以下条件：

①在中国境内（不含港、澳、台地区）注册的企业，近3年内通过自主研发、受让、受赠、并购等方式，或通过5年以上的独占许可方式，对其主要产品（服务）的核心技术拥有自主知识产权。

②产品（服务）属于《国家重点支持的高新技术领域》规定的范围。

③具有大学专科以上学历的科技人员占企业当年职工总数的30%以上，其中研发人员占企业当年职工总数的10%以上。

④企业为获得科学技术（不包括人文、社会科学）新知识，创造性运用科学技术新知识，或实质性改进技术、产品（服务）而持续进行的研究开发活动，且近3个会计年度的研究开发费用总额占销售收入总额的比例符合如下要求：

1）最近一年销售收入小于5 000万元的企业，比例不低于5%。

2）最近一年销售收入在 5 000 万元至 20 000 万元的企业，比例不低于 4%。

3）最近一年销售收入在 20 000 万元以上的企业，比例不低于 3%。其中，企业在中国境内发生的研究开发费用总额占全部研究开发费用总额的比例不低于 60%。企业注册成立时间不足 3 年的，按实际经营年限计算。

4）高新技术产品（服务）收入占企业当年总收入的 60% 以上。

5）企业研究开发组织管理水平、科技成果转化能力、自主知识产权数量、销售与总资产成长性等指标符合《高新技术企业认定管理工作指引》（另行制定）的要求。

2. 高新技术企业认定程序　按照科技部、财政部、国家税务总局《高新技术企业认定管理办法》第十一条，高新技术企业认定的程序如下：

①企业自我评价及申请。企业登录"高新技术企业认定管理工作网"，对照本办法第十条规定条件，进行自我评价。认为符合认定条件的，企业可向认定机构提出认定申请。

②提交下列申请材料。

1）高新技术企业认定申请书。

2）企业营业执照副本、税务登记证（复印件）。

3）知识产权证书（独占许可合同）、生产批文，新产品或新技术证明（查新）材料、产品质量检验报告、省级以上科技计划立项证明以及其他相关证明材料。

4）企业职工人数、学历结构以及研发人员占企业职工的比例说明。

5）经具有资质的中介机构鉴证的企业近 3 个会计年度研究开发费用情况表（实际年限不足 3 年的按实际经营年限），并附研究开发活动说明材料。

6）经具有资质的中介机构鉴证的企业近 3 个会计年度的财务报表（含资产负债表、损益表、现金流量表，实际年限不足 3 年的按实际经营年限）以及技术性收入的情况表。

七、科技项目及申报

涉及生物有机肥料的科技项目很多，也很复杂，除上面的科技创新平台属于科技项目的一种外，另外一些最主要的科技项目有：

（1）科学技术厅（局）等重点科技创新项目　比如省级，每年可以申报，经费 200 万元左右。

（2）科学技术部门的农业科技成果转化项目　有省级、市州级，每年都有。

（3）科学技术部门的中央引导地方科技发展专项

（4）科学技术部门的农业科技创新引导专项

（5）科学技术部门的科技创新创业服务能力建设专项

（6）科学技术部门的中小企业自主创新项目

（7）科学技术部门的企业研发测试费补贴项目

（8）科学技术部门的重大新产品开发专项基金

（9）科学技术部门的星火计划

（10）科学技术部门等科技支撑计划项目

（11）科学技术部门等自主创新产品认定

（12）科学技术部门等科技支撑计划项目

（13）科学技术协会的产学研科项目

（14）科学技术协会的科技创新源泉工程项目

（15）发展改革委员会的重点建设计划

（16）发展改革委员会的产业创新能力建设专项

八、科技成果奖励申报

涉及生物有机肥料的科技成果奖励主要有：

（1）省级科技成果奖励　包括省级科技进步奖、省级科技成果推广奖、省级发明奖、省级中小企业创新奖等。每年申报一次。

（2）农业农村部全国农牧渔业丰收奖　每三年申报一次。

（3）农业农村部神龙中华农业科技奖　每两年申报一次。

（4）其他科技奖励

第四节　生物有机肥料企业认证

一、农业产业化（重点）龙头企业及申报

农业产业化（重点）龙头企业是指以农产品加工或流通为主，通过各种利益联结机制与农户相联系，带动农户进入市场，使农产品生产、加工、销售有机结合、相互促进，在规模和经营指标上达到规定标准并经政府有关部门认定的企业。农业产业化（重点）龙头企业分为国家级龙头企业、省级龙头企业、市级龙头企业、县级（规模）龙头企业。

按照湖北省农业农村厅《湖北省农业产业化省级重点龙头企业认定和监测管理办法》第五条，申报省级重点龙头企业应符合以下基本标准。

1. 企业类型　依法设立的以农产品加工或流通为主业，具有独立法人资格的企业。包括依照《公司法》设立的公司，其他形式的国有、集体、民营企业以及中外合资经营、中外合作经营企业，直接在工商行政管理部门登记开办的农产品批发市场、专业合作经济组织等。经营业务较宽的企业，其农产品经营额须占经营总额的70%以上。

2. 企业规模　企业有一定的固定资产投资规模，成长性强，综合实力位居本省同行业前列。

（1）加工型企业　粮、棉、油、猪、鱼等大宗农产品加工企业资产总额5 000万元以上、固定资产2 500万元以上、年销售收入1亿元以上，其他特色农产品加工企业资产总额3 000万元以上、固定资产1 500万元以上，年销售收入5 000万元上。重点贫困县、山区县的企业适当放宽要求。

（2）市场型企业　农产品综合性批发市场年交易额在10亿元以上，农产品专业批发市场年交易额在5亿元以上，重点贫困县、山区县的企业适当放宽要求。

3. 企业效益　企业连续两年生产经营正常，不亏损，总资产报酬率高于同期银行贷款利率。

4. 企业负债与信用　企业产权清晰，资产结构合理，资产负债率低于60%。企业守法经营，不生产销售假冒伪劣产品，不欠税、不欠工资和社会保险金，按规定提取折旧，

银行信用等级 A 级以上。

5. 企业带动能力　企业通过建立利润返还、按股分红等紧密型利益联结机制，带动农户的数量在 3 000 户以上，企业在自建基地、订单基地采购的原料或购进的货物占所需原料量或所需货物量的 70％以上。

6. 企业产品竞争力　企业的产品符合国家产业政策、环保政策和质量管理标准体系，产品通过农业"三品"（无公害农产品、绿色食品和有机食品）认证，质量和科技含量在省内同行业中居领先水平，产销率达 93％以上。

7. 企业作用　带动优势突出、外向型特色明显、具有较强科技创新能力和可持续发展能力的企业，可适当降低其规模要求。

8. 省级重点龙头企业原则上在市（州）级重点龙头企业中产生　国家级和省级农业产业化龙头企业都是每两年监测评价一次，市级和县级农业产业化龙头企业一般一年一次。

二、质量管理体系认证

目前我国企业质量管理认证体系有 3 个认证项目，包括：ISO9001 质量管理体系认证、ISO14001 环境管理体系认证、OHSAS18001 职业健康安全管理体系三方面，都是由独立的社会第三方机构认证。

三、有机或者绿色食品生产资料认证

1. 绿色食品生产资料认证　绿色食品生产资料是指获得国家法定部门许可、登记，符合绿色食品生产要求以及《绿色食品生产资料标识管理办法》规定，由独立的社会第三方机构认证，许可使用特定绿色生产资料标志的生产投入品。

肥料产品，包括有机肥料、微生物肥料、有机—无机复混肥料、微量元素水溶肥料、含腐殖酸水溶肥料、含氨基酸水溶肥料、中量元素水溶肥料、土壤调理剂，以及农业农村部登记管理的、适用于绿色食品生产的其他肥料。

绿色食品生产资料认证资料：

①企业营业执照复印件。

②产品《肥料正式登记证》或《肥料临时登记证》复印件。

③产品安全性资料，包括毒理试验报告、杂质（主要重金属）限量、卫生指标（大肠杆菌、蛔虫卵死亡率）。产品中添加微生物成分的应提供使用的微生物种类（拉丁种、属名）及具有法定资质检测机构出具的菌种安全鉴定报告复印件。已获农业农村部登记的微生物肥料所用菌种可免于提供。

④县级以上生态环境环保行政主管部门出具的环保合格证明。

⑤外购肥料原料的，提交购买合同及购买发票复印件。

⑥产品执行标准复印件。

⑦具备法定资质质量监测机构出具的一年内的产品质量检验报告复印件。

⑧田间试验效果报告复印件。

⑨产品商标注册证复印件。

⑩产品包装标签及产品使用说明书。

⑪企业质量管理手册。

⑫系列产品中，绿色生产资料与非绿色生产资料生产全过程（从原料到成品）区分管理制度。

⑬产品实行委托检验的，需提交委托检验协议和被委托单位资质证明复印件。

⑭其他需提交的材料。

2. 有机食品生产资料认证　有机食品生产资料是指获得国家法定部门许可、登记，符合有机食品生产要求以及《有机食品认证管理办法》规定，由独立的社会第三方机构认证，许可使用特定有机生产资料标志的生产投入品。

第五节　生物有机肥料项目可行性报告编写

生物有机肥料项目可行性报告章节目录一般包括：①项目概述；②项目可行性论证；③厂房规划及生产线设计；④产品及工艺技术设计；⑤项目环保节能、安全生产及风险管控；⑥市场营销与经营管理；⑦项目投资概算与建设周期；⑧经济社会效益分析 8 个方面。

一、项目概述

项目概述主要包括项目背景、项目总体目标、项目指导思想、项目宗旨等。

（1）项目背景　主要编写为什么要建设这个项目，国内外形势，国家政策支持，市场需求等。

（2）项目总体目标　主要编写本项目计划建设厂址，年产多少万吨生物有机肥料，年处理多少农业废弃物，年总产值、年纯利润等经济目标，及社会、生态环境效益目标。

（3）项目指导思想　主要编写本项目响应国家什么号召？按照国家什么政策？按照什么原则建设本项目？达到什么宏观目标？以及产品生产思路，市场销售策略，企业经营管理原则等。

（4）项目宗旨　主要编写项目投资的总目标，为当地经济、环境做出贡献的目标，为社会做出贡献的目标等。

二、项目可行性论证

项目可行性论证主要包括项目必要性，项目设计单位、技术依托与合作组织，项目科学技术的先进性及可靠性，农业废弃物资源特点及生产有机肥的可行性，生物有机肥市场分析，项目实施单位情况，项目条件可能性和环境安全性，产业可能风险、问题与对策。

（1）项目必要性　主要编写项目必须建设或实施的理由，包括生态环境治理的需要、农业废弃物资源利用的需要、培肥改良土壤的需要、化肥减量替代的需要、农业优质高产的需要等。

（2）项目设计单位、技术依托与合作组织　项目设计单位是指本项目的规划设计单位，按照产业发展、规划先行的原则，最好选择具有资质的大型规划设计单位完成，比如华中农业大学城乡规划设计院。技术依托主要是指本项目技术依托单位，按照科学技术是第一生产力的原则，最好选择国内一流的本专业科学技术单位，比如华中农业大学、农业农村部生物有机肥创制重点实验室，包括单位简介、核心专家以及在本项目相关领域的科技成果。合作组织主要是指本项目产业合作组织，最好选择国家级专业社团组织，比如中国农业技术推广协会生物有机肥料专业委员会。

（3）项目科学技术的先进性及可靠性　主要编写本项目采取的科学技术，其先进性和可靠性包括本项目科学技术获得的专利、论文、科技成果、成果转化、市场认可等情况。

（4）农业废弃物资源特点及生产有机肥的可行性　主要编写当地畜禽粪便、秸秆以及其他农业废弃物资源年产出量，农业废弃物检测含量，农业废弃物成本估算，用于生产生物有机肥料的使用效果，以及工业化生产生物有机肥料的可能性分析。

（5）生物有机肥市场分析　主要编写当地及周边种植业主要是水果、蔬菜、茶叶、中药材等经济作物的品种、面积以及需要生物有机肥料的数量，据此估算出可能的年销售量、年产值等市场情况。

（6）项目实施单位情况　即项目投资到位或者项目建设单位的资金资产、经营范围、科技基础、市场销售等基本情况。

（7）项目条件可能性和环境安全性　项目条件可能性主要编写项目建设生产需要的地理环境、气候土壤、交通运输、水电燃料、辅助原材料、机械设备等来源及保障性。项目环境安全性主要编写项目建设生产过程中可能产生的噪音、污水、废气、排放物等污染的可能性以及应对措施，确保项目不产生环境污染。

（8）产业可能风险、问题与对策　主要编写项目产业可能产生的风险和问题，比如原料断供问题，市场滞销风险，季节矛盾问题，产品质量问题，安全事故风险等以及应对措施。

三、厂房规划及生产线设计

厂房规划及生产线设计包括建厂土地征用计划、厂房基建规划、厂区布置及车间设计、生产流水线设计、成套设备设计定做、设备清单及制作安装。

（1）建厂土地征用计划　生物有机肥料工厂可以使用建设用地，但需要征地，手续复杂，投资大，然而具有保值增值特点。以发酵处理农业废弃物为主的生物有机肥料工厂可以直接使用农业耕地，作为设施农业用地，可以不用征地，直接流转租用即可。

（2）厂房基建规划　一般年产 2 万 t 生物有机肥料工厂，大约需要占地 $1.5\sim3hm^2$，其中厂房面积 10 000～20 000m²。

（3）厂区布置及车间设计　一般年产 2 万 t 生物有机肥料工厂，大约车间面积 5 000～10 000m²，仓库面积 5 000～10 000m²。

（4）生产流水线设计　普通有机肥生产流水线包括：农业废弃物原料—干湿分离或者添加辅料预处理—混合发酵菌剂—发酵升温 70℃—翻堆增氧—发酵停止（常温）—堆放陈化—粉碎—分筛—计量包装等。颗粒有机肥包括：腐熟原料配方混合—粉碎—造粒—烘干—冷却—分筛—抛光—计量包装等。详见"低成本高效率有机肥发酵腐熟工艺"和"生物有机肥料加工与造粒工艺"有关章节。

（5）成套设备设计定做　普通有机肥生产设备主要有：原料混合机、发酵翻堆机、粉碎机、分筛机、计量包装机以及相应皮带输送机，生物有机肥料生产还需要铲车一台。详见"生物有机肥料机械设备工程"有关章节。

（6）设备清单及制作安装　详见"生物有机肥料机械设备工程"有关章节。

四、产品及工艺技术设计

产品及工艺技术设计主要包括产品工艺流程设计、开发的产品及主要品种、产品质量与标准、产品登记许可证、农业废弃物原料有效利用、有机肥成本控制工艺技术、有机肥肥效与混配新工艺技术、微生物菌剂肥料的选用与添加技术、生物有机肥料造粒新工艺、生物有机肥料专用化功能化开发等。

（1）产品工艺流程设计　主要编写本项目主要产品生产工艺流程。普通有机肥包括：农业废弃物原料—干湿分离或者添加辅料预处理—混合发酵菌剂—发酵升温 70℃—翻堆增氧—发酵升温 70℃—翻堆增氧—发酵停止（常温）—堆放陈化—粉碎—分筛—计量包装等。颗粒有机肥包括：腐熟原料配方混合—粉碎—造粒—烘干—冷却—分筛—抛光—计量包装等。详见"低成本高效率有机肥发酵腐熟工艺"和"生物有机肥料加工与造粒工艺"有关章节。

（2）开发的产品及主要品种　主要编写本项目开发生产的主要产品类型、品种，包括有机肥料、生物有机肥、复合微生物肥料、有机—无机复混肥料、微生物菌剂等以及各个具体品种。详见"有机肥及微生物肥料分类"有关章节。

（3）产品质量与标准　主要编写本项目开发生产的主要产品氮磷钾、有机质、微生物菌剂含量及执行标准，包括有机肥料 NY/T 525、生物有机肥 NY884、复合微生物肥料 NY/T798、有机无机复混肥料 GB/T 18877、微生物菌剂 GB20287 等。

（4）产品登记许可证　主要编写本项目开发生产的主要产品需要办理的肥料登记证和生产许可证等，包括有机肥料省级农业农村厅肥料登记证，生物有机肥、复合微生物肥料、微生物菌剂农业农村部肥料登记证，有机—无机复混肥料省级市场监督局生产许可证等。详见"生物有机肥料法规及行政许可管理"有关章节。

（5）农业废弃物原料有效利用　主要编写本项目主要利用的农业废弃物原料的含量、性质等特点，已经科学经济利用生产生物有机肥料的方式和技术要点。还有主原料、辅料混合配方，添加微生物菌剂品种、数量和添加方式，发酵升温缓慢的措施，比如冬季低温的升温措施以及水分过多的应对措施等。详见"有机肥原料特性分析"有关章节。

（6）有机肥成本控制工艺技术　主要编写针对当地原料生产生物有机肥料的成本降低方法，包括就地就近发酵生产，干湿分离减水，选用低成本原料辅料，秸秆简单粉碎做辅料，科学混配不同废弃物原料等。详见"低成本高效率有机肥发酵腐熟工艺"有关章节。

（7）有机肥肥效与混配新工艺技术　主要编写不同农业废弃物类型、不同养分含量、不同有机质分子类型进行科学混配，再发酵、加工。一是可以提高发酵腐熟效率，比如牛粪纤维素含量多，发酵腐熟缓慢，添加鸡粪小分子有机质后发酵腐熟速度明显加快。二是可以保证有机肥的产品质量，比如鸡粪发酵腐熟有机肥，速度快效率高，但是损耗大，残留有机肥量很低，添加秸秆就可以大幅度提高发酵腐熟后的有机肥产量。三是可以调整发酵腐熟后有机肥有机质、氮磷钾的养分含量，比如鸡粪氮磷钾含量高而有机质相对较低，而牛粪氮磷钾含量低而有机质含量较高，二者混合发酵腐熟，可以取长补短，既达到国家标准，又可降低生产成本。详见"生物有机肥混配增效技术创新"有关章节。

（8）微生物菌剂肥料的选用与添加技术　主要编写根据不同农业废弃物原料及混配，选择不同发酵微生物菌剂；根据生物有机肥产品使用需要添加不同功能化微生物菌剂。详见"微生物菌剂肥料选育与利用"有关章节。

（9）生物有机肥料造粒新工艺　主要编写生物有机肥料提倡不添加造粒，提倡挤压造粒，提倡搅齿造粒。不添加造粒就是不加水造粒，不加水就不用烘干，既节约成本又保证了养分含量和肥效。挤压造粒就是一个不添加造粒，挤压造粒的优点就是不加水、不烘干，成粒效率高，特别适合牛粪等造粒困难的原料，而且设备投资少，不占地方，适合小规模生产，缺点一是水分含量控制比较严格，二是设备容易损坏，三是颗粒是柱状的，没有普通肥料球状颗粒受欢迎。现在专家们研制出了一个集转鼓造粒和挤压造粒优点于一身的新型造粒工艺——先挤压再抛圆工艺，就是先用挤压造粒机将有机肥挤压成柱状颗粒，再在圆筒中转动磨掉棱角，变成球状颗粒。第三个新型造粒工艺就是搅齿造粒，它专门用于含水量比较高的湿润有机肥造粒，效率高，成粒为球状颗粒，效果很好，缺点是也要低温烘干，对物料有一定限制。详见"生物有机肥料加工与造粒工艺"有关章节。

（10）生物有机肥料专用化功能化开发　主要编写根据不同区域土壤、不同农作物需求，针对性地开发生产作物专用生物有机肥料，以及根据不同作物生产需要生产具有特殊功能的功能化生物有机肥料。详见"生物有机肥料专用化技术"和"生物有机肥料功能化技术"有关章节。

五、项目环保节能及安全生产

项目环保节能及安全生产主要编写环境污染分析，工厂污染防治措施，养殖场和发酵池污染防治，节能节水工作，生产风险与管控，劳动保护与安全卫生等。

六、市场营销与经营管理

市场营销与经营管理主要编写质量许可认证及知识产权建设，企业科技创新与产品研发，产品市场与销售渠道，测土配方及专用有机肥推广，品牌打造及市场策略，生物有机肥料市场分析与营销方案，生物有机肥料招投标工作，企业经营管理。详见"生物有机肥料市场营销及经营管理"有关章节。

七、项目投资概算与建设周期

项目投资概算与建设周期主要编写投资预算依据，项目投资概算，资金来源及筹措，项目建设周期，项目实施进度图等。

八、经济社会效益分析

经济社会效益分析主要编写成本及效益核算举例，利润与税收，财务平衡分析，项目运营资产负债表，环境生态效益，社会效益——推动农业绿色发展，拉动相关产业，提供就业岗位。

第六节 生物有机肥料招投标及标书编写

一、招投标项目与产品

国家以及各级政府有关部门设置的招标项目及内容有：

1. 国家标准 NY/T 525—2021 有机肥料的招标采购 包括免费赠送给项目区农户使用，或者优惠价格卖给项目区农民。

2. 国家标准 NY 884—2012 生物有机肥的招标采购 主要是免费赠送给项目区农户使用。

3. 国家标准 GB/T 18877—2020 有机—无机复混肥料的招标采购 主要是免费赠送给项目区农户使用。

4. 国家标准 NY/T 798—2015 复合微生物肥料的招标采购 主要是免费赠送给项目区农户使用。

5. 国家标准 GB 20287—2006 农用微生物菌剂的招标采购 主要是免费赠送给项目区农户使用。

6. 国家标准 GB 20287—2006 有机物料腐熟剂的招标采购 主要是免费赠送给项目区农户或者畜禽养殖户使用。

7. 包含生物有机肥料实质内容的畜禽养殖粪便无害化活资源利用工程、厂房建设、成套设备采购等

8. 设计生物有机肥料的土壤修复工程、土壤改良工程、高标准农田建设工程、优质农产品基地建设工程等

二、招投标项目投标准备

企业参加投标，除一定的硬件条件外，还需要大量软实力建设，包括：

1. 尽量完善的登记许可证 包括有机肥料、生物有机肥、有机—无机复混肥料、复合微生物肥料、农用微生物菌剂等，以及各种规格型号。

2. 企业科技支撑 包括与省级以上科研院校的技术合作合同，企业建设科技创新平台情况。

3. 企业获得省级、部级科技奖励情况 至少全国或者部级一项，或者省级两项。

4. 企业科技创新情况 企业申报获得的国家专利，至少 3 项以上。

5. 企业获得高新技术企业认定

6. 企业获得产业化龙头认证 包括县市区级、市州级、省级或者国家级产业化龙头企业。不同级别分值不一样，需要逐级申报。

7. 质量管理认证体系 包括 ISO9001 质量管理体系认证、ISO14001 环境管理体系认证、OHSAS18001 职业健康安全管理体系三方面。

8. 企业获得有机或者绿色食品生产资料认证情况

9. 企业产品田间试验报告 最好是县市区级、市州级、省级以上农业技术部门进行的该公司产品田间试验报告，3 份以上最好。

10. 企业技术人员职称证书　社保关系在企业的专业技术人员的技术职称证书，中级以上为好，2 人以上为好。

三、招投标项目标书编写

1. 企业必要证书　营业执照副本复印件、有机肥产品登记证复印件、产品检验报告复印件、投标人身份证复印件等。

2. 投标条件证明　投标保证金收据、法定代表人委托书及身份证扫描件、承诺函等。

3. 报价及开标一览表　开标一览表、分项报价明细表等。

4. 标书正本　①商务部分：包括商务偏离表，企业简介，企业组织机构设置图，企业生产、仓储、运输能力情况，企业生产工艺流程图，年度产量情况表，资产负债表及损益表。②产品部分：产品特点，规格、技术指标响应偏离表，产品质量指标，企业内控技术指标，企业内部检验报告。③技术部分：包括企业技术依托单位合同及介绍，技术依托专家证书及介绍，企业研发及检验人员证书及介绍，专利论文科技成果证书，公司化验室设备清单。④业绩部分：企业中标及业绩中标通知书、中标合同、资金及发票，企业产品销售合同、资金证明及发票，企业产品田间试验报告。⑤保障部分：宣传培训、售后服务方案及保障措施，应急方案及服务保障措施。⑥其他附件。

第十八章 生物有机肥料法规及行政许可管理

第一节 肥料行政许可法规

一、农业法

《中华人民共和国农业法》第二十二条：国家采取措施提高农产品的质量，建立健全农产品质量标准体系和质量检验检测监督体系，按照有关技术规范、操作规程和质量卫生安全标准，组织农产品的生产经营，保障农产品质量安全。

第二十五条：农药、兽药、饲料和饲料添加剂、肥料、种子、农业机械等可能危害人畜安全的农业生产资料的生产经营，依照相关法律、行政法规的规定实行登记或者许可制度。各级人民政府应当建立健全农业生产资料的安全使用制度，农民和农业生产经营组织不得使用国家明令淘汰和禁止使用的农药、兽药、饲料添加剂等农业生产资料和其他禁止使用的产品。农业生产资料的生产者、销售者应当对其生产、销售的产品的质量负责，禁止以次充好、以假充真、以不合格的产品冒充合格的产品；禁止生产和销售国家明令淘汰的农药、兽药、饲料添加剂、农业机械等农业生产资料。

第五十八条：农民和农业生产经营组织应当保养耕地，合理使用化肥、农药、农用薄膜，增加使用有机肥料，采用先进技术，保护和提高地力，防止农用地的污染、破坏和地力衰退。县级以上人民政府农业行政主管部门应当采取措施，支持农民和农业生产经营组织加强耕地质量建设，并对耕地质量进行定期监测。

二、农产品质量安全法

《中华人民共和国农产品质量安全法》第十八条：农业生产用水和用作肥料的固体废物，应当符合国家规定的标准。

第十九条：农产品生产者应当合理使用化肥、农药、兽药、农用薄膜等化工产品，防止对农产品产地造成污染。

第二十一条：对可能影响农产品质量安全的农药、兽药、饲料和饲料添加剂、肥料、兽医器械，依照有关法律、行政法规的规定实行许可制度。国务院农业行政主管部门和省、自治区、直辖市人民政府农业行政主管部门应当定期对可能危及农产品质量安全的农药、兽药、饲料和饲料添加剂、肥料等农业投入品进行监督抽查，并公布抽查结果。

第二十二条：县级以上人民政府农业行政主管部门应当加强对农业投入品使用的管理和指导，建立健全农业投入品的安全使用制度。

三、农业农村部《肥料登记管理办法》

《肥料登记管理办法》第三条：本办法所称肥料，是指用于提供、保持或改善植物营养和土壤物理、化学性能以及生物活性，能提高农产品产量，或改善农产品品质，或增强植物抗逆性的有机、无机、微生物及其混合物料。

第五条：实行肥料产品登记管理制度，未经登记的肥料产品不得进口、生产、销售和使用，不得进行广告宣传。

第七条：农业部负责全国肥料登记和监督管理工作。省、自治区、直辖市人民政府农业行政主管部门协助农业部做好本行政区域内的肥料登记工作。县级以上地方人民政府农业行政主管部门负责本行政区域内的肥料监督管理工作。

第十四条：对经农田长期使用，有国家或行业标准的下列产品免予登记：硫酸铵、尿素、硝酸铵、氰氨化钙、磷酸铵（磷酸一铵、二铵）、硝酸磷肥、过磷酸钙、氯化钾、硫酸钾、硝酸钾、氯化铵、碳酸氢铵、钙镁磷肥、磷酸二氢钾、单一微量元素肥、高浓度复合肥。

第十五条：农业部负责全国肥料的登记审批、登记证发放和公告工作。

第三十一条：省、自治区、直辖市人民政府农业行政主管部门负责本行政区域内的复混肥、配方肥（不含叶面肥）、精制有机肥、床土调酸剂的登记审批、登记证发放和公告工作。省、自治区、直辖市人民政府农业行政主管部门不得越权审批登记。省、自治区、直辖市人民政府农业行政主管部门参照本办法制定有关复混肥、配方肥（不含叶面肥）、精制有机肥、床土调酸剂的具体登记管理办法，并报农业部备案。省、自治区、直辖市人民政府农业行政主管部门可委托所属的土肥机构承担本行政区域内的具体肥料登记工作。

第二节　肥料行政许可的目的意义

一、《行政许可法》及肥料许可

按照《中华人民共和国行政许可法》第十二条第（一）、第（二）、第（四）款规定，下列事项可以设定行政许可：（一）直接涉及国家安全、公共安全、经济宏观调控、生态环境保护以及直接关系人身健康、生命财产安全等特定活动，需要按照法定条件予以批准的事项；（二）有限自然资源开发利用、公共资源配置以及直接关系公共利益的特定行业的市场准入等，需要赋予特定权利的事项；（四）直接关系公共安全、人身健康、生命财产安全的重要设备、设施、产品、物品，需要按照技术标准、技术规范，通过检验、检测、检疫等方式进行审定的事项。

肥料产业涉及到自然资源开发利用、生态环境保护、人身健康、生命财产安全，所以需要设置行政许可管理。

另外按照国家逐步减少行政许可的策略，根据《行政许可法》第十三条第（四）款，行政机关采用事后监督等其他行政管理方式能够解决的，可以不设行政许可。例如：尿素、氯化铵、硫酸铵、碳酸氢铵、硝酸铵、磷酸一（二）铵、硝酸磷肥、氯化钾、硫酸钾、硝酸钾、磷酸二氢钾等生产工艺设备非常成熟，国内生产企业基本稳定，经大面积长期使用未发现有害，肥料有严格的国家标准，行政机关采用事后监督等其他行政管理方式可以管理好，就可以不设置行政许可。

按照国家逐步减少行政许可的策略，今后肥料行政许可将呈逐步减少的趋势。比如：肥料生产许可、复混肥料登记许可等今后会逐步压缩，或者交由第三方机构办理。

二、肥料产品准用许可——登记证

（一）登记准用许可审查目的

根据原农业部令《肥料登记管理办法》，国家设置肥料登记许可的目的意义主要是使用批准，就是一个准用许可证，相当于医药的药准字号。包括：

1. 针对性审查 肥料是一个非常注意因地制宜的产品，同一个土壤，不同肥料产品反应效果不一样，这个肥料是否针对这一个土壤、气候等条件，需要审批。

2. 有效性审查 不同植物对肥料要求不一样，不同肥料产品施用效果不一样，这个肥料在这个作物上是否明显有效，即使有增产效果，品质会不会明显降低，需要审批。

3. 环境反应审查 即便是有增产效果，也能改善品质的肥料，还要看对耕地质量、土壤环境有没有破坏，需要审批。

4. 毒理性审查 一些新发明、新创造的肥料，即便是有增产效果，也能改善品质，还不污染环境，但是生产农产品的人吃了会不会有害，包括急慢性中毒、致癌症、致后代畸形、致遗传变异等，也需要审批。

（二）登记准用许可类型

国家设立肥料登记许可主要是针对存在问题的新型肥料。除去免登记的常规肥料外，国家根据肥料的新型程度设置了三级登记许可：

1. 省级检验登记许可 复混肥、配方肥（不含叶面肥）、精制有机肥、床土调酸剂等比较常规的新型肥料（区别于尿素、碳酸氢铵、氯化钾等常规肥料），实行省级检验登记许可。即产品检验合格，由省级农业主管部门发放登记许可证。

2. 部级检验许可 微量元素肥料、中量元素肥料、含氨基酸水溶肥料、含腐殖酸水溶肥料等比较新的新型肥料，实行农业农村部检验登记许可。即提供产品有效试验报告，产品经过农业农村部检验合格，由农业农村部门发放登记许可证。

3. 部级评审许可 生物有机肥、复合微生物肥料、农用微生物菌剂、土壤调理剂等非常新的新型肥料，实行农业农村部评审登记许可。即提供产品有效试验报告，产品经过农业农村部检验合格，农业农村部毒理试验无害，农业农村部专家委员会评审通过，由农业农村部门发放登记许可证。

三、肥料生产控制许可——生产许可证

根据国务院《工业产品生产许可证管理条例》以及国家质量监督检验检疫总局《工业产品生产许可证管理条例实施办法》等法规精神，国家设立肥料生产许可证管理主要是生产控制。包括：

1. 生产规模控制 复混肥料、磷肥等肥料生产条件、设备可以非常低，俗话说"两把铁锹就可以生产"，如果不进行规模控制，大厂小厂一哄而上，形成无序竞争，势必影响产业的健康发展。复混肥料、磷肥等发放生产许可证一般要求 5 万 t、10 万 t 不等。

2. 产能调控　根据国家农业生产需要，进行肥料产能调控。复混肥料、磷肥等厂不同于尿素厂，一次投资几个亿，产能上去了下不来（减产就亏损），复混肥料、磷肥等厂一个厂投资也就几百万元，多建几个少建几个容易调整。比如现在国家实施化肥减量行动，新办的复混肥料厂，生产许可证限制发放，甚至不发证。

3. 安全和质量保证　对复混肥料、磷肥等厂房、设备、生产线、检测条件等进行审批，可以更好地保证安全生产，保证产品质量。

第三节　省级肥料登记许可

一、省级肥料登记管理范围

按照农业农村部部长令：省、自治区、直辖市人民政府农业行政主管部门负责本行政区域内的复混肥、配方肥（不含叶面肥）、精制有机肥、床土调酸剂的登记审批、登记证发放和公告工作。概括起来需要办理省级肥料登记，发放登记许可证（或者备案）的为三大类肥料：

1. 精制有机肥　又叫商品有机肥或者工业有机肥。是指种植业、养殖业和农产品加工业废弃物，经过发酵腐熟，用工业方法生产，执行国家农业行业标准 NY/T 525，可以进入市场流通领域销售的有机肥。它区别于农民自制的农家肥。

2. 以氮磷钾大量元素为主的复混肥、配方肥　包括三小类肥料：

（1）有机—无机复混肥料　执行国家标准 GB/T 18877，含有一定量有机肥料，并且氮、磷、钾 3 种养分中至少有两种养分标明含量，经过工业方法混合造粒制成的肥料。

（2）复混肥料（复合肥料）　执行国家标准 GB/T 15063，氮、磷、钾 3 种养分中至少有两种养分标明含量，经过工业方法混合造粒制成的肥料。

（3）掺混肥料（配方肥）　又叫 BB 肥，执行国家标准 GB/T 21633，氮、磷、钾 3 种养分中至少有两种养分标明含量，将干燥氮磷钾颗粒肥料，进行简单物理混合制成的肥料。

配方肥目前纳入掺混肥料登记。单一的配方肥因为容易与水溶肥料混淆，没有单独办理登记证。

按照农业部、工业和信息化部、国家质量监督检验检疫总局 2013 年印发的《关于加快配方肥推广应用的意见》（农农发〔2013〕1 号）规定，针对年配肥服务能力在 2 万 t 以下或每小时 2.8t 以下的基层小型智能化配肥服务网点，以农民购买的原料肥为基础肥料，按照农民施肥配方进行智能化掺混，掺混后不进入市场流通，不纳入复混肥料生产许可和肥料登记范畴。

3. 床土调酸剂　这里主要指用于植物育苗的肥料。比如水稻苗床调理剂（壮秧剂）执行农业行业标准 NY 526。不包括土壤调理剂（在农业农村部登记）、营养土（不登记）。其他苗床肥料因为目前没有国家标准，一般省级农业农村部门不登记。

二、省级肥料登记条件要求

综合各个省级农业农村部门的有关文件政策，办理省级肥料登记需要以下条件：

（1）具有独立企业法人资格　其经营范围包括登记产品，比如：有机肥料、有机—无机复混肥料等。全资子公司可以办理登记许可证，分公司不能单独办理登记许可证。

（2）独立且有一定规模的生产场地　自有房地产证书或者与房地产所有者的租赁合同。包括车间、仓库等要独立分开。面积上要求除车间设备之外，要有一定仓储能力。

（3）要有完善的生产设备　有机肥要有发酵翻堆设备，有机—无机复混肥料要有造粒设备，还有粉碎筛分包装等设备，并形成流水线。

（4）有经过认证的产品质量检测条件　或者自建化验室，经过计量认证，且有资格化验员；或者与经过认证的第三方检测机构签订《委托检验协议书》。

（5）生产储存过程不造成环境污染　废水、废气、废物排放达标，噪音符合规定。

（6）有经过检测合格的产品

（7）有完善的安全生产和质量管理制度

第四节　农业农村部肥料登记许可

一、部级肥料登记管理范围

按照农业农村部部长令，主要是新型肥料产品需要在农业农村部登记办理登记许可证。概括起来需要办理部级肥料登记，发放登记许可证的为六大类肥料。

1. 生物有机肥　生物有机肥指特定功能微生物与主要以畜禽粪便、动植物残体、农产品加工下脚料等农业废弃有机物为来源，并经工业方式无害化处理、腐熟的有机物料复合而成的一类兼具微生物肥料和有机肥效应的肥料。

生物有机肥执行国家农业行业标准 NY 884，分为粉状和颗粒两种类型。产品外观（感官）：粉剂产品应松散、无恶臭味；颗粒产品应无明显机械杂质，大小均匀，无腐败味。

主要技术指标：有机质（以烘干基计）≥40%；有效活菌数≥0.2 亿/g；水分（鲜样）≤30%；酸碱度（pH）5.5～8.5；有效期≥6 月。

生物有机肥属于评审登记，需要农业农村部组织专家召开评审会议，评审通过。

2. 微生物菌剂类　微生物菌剂类包括农业微生物菌剂和有机物料腐熟剂两个小类。

（1）农用微生物菌剂　目标微生物（有效菌）经过工业化生产扩繁后加工制成的活菌制剂。它具有直接或间接改良土壤，恢复地力，维持根际微生物区系平衡，降解有毒、有害物质等作用。应用于农业生产，通过其中所含微生物的生命活动，增加植物养分的供应量或促进植物生长，改善农产品品质及农业生态环境。

农用微生物菌剂执行国家标准 GB 20287，分为液体、粉剂和颗粒 3 种类型。产品外观（感官）：粉剂产品应松散；颗粒产品应无明显机械杂质，大小均匀，具有吸水性。

主要技术指标：

①液体：有效活菌数≥2.0 亿/ml，杂菌个数≤3×10^{6}个/ml，杂菌率≤10.0%，酸碱度（pH）5.0～8.0，有效期≥3 月。

②粉剂：有效活菌数≥2.0 亿/g，杂菌个数≤3×10^{6}个/g，杂菌率≤20.0%，水分（鲜样）≤35%，细度（过 0.18mm 筛）≥80%，酸碱度（pH）5.5～8.5，有效期≥6 月。

③颗粒：有效活菌数≥1.0 亿/g，杂菌个数≤3×10⁶ 个/g，杂菌率≤30.0%，水分（鲜样）≤20%，细度（1~4.75mm）≥80%，酸碱度（pH）5.5~8.5，有效期≥6 月。

（2）有机物料腐熟剂　是指能加速各种有机物料（包括农作物秸秆、畜禽粪便、生活垃圾及城市污泥等）分解、腐熟的微生物活体制剂。

有机物料腐熟剂（包括秸秆腐熟剂）执行国家标准 GB 20287，分为液体、粉剂和颗粒 3 种类型。产品外观（感官）：粉剂产品应松散；颗粒产品应无明显机械杂质，大小均匀，具有吸水性。

主要技术指标：

①液体：有效活菌数≥1.0 亿/ml，纤维素酶活≥30U/ml，蛋白酶活≥15U/ml，酸碱度（pH）5.0~8.5，有效期≥3 月。

②粉剂：有效活菌数≥2.0 亿/g，纤维素酶活≥30U/g，蛋白酶活≥15U/g，水分（鲜样）≤35%，细度（过 0.18mm 筛）≥70%，酸碱度（pH）5.5~8.5，有效期≥6 月；

③颗粒：有效活菌数≥1.0 亿/g，纤维素酶活≥30U/g，蛋白酶活≥15U/g，水分（鲜样）≤20%，细度（1~4.75mm）≥70%，酸碱度（pH）5.5~8.5，有效期≥6 月。

微生物菌剂类属于评审登记，需要农业农村部组织专家召开评审会议，评审通过。

3. 复合微生物肥料　复合微生物肥料指特定微生物与氮磷钾化肥（固体包括有机肥料）复合而成，能提供、保持或改善植物营养，提高农产品产量或改善农产品品质的活体微生物制品。

复合微生物肥料执行国家农业行业标准 NY/T 798，分为均匀的液体或固体两种类型。悬浮型液体产品应无大量沉淀，沉淀轻摇后分散均匀；粉状产品应松散；粒状产品应无明显机械杂质，大小均匀。

主要技术指标：

①液体：有效活菌数≥0.5 亿/ml，氮磷钾总养分（$N+P_2O_5+K_2O$）6%~20%，杂菌率≤15.0%，酸碱度（pH）5.5~8.5，有效期≥3 月。

②固体：有效活菌数≥0.2 亿/g，氮磷钾总养分（$N+P_2O_5+K_2O$）8%~25%，有机质 20%，杂菌率≤30.0%，水分（H_2O）≤30.0%，酸碱度（pH）5.5~8.5，有效期≥6 月。

复合微生物肥料类属于评审登记，需要农业农村部组织专家召开评审会议，评审通过。

4. 水溶肥料类　水溶肥料（Water Soluble Fertilizer，简称 WSF），是一种可以完全溶于水的多元复合肥料，它能迅速地溶解于水中，更容易被作物吸收，而且其吸收利用率相对较高，更为关键的是它可以应用于喷滴灌等设施农业，实现水肥一体化，达到省水省肥省工的效能。

水溶肥料类包括含氨基酸水溶肥料、含腐殖酸水溶肥料和有机水溶肥料 3 个小类。目前需要在农业农村部办理登记许可证的产品有以下三类。

（1）含氨基酸水溶肥料　执行国家农业行业标准 NY 1429。共分为含氨基酸水溶肥料（中量元素型）固体、含氨基酸水溶肥料（中量元素型）液体、含氨基酸水溶肥料（微量元素型）固体和含氨基酸水溶肥料（微量元素型）液体 4 个产品品种。

①含氨基酸水溶肥料（中量元素型）固体产品：游离氨基酸含量≥10.0%，中量元素（Ca+Mg）≥3.0%，水不容物≤5.0%，pH（1∶250）3.0～9.0，水分≤4.0%；

②含氨基酸水溶肥料（中量元素型）液体产品：游离氨基酸含量≥100g/ml，中量元素（Ca+Mg）≥30g/ml，水不容物≤50g/ml，pH（1∶250）3.0～9.0；

③含氨基酸水溶肥料（微量元素型）固体产品：游离氨基酸含量≥10.0%，微量元素（B+Zn+Mo+Fe+Cu+Mn）≥2.0%，水不容物≤5.0%，pH（1∶250）3.0～9.0，水分≤4.0%；

④含氨基酸水溶肥料（微量元素型）液体产品：游离氨基酸含量≥100g/ml，微量元素（B+Zn+Mo+Fe+Cu+Mn）≥20g/ml，水不容物≤50g/ml，pH（1∶250）3.0～9.0。

（2）含腐殖酸水溶肥料　执行国家农业行业标准 NY 1106。共分为含腐殖酸水溶肥料（中量元素型）固体、含腐殖酸水溶肥料（中量元素型）液体、含腐殖酸水溶肥料（微量元素型）3 个产品品种。

①含腐殖酸水溶肥料（大量元素型）固体产品：游离腐殖酸含量≥3.0%，氮磷钾总养分（N+P$_2$O$_5$+K$_2$O）≥20.0%，水不容物≤5.0%，pH（1∶250）4.0～10.0，水分≤5.0%。

②含腐殖酸水溶肥料（大量元素型）液体产品：游离腐殖酸含量≥30g/ml，氮磷钾总养分（N+P$_2$O$_5$+K$_2$O）≥200g/ml，水不容物≤50g/ml，pH（1∶250）4.0～10.0。

③含腐殖酸水溶肥料（微量元素型）固体产品：游离腐殖酸含量≥3.0%，微量元素（B+Zn+Mo+Fe+Cu+Mn）≥6.0%，水不容物≤5.0%，pH（1∶250）4.0～10.0，水分≤5.0%。

（3）有机水溶肥料　目前没有国家标准，执行企业标准。包括水溶性有机质含量、氮磷钾含量、中微量元素含量等。

5. 土壤调理剂　目前没有国家标准，执行企业标准。包括有机质含量，氮磷钾含量，中微量元素包括钙、镁、硅元素含量等。

6. 其他新型肥料　目前没有国家标准，执行企业标准。包括两个以上元素及特殊化合物等。

二、部级肥料登记条件要求

综合各个省级农业农村部门的有关文件政策，办理省级肥料登记需要以下条件：

（1）具有独立企业法人资格　申请人应是经行政管理机关正式注册，具有法人资格的肥料生产企业。国外及港、澳、台地区申请人可直接办理，也可由其在中国境内设立的办事机构或委托的中国境内代理机构办理。其经营范围包括登记产品，比如：生物有机肥、复合微生物肥料、农用微生物菌剂等。全资子公司可以办理登记许可证，分公司不能单独办理登记许可证。

（2）独立且有一定规模的生产场地　自有房地产证书或者与房地产所有者的租赁合同。包括车间、仓库等要独立分开。面积上要求除车间设备之外，有一定仓储能力。

（3）要有完善的生产设备　有机肥要有发酵翻堆设备，有机—无机复混肥料要有造粒设备，还有粉碎筛分包装等设备，并形成流水线。

（4）有经过认证的产品质量检测条件　或者自建化验室，经过计量认证，且有资格化验员；或者与经过认证的第三方检测机构签订《委托检验协议书》。

（5）生产储存过程不造成环境污染　废水、废气、废物排放达标，噪音符合规定。

（6）产品经过田间试验，有明显增产效果

（7）有完善的安全生产和质量管理制度

（8）产品送样到农业农村部，经过农业农村部检测合格

三、部级肥料登记程序与资料

1. 产品田间试验　申请人应按相关技术要求在中国境内开展规范的田间试验，提交每一种作物 1 年 2 个以上（含）不同地区或同一地区 2 年以上（含）的试验报告，并附由相应检测资质单位出具的田间试验供试样品检测报告。肥料田间试验应客观准确反映供试产品的应用效果，有确定的试验地点、科学的试验设计和规范的田间操作，由具有农艺师以上职称人员主持并签字认可。田间试验报告需注明试验主持人并附职称证明材料、承担田间试验的农户姓名和联系方式，相关试验记录和影像资料要留存备查。

土壤调理剂试验应针对土壤障碍因素选择有代表性的地点开展，提交连续 3 年（含）以上的试验结果；专用于有机物料堆沤或堆腐的有机物料腐熟剂产品提交 2 次（点）堆沤或堆腐试验结果，并附由相应检测资质单位出具的供试样品检测报告。

2. 现场考评　见省级登记《肥料企业生产条件及质量管理体系考核指导意见》。申请人应提交所在地省级农业主管部门或其委托单位盖章出具的 3 名专家签字《肥料生产企业考核表》，并附企业生产和质量检测设备设施（包括检验仪器）图片等资料。图片包括挂有公司名称的厂大门、主要设备、检验仪器（自检企业）等照片约十张。

3. 省级初审　取得省级农业主管部门初审意见表。

4. 网上申报，提交纸质申请书及资料

（1）《肥料产品登记申请单》

（2）《肥料登记申请书》　纸质版打印法人代表签字、加盖企业公章原件 1 份。

（3）企业法人营业执照　提交标注社会统一信用代码的企业注册证明文件复印件（加盖企业公章）。

（4）申请单位简介　包括原料组成、工艺流程、主要设备配置、生产控制措施。纸质版打印原件 1 份。

（5）产品标签样式（含袋标）和使用说明书　申请人应提交符合《肥料登记管理办法》、《肥料登记资料要求》规定的产品标签样式。纸质版打印原件 1 份。

（6）产品研发报告　包括研发背景、目标、过程、原料组成、技术指标、检验方法、应用效果及产品适用范围等。微生物肥料还应提交生产用菌种来源、分类地位（种名）、培养条件、菌种安全性等方面资料。

（7）商标注册证或无商标注册说明　复印件加盖企业公章 1 份，或者无商标注册说明。纸质版打印原件 1 份。

（8）企业出具的知识产权使用证明或者无知识产权争议证明文件　纸质版打印盖章原件 1 份。

（9）产品执行标准　不执行国家标准的产品，申请人应提交申请登记产品执行的地方

标准或企业标准，企业标准应当经所在地标准化行政主管部门备案。

（10）田间试验报告　纸质版盖章原件1份，并附试验负责人职称证明复印件。

（11）产品安全性资料　具有资质的环境评估机构出具的该企业废水、废气、废物排放达标，噪音符合规定等环境评估报告，或者具有资质的检测机构出具的该企业废水、废气、废物排放达标，噪音符合规定等环境污染检测报告。安全性风险较高（易燃易爆）的产品，申请人还应按要求提交产品对土壤、作物、水体、人体等方面的安全性风险评价资料。纸质版复印件1份。

（12）"委托检验协议"（无检验条件）　复印件加盖企业公章1份。

（13）企业生产和检验条件照片　《肥料生产企业考核表》纸质版打印原件1份。

（14）纸质材料送寄地址

接收单位：农业农村部行政审批综合办公大厅肥料窗口

联系电话：010—59191736

地　　址：北京市朝阳区农展南里11号

邮　　编：100125

传　　真：010—59191808

网　　址：http：//xzsp.moa.gov.cn

5. 产品送检　产品质量检验和急性经口毒性试验应提交同一批次的肥料样品2份，每份样品不少于600g（ml），颗粒剂型产品不少于1 000g。微生物肥料菌种鉴定需提交试管斜面两支。样品应采用无任何标记的瓶（袋）包装。样品抽样单应标注生产企业名称、产品名称、有效成分及含量、生产日期等信息。境内产品由申请人所在省级农业主管部门或其委托的单位抽取肥料样品并封口，在封条上签字，加盖封样单位公章。

部级登记肥料产品抽样单

抽样编号：

产品名称			执行标准	
有效成分及含量				
生产日期/批号			样品数量	
申请单位	名称		联系人	
	地址		电话	
抽样单位				
申请单位对所填内容和抽样产品有效性无异议。 负责人签字： 申请单位（公章） 年　月　日			抽样人签字： 抽样单位（公章） 年　月　日	
备注				

注：本单一式二联，第一联随样品寄送，第二联申请单位留存。

样品封签

抽样人（签字）：　　　　　　　　　　　　申请单位负责人（签字）：

抽样单位（盖章）　　　　　　　　　　　　申请单位（盖章）

肥料样品送寄地址：

接收单位：农业农村部肥料登记评审委员会秘书处

联系电话：010—82107535

地　　址：北京市海淀区中关村南大街 12 号中国农科院区划所东配楼

邮　　编：100081

传　　真：010—82107897

6. 申报程序图

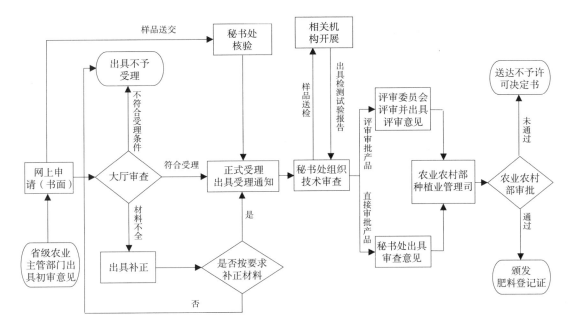

四、部级肥料登记申请书

1. 非微生物肥料产品登记申请书

肥料登记申请书

（非微生物肥料产品）

申请单位：　　　　　　　　　　　　　　　（公章）

通讯地址：

邮政编码：

电　　话：

联 系 人：

申请日期：

中华人民共和国农业农村部　编制

肥料登记资料目录

申请肥料产品登记的，需提供以下资料（境外申请人提交外文资料的，应同时翻译成中文）：

①非微生物肥料产品登记申请单。

②境内申请人应提交标注统一社会信用代码的企业注册证明文件复印件（加盖企业公章）。

③企业所在地省级农业行政主管部门初审意见表。

④生产企业考核表：境内申请人应提交所在地省级农业行政主管部门或其委托单位出具的肥料登记生产企业考核表，并附企业生产和质量检测设备设施（包括检验仪器）图片等资料。

⑤产品安全性资料：产品安全性风险较高的，申请人还应提交产品对土壤、作物、水体、人体等方面的安全性风险评价资料。

⑥产品田间试验报告：申请人应提交按相关技术要求在中国境内开展规范的田间试验或效果试验，并附由相应检测资质单位出具的供试样品检测报告。

⑦产品执行标准：针对执行企业标准的产品。

⑧产品标签：应符合《肥料登记管理办法》、《肥料登记资料要求》的规定。

⑨企业及产品基本信息，包括生产企业基本情况资料、产品研发报告、生产工艺资料等。

⑩肥料样品：应提交同一批次的肥料样品2份，每份样品不少于600g（ml），颗粒剂型产品不少于1 000g。

⑪若需开展抗爆性试验还应提交1份不少于9 000g的样品；或开展包膜降解试验还应提交1份不少于1 000g的包膜材料。

⑫国外及港、澳、台生产企业还需提交以下材料：

1）国外及港、澳、台地区申请人应提交所在国（地区）政府签发的企业注册证书和肥料管理机构批准的生产、销售证明。

2）国外肥料生产企业的注册证书和生产、销售证明还需经中华人民共和国驻企业所在国（地区）使馆（或领事馆）确认。

3）国外及港、澳、台地区申请人还需提交委托代理协议。

4）国外及港、澳、台地区申请人应提交相应的企业生产和质量检测设备设施（包括检验仪器）图片等资料。

肥料登记申请书
（非微生物肥料产品）

生产企业基本信息				
企业名称				
统一社会信用代码				
生产地址		企业网址		
通讯地址		邮政编码		
法定代表人	姓名		手机	
	身份证号		传真	
联系人	姓名		手机	
	身份证号		E-mail	

（续）

技术 负责人	姓名		学历/职称	
	身份证号		手机	
注册商标			适用肥料否	

职工总数：＿＿＿＿＿人。其中：研究生学历＿＿＿＿＿人；本科学历＿＿＿＿＿人；大专学历＿＿＿＿＿人；工人＿＿＿＿＿人

固定资产总值			流动资金	
生产用地权限	○自有　　　○租赁		生产用地租赁期	
设计生产能力			实际生产能力	

国外及港、澳、台登记产品代理机构信息

代理机构名称				
通讯地址			邮政编码	
法定 代表人	姓名		手机	
	身份证号		传真	
联系人	姓名		手机	
	身份证号		E-mail	

产品基本信息

产品形态	○水剂　○粉剂　○颗粒　○其他	产品外观	

产品技术指标

产品通用名称		产品商品名称	
产品执行标准			

技术要求：固体产品单位为％，水剂产品单位为 g/L，注明单位的除外。

大量元素	总量	总氮	铵态氮	硝态氮	酰胺态氮	P_2O_5	K_2O
	≥	≥	≥	≥	≥	≥	≥
微量元素	总量	铜 Cu	铁 Fe	锰 Mn	锌 Zn	硼 B	钼 Mo
		≥	≥	≥	≥	≥	≥
其他 元素	钙 Ca	镁 Mg	硫 S	氯 Cl	钠 Na		
	≥	≥	≥				
有机营养 成分	有机质	氨基酸	腐殖酸				
	≥	≥	≥				
土壤调理剂	CaO	MgO	SiO_2				
	≥	≥	≥				
限量成分 （mg/kg）	汞 Hg	砷 As	镉 Cd	铅 Pb	铬 Cr		
	≤	≤	≤	≤	≤		

pH（250 倍稀释）		水不溶物	≤
粒度/细度		固体产品水分	≤
水剂产品密度（g/ml）		适宜范围	

（续）

缓释肥料养分释放周期、释放率			
境外产品在生产国或地区获准登记许可的时间		产品在其他国家或地区获准登记许可的情况	

生产原料组成及来源

原料或添加剂名称	规格或成分说明	配料比例（%）	生产单位名称
原料通用名称			
原料通用名称			
原料通用名称			
原料通用名称			
……			

生产工艺及生产设备

产品工艺流程描述：与企业实际工艺一致（流程图）

主要生产设备名称	品牌型号	数量	生产单位名称
设备名称			
设备名称			
设备名称			
设备名称			
设备名称			
……			

产品主要化验设备

仪器设备名称	品牌型号	数量	生产单位名称
仪器名称			
仪器名称			
仪器名称			
仪器名称			
仪器名称			
……			

产品使用方法

（续）

产品应用情况				
试用作物	试用地区	应用效果	施用方法	试用单位
……				

本人代表企业郑重声明：以上所填写信息真实有效，提交的资料真实合法。所提供的产品登记技术指标、原料和生产工艺不侵犯他人知识产权；对产品中含有危害人身健康、公共安全的成分负责。本企业愿意承担由于资料不真实性、知识产权侵权和产品安全性隐瞒事实造成的一切法律责任。

法定代表人签名：

（企业盖章）

年　　月　　日

省级农业行政主管部门意见：

（单位盖章）

年　　月　　日

备注：表格中内容填写不下，可附页。

2. 微生物肥料产品登记申请书

肥料登记申请书

（微生物肥料产品）

申请单位：　　　　　　　　　　　　　　　　　　　（公章）

通讯地址：

邮政编码：

电　　话：

联 系 人：

申请日期：

中华人民共和国农业农村部　编制

肥料登记资料目录

申请微生物肥料产品登记的，需提供以下资料（境外申请人提交外文资料的，应同时翻译成中文）：

①微生物肥料产品登记申请单。

②境内申请人应提交标注统一社会信用代码的企业注册证明文件复印件（加盖企业公章）。

③企业所在地省级农业行政主管部门初审意见表。

④生产企业考核表：境内申请人应提交所在地省级农业行政主管部门或其委托单位出

具的肥料登记生产企业考核表，并附企业生产和质量检测设备设施（包括检验仪器）图片等资料。

⑤产品安全性资料：产品安全性风险较高的，申请人还应提交产品对土壤、作物、水体、人体等方面的安全性风险评价资料。

⑥产品田间试验报告：申请人应提交按相关技术要求在中国境内开展规范的田间试验或效果试验，并附由相应检测资质单位出具的供试样品检测报告。

⑦产品执行标准：针对执行企业标准的产品。

⑧产品标签：应符合《肥料登记管理办法》、《肥料登记资料要求》的规定。

⑨企业及产品基本信息，包括生产企业基本情况资料、产品研发报告、生产工艺资料等。

⑩肥料样品：应提交同一批次的肥料样品 2 份，每份样品不少于 600g（ml），颗粒剂型产品不少于 1 000g。

⑪微生物肥料菌种鉴定应提交试管斜面两支。

⑫国外及港、澳、台生产企业还需提交以下材料：

1）国外及港、澳、台地区申请人应提交所在国（地区）政府签发的企业注册证书和肥料管理机构批准的生产、销售证明。

2）国外肥料生产企业的注册证书和生产、销售证明还需经中华人民共和国驻企业所在国（地区）使馆（或领事馆）确认。

3）国外及港、澳、台地区申请人还需提交委托代理协议。

4）国外及港、澳、台地区申请人应提交相应的企业生产和质量检测设备设施（包括检验仪器）图片等资料。

肥料登记申请书
（微生物肥料产品）

生产企业基本信息				
企业名称				
统一社会信用代码				
生产地址			企业网址	
通讯地址			邮政编码	
法定代表人	姓名		手机	
	身份证号		传真	
联系人	姓名		手机	
	身份证号		E—mail	
技术负责人	姓名		学历/职称	
	身份证号		手机	
注册商标			适用肥料	

职工总数：_____人。其中：研究生学历_____人；本科学历_____人；大专学历_____人；工人_____人

（续）

固定资产总值			流动资金	
生产用地权限	○自有	○租赁	生产用地租赁期	
设计生产能力			实际生产能力	

国外及港、澳、台登记产品代理机构信息

代理机构名称				
通讯地址			邮政编码	
法 定代表人	姓 名		手机	
	身份证号		传真	
联系人	姓 名		手机	
	身份证号		E—mail	

产品基本信息

产品形态	○水剂　○粉剂　○颗粒　○其他	产品外观	

产品技术指标

产品通用名称		产品商品名称	
产品执行标准			

微生物指标	菌 种 名 称（拉丁文）	有效活菌数 $[$亿/g（ml）$]$	杂菌率（%）
		≥	≤

其他技术指标	总养分（$N+P_2O_5+K_2O$）（%）	有机质含量（%）

无害化指标	汞 Hg（mg/kg）	砷 As（mg/kg）	镉 Cd（mg/kg）	铅 Pb（mg/kg）	铬 Cr（mg/kg）
	≤	≤	≤	≤	≤
	蛔虫卵死亡率（%）		粪大肠菌群数 $[$个/g（mL）$]$		
	≥95		≤100		

境外产品在生产国或地区获准登记许可的时间	
产品在其他国家或地区获准登记许可的情况	

生产原料组成及来源

原料或添加剂名称	规格或成分说明	配料比例（%）	生产单位名称
原料通用名称			
原料通用名称			
原料通用名称			
原料通用名称			

（续）

……			

主要生产设备及生产工艺

主要生产设备名称	品牌型号	数量	生产单位名称
设备名称			
设备名称			
设备名称			
设备名称			
设备名称			
设备名称			
……			

产品工艺流程描述：与企业实际工艺一致（流程图）

产品主要化验设备

仪器设备名称	品牌型号	数量	生产单位名称
仪器名称			
仪器名称			
仪器名称			
仪器名称			
……			

产品使用方法

产品应用情况

试用作物	试用地区	应用效果	施用方法	试用单位
……				

本人代表企业郑重声明：以上所填写信息真实有效，提交的资料真实合法。所提供的产品登记技术指标、原料和生产工艺不侵犯他人知识产权；对产品中含有危害人身健康、公共安全的成分负责。本企业愿意承担由于资料不真实性、知识产权侵权和产品安全性隐瞒事实造成的一切法律责任。

法定代表人签名：

（企业盖章）

年　　月　　日

备注：表格中内容填写不下，可附页。

第五节　肥料生产许可

一、生产许可证管理肥料产品类型

按照国务院《工业产品生产许可证管理条例》，以及原国家质量监督检验检疫总局《〈工业产品生产许可证管理条例〉实施细则》，我国纳入生产许可证管理目录、实行生产许可证管理的肥料产品有两大类：一是复混肥料类，二是磷肥类。

1. 复混肥料类　复混肥料类需要办理生产许可证的有：复混肥料、掺混肥料、有机—无机复混肥料3个产品。

（1）复混肥料　执行国家标准 GB 15063—2009，高浓度氮磷钾含量≥40%；中浓度氮磷钾含量≥30%；低浓度氮磷钾含量≥25%。

（2）掺混肥料（BB肥）　执行国家标准 GB 21633—2008，氮磷钾含量≥35%。

（3）有机—无机复混肥料　执行国家标准 GB 18877—2009，Ⅰ型氮磷钾含量≥15%，有机质含量≥20%；Ⅱ型氮磷钾含量≥25%，有机质含量≥15%。

2. 磷肥类　磷肥类需要办理生产许可证的有：过磷酸钙、钙镁磷肥、钙镁磷钾肥3个产品。

（1）过磷酸钙　执行国家标准 GB 20413—2006，优等品有效磷含量≥18%；一等品有效磷含量≥16%；合格品Ⅰ型有效磷含量≥14%；合格品Ⅱ型有效磷含量≥12%。

（2）钙镁磷肥　执行国家标准 GB 20412—2006，优等品有效磷含量≥18%；一等品有效磷含量≥15%；合格品有效磷含量≥12%。

（3）钙镁磷钾肥　执行国家标准 HG 2598—1994，一等品有效磷含量≥15%，有效钾含量≥2%；合格品有效磷含量≥13%，有效钾含量≥1%。

二、有机—无机复混肥料生产许可证申报

根据国家质量监督检验检疫总局发布的《化肥产品生产许可证实施细则（一）》（复混肥料产品部分）文件，企业生产有机—无机复混肥料产品申报生产许可证，必备的生产设备和检测设备如表18-1。

表18-1　企业生产有机—无机复混肥料产品必备的生产设备和检测设备

序号	生产设备、设施	检验测量设备
1	原料粉碎设备	分析天平（万分之一，计量合格）
2	配料计量设备	托盘天平（分度值为 0.5g）
3	混合设备	电热干燥箱（计量合格）
4	造粒设备	定氮蒸馏装置
5	干燥设备	恒温振荡水浴锅
6	冷却设备（包装前物料温度≤50℃）	卡式水分测定仪（计量合格）
7	干燥机进出口风温度测定仪	真空泵

（续）

序号	生产设备、设施	检验测量设备
8	成品筛分设备	试验筛（鉴定合格）
9	成品包装设备	玻璃干燥器
10	成品包装计量设备	50ml 滴定管（计量合格）
11	从配料计量到产品包装形成连续的机械化生产线	通风橱
12	含尘气体净化回收设备	样品缩分器
13	排风设备	取样器
14	噪音防治设施	样品粉碎机
15	原料库≥300m² （自产原料减半）	其他各种玻璃仪器
16	成品库≥300m²	针对特殊添加剂所必需的检控仪器
17	无害化处理设备设施	pH 酸度计
18		离心机

企业办理生产许可证必须填写统一格式的《生产许可证申请表》，一式 4 份，报质量技术监督局业务科。企业应同时提供如下资料：

①企业法人营业执照。

②例行（型式）检验报告。

③环评报告、卫生安全证明等。

④化验仪器、计量装置经过计量认证。

第六节　肥料市场监督管理

一、肥料市场监督管理机构

我国目前对肥料市场进行监督管理的机构，主要由两个部门负责：一个是县级以上农业农村部门的"农业行政执法大队"（县区级叫大队，市州级叫支队，省级叫总队）；另外一个是县级以上市场监督管理部门的"市场监督管理执法大队"。

1. 农业行政执法大队　按照农业农村部印发《关于加快推进农业综合行政执法改革工作的通知》，农业执法大队属于农业农村局下属单位。农业农村局的主要职责是贯彻落实"三农"工作发展战略，统筹研究和组织实施"三农"工作发展战略、中长期规划、重大政策。负责农业（农业、林业、渔业）综合执法。参与涉农财税、价格、收储、金融保险、进出口等政策制定。统筹推动发展农村社会事业、农村公共服务、农村文化、农村基础设施和乡村治理。牵头组织改善农村人居环境。指导农村精神文明和优秀农耕文化建设。负责农业行业安全生产监督管理工作等。

农业执法大队的主要工作职责职能有：根据授权，承担县农业局牵头组织、指导、协调全县农业综合执法，依法组织开展农作物种子、种苗和投入品、农产品质量安全、农业资源与农业环境保护、农业植物检验检疫、农业野生植物保护；新菜地开发基金征缴、农业知识产权保护、农民负担管理、农村土地承包经营等方面全县执法活动，查处跨县

（市、区）重大违法案件等工作。

2. 市场监督管理执法（稽查）大队　市场监督管理执法大队属于县市场监督管理局下属单位。主要职责：

①组织、指导、协调、监督并承担查处违反工商行政管理、食品药品监督管理、质量技术监督法律、法规、规章的行为。

②开展市场信用分类监管，维护各类商品交易市场的经营秩序，负责暂扣和罚没物资的统一保管和处理工作，参与协调相关部门开展打击传销联合行动。

③负责消费者权益保护工作，受理对产（商）品质量、食品安全、药品、医疗器械、化妆品的投诉。

④查处生产、销售假冒伪劣商品、市场中的垄断、企业不正当竞争、商业贿赂、商标侵权、违法广告、无照经营、合同欺诈、违法直销和传销等经济违法案件。

二、肥料市场监督管理手段和方法

1. 肥料登记许可证监督管理　农业行政执法大队按照原农业部部长令《肥料登记管理办法》，通过市场巡查、群众举报等查处违反《肥料登记管理办法》案件。

第二十六条：有下列情形之一的，由县级以上农业行政主管部门给予警告，并处违法所得3倍以下罚款，但最高不得超过30 000元；没有违法所得的，处10 000元以下罚款。

（一）生产、销售未取得登记证的肥料产品。

（二）假冒、伪造肥料登记证、登记证号的。

（三）生产、销售的肥料产品有效成分或含量与登记批准的内容不符的。

第二十七条：有下列情形之一的，由县级以上农业行政主管部门给予警告，并处违法所得3倍以下罚款，但最高不得超过20 000元；没有违法所得的，处10 000元以下罚款。

（一）转让肥料登记证或登记证号的。

（二）登记证有效期满未经批准续展登记而继续生产该肥料产品的。

（三）生产、销售包装上未附标签、标签残缺不清或者擅自修改标签内容的。

2. 肥料生产许可证监督管理　市场监督管理执法大队按照国务院《工业产品生产许可证管理条例》，通过市场巡查、群众举报等查处违反《工业产品生产许可证管理条例》案件。

第四十五条：企业未依照本条例规定申请取得生产许可证而擅自生产列入目录产品的，由工业产品生产许可证主管部门责令停止生产，没收违法生产的产品，处违法生产产品货值金额等值以上3倍以下的罚款；有违法所得的，没收违法所得；构成犯罪的，依法追究刑事责任。

第四十六条：取得生产许可证的企业生产条件、检验手段、生产技术或者工艺发生变化，未依照本条例规定办理重新审查手续的，责令停止生产、销售，没收违法生产、销售的产品，并限期办理相关手续；逾期仍未办理的，处违法生产、销售产品（包括已售出和未售出的产品，下同）货值金额3倍以下的罚款；有违法所得的，没收违法所得；构成犯罪的，依法追究刑事责任。取得生产许可证的企业名称发生变化，未依照本条例规定办理变更手续的，责令限期办理相关手续；逾期仍未办理的，责令停止生产、销售，没收违法生产、销售的产品，并处违法生产、销售产品货值金额等值以下的罚款；有违法所得的，没收违法所得。

第四十七条：取得生产许可证的企业未依照本条例规定在产品、包装或者说明书上标注生产许可证标志和编号的，责令限期改正；逾期仍未改正的，处违法生产、销售产品货值金额 30% 以下的罚款；有违法所得的，没收违法所得；情节严重的，吊销生产许可证。

第四十八条：销售或者在经营活动中使用未取得生产许可证的列入目录产品的，责令改正，处 5 万元以上 20 万元以下的罚款；有违法所得的，没收违法所得；构成犯罪的，依法追究刑事责任。

第四十九条：取得生产许可证的企业出租、出借或者转让许可证证书、生产许可证标志和编号的，责令限期改正，处 20 万元以下的罚款；情节严重的，吊销生产许可证。违法接受并使用他人提供的许可证证书、生产许可证标志和编号的，责令停止生产、销售，没收违法生产、销售的产品，处违法生产、销售产品货值金额等值以上 3 倍以下的罚款；有违法所得的，没收违法所得；构成犯罪的，依法追究刑事责任。

第五十条：擅自动用、调换、转移、损毁被查封、扣押财物的，责令改正，处被动用、调换、转移、损毁财物价值 5% 以上 20% 以下的罚款；拒不改正的，处被动用、调换、转移、损毁财物价值 1 倍以上 3 倍以下的罚款。

第五十一条：伪造、变造许可证证书、生产许可证标志和编号的，责令改正，没收违法生产、销售的产品，并处违法生产、销售产品货值金额等值以上 3 倍以下的罚款；有违法所得的，没收违法所得；构成犯罪的，依法追究刑事责任。

3. 肥料市场的定期抽查 农业行政执法大队或市场监督管理执法大队一般根据上级主管部门下达工作任务，在每年春秋两季，春播之前（一般 3 月 15 日之前）和秋播之前，在市场（包括生产企业仓库或者销售企业仓库门店）抽查一定肥料，检验产品质量，向社会公布抽查情况。并按照《产品质量法》、《消费者权益保护法》或者各自专业法规对产品质量不合格或违法者进行处罚。

按照国家行政执法管理规定，定期市场抽查，执法人员一般要同时出具 3 个手续：一是执法人员的个人执法证件或者工作证，证明他具有执法抽检资格；二是执法单位开具的派出执法抽检介绍信，证明他是单位安排的执法抽检工作，而非私行为；三是上级主管部门下发的执法抽检文件，证明这个执法抽检是上级批准安排的。

4. 肥料产品举报投诉查处 在接到举报人举报、群众报案、消费者投诉或者用户纠纷时，农业行政执法大队或市场监督管理执法大队也要开展调查取证，包括抽样化验，这个时候执法者一般要出具两个手续：一是执法人员的个人执法证件或者工作证；二是执法单位开具的派出执法调查介绍信。调查结果应该向有关人员反馈。并按照《产品质量法》、《消费者权益保护法》或者各自专业法规对产品质量不合格或违法者进行处罚。

5. 肥料产品抽样程序和规范 肥料产品抽样，由行政执法人员先出具有关证件手续，每次必须两个以上执法人员到场，被抽查对象在场，才能抽检产品。被抽查者有权利对执法人员的全程工作进行录音或者录像，以便有争议时回听回看，保证自己合法权益。产品抽样应该按照有关标准进行（表 18-2）。

表 18 - 2　肥料抽检取样袋数

总袋数	最少采样袋数	总袋数	最少采样袋数
1～10	全部袋数	182～216	18
11～49	11	217～254	19
50～64	12	255～296	20
65～81	13	297～343	21
82～101	14	344～394	22
102～125	15	395～450	23
126～151	16	451～512	24
152～181	17		

总袋数超过 512 袋时，取样袋数按式（6）计算：

$$取样袋数（n）=3\times\sqrt[3]{N}$$

式中：N——每批取样总袋数。

将抽出的样品袋平放，每袋从最长对角线插入取样器到 3/4 处，取出不少于 100g 样品，每批抽取样品总量不少于 2kg。

抽样总量按照四分法，一分为二，分成两个不少于 1kg 的样品，分别密封，贴上标签，写明生产企业名称、产品名称、规格型号、批号、取样日期，取样人签字，被抽查单位人员签字。一份抽样人拿走，一份留在被抽查单位备查或者申请复议时使用。

未按照程序抽样，没有随机抽样（只在仓库肥料堆表面抽样，未抽肥料堆里面的样），或者没有取样工具，没有深入肥料包装 3/4 处以上，或者随便在一个袋子里面取一点，都可以视为抽样不合法。

图书在版编目（CIP）数据

生物有机肥料科技与产业：论生物有机肥料产业黄金十年 / 梁华东主编. -- 北京：中国农业出版社，2024. 12

ISBN 978-7-109-31999-8

Ⅰ. ①生… Ⅱ. ①梁… ②黄… Ⅲ. ①有机肥料－肥料工业－产业发展－研究－中国 Ⅳ. ①F426.7

中国国家版本馆 CIP 数据核字（2024）第 103843 号

生物有机肥料科技与产业
SHENGWU YOUJI FEILIAO KEJI YU CHANYE

中国农业出版社出版

地址：北京市朝阳区麦子店街 18 号楼
邮编：100125
策划编辑：贺志清
责任编辑：史佳丽　贺志清
版式设计：王　晨　责任校对：吴丽婷
印刷：北京通州皇家印刷厂
版次：2024 年 12 月第 1 版
印次：2024 年 12 月北京第 1 次印刷
发行：新华书店北京发行所
开本：787mm×1092mm　1/16
印张：18.5　插页：12
字数：475 千字
定价：150.00 元

附件1 设备与产品插图

一、多功能生物有机肥

1. 根力多抗病促生长生物有机肥

木霉·法葆120-生物有机肥

产品说明

根力多股份微生物科研团队与南京农业大学沈其荣院士合作，研发的一款由专利菌株贝莱斯芽孢杆菌（发明专利号：ZL 202110114861.2）和哈茨木霉菌为菌群，经独有发酵工艺（发明专利号：ZL 202010003546.8）生产的生物有机肥产品，具有以下多种功能：

使用效果

1. 快速在植物根部定殖，抢占生态位点，保护根系。
2. 调节植物生长，产生植物生长调节因子，促进根系生长，增加须根和根毛。
3. 活化难溶性养分提高肥料利用率，减肥增效。
4. 激发植物内源免疫反应，提高作物抗旱、抗寒、抗重茬等抗逆能力。
5. 调整土壤微生物区系，降低有害菌丰度，增加有益菌比例。

根力多生物科技股份有限公司　供图

2. 华强化工功能型生物有机肥

1

产品特点：

①本品采用 BGF 发酵专利技术活化的天然原料，以及酵母营养液发酵的植物原料，内含丰富的有机碳、腐植酸、黄腐酸、原生微生物、微生物代谢产物、小分子官能团，能有效改善土壤理化和生物性状，促进作物生长。

②本品添加枯草芽孢杆菌、侧孢、木霉等复合功能菌，施用后能迅速扩繁，可固氮、解磷、释钾，激活土壤肥力。

③有益微生物菌群可抑制有害病原菌，预防土传病害，抗重茬，增强作物的抗逆性能，分泌的赤霉素、细胞分裂素、生长素等活性物质，刺激、调节、促进作物的生长发育，提高作物产量和品质。

使用方法：

花生、小麦等大田作物亩施 80～160kg，瓜果、蔬菜等经济作物亩施 120～320kg。果树类 1～2 年树龄每株每次 3～5kg，3～5 年树龄每株每次 8.10kg，根据土壤肥力状况和种植作物适当增减用量。

3. 河北木美土里促生生防生物有机肥

4. 广东土根旺生物防控型生物有机肥

施用纯粮生物防控型土根旺生物有机肥，频临枯死的果树，二个月后慢慢生新根，长新叶，树叶慢慢恢复健康，重获新生。

5. 山东庞大抑制病促生生物有机肥

高安全，生物肥可以直接接触根系

生物肥的主要作用是在安全的前提下提供作物及土壤所必须的有机质和微生物菌群，这里为什么要讲到安全，是因为毛细根的接触面积最大，而生物肥又是缓释的肥料，所以需要毛细根能直接接触到生物肥，以保证最佳吸收效果，经过彻底腐熟和无害化处理生物肥就可以保证安全。另外它还具有直接或间改良土壤、恢复地力，保持根际微生物区系平衡，降解毒素、有害物质等作用，可大量用于农业生产，通过其中所含微生物的生命活动，增加植物养分的供应量、促进植物生长、改善农产品品质及农业生态环境。

山东庞大生物集团的生物肥经过21年的市场检验，有无数的农田因为使用了我们的生物肥而让作物品质变得更好，土壤生态变得更健康，因此让农田主收益。

◎好原料:来源粮食 ◎长发酵:三级腐熟 ◎多活菌:抑制病害 ◎高安全:育苗标准

6. 广州土根旺黄腐酸钾生物有机肥

玛瑙型矿源黄腐酸钾

黑谷品是中外合作技术萃取的一种新型玛瑙型大颗粒晶体矿源黄腐酸钾。通过纳米级黑谷精化物质及生物酶解技术，催化矿源腐植酸转化成更小分子黄腐酸，经萃取结晶而成。含菌玛瑙型大颗粒晶体矿源黄腐酸钾能补充作物所需生长因子，促进根系发育，补充有益菌群，恢复土壤活力，改善土壤板结、调节土壤酸碱，修复受损根系，提高作物抗病、抗逆能力，保障农作物稳产高产。

适用作物：广泛适用于各种蔬菜、果树、花卉、烟草、等经济作物。

大颗粒晶体矿源黄腐酸钾的性能特点：①促进土壤团粒结构形成，提高土壤对盐分级缓冲能力，双向调节 pH 和钝化重金属，重塑土壤活力，提高土填保肥保水能力。②微生物分泌多种天然代谢产物，提高土壤酶活性，刺激根端分生组织细胞分裂与增长，根系长得快而多，植株健壮。③全水溶小分子矿源黄腐酸能够快速释放生长因子，养分迅速被植物吸收，能有效减少作物黄化死棵，预防倒春寒。④活化土壤养分并提高利用率，有益菌群可迅速在土壤定殖繁殖，防止病原菌入侵，形成有益菌群，提高作物抗病、抗逆能力。

净含量:10kg

有效活菌数≥2.0亿/g
有机质≥60%
黄腐酸≥40%
氧化钾≥10%

用法用量：遇水即溶，施肥方便，可用作基肥或追肥。可用撒施、沟施、穴施、淋施、冲施等多种方式，亦可复配复合肥施用，推荐亩用量为 3～10kg。冲施、淋施、滴灌 300～1 000 倍；沟施时与根系保持一定距离。

7. 庞大生物颗粒生物有机肥

植物源，生物肥
发酵腐熟超 100 天

世界上任何一种优质的有机质的形成都必须经过充分的堆肥发酵进程。堆肥发酵是在一定条件下通过物理及微生物的作用，使有机物物料不断被降解和纯化，由碳的大分子变成碳的小分子，并产出用于土壤适宜于植株健壮长大的产品的过程。堆肥发酵这种古老而简朴的处理机物料和制造有机料的方法。随着研究的深入和方法的改进，其应用很受各个国家的重视。因为它有很好的生态意义，也为农业带来效益。

山东庞大生物集团有限公司也采用了粮食残渣堆肥发酵工艺，经过庞大人 21 年的反复研究和改造，终于研究出适用于当地有机物料堆肥发酵的工艺——三级好氧堆肥发酵工艺技术，该技术可以让有机物料腐熟更彻底、更安全、效果也更好。

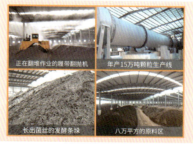

山东庞大生物集团有限公司
地址:山东省菏泽市单县莱河镇105国道经济开发区 电话:400-066-2863

8. "守心茬茬康"防治连作障碍重茬病生物有机肥

茬茬康

多糖肽双螯合
有机水溶肥料

20L I液体·悬浮液

· 调土护根 · 膨果转色
· 促花保果 · 提质抗逆

本品通过先进的多糖肽双螯合工艺螯合而成,能抑制土传病害的发生,促进根系生长,有效地阻止和干扰病原微生物在植物上的定殖与侵染,抑制病原菌的生长和繁殖。能有效防治根腐病、灰霉病和重茬病害的发生,确保作物茬茬健康。

用法用量:200-300倍冲施或淋施

①执行标准:Q/HBSS 001—2024。
②成分含量:有机质≥150g/L。
③规格净重:20L/桶。
④作用功效:通过先进的多糖肽双螯合工艺合而成,能抑制土传病害的发生,促进根系生长,有效地阻止和干扰病原微生物在植物上的定殖与侵染,抑制病原菌的生长和繁殖。能有效防治根腐病、灰霉病和重茬病害的发生,确保作物茬茬健康。
⑤用法用量:200～300倍冲施或淋施。

二、高活性微生物菌剂

1. 凯龙股份免疫促生微生物菌剂

本发明专利产品,采用国家菌种资源库原生菌种培育和添加硼、锌、锰、铜、镁、铁、钼、硅等多种微量元素螯合而成,具有菌种纯、活苗数高、密度大、繁殖快速,安全环保无毒等特点。

解毒防病修复:复合菌群活化进入土壤扩繁后,可形成优势菌群,能有效降解农药残留和大分子有机物,抑制有害杂菌,减轻土传病害,预防常见真菌性病害,抗重茬,减少青苔红苔,防烂根烂苗死棵,修复根际微生态平衡。

免疫促生增效:本修护精华粹取多种天然生物活性物质,提高植物体内酶活性,刺激根系分裂与伸长,发根快,次生根多,高效吸收养分,增强光合作用,植株根深叶茂,减少小叶黄叶落叶落果等生理性缺素,瓜甜果香蔬菜好味道,提高作物抗寒抗旱抗早衰能力,与肥科配合施用能减肥增效。

使用方法:即开即用,将内置菌剂与修护精华液混合均匀后,根据土质和墒情,按照亩用量10～20L,兑水100～500倍后,于早晚温度适宜时冲施、喷灌、滴灌,使用前摇匀,若有沉淀不影响效果,本品适用于各种土壤和作物,与凯龙硝基肥、水溶肥配合施用效果更佳。

微生物菌剂
MICROBIAL INOCULUM

有效活菌数≥5亿/克

BMC根际修护精华

湖北凯龙楚兴化工集团有限公司

净含量20L

2. 华强化工促生长微生物菌剂

产品特点:

①本品采用 BGF 发酵专利技术活化的天然原料,内含丰富的有机碳,原生微生物,微生物代谢产物,小分子官能团,促进根系对营养的吸收。

②本品添加枯草芽孢杆菌、解淀粉、胶冻样等复合功能菌,施用后能迅速扩繁,分泌大量的几丁质酶、胞外酶和抗生素等物质,可有效裂解有害真菌的孢子壁、线虫卵壁,抑制土传病害的发生,起到防病、防虫、抗重茬的功效。微生物菌产生大量的有机酸,可有效活化土壤中被固定的氮磷钾养分,培肥地力。

③本品中有益菌群还能分泌赤毒素、细胞分裂素、生长素等活性物质,刺激、调节、促进作物的生长发育,提高作物产量和品质。

使用方法:

本产品主要作基肥,在作物栽种前均匀撒施,耕翻入土。作追肥时可条施、穴施,果树可环状施肥。

玉米、小麦等大田作物亩施 40~80kg,瓜果、蔬菜等经济作物亩施 80~160kg。果树类 1~2 年树龄每株每次施 1~3kg,3~5 年树龄每株每次施 3~5kg。

3. 陕西枫丹百丽促根强吸收微生物菌剂

4. 根力多活土促生微生物菌剂

活土28-微生物菌剂

产品说明

本产品是根力多股份以促进化学肥料分解和有机肥发酵为主要目的生产的特定微生物菌剂产品。采用土著来源和高通量筛选的耐盐复合菌群，并辅助多蛋白载体和低温烘干工艺生产。具有减少化学肥料用量和增加有机肥分解的良好效果。

产品特点

本产品与化学肥料混合使用具有减少用量，促进吸收，改良次生盐碱的效果。与有机肥混合使用具有促进有机肥完全发酵，缓解有机肥盐害、肥害、气害等作用。并且具有补充土壤有益菌群，持续改良土壤结构的作用。

根力多生物科技股份有限公司　供图

5. 佳弘生物多功能微生物菌剂

速又壮处理饲料玉米种子对后期玉米生长的影响
由左至右依序为每吨种子处理900g、1 200g、0g、600g速又壮微生物种衣剂

中东叙利亚使用富多收滴灌（图左）与未施用（图右）对马铃薯的生长效果

佳弘生物科技（武汉）有限公司 供图

6. 北京嘉博文抗逆抗病微生物菌剂

嘉博文改土养地处理区　VS　传统栽培区

产品特点

①微生物菌剂产品适用于各类蔬菜、粮食作物，如：小麦、水稻、玉米、大白菜、黄瓜、番茄、烟叶等。②提高作物抗逆、抗病性：含腐植酸，具有调节作物气孔开度和协调影响作物生理生化等功能，增强作物抗逆性提高作物抗病性。③降低土传病害：增加有益微生物菌群丰度，抑制土壤有害菌，同时蚯蚓和有益动物大量繁殖，分泌多种代谢产物和酶类，营造健康土壤生态系统，特别对因重茬引起的各种土传病害有较好的防治效果。

7. "守心保康"抗病虫害微生物菌剂

①执行标准：GB 20287—2006。

②成分含量：含微生物菌剂≥40亿/g。含有抗病微生物、有益微生物、生理生化活性物质等。

③规格净重：200g×25包/箱。

④作用功效：能够强力抑制土壤有害微生物，快速分解作物排泄的有毒分泌物，改良恢复土壤生态系统。

⑤用法用量：拌种，土壤喷洒，或者与其他有机肥混合撒施。

三、土壤调理修复及抗重茬肥料

1. 北京嘉博文土壤调理剂

传统栽培区长势弱　　嘉博文改土养地技术处理区长势强

产品特点：

①富含有机质、易氧化有机质、腐植酸高，有机质含量＞75％，易氧化有机质＞20％，腐植酸含量＞15％，起到调节土壤，活化土壤，快速提升土壤有机质的作用。

②有益活菌数含量高，协同作用强，微生物进入土壤后能快速增殖，有效抑制病原菌滋生。连续使用能松土壤、提地力、抗病菌。

③含有多种次生代谢产物，产品中含有生物发酵过程中产生的多种生长素类次生代谢产物，可调节作物次生代谢，改善农产品品质，提高作物产量，增强作物抗逆性。

④产品酸碱度适宜调节土壤 pH。同时，产品中富含中、微量元素，生物发酵技术产品最大限度的保留了原料中的氮、磷、钾、钙、镁等中量元素和铁、锰、锌等微量元素。

2. 根力多土壤调理剂

72变-土壤调理剂

产品说明

本品是以富钾岩石为主要原料，采用蒸养工艺最新研制的多元素纳米级微孔矿物土壤调理剂，包含钾、硅、钙大中量营养元素，是健康土壤、有机农业种植的首选产品。

产品特点

调理土壤盐碱性： 本品呈碱性，pH值10.5，可调理酸性土壤。

增产、抗逆、提质： 本品能补充钾、硅、钙多种营养元素，能使农作物增产；能增强作物抗病、抗虫、抗倒伏、抗旱、抗寒等抗逆能力；能使水果硬度提高，口感增强，耐储性、可溶性固形物与总糖量提高。

根力多生物科技股份有限公司 供图

3. 陕西枫丹百丽土壤修复菌剂

4. 根力多抗重茬土壤修复菌剂

茬无疾—土壤修复菌剂

产品说明

本产品是根力多股份以第三代生防功能菌群-K01芽孢杆菌为核心(专利号：ZL 202110114861.2)，以纳米级微孔土壤调理剂为载体，研发的集生物防控、土壤修复、盐碱酸化改良、有益元素补充四位一体的多功能抗重茬和多年生果树种植专用产品，全面提高土壤生物、化学、物理三大综合肥力。

产品特点

本产品使用后可有效改良保护地和果树地出现的盐碱、绿苔、红锈等土壤状况，有效减少死苗、黄化、缓解早衰障碍；减少土传病害；补充有机物和钙、硅等多种元素，减少重茬作物因营养元素缺失引发的裂果、畸形、黄叶等生理病害，大幅改善甜度、硬度、果色等农产品品质。

根力多生物科技股份有限公司　供图

5."守心土康"土壤调理剂

①执行标准：NY 2266—2012。

②成分含量：钙镁硅≥45％。含有土壤调理剂、生理生化活性物质、中微量元素等。

③规格净重：20kg/袋。

④作用功效：能够强力抵抗土壤有害微生物，改良恢复土壤生态系统，调理修复土壤酸化，及时补充土壤匮缺中微量元素。

⑤用法用量：单独撒施，或者与其他有机肥、化肥混合撒施。

四、特种功能肥料

1．华强化工园艺用生物有机肥

产品特点

①氮、磷、钾及中微量元素均衡配比，满足作物生长需求。

②富含有机质，可改良土壤，增加土壤肥力。

③含有益生菌，抑制病菌繁殖，促进根系生长，提高免疫力和抵抗力。

2. 茂盛生物功能肥

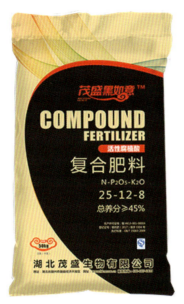

3. "秧守心"壮秧剂

①执行标准：NY 526—2002。

②成分含量：特殊形态氮磷钾≥15%。含钙镁硫硅锌、土壤调酸剂、抗病虫害因子、生理生化活性物质等。

③规格净重：1.5kg/袋。

④作用功效：能严格按照秧苗需求，精准提供特殊形态氮磷钾及中微量元素等营养元素；调节土壤 pH 值至微酸性状态；进行苗床土壤消毒，相当于打疫苗，防治苗期病虫害；控制植物生长发育，培育壮苗，旺苗早发，提高移栽成活率，打下高产基础。

⑤用法用量：与育秧土壤按比例混合均匀。

4. "守心稻播"水稻直播拌种剂

①执行标准：NY/T 525—2021。

②成分含量：有机质≥30%，氮磷钾≥4%。含钙镁硫硅锌、土壤调酸剂、抗病虫害因子、生理生化活性物质、驱虫物质等。

③规格净重：500g/袋。

④作用功效：能严格按照秧苗需求，精准提供特殊形态氮磷钾及中微量元素等营养元素；调节土壤 pH 值至微酸性状态；进行苗床土壤消毒，相当于打疫苗，防治苗期病虫害；防止鸟食稻种；控制植物生长发育，培育壮苗，旺苗早发，提高移栽成活率，打下高产基础。

⑤用法用量：与水稻种子混合均匀后直接撒播。

5. "守心基质"育秧基质

①执行标准：Q/HNSS 001—2024。

②成分含量：有机质≥5.0%，特殊形态氮磷钾≥500mg/kg，pH 值 5.5~6.5。含钙镁硫硅锌、土壤调酸剂、抗病虫害因子、生理生化活性物质等。

③规格净重：50升/袋。

④作用功效：能严格按照秧苗需求，精准提供特殊形态氮磷钾及中微量元素等营养元素；调节土壤 pH 值至微酸性状态；进行苗床土壤消毒，相当于打疫苗，防治苗期病虫害；控制植物生长发育，培育壮苗，旺苗早发，提高移栽成活率，打下高产基础。

⑤用法用量：直接育秧。

6. "守心硅"稻麦分蘖追肥

①执行标准：GB20287—2006。

②成分含量：含微生物菌剂≥1亿/g。

填充物含硅 SiO_2≥15%，钙 CaO≥20%，镁 MgO≥5%，锌 Zn≥5%。含有有益微生物及生理生化活性物质等。

③规格净重：1.2kg/袋，12kg/桶。

④作用功效：精准补充作物营养元素需求，防止临时性营养元素缺乏；有益微生物和生理生化活性物质促进植物早返青、早生根、早分蘖、早除草、抗倒伏、抗苗期病虫害。

⑤用法用量：水稻、小麦、玉米等禾本科植物，与返青分裂期追肥尿素混合撒施。每亩 1.2 公斤，拌尿素撒施。

五、测土配方精准肥料

1. 凯龙股份测土配方蔬菜精准肥

2. 凯龙京云盛丰硝态氮速溶复合肥料

六、新型生物有机肥料机械设备

1. 河南龙昌有机肥翻抛机与颗粒抛园机

有机废弃物好氧发酵翻堆机

立式多层抛圆机

龙昌公司厂区全景

2. 荆门万泰有机肥发酵翻抛机

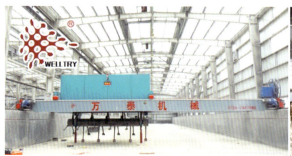

大力神翻堆机

链排式翻堆机　　　　　　　　　　　　　　　异位发酵床翻堆机

3. 荆门志远环保翻抛机

一拖二双铣盘翻抛机

案例1　四川泸县12万吨有机肥生产线　　　　　案例2　茅台集团4万吨有机肥扩建项目

附件 2　出版单位及编写人员介绍

一、中国农业技术推广协会生物有机肥料委员会

中国农业技术推广协会成立于 1991 年，是直属中华人民共和国农业农村部主管的全国性的农业综合技术发展社团组织，也是我国农业技术推广的最高社团组织。原农业部种植业司副司长、原全国农业技术推广服务中心主任陈生斗为现任会长。

中国农业技术推广协会生物有机肥料专业委员会由中国农业技术推广协会《关于召开中国农业技术推广协会生物有机肥料专业委员会成立大会的通知》"中农协函〔2021〕"31 号文件批准成立。黄巧云任主任委员，年介响任秘书长。专委会是中国农业技术推广协会的直属机构，是全国唯一的专业从事生物有机肥料技术推广和产业发展的国家部级社团组织，是我国生物有机肥料产业的最高社团组织。专委会设立有新华农大（武汉）现代农业研究中心，建有"中国生物有机肥料网"网站（www.swyjfl.com）。

专委会由从事生物有机肥料相关的高等院校、科研院所、事业单位、管理部门、服务机构，生物有机肥料生产、加工、销售企业，畜禽粪便、秸秆、加工废渣等废弃物处理企业，农业农村环境保护及污染治理企业，生物有机肥料原材料、设备、金融等供应服务企业，生物有机肥料使用种植企业等单位以及人员组成。

专委会专家团队先后获得一百多项专利，12 项独创、发明或领先科技成果：

（1）养殖废水及多水粪便高效率厌氧发酵新技术。

（2）畜禽粪便分子膜低成本发酵新技术。

（3）有机物料混配增效新工艺技术。

（4）系列高效多功能微生物菌剂。

（5）测土配方及精准复合微生物肥料技术。

（6）测土配方及精准有机无机复混肥料技术。

（7）连作障碍土传病害生物有机肥料防治关键技术。

（8）系列土壤调理修复剂关键技术。

（9）系列苗床肥料基质领先技术。

（10）系列特种功能肥料创新技术。

（11）药肥一体化技术。

（12）系列花卉肥料营养土独创技术。

专委会专家团队近七年连续获得 6 项科技成果和奖励：

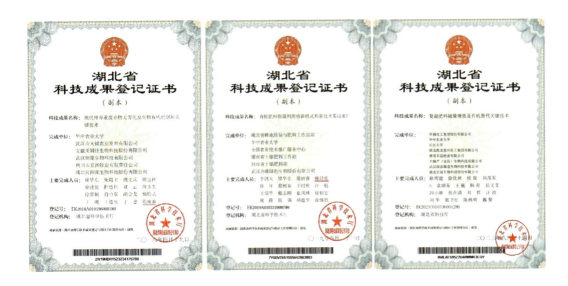

二、湖北省有机农业研究会

湖北省有机农业研究会是由华中农业大学、中国科学院、湖北省农业科学院、武汉理工大学、长江大学、武汉市农业科学院、新华农大（武汉）科技有限公司、守心生物科技股份有限公司等有关教授专家企业家发起，经湖北省民政厅批准，由湖北省科学技术协会主管，于2023年1月成立的科技型社团组织。研究会联合湖北省绿色有机种植、养殖生产，农产品加工、冷链、物流、仓储、营销，农旅休闲，农产品质量安全，有机和生物肥料，生物农药，绿色防控，农村污染治理和环境保护，固碳减排等教学、科研、推广、管理、生产、经营、服务等相关专家及单位自愿组成的全省性、科学与应用结合性、非营利性社会组织，目前已经拥有会员500多个。黄巧云教授担任第一届会长。

研究会设立有新华农大（武汉）现代农业研究中心，建有"中国农业产业与品牌网"网站（www.nycycx.com）。具有6大优势：一是国内一流大学支撑优势；二是丰富专家团队优势；三是农业产业创新设计优势；四是商标品牌策划和市场营销优势；四是社团机构服务信誉优势；五是丰富的社会资源优势；六是及时准确的政府政策信息优势。

研究会及新华农大（武汉）现代农业研究中心6大工作和服务内容：

（1）规划设计：农业产业、乡村农旅等总体规划设计。

（2）农业创新：农产品及肥料建厂设计，新产品开发。

（3）环境治理：耕地环境评估，农业污染防治，农田修复。

（4）科技项目：科技项目、科技奖申报，政策项目申请。

（5）品牌营销：商标品牌广告设计，市场营销，企业管理。

（6）许可认证：登记许可证，企业认证，农业田间试验。

三、编写人员介绍

主编：梁华东，硕士，湖北省人民政府参事，九三学社湖北省委参政议政研究中心研究员，华中农业大学硕士导师，湖北省农业农村厅耕地质量与肥料工作总站二级研究员。从事土壤肥料专业工作40年，"生物有机肥料产业黄金十年"观点提出者，出版专著10多部，申报专利40多项，获得部级省级科技成果奖18项。先后被湖北省人民政府评为先进工作者、先进参事，九三学社中央评为全国优秀社员，享受国务院政府特殊津贴。

副主编：年介响，中国农业技术推广协会生物有机肥料专业委员会副主任委员，湖北省有机农业研究会副会长兼现代农业研究中心主任、教授，华中农业大学研究生产业导师。擅长肥料市场营销、企业管理、品牌打造等，申报专利10多项，出版专著多部，获农业农村部神农中华农业科技奖。

副主编：刘哲 湖北凯龙楚兴化工集团股份有限公司董事长，中国农业技术推广协会生物有机肥料专业委员会副主任委员，湖北省有机农业研究会副会长

副主编：万建华，中共党员，硕士学位，高级经济师、高级经营师、电力工程师。华强化工集团股份有限公司党委书记、董事长。湖北省职业经理人协会会长，湖北总商会副会长，宜昌总商会常委，工商联当阳商会副会长。宜昌市第六届人大代表。

副主编：徐新宏，博士，毕业于美国密西西比州立大学，台湾中兴大学国际农业学程兼任教授，美国 JH Biotech, Inc. 佳弘生物科技集团创办人暨佳弘生物科技（武汉）有限公司董事长，中国农业技术推广协会生物有机肥料专业委员会副主任委员。

从事高端农业技术与产品的引进、新创农业技术团队的投资、天然生物农药与生物肥料的开发、天然动物饲料添加剂的开发、整合性作物管理与整合性动物健康管理的推广。目前共有自主研发美国专利9项、欧盟专利1项、日本专利1项、澳大利亚专利1项。

副主编：王淑平，根力多生物科技股份有限公司董事长，中国农业技术推广协会生物有机肥料专业委员会副主任委员，获全国最美家庭、河北省优秀党务工作者、河北省千名好支书、河北省优秀民营企业家、河北省人大代表、邢台市市管优秀专家、神农中华农业科技二等奖、全国农业劳动模范称号。2018年在纪念中国改革开放40周年中国化肥流通体制改革20周年之际荣获突出贡献奖、2021年在"三牛"人物评选中荣获"拓荒牛"精神。

副主编：陈雯莉，博士，华中农业大学生命科学技术学院二级教授，博导。从事土壤与环境微生物教学研究。兼任华中农业大学农业微生物资源发掘与利用全国重点实验室固定人员，中国土壤学会土壤生物与化学专业委员会副主任，中国农业技术推广协会生物有机肥料专业委员会理事，中国微生物学会教学工作委员会委员，湖北省微生物学会常务理事。发表SCI论文数十篇，专利10多项。

副主编：梁川州，博士，九三学社湖北省资源环境委员会委员，武汉理工大学资源与环境工程学院副教授、硕士导师。从事新型水处理技术；环境新污染物处理；水及土壤污染控制与修复；农业废弃物资源化利用；生物有机肥料创新；肥料中新型化学物质混配等。兼任中国农业技术推广协会生物有机肥料专业委员会常务理事，湖北省有机农业研究会常务理事，湖北省土壤肥料学会理事。先后获得"武汉青年英才"、"楚天学子"称号，发表SCI论文20多篇，专利10多项，获农业农村部全国农牧渔业丰收奖二等奖。

副主编：马倩，博士，北京嘉博文生物科技有限公司研发经理，北京市有机废弃物资源化利用工程技术研究中心研究员，毕业于日本京都大学。从事有机废弃物资源肥料化利用、新型肥料创制、土壤改良与面源污染防控、土壤保育等研究与技术和产品推广。发表SCI索引论文3篇，核心期刊论文2篇，获得省部级奖1项，主持制定标准1项。工作期间，主持参加国家、省级和市级项目5项。

副主编：周义新　湖北省第十一届政协委员、湖北茂盛生物有限公司董事长、中国农业技术推广协会副会长、湖北省突出贡献中青年专家、享受国务院政府特殊津贴专家、全国五一劳动奖章获得者

副主编：吴长明　河南龙昌机械制造有限公司董事长、总经理，工程师。先后多次担任修武县政协委员，修武县工商联副主席，河南省畜牧机械商会会长。2018 年被焦作市委市政府授予中国特色社会主义事业建设者，2019 年被焦作市委市政府授予返乡创业之星。

副主编：施邱斌　美欣达集团·浙江百沃生物科技有限公司总经理，中国农业技术推广协会生物有机肥料专业委员会副主任委员

其他编写人员：

黄巧云　华中农业大学资源与环境学院教授、博导，长江学者，国家杰青

周文兵　华中农业大学资源与环境学院教授、博导

徐曾娴　武汉市农业技术推广中心高级农艺师

侯　俊　长江大学农学院副教授

李清曼　中国科学院水生生物研究所研究员

周争明　武汉市农业科学院 正高级农艺师

魏志宇　湖北省水产技术研究所正高级工程师

苏　海　生态环境部长江生态环境监督管理局副处长、高级工程师

陈　池　湖北省农业科学院果树茶叶研究所正高级工程师

岳文雯　武汉理工大学创业学院老师，我家的地（武汉）农业科技有限公司董事长

刘家莉　滁州市农业技术推广中心主任

庞全瑞　山东庞大生物集团有限公司董事长

刘　镇　陕西枫丹百丽生物科技有限公司董事长

陈喜云　广州市土根旺生物科技有限公司董事长

王继国　北京嘉博文生物科技有限公司总经理

张丛军　守心生物（蚌埠）有限公司董事长兼总经理、研究员

揭金兵　守心生物湖北有限公司董事长

江艳兵　守心生物湖北有限公司总经理

张在清　湖南守心生物科技有限公司技术总监

王德生　中国农业技术推广协会生物有机肥料专业委员会现代农业研究中心副主任

黄　鲲　根力多生物科技股份有限公司副总经理

耿春斌　保定瑞沃斯生物科技有限公司制造中心总监

刘亚民　山东中创亿丰肥料集团有限公司董事长

周　亚　湖北蓝鹰品牌管理有限公司特聘专家

杨广杰　正大集团生物工程区总裁

郑　安　康欣生物科技有限公司总经理

王典海　山东施高德植物营养科技有限公司总经理

黄　成　荆门市万泰机械有限公司董事长

林梓杰　广东翠友生物科技有限公司总经理

何钢龙　河南领塔科技有限公司总经理

王红梅　大蜂产（宜昌）生物科技有限公司董事长

成新平　湖北绣林山水农业科技发展有限公司总经理

孙成武　安徽粤智徽源生物科技有限公司总经理

熊晓峰　湖北丰益肥业有限公司总经理

黎　鑫　竹溪县宝田生物制品有限公司总经理

孙万智　河北万雉园农牧科技有限公司技术顾问

王小宇　桂林市富田方案农业技术有限公司总经理

刘梦军　河南龙昌机械制造有限公司副总经理

王灵敏　木美土里生态农业有限公司研发中心经理

余俊朝　湖北远萌生态农业有限公司董事长兼总经理

毛爱华　湖北庄康生物科技股份有限公司董事长

黄　伟　荆门志远环保设备有限公司董事长

庞　勋　山东庞大生物集团有限公司总经理

吴　明　宗源生态肥业有限公司总经理

沈　承　中国农业技术推广协会生物有机肥料专业委员会副秘书长

郭　勇　湖北省有机农业研究会副秘书长

李　毅　中国农业技术推广协会生物有机肥料专业委员会副秘书长

刘佳慧　中国农业技术推广协会生物有机肥料专业委员会现代农业研究中心项目主任

郝　敏　湖北省有机农业研究会现代农业研究中心项目主任